Künstliche Intelligenz für Sales, M Service

Peter Gentsch

Künstliche Intelligenz für Sales, Marketing und Service

Mit AI und Bots zu einem Algorithmic Business – Konzepte und Best Practices

2., überarbeitete und erweiterte Auflage

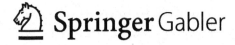 Springer Gabler

Peter Gentsch
Business Intelligence Group
Frankfurt, Deutschland

ISBN 978-3-658-25375-2   ISBN 978-3-658-25376-9   (eBook)
https://doi.org/10.1007/978-3-658-25376-9

Die Deutsche Nationalbibliothek verzeichnet diese Publikation in der Deutschen Nationalbibliografie; detaillierte bibliografische Daten sind im Internet über http://dnb.d-nb.de abrufbar.

Springer Gabler
1.Aufl.: © Springer Fachmedien Wiesbaden GmbH 2018
2.Aufl.: © Springer Fachmedien Wiesbaden GmbH, ein Teil von Springer Nature 2019

Springer Gabler ist ein Imprint der eingetragenen Gesellschaft Springer Fachmedien Wiesbaden GmbH und ist
ein Teil von Springer Nature
Die Anschrift der Gesellschaft ist: Abraham-Lincoln-Str. 46, 65189 Wiesbaden, Germany

Vorwort

„Das Potenzial der Künstlichen Intelligenz steigt exponentiell. Immer mehr Anwendungen entstehen. Die Zukunft der Künstlichen Intelligenz lässt sich heute nicht verlässlich einschätzen."[1]

Ich hoffe, dieser kurze Text-Passus hat bereits Ihr Interesse an dem Buch geweckt. Wenn dies so sein sollte, ist das zugleich ein gutes Beispiel, was heute schon Artificial Intelligence zu leisten vermag. Denn dieser Text-Passus ist vollständig automatisiert durch AI erstellt worden. Damit mein Name das Cover dieses Buches zieren darf, habe ich mich entschieden, den Rest selber zu schreiben bzw. Experten gebeten, das Buch mit illustrativen Best Practice-Beispielen abzurunden. Den Co-Autoren gilt an dieser Stelle mein ganz herzlicher Dank für die vielen aktuellen und spannenden Praxisbeispiele, die dem vorliegenden Buch damit einen ganz besonderen Praxismehrwert verleihen. Ebenso möchte ich mich bei den vielen Unternehmens-Kollegen und Hochschulangehörigen für die wertvollen Diskussionen und Inspirationen bedanken, ohne die das Gelingen dieses Buches nicht möglich gewesen wäre.

Über 392.000.000 Treffer bei Google, unzählige Print und Digital-Veröffentlichungen sowie Online- wie Offline-Veranstaltungen zeigen den extremen Hype zu dem Thema AI. AI stellt heute sicherlich einen der am stärksten diskutierten unternehmerischen, technologischen und gesellschaftlichen Trends dar.

Für jemanden, der Ende der 90er Jahre zu dem Thema AI geforscht und promoviert hat und heute AI in Unternehmen entwickelt und einsetzt, stellt die gegenwärtige Diskussion ein besonderes Spannungsfeld dar. Soll nach dem langen, zum Teil desillusionierenden AI-Winter tatsächlicher ein blühender AI-Frühling folgen? Das Potenzial zur nachhaltigen Optimierung und (Neu)Gestaltung von Marketing, Sales und Service ist heute bereits unbestritten und wird sich zunehmend weiterentwickeln.

Doch zu häufig muss unreflektiert das Black Box-Mantra „AI – it's magic" als Allheilmittel für die unterschiedlichsten Problemstellungen herhalten. Ein undifferenziertes

---

[1]Dieser Text ist automatisiert durch AI generiert wurden. Kleinere Grammatikfehler wurden korrigiert.

und kurzfristig übersteigertes AI-Verständnis erscheint kontraproduktiv für eine erfolgreiche und nachhaltige Verankerung der AI in die unternehmerische Wertschöpfung.

In diesem Verständnis möchte ich mit dem Buch ein realistisches Erwartungs-
management betreiben. Es zeigt auf, was heute schon produktiv einsetzbar ist, was
Unternehmen kurz- bis mittelfristig von der AI erwarten dürfen und welche Nutzenpotenziale eher langfristig zu realisieren sind. Dies soll in keinem Fall die Faszination
an der AI für Unternehmen eindämmen – wir reisen zweifelsohne bei dem Thema nicht
mit einer linearen, sondern einer exponentiellen Entwicklungsgeschwindigkeit, dessen
Ergebnis heute für uns alle nicht wirklich vorhersehbar ist. Ich möchte hiermit alle Interessierte herzlich einladen, diese Reise mit zu erleben und zu gestalten.

Um der immensen Geschwindigkeit im Bereich AI gerecht zu werden, wurde die
2. Auflage um die neuen relevanten Ansätze (Amazon und Spotify) und Trends sowie um
verschiedene neue auf AI basierende Geschäftsmodelle erweitert. Des Weiteren wurde
das Vorgehensmodell um eine AI-Solution-Matrix ergänzt, welche die verschiedenen
Use Cases entlang der Achsen Automatisierung und Business Impact nach Reifegrad und
Verbreitungsgrad einordnet und bewertet.

Zudem steigt glücklicher Weise die Anzahl erfolgreicher Anwendungen in der
betrieblichen Praxis. So freue ich mich besonders über die neuen und spannenden Best
Practices von Disney, der Techniker Krankenkasse, Mercedes Benz Consulting und Spotify, die das immense Potenzial von AI in den verschiedenen Branchen eindrucksvoll
zeigen. Besonderen Dank an dieser Stelle an die neuen Co-Autoren und ein herzliches
Willkommen in der „KI-Hall of Fame"!"

Ich würde mich über Anregungen und Vorschläge für die nächsten Reise-Etappen und
einen intensiven AI-Diskus sehr freuen (peter.gentsch@intelligence-group.com)! In diesem Sinne bedanke ich mich für Ihr Interesse und wünsche nun viel Spaß beim Lesen
des Buches!

Herzliche Grüße
Peter Gentsch

Inhaltsverzeichnis

Über den Autor

Prof. Dr. Peter Gentsch ist Unternehmer, mehrfacher Unternehmensgründer und Experte für Digitales Marketing, KI und Big Data. Er ist zudem Inhaber des Lehrstuhls für Internationale Betriebswirtschaftslehre an der Hochschule Aalen mit den Schwerpunkten Marketing, Data Science und Digitale Business Transformation. Er ist Autor zahlreicher Publikationen im In- und Ausland und Keynote Speaker zu den Themen Digitale Transformation und Innovationsmanagement.

Peter Gentsch beschäftigt sich seit den 90er Jahren mit AI und Algorithmic in Theorie und Praxis und gilt damit als einer der Pionieren in Deutschland. Als Gesellschafter der Business Intelligence Group Holding hält er verschiedene Beteiligungen an Unternehmen, die AI-Lösungen entwickeln und einsetzen.

Gemeinsam mit der Lufthansa wurde er 2010 mit dem Innovationspreis der Deutschen Marktforschung ausgezeichnet. Gemeinsam mit der Deutschen Post/DHL gewann er 2011 den International Digital Communication Award und 2014 den Deutschen Preis für Online-Kommunikation. Peter Gentsch leitet die Gruppe Digital Excellence Circle, die er 2010 gegründet hat. Die exklusive Gruppierung umfasst Unternehmen wie Audi, Bosch, Daimler, Deutsche Post, Lufthansa, Microsoft, Deutsche Telekom, Otto Group und O2.

Abbildungsverzeichnis

Tabellenverzeichnis

Einführung: „Algorithmic & AI eat the world"

Zusammenfassung

Artificial Intelligence (AI) hat in den letzten Jahren für einen immensen Entwicklungsschub in der unternehmerischen Praxis gesorgt. AI adressiert zunehmend auch administrative, dispositive und planerische Prozesse im Marketing, Sales und Management auf dem Weg zum ganzheitlichen Algorithmic Enterprise. In diesem einführenden Kapitel geht es um Motivation und Hintergrund des Buches: Es möchte einen Brückenschlag von der AI-Technologie und -Methodik zu klaren Business-Szenarien und -Mehrwerten leisten. Es versteht sich als Transmissionsriemen, der die Informatik in die Businesssprache im Verständnis von Potenzialen und Grenzen übersetzt. Dabei werden Technologien und Methoden im Rahmen der Grundlagenkapitel so erklärt, dass sie sich auch ohne Informatikstudium erschließen – das Buch versteht sich als Buch für die Unternehmenspraxis.

1.1 Motivation und Hintergrund

If big data is the new oil, analytics is the combustion engine (Gartner 2015).

Daten bringen nur dann einen Business-Nutzen, wenn sie entsprechend genutzt und kapitalisiert werden. Analytics und Artificial Intelligence ermöglichen zunehmend die smarte Nutzung von Daten und die damit verbundene Automatisierung und Optimierung von Funktionen und Prozessen zur Erzielung von Effizienz- und Wettbewerbsvorteilen.

AI is not another industrial revolution. This is a new step on the path of the universe. The last time we had a step of that significance was 3.5 billion years ago with the invention of life (Prof. Jürgen Schmidhuber 2017).

© Springer Fachmedien Wiesbaden GmbH, ein Teil von Springer Nature 2019
P. Gentsch, *Künstliche Intelligenz für Sales, Marketing und Service,*
https://doi.org/10.1007/978-3-658-25376-9_1

AI hat in den letzten Jahren für einen immensen Entwicklungsschub in der unternehmerischen Praxis gesorgt. Während im Rahmen der Industrie 4.0 insbesondere die Optimierung und Automatisierung von Produktions- und Logistik-Prozessen im Vordergrund steht, adressiert AI zunehmend auch administrative, dispositive und planerische Prozesse im Marketing, Sales und Management auf dem Weg zum ganzheitlichen Algorithmic Enterprise.

AI first als mögliches Mantra der massiven Disruption von Geschäftsmodellen und des Erschließens von fundamental neuen Märkten setzt sich mehr und mehr durch. Es gibt bereits branchenübergreifend viele Use Cases, die das Innovations- und Gestaltungspotenzial der Kerntechnologie des 21. Jahrhunderts unter Beweis stellen. Entscheider aller Industrienationen und Branchen sind sich einig. Doch es fehlt ein ganzheitliches Bewertungs- und Vorgehensmodell, damit die viel postulierten Potenziale auch genutzt werden können. Das vorliegende Buch schlägt einen entsprechenden Gestaltungs- und Optimierungsansatz vor.

Ebenso besteht ein immenses Veränderungs- und Gestaltungspotenzial für unsere Gesellschaft. Ex-US-Präsident Obama erklärte in seiner Big Data Keynote die Ausbildung von Data Scientists zur Priorität des US-Bildungssystems. Auch in Deutschland gibt es bereits die ersten Data-Science-Studiengänge, um die Ausbildung von Nachwuchskräften zu gewährleisten. Trotzdem tobt momentan der „War for Talents", da der Personalpool sehr begrenzt ist, aber der Bedarf langfristig hoch bleibt.

Darüber hinaus ermöglichen digitale Daten und Algorithmen auch ganz neue Geschäftsprozesse und -modelle. Die eingesetzten Methoden reichen dabei von einfacher Hands-on-Analytik mit Small Data bis hin zu Advanced Analytics mit Big Data wie Artificial Intelligence.

Es gibt derzeit sehr viel informatikbezogene Ausführungen von Experten zur AI. Im gleichen Maße gibt es eine Vielzahl von populärwissenschaftlichen Veröffentlichungen und Diskussionen der allgemeinen Öffentlichkeit. Was fehlt, ist der Brückenschlag von der AI-Technologie und -Methodik zu klaren Business-Szenarien und -Mehrwerten. IBM zieht derzeit massiv mit Watson in den Unternehmen umher, aber immer bleibt neben der Teaser-Ebene die Frage nach der klaren Business-Anwendung offen. Das vorliegende Buch führt den Brückenschlag zwischen AI-Technologie und -Methodik und den Business Use und Business Case für verschiedene Industrien durch. Auf Basis eines Business-AI-Referenzmodells werden verschiedene Anwendungsszenarien und Best Practices vorgestellt und diskutiert.

Entwicklung der KI: Hyper, Hyper…
Schaut man sich betriebswirtschaftliche Artikel der letzten 20 Jahre an, fällt auf, dass in jedem Jahr in den Einleitungstexten jeweils von „ständig zunehmender Dynamisierung" oder „kürzer werdenden Innovations- und Produktzyklen" gesprochen wird – ähnlich wie das Waschmittel, das jedes Jahr weißer wäscht. Daher ist verständlich, dass sich bei der viel zitierten Geschwindigkeit der Digitalisierung bei dem ein oder anderen eine gewisse Immunität gegen das Thema eingeschlichen hat. Dass wir tatsächlich einer nie

dagewesenen Dynamik ausgesetzt sind, illustriert Abb. 1.1: Auf der historischen Zeit-
achse wird die rasante Geschwindigkeit der „Digital Hyper Innovation" bei gleichzeitig
steigender Auswirkung auf Unternehmen, Märkte und Gesellschaft deutlich. Das wird
bei dem Thema Artificial Intelligence besonders deutlich.

Das viel zitierte Beispiel des AI-Systems AlphaGo, das Anfang 2016 den koreanischen Weltmeister in „Go" (das älteste Brettspiel der Welt) geschlagen hat, ist ein ein-
drucksvolles Beispiel für die rasante Entwicklungsgeschwindigkeit, insbesondere wenn
man sich die Weiterentwicklung und Erfolge in 2017 anschaut.

Das Spiel begann 1996, als das AI-System „Deep Blue" von IBM den amtierenden
Weltmeister in Schach, Kasparow, geschlagen hat. In der Öffentlichkeit als einer der
AI-Durchbrüche gefeiert, hielt sich die Begeisterung unter den AI-Experten in Grenzen: Das System hätte schließlich im Sinne des Maschinellen Lernens recht mechanisch
und eben wenig intelligent Erfolgsmuster in Tausenden von gespielten Schachpartien
entdeckt und diese dann einfach schneller als ein Mensch dies je könnte in Echtzeit
angewandt. Die Experten forderten stattdessen die AI heraus, den Weltmeister in dem
Brettspiel „Go" zu schlagen. Dies hätte dann das Attribut „intelligent" verdient, da Go
um ein vielfaches komplexer als Schach sei und zudem ein hohes Maß an Kreativität und
Intuition erfordere. Namhafte Experten prognostizierten für diesen neuen AI-Meilenstein
eine Entwicklungszeit von ca. 100 Jahren. Doch bereits im März 2016 gelang es der
Firma DeepMind (jetzt zu Google gehörig) den amtierenden Go-Weltmeister mit AI zu
schlagen. Anfang 2017 brachte das Unternehmen mit „Master" eine neue Version von
AlphaGo. Sie hat nicht nur 60 sehr erfahrene Go-Spieler geschlagen hat, sondern auch
die vor nur einem Jahr hoch gerühmte erste Version des Systems besiegt. Und noch
mehr: Im Oktober 2017 kam „Zero" als neueste Version, die nicht nur AlphaGo sondern auch seine Vorgängerversion geschlagen hat. Das spannende an Zero ist, dass es

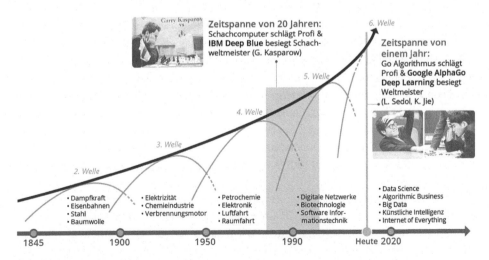

Abb. 1.1 The Speed of Digital Hyper Innovation

zum einen mit einer deutlich schlankeren IT-Infrastruktur auskam; zum anderen hat es – im Gegensatz zu seinen Vorgängerversionen – keinen dezidierten Erfahrungs-Input von vorherig gespielten Partien bekommen. Das System hat gelernt zu lernen. Es hat zudem noch völlig neue Spielzüge „gespielt", die die Menschheit in Tausenden von Jahren nicht hervorgebracht hat. Dieses proaktive, zunehmend autonome Agieren macht die AI für das Business so interessant. Als Land, das sich als Digital Leader sieht, sollte diese „Digital Hyper Innovation" als Quelle der Inspiration für Wirtschaft und Gesellschaft sehen und nutzen, anstelle sie stereotyp als Gefahr und Job-Killer zu verstehen und abzulehnen.

Das Beispiel der Digital Hyper Innovation zeigt plastisch, was ein nicht-linearer Trend bedeutet und auf welche Entwicklungen wir uns bereits in 2018 freuen beziehungsweise einstellen dürfen. Um diese Exponentialität noch einmal mit der Schachbrettmetapher zu unterstreichen: Würde man das bekannte Reiskorn-Experiment des indischen König Sheram als Analogie nehmen, das häufig zur Erklärung des Unterschätzens der exponentiellen Entwicklung genutzt wird, ist das Reiskorn der technologischen Entwicklung gerade mal auf dem sechsten Schachbrettfeld angekommen.

Nach den großen technologischen Evolutionsschritten Internet, Mobile und Internet of Things Big treten nun Big Data und AI für den bisher größten Evolutionsschritt an. Hat die industrielle Revolution ermöglicht, uns der Limitationen der körperlichen Arbeit zu entledigen, ermöglichen diese Innovationen die Überwindung intellektueller und kreativer Begrenzungen. Wir befinden uns damit in einer der spannendsten Phasen der Menschheit, in der digitale Innovationen fundamental die Ökonomie und Gesellschaft verändern.

In den frühen Phasen der industriellen Revolutionen haben technologische Innovationen die menschliche Muskelkraft ersetzt bzw. gehebelt, in der AI-Ära werden jetzt unsere intellektuellen Kräfte durch Digitalisierung und Artificial Intelligence simuliert, multipliziert und teilweise auch substituiert. Dadurch entstehen völlig neue Skalierungs- und Multiplikationseffekte für Unternehmen und Ökonomien. Auf Basis von daten- und analytikgetriebenen, technologischen Innovationen entstehen neue digitale Ökosysteme.

Das Unternehmen entwickelt sich in den digitalen Ökosystemen immer stärker zum Algorithmic Enterprise. Dabei geht nicht um ein technokratisches oder mechanistisches Verständnis von Algorithmen, sondern um die Gestaltung und Optimierung der digitalen und analytischen Wertschöpfungskette zur Erzielung nachhaltiger Wettbewerbsvorteile. Smarte Computer-Systeme können zum einen Entscheidungsprozesse in Echtzeit durch umfangreiche Analysen unterstützen, aber darüber hinaus sind Big Data und AI in der Lage, Entscheidungen zu treffen, die heute schon die Qualität menschlicher Entscheidungen übertreffen.

Die Evolution zum Algorithmic Enterprise im Sinne der daten- und analytisch getriebenen Gestaltung von Geschäftsprozessen und -Modellen hängt unmittelbar mit der Entwicklung des Internet zusammen. Wir müssen uns jedoch zunehmend von dem engen Nutzungsparadigma des Users vor dem Rechner, der eine Webseite abruft, verabschieden. „Mobile" hat das Digital Business bereits signifikant geändert. Durch die

IoT-Entwicklung werden zunehmend alle Devices und Gegenstände smart und kommunizieren proaktiv untereinander. Ebenso werden Conversational Interfaces die Mensch-Maschine-Kommunikation dramatisch verändern – von der Nutzung eines textbasierten Internet-Browsers hin zu dem natürlich-sprachlichen Dialog mit allen und allem (Internet of Everything).

Maschinen schaffen zunehmend neue Freiräume und Möglichkeiten. Das Erfassen, Aufbereiten und Analysieren großer Datenmengen ist Zeit- und Ressourcen-fressend. Das, was bisher in Unternehmen und Agenturen viele menschliche Arbeitskräfte vollzogen haben, wird nun durch Algorithmen automatisiert. Dank neuer Algorithmik lassen sich diese Prozesse automatisieren, sodass Mitarbeiter mehr Zeit für die Interpretation und Umsetzung der Analyseergebnisse haben.

Zudem ist es für Menschen unmöglich, die 70 Trillionen im Internet vorhandenen Datenpunkte sowie die unüberschaubaren Vernetzungen zwischen Unternehmen und ökonomischen Akteuren ohne entsprechende Werkzeuge zu erschließen. So kann AI z. B. den Prozess der Kundengewinnung und Wettbewerbsbeobachtung automatisieren, sodass sich die Mitarbeiter auf die Ansprache der identifizierten Neukunden und der Ableitung von Wettbewerbsstrategien fokussieren können.

Empfehlungen und Handlungsanweisungen, die auf Künstlicher Intelligenz und automatisierter Auswertung beruhen, werden von den Unternehmern oft kritisch beäugt. Es fühlt sich sicher am Anfang seltsam an, diesen automatischen Empfehlungen zu folgen, die aus Algorithmen und nicht aus eigener unternehmerischer Überlegung entstehen. Die Ergebnisse zeigen aber, dass es sich lohnt, denn wir sind bereits heute umzingelt von diesen Algorithmen. Nicht umsonst setzen die „Big Player" (GAFA = Google, Apple, Facebook, Amazon) überwiegend bis ausschließlich auf Algorithmen, die der Kategorie „Künstliche Intelligenz" zugeordnet werden. Der Vorteil: Diese Empfehlungen sind frei von subjektiven Beeinflussungen. Sie sind aktuell, schnell und berücksichtigen alle zur Verfügung stehenden Faktoren.

Schon heute lassen sich verschiedene erfolgreiche Use und Business Cases für die AI-getriebene Optimierung und Gestaltung von Geschäftsprozessen und -modellen aufzeigen (Kap. 5). Allen gemeinsam ist das große Veränderungs- und Disruptionspotenzial. Das damit in der digitalen Ökonomie sich weit verbreitende Mantra „Software eats the world" lässt sich so zum „AI & Algorithmics eat the world" zuspitzen.

1.2 Ein Buch für die Unternehmenspraxis

Literatur zu den Themen Big Data und Artificial Intelligence sind häufig sehr technisch und informatiklastig. Das vorliegende Buch versteht sich als Transmissionsriemen, der die Informatik in die Businesssprache im Verständnis von Potenzialen und Grenzen übersetzt. Dabei bleiben die Technologien und Methoden keine Blackbox. Sie werden im Rahmen der Grundlagenkapitel so erklärt, dass sie sich auch ohne Informatikstudium erschließen.

Zudem wird die häufig existierende Fantasielücke zwischen den Potenzialen von Big Data, Business Intelligence und Artificial Intelligence und ihrem erfolgreichen Einsatz in der Unternehmenspraxis durch verschiedene Best-Practice-Beispiele geschlossen. Zwar werden immer wieder die Relevanz und der Handlungsdruck in diesem Bereich postuliert, dennoch fehlen ein systematischer Bezugsrahmen und ein Verortungs- und Vorgehensmodell zum Algorithmic Business. Das vorliegende Buch möchte diese Roadmap- und Umsetzungslücke schließen.

Insbesondere in Deutschland ist die Diskussion zu den Themen sehr industrielastig. Industrie 4.0, Robotik und IoT sind die dominierenden Themen. Die sogenannten „Customer Facing"-Funktionen und Prozesse in den Bereichen Marketing, Sales und Service spielen dabei eine untergeordnete Rolle. Da in diesen Funktionen der Hebel zur Erzielung von Wettbewerbsvorteilen und Profitabilitätssteigerung besonders hoch ist, hat sich das vorliegende Buch zur Aufgabe gemacht, diese Bereiche näher zu beleuchten und das besondere Potenzial durch zahlreiche Best Practices zu illustrieren:

- Wie lassen sich automatisch Kunden- und Marktpotenziale identifizieren und profilieren?
- Wie kann die Media-Planung auf Basis von AI intelligent automatisiert und optimiert werden?
- Wie lassen sich Produktempfehlungen und Pricing automatisch ableiten und aussteuern?
- Wie lassen sich Prozesse durch AI smart steuern und koordinieren?
- Wie kann der richtige Content automatisch auf Basis von AI generiert werden?
- Wie lässt sich Kundenkommunikation im Service und Marketing zur Steigerung der Kundenzufriedenheit optimieren und automatisieren?
- Wie können Bots und digitale Assistenten die Kommunikation zwischen Unternehmen und Konsumenten effizienter und smarter gestalten?
- Wie lässt sich die Customer Journey Optimization auf Basis von Algorithmic und AI optimieren und automatisieren?
- Welche Bedeutung haben Algorithmik und AI für das Conversational Commerce?
- Wie lässt sich eine moderne Marktforschung intelligent optimieren?

Verschiedene Best-Practice-Beispiele beantworten diese Fragen und veranschaulichen das gegenwärtige und zukünftige Business-Potenzial von Big Data, Algorithmik und Artificial Intelligence (Kap. 7).

Literatur

Gartner (2015). Gartner Reveals Top Predictions for IT Organizations and Users for 2016 and Beyond. http://www.gartner.com/newsroom/id/3143718. Zugegriffen: 5. Januar 2017.
Schmidhuber, Jürgen True Artificial Intelligence Will Change Everything https://www.artificial-intelligence.blog/artificial-intelligence-education/true-artificial-intelligence-will-change-everything Zugegriffen: 10.07.2017.

Big Data

2

Zusammenfassung

In diesem Kapitel wird das Phänomen Big Data als zentraler Layer für das AI Business Framework vorgestellt und erklärt (Abb. 2.1). Es widmet sich den Zusammenhängen von Big Data, der Algorithmic Economy und Künstlicher Intelligenz. Dem Versuch einer Definition von Big Data folgt ein Überblick über die vier Dimensionen von Big Data: Volume, Velocity, Variety und Veracity. Weiterhin werden die Synergieeffekte von Big Data untersucht und erläutert, in welchen Bereichen Big Data zur Entwicklung und zum Erfolg der Künstlichen Intelligenz in der Geschäftswelt beiträgt, als da sind: IT-Infrastrukturen, Algorithmen und Methoden und Trainingsdaten.

2.1 Was wirklich neu ist

Dieses Kapitel widmet sich den Zusammenhängen von Big Data, der Algorithmic Economy und Künstlicher Intelligenz. Vor wenigen Jahren noch war das Stichwort Big Data in aller Munde. Gemeint sind damit das Aufkommen sowie die Auswertung riesiger Datenmengen, die durch die Verbreitung des Internets, der sozialen Medien, der wachsenden Zahl an verbauten Sensoren und dem Internet der Dinge etc. generiert werden.

Das Phänomen großer Datenmengen ist nicht neu. Kunden- und Kreditkarten-Sensoren am Point of Sale, die Produktidentifikation mittels Barcodes oder RFID sowie das Ortungssystem GPS produzieren schon lange große Datenmengen. Ebenso ist die Analyse unstrukturierter Daten, zum Beispiel in Form von Geschäftsberichten, E-Mails, Webformular-Freitexten oder Kundenbefragungen, häufig Bestandteil interner Analysen. Doch was ist nun neu an den Datenmengen, die in jüngster Zeit unter der Bezeichnung „Big Data" so viel Aufmerksamkeit erregen? Natürlich ist die Menge an verfügbaren Daten durch das Internet der Dinge (Industrie 4.0), durch Mobile

Abb. 2.1 Big Data Layer. (Gentsch)

Devices und Social Media immens gestiegen. Entscheidend ist jedoch, dass durch die zunehmende Ausrichtung von Unternehmens-IT auf den Endkunden und die Digitalisierung der Geschäftsprozesse die Zahl der kundennahen Kontaktpunkte, die sowohl zur Generierung von Daten als auch zum systematischen Aussteuern der Kommunikation genutzt werden können, gestiegen ist. Hinzu kommt die hohe Geschwindigkeit, mit der die entsprechenden Daten erfasst, verarbeitet und genutzt werden. Neue AI-Ansätze (Kap. 3) heben die analytische Wertschöpfung auf eine neue Qualitätsstufe.

BIG DATA – Was nicht neu ist
Der Ansatz, aus Daten Einsichten für das Marketing zu gewinnen, ist nicht neu. Database-Marketing oder analytisches CRM gibt es seit über 20 Jahren. Das Phänomen großer Datenmengen ist ebenfalls nicht neu: Point of Sale, Kunden- und Kreditkarten oder Webserver produzieren schon lange große Datenmengen. Ebenso ist die Analyse unstrukturierter Daten z. B. in Form von E-Mails, Webformular-Freitexten oder Kundenbefragungen häufig Bestandteil von Marketing und Research.

BIG DATA – Was neu ist
Natürlich ist die Datenmenge durch das Internet der Dinge, Mobiles und Social Media immens gestiegen – doch dies ist eher ein graduelles Argument. Entscheidend ist, dass durch die Möglichkeiten der IT und die Digitalisierung der Geschäftsprozesse kundennahe Kontaktpunkte sowohl zur Generierung von Daten als auch zum systematischen Aussteuern der Kommunikation gestiegen sind. Hinzu kommt die hohe Geschwindigkeit, mit der die entsprechenden Daten erfasst, prozessiert und genutzt werden. Ebenso heben neue Data-Mining-Methoden des Deep Learning und Semantic Analytics die analytische Wertschöpfung auf eine neue Qualitätsstufe.

2.2   Definition von Big Data

Da verschiedene Definitionen von Big Data existieren, wird hier eine der geläufigsten verwendet:

▶   „Big data" refers to datasets whose size is beyond the ability of typical database software tools to capture, store, manage, and analyse (Manyika et al. 2011).

Dieser Definition folgend gibt es Big Data, seit es elektronische Datenverarbeitung gibt – Großrechner (engl. Mainframes) waren vor Jahrzehnten die Antwort auf die immer größer werdenden Datenmengen, und heutige PCs verfügen über mehr Speicher und Rechenleistung als jene Großrechner von damals.

2.3 Dimensionen von Big Data

Big Data wird häufig wie in der Infografik von IBM mit den vier Vs beschrieben:Gemeint sind damit die folgenden Dimensionen von Big Data (Abb. 2.2):

- Volume: beschreibt die Menge der anfallenden Daten, welche gespeichert und ausgewertet werden sollen. Wann eine Datenmenge tatsächlich zu Big Data erklärt wird, hängt, wie oben beschrieben, von den zur Verfügung stehenden Systemen ab. Unternehmen stehen weiterhin vor der Herausforderung, die anfallenden Datenmengen sowohl effizient als auch effektiv zu speichern und zu analysieren. Für diese Zwecke konnten sich in den letzten Jahren verschiedene Technologien wie z. B. verteilte Systeme etablieren.
- Velocity: beschreibt zwei Aspekte. Zum einen werden Daten mit sehr großer Geschwindigkeit erzeugt, und zum anderen müssen Systeme diese Datenmengen zeitnah speichern, verarbeiten und analysieren können. Diese Herausforderungen werden sowohl hardwareseitig, z. B. mithilfe von In-Memory-Technologien[1], als auch softwareseitig, mithilfe angepasster Algorithmen und massiver Parallelisierung, angegangen.
- Variety: Die große Datenvielfalt der Big Data Welt stellt Systeme vor die Aufgabe, nicht mehr nur mit strukturierten Daten aus Tabellen, sondern auch semi- und unstrukturierte Daten aus Fließtexten, Bildern oder Videos, die bis zu 85 % der Datenmenge ausmachen, zu verarbeiten. Gerade im Social-Media-Bereich fallen Unmengen an unstrukturierten Daten an, deren Semantik mithilfe von AI-Technologien erfasst werden kann.
- Veracity: Während die bis hier beschriebenen drei Dimensionen heute mithilfe geeigneter Technologien, Methoden und ausreichendem Mitteleinsatz von Unternehmen gemeistert werden können, gibt es eine Herausforderung, die noch nicht im selben Maß gelöst wurde. Mit Veracity gemeint sind die Begriffe Vertrauenswürdigkeit, Wahrhaftigkeit und Sinnhaftigkeit von Big Data. Es geht als darum, dass nicht alle gespeicherten Daten glaubwürdig sind und ausgewertet werden sollten. Beispiele dafür sind manipulierte Sensoren im IoT, Phishing Mails oder spätestens seit den letzten Präsidentschaftswahlen in den USA auch Fake News.

Für die Auswertung und Analyse von Big Data wird eine Vielzahl an Methoden der AI verwendet. Im folgenden Unterkapitel werden die Synergieeffekte von Big Data und AI erläutert.

---

[1]Im Gegensatz zu herkömmlichen Datenbanken werden hier Daten nicht auf klassischen Festplatten gespeichert, sondern direkt im Hauptspeicher gehalten. Dadurch verringern sich die Speicher und Zugriffszeiten substanziell.

Abb. 2.2 Infografik: die vier
Vs von Big Data. (zaranteck)

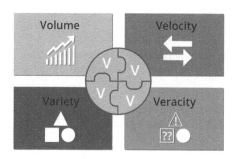

2.4   Big Data als Grundlage für Algorithmic und Artificial Intelligence

Big Data hat und trägt auch weiter auf verschiedene Weise zur Entwicklung und zum Erfolg der Künstlichen Intelligenz in der Geschäftswelt bei. Die Synergien lassen sich in drei Bereiche unterteilen, die im Folgenden kurz erläutert werden.

IT-Infrastrukturen
Mit dem Aufkommen von Big Data sahen sich viele Unternehmen dazu gezwungen, ihre IT-Infrastrukturen den sich ändernden Gegebenheiten anzupassen. Es wurde entweder direkt in Hardware oder in Cloud-Services investiert, um die Menge an Daten bewältigen zu können. Erst die großen Investitionen in IT-Infrastrukturen ermöglichen es den Unternehmen, komplexe Systeme und neue Methoden zu implementieren und anzuwenden. Die Erfolge der von IBM vermarkteten Künstlichen Intelligenz „Watson" wären ohne den Hadoop Cluster aus 90 Rechnern mit 19 TB Arbeitsspeicher nicht möglich. Derartige Erfolge tragen dazu bei, dass konsequent an der hardwareseitigen Verbesserung der Künstlichen Intelligenz gearbeitet wird.

Algorithmen und Methoden
Um aus Daten Informationen und Wissen zu generieren, werden Techniken eingesetzt, die ursprünglich dem AI-Bereich zuzuordnen sind. Besonders die großen Mengen an semi- und unstrukturierten Daten konnten nicht ohne Machine Learning, Natural Language Processing und Computervision automatisiert werden (Abschn. 3.6). Solange Daten ungenutzt bleiben, bringen sie keinen Mehrwert. Die Notwendigkeit von Verarbeitung, Analyse und von datengetriebenen Handlungen wurde von Unternehmen identifiziert, was über die Infrastruktur hinaus Investitionen in die Entwicklung der Algorithmen und Methoden nach sich zog. So werden seit einigen Jahren verstärkt Data Scientists gesucht, die sich neben Datensuche und -aufbereitung mit dem Einsatz und der Weiterentwicklung der bestehenden Machine-Learning-Algorithmen und -Methoden beschäftigen. Besonders hohe Investitionen in diese Bereiche kommen von den Unternehmen, die auf dem „Treibstoff" der Zukunft sitzen: den Daten. So wurden von den

Tech-Giganten Facebook, Google, Microsoft und IBM im Jahr 2015 zusammen mehr als zehn Milliarden US-Dollar in AI-Forschung und -Entwicklung investiert.

Trainingsdaten

Es verwundert nicht, dass gerade die großen US-Konzerne massiv in die Weiterentwicklung der Künstlichen Intelligenz investieren. Der größte Synergieeffekt von Big Data und Künstlicher Intelligenz liegt wesentlich darin, dass Daten in großen Mengen zum Modellieren und Trainieren der Künstlichen Intelligenzen zur Verfügung stehen. Die am meisten gefeierten Erfolge der Künstlichen Intelligenz der letzten Jahre wurden durch Deep-Learning-Verfahren erzielt. Lange Zeit wurden in diesem Bereich Ergebnisse nur mit sehr hohem Aufwand und Expertenwissen erzielt. Deshalb führte diese Herangehensweise ein Nischendasein. Wenn jedoch sehr große Datensätze verwendet werden, um künstliche neuronale Netze zu trainieren, verbessern sich die Resultate substanziell. Als Faustregel gilt, dass ein Supervised-Deep-Learning-Algorithmus mit etwa 5000 gelabelten Beispielen pro Kategorie und einem Trainingsdatensatz von mindestens 10 Mio. gelabelten Beispielen bei der Erkennung und Klassifizierung von Bildern mindestens menschenähnlich oder sogar besser performt. Das Aufkommen riesiger Trainingsmengen führte zu erheblichen Verbesserungen im Machine-Learning-Bereich und löste damit Begeisterung für das Thema Künstliche Intelligenz aus.

Literatur

Manyika, Small States: Economic Review and Basic Statistics, Volume 17, https://books.google. de/books?isbn=184929125X.

Algorithmik und Artificial Intelligence

3

Zusammenfassung

Daten – ob small, big oder smart – bringen per se keinen Mehrwert. Erst Algorithmen, seien es einfach vordefinierte Mechanismen oder selbstlernende Systeme, können aus den Daten Werte schaffen. Im Gegensatz zu Big Data haben also Algorithmen einen echten Wert. Dynamische Algorithmen stehen im Mittelpunkt des zukünftigen digitalen Geschäfts. Algorithmen werden also zur Auswertung von in starkem Maße zunehmenden Datenmengen immer wichtiger. Dieses Kapitel widmet sich der „Macht" und zunehmenden Bedeutung und Relevanz von Algorithmen, unternimmt einen Definitionsversuch, untersucht Erfolgsfaktoren und Treiber von AI und wirft weiterhin einen Blick auf die historische Entwicklung der Künstlichen Intelligenz von den ersten Arbeiten bis heute. Abschließend werden die wesentlichen Methoden und Technologien für das AI Business Framework vorgestellt und erklärt.

3.1   Die Macht der Algorithmen

In einer Zeit, in der sich die Masse an Daten rund alle zwei Jahre verdoppelt, werden Algorithmen zur Auswertung dieser Daten zunehmend wichtiger. Während Daten als das Gold des digitalen Zeitalters bezeichnet werden, so sind es die Möglichkeiten, diese Daten zu nutzbaren Ergebnissen auszuwerten, die den effektiven Wert generieren. Komplexe Algorithmen werden deshalb auch oft als die treibende Kraft der digitalen Welt bezeichnet. Mit einem richtigen Geschäftsmodell eingesetzt, eröffnen sie neue Opportunitäten und steigende Wettbewerbsvorteile.

Daten – ob small, big oder smart – bringen per se keinen Mehrwert. Erst Algorithmen – seien es einfach vordefinierte Mechanismen oder selbstlernende Systeme – können aus den Daten Werte schaffen. Im Gegensatz zu Big Data haben Algorithmen einen

© Springer Fachmedien Wiesbaden GmbH, ein Teil von Springer Nature 2019   13
P. Gentsch, *Künstliche Intelligenz für Sales, Marketing und Service*,
https://doi.org/10.1007/978-3-658-25376-9_3

echten Wert – dynamische Algorithmen stehen im Mittelpunkt des zukünftigen digitalen Geschäfts.

Das Potenzial, das von Big Data ausgeht, wurde bereits früh erkannt, und es bleibt auch weiterhin aktuell. Allerdings liegen die neuen Herausforderungen nicht mehr allein in der Sammlung, Speicherung und der Analyse dieser Daten. Der nächste Schritt, der vielen Unternehmen derzeit zu schaffen macht, ist die Frage nach deren Nutzen. Genau das ist die Aufgabe des Algorithmic Business. Es geht hierbei darum, den nächsten Schritt auf dem Weg zum komplett automatisierten Unternehmen zu machen. Erreicht werden soll das durch den Einsatz smarter Algorithmen, die nicht nur dazu dienen, Daten auszuwerten und zu analysieren, sondern resultierend aus den Analysen eigenständig Handlungen abzuleiten. Diese vollständig autonomen und im Hintergrund laufenden Mechanismen tragen immer größere Anteile zur Wertschöpfung von Unternehmen bei. Ähnlich der Intelligence und Algorithmik beim selbstfahrenden Auto können diese Technologien die Steuerung und Autonomie von Unternehmen sukzessive übernehmen.

Der Begriff Algorithmus wurde typischerweise immer mit den Bereichen der Mathematik und Informatik verknüpft. Heute ist der Begriff Algorithmus auch stark durch den öffentlichen Diskurs aufgeladen. Aus dem eher „unschuldigen, etwas langweilig-verstaubt konnotierten" Terminus ist ein Phänomen geworden, das vor dem Hintergrund der vierten industriellen Revolution und der Drohkulisse der Substitution von Arbeitsplätzen gesellschaftskritisch diskutiert wird.

Häufig wird der Begriff Algorithmus auch als „Nebelbombe" genutzt, wenn Organisationen dem Konsumenten nicht genau erklären wollten oder konnten, warum welche Maßnahme gewählt wurde. Vielmehr wurde es damit erklärt, dass etwas sehr Komplexes im Computer vollzogen wurde. Demzufolge wird der Begriff Algorithmus auf der einen Seite geheimnisvoll und auf der anderen Seite als Ersatz verwendet, wenn es darum geht, vermeintlich komplexe Sachverhalte neu zu schreiben oder sich die „Wunder" der digitalen Gegenwart zu erläutern. Deshalb ist es wenig verwunderlich, dass der Begriff in der öffentlichen Diskussion verunsichert und es dem Laien schwer macht, genau Potenzial und Risiko einzuschätzen. Die „Macht des Algorithmus" wird von den einen mit Staunen wahrgenommen, die anderen fürchten sich wiederum vor ihr, wobei diese Stränge manchmal sogar verschmelzen, wenn der Algorithmus als „undurchschaubare, orakelhafte" Macht beschrieben wird.

Das Thema Algorithmus wird häufig auch mit dem Thema der algorithmischen Personalisierungen verknüpft. Sei es der anfangs chronologisch dargestellte und heute personalisierte abonnierbare News Feed von Facebook, die 2009 eingeführte personalisierte Google-Suche oder beispielsweise die Vorschläge von Netflix und Spotify – sie alle handeln mit Algorithmen, die der Personalisierung von ausgespielten Inhalten dienen. Ausgangspunkt ist meist ein erfasstes Kundenprofil, welches von den entsprechenden Institutionen dazu verwendet wird, um auf Nutzerseite individuell abgestimmte Empfehlungen auszusprechen. Dies geht von Kaufempfehlungen (z. B. Amazon) bis hin zum Empfehlen des potenziellen Partners (z. B. Parship). Wie im folgenden Kapitel gezeigt wird, haben Algorithmen viel weitreichendere Anwendungsszenarien und Implikationen.

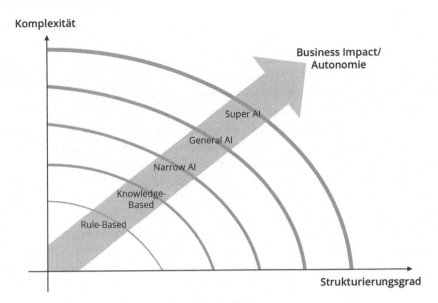

Abb. 3.1 Zusammenhang von Algorithmik und Artificial Intelligence. (Gentsch)

Algorithmen sollen durch Genauigkeit, Schnelligkeit und Automatisierung betrieb-liche Funktionen und Wertschöpfungsketten optimieren bzw. auch neu gestalten. Dabei stellt sich die Frage, wie die Algorithmen entwickelt und gefüttert werden. Dabei geht es weniger um die Software-technische Programmierleistung, sondern vielmehr um die zugrunde liegende Wissensbasis. Abb. 3.1 zeigt den Zusammenhang zwischen Algorith-mik und Artificial Intelligence. Der Zusammenhang wird durch die Komplexität und den Strukturierungsgrad der zugrunde liegenden Aufgabe determiniert.

Einfache Algorithmen werden über Regeln definiert und ausgeführt. Dies können zum Beispiel ereignisgesteuerte Prozessketten (EPK) sein. So kann das Ereignis „A-Kunde ruft im Callcenter an" das Weiterleiten des Anrufs an besonders erfahrene Mitarbeiter auslösen. Solche Workflows werden über vorher definierte Regeln gesteuert. Marketing-Automation-Lösungen erlauben auch die Vorgabe solcher Regeln zur systematischen Automatisierung der Kundenkommunikation (zum Beispiel die Regel für das Lead Nur-turing oder Drip-Kampagnen).

Komplexere und weniger strukturierte Aufgaben lassen sich jedoch schwer durch vor-definierte Regeln lösen. Hier können Wissensbasierte Systeme unterstützen. Zum Bei-spiel kann eine komplexe, vorher nicht bekannte Problemstellung eines Kunden durch ein sogenanntes Cased-Based-Reasoning-System gelöst werden. Der Algorithmus opera-tionalisiert die Anfrage (Definition eines sogenannten Case) und sucht in einer Wissens-datenbank nach ähnlichen, schon gelösten Fragestellungen (Cases). Daraufhin wird über Analogieschluss eine Lösung für das neue, noch bekannte Problem abgeleitet.

Für noch komplexere, unstrukturiertere Aufgaben können Methoden des Artificial Intelligence eingesetzt werden. Derzeit gehören die AI-Applikationen der sogenannten Narrow Intelligence an. Für eine dezidierte Domäne wird ein AI-System entwickelt. Dies könnte zum Beispiel ein Deep-Learning-Algorithmus sein, der automatisch passende Leads auf Basis von Big Data im Internet vorhersagt und profiliert (Abschn. 7.1).

AI-Applikationen der General Intelligence (menschlicher Intelligenz-Level) und Super Intelligence (Singularität) gibt es derzeit noch nicht. Die Herausforderung besteht hier in der notwendigen Transferleistung zwischen unterschiedlichen Domänen. Diese Systeme könnten dann proaktiv und dynamisch je nach Kontext eigene Lösungsalgorithmen entwickeln und exekutieren. In Abschn. 4.2 werden Unternehmen modellhaft in den Dimensionen Strategie, People/Orga, Data und Analytics beschrieben, die den dafür notwendigen Algorithmic Maturity Level haben.

Insgesamt nimmt bei steigender Komplexität und sinkendem Strukturierungsgrad der Aufgabe die notwendige Autonomie und Dynamik der Algorithmen zu. Dies gilt auch für den Business Impact im Sinne der Wettbewerbsrelevanz der Lösungsalgorithmen.

3.2   AI – das ewige Talent wird erwachsen

Das Thema AI ist nicht neu – es wird seit den 1960er Jahren diskutiert. Der große Durchbruch in der Geschäftswelt ist mit wenigen Ausnahmen lange ausgeblieben. Durch die immens gestiegene Rechenpower lassen sich jetzt die Methoden massiv parallelisieren und verstärken. Innovative Deep Learning und Predictive-Analytics-Verfahren gepaart mit Big-Data-Technologie ermöglichen einen wahren Quantensprung des AI-Nutzenpotenzials für geschäftliche Anwendungen und Fragestellungen. In den letzten zehn Jahren ist aufgrund dieser Weiterentwicklung der Durchbruch im Hinblick auf die Anwendbarkeit in der unternehmerischen Praxis gelungen. Derzeit ist die Diskussion zum einen durch wenig realistische Science-Fiction-Szenarien, welche die Übernahme der Menschen durch die Computer postulieren, geprägt. Zum anderen gibt es einen stark informatik-/techniklastigen Diskurs. Darüber hinaus gibt es singuläre populärwissenschaftliche Veröffentlichungen sowie Beiträge in der Tagespresse. Letztere verhaften auf der exemplarischen Ebene ohne ganzheitlichen Kontext. Es fehlen ein systematischer Überblick der für das Business relevanten AI, ein Referenzmodell zur Einordnung für die jeweiligen unternehmerischen Funktionen und Fragestellungen, ein Reifegradmodell zur Einordnung und Bewertung der jeweiligen Phasen und ein Vorgehensmodell inklusive einer ökonomischen Kosten-Nutzen-Risiken-Bewertung.

Folgende Zitate (vgl. Abb. 3.2) der großen internationalen Player unterstreichen die Relevanz von AI für das Business:

Abb. 3.2 Zitate der Global Player unterstreichen die Relevanz von AI für das Business. (Gentsch bzw. die zitierenden Unternehmen)

3.3   Ein Definitionsversuch

Kaum ein anderes Gebiet der Informatik löst so häufig Emotionen aus wie das Gebiet mit der Bezeichnung „Künstliche Intelligenz". Der Begriff erinnert an erster Stelle an intelligente Robotermenschen, wie sie aus Science-Fiction-Romanen und -Filmen bekannt sind. Sehr schnell stellen sich die Fragen: „Werden Maschinen eines Tages intelligent?" oder „Werden Maschinen denken können wie Menschen?" Es gibt unzählige Definitionsversuche für den Begriff Artificial Intelligence, die je nach fachlichem und historischem Ursprung einen anderen Schwerpunkt und eine andere Facettierung haben.

Bevor man aber versucht, sich mit „Künstlicher Intelligenz" zu beschäftigen, sollte man zuerst „Intelligenz" definieren. Bisher gibt es dafür noch keine einheitliche Begriffserklärung, da Intelligenz auf verschiedenen Ebenen existiert und keine Einigkeit darin besteht, wie diese zu unterscheiden ist. Jedoch kann man eine Kernaussage in vielen Fällen erkennen. Intelligenz ist die „Fähigkeit [des Menschen], abstrakt und vernünftig zu denken und daraus zweckvolles Handeln abzuleiten" (gemäß Duden 2016).

Im Wesentlichen ist es „eine generelle geistige Fähigkeit, die unter anderem die Fähigkeit umfasst, Regeln sowie Gründe zu erkennen, abstrakt zu denken, aus Erfahrungen zu lernen, komplexe Ideen zu entwickeln, zu planen und Probleme zu lösen" (Klug 2016). Die Künstliche Intelligenz soll also die genannten Aspekte der menschlichen Verhaltensweisen in sich nachbilden, um auf diesem Wege „menschlich" agieren zu können, ohne es zu sein. Hierzu zählen Eigenschaften und Fähigkeiten wie das Lösen von Problemen, Erklären, Lernen, Sprachverstehen sowie die flexiblen Reaktionen eines Menschen.

Da es nicht möglich ist, die eine absolute, wahre Definition von Artificial Intelligence zu finden, erscheint die folgende Definition von Elaine Rich für das vorliegende Buch am besten geeignet:

▶   „Artificial Intelligence is the study of how to make computers do things at
    which, at the moment, people are better" (Rich 2009).

Damit kommt zum Ausdruck, dass AI eine Art Wettkampf Mensch-Maschine über die Zeit und in ihrer Ausprägung und Leistungsfähigkeit immer relativ ist. Wurde 1996 der Sieg von Deep Blue gegen Kasparow als AI-Durchbruch gefeiert, war es 2011 der Jeopardy-Sieg und 2016 der Sieg der AI über den koreanischen Weltmeister im Go (Abschn. 3.5).

3.4   Erfolgsfaktoren und Treiber der Entwicklung der Artificial Intelligence

Da die heute verwendeten Techniken und Methoden zum größten Teil bereits mehr als 20 Jahre alt sind, lässt sich die aktuelle Euphorie um das Thema AI so nicht erklären. Vielmehr konnten andere Erfolgsfaktoren der AI identifiziert werden, die zur gegenwärtigen Hochphase der AI beisteuern und diese auch in Zukunft befeuern werden.

In diesem Kapitel werden die Treiber und Entwicklungen als wichtiger Layer für das AI Business Framework vorgestellt und erklärt (Abb. 3.3).

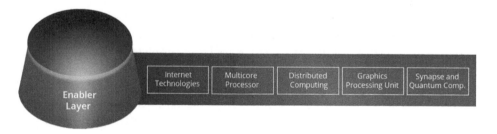

Abb. 3.3 Treiber und Entwicklungen als wichtiger Layer für das AI Business. (Gentsch)

3.4.1   Internet und verteilte Systeme

Seit der „Erfindung des Internets" durch Tim Berners-Lee ist mittlerweile mehr als ein Vierteljahrhundert vergangen, und die Zahlen der Nutzer und angeschlossenen Geräte wachsen stetig weiter. Einige dieser Entwicklungen wurden vom Entwickler der „Hypertext Markup Language" (HTML) und des „Hypertext Transfer Protocol" (HTTP) bereits vor mehr als 20 Jahren vorhergesagt. So prognostizierte er das Web 2.0, bei dem Internetnutzer selbst Inhalte schaffen und aktiv mitgestalten, genauso wie das IoT, das Internet der Dinge mit vernetzten Geräten aller Art. Abb. 3.4 zeigt die Entwicklung der Nutzerzahlen von 1995 bis 2016:

Während in den Nutzerzahlenprognosen bis 2020 mit etwas schwächerem Wachstum gerechnet wird, soll die Zahl der mit dem Internet verbundenen Geräte bis 2020 stark ansteigen. Das wird in folgender Infografik (vgl. Abb. 3.5) illustriert:

Von der smarten Waschmaschine bis zum intelligenten Assistenten werden diese Devices die digitalen Interaktionen zwischen Kunde und Unternehmen und die Bandbreite der Datengenerierung massiv erweitern.

Die rasante Entwicklung des Internets und der Erfolg großer, internationaler Websites wie Facebook, Google oder Amazon wurde durch Technologien zur verteilten Berechnung

Abb. 3.4 Geschätzte Anzahl der Internetnutzer. (Quelle: Statista 2017; World Bank, ITU)

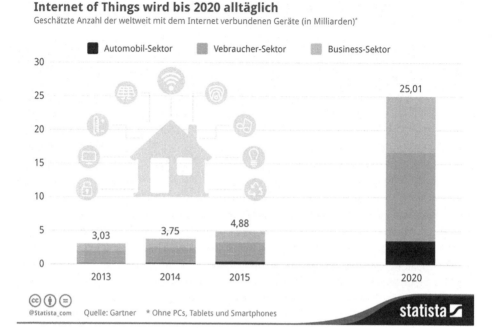

Abb. 3.5 Geschätzte Anzahl der weltweit mit dem Internet verbundenen Geräte. (Statista 2017)

und Speicherung von Daten erst ermöglicht. Bekannt sind u. a. die Projekte der Apache Software Foundation, unter deren Open-Source-Lizenz der Apache-http-Server[1], Hadoop[2] und Spark[3]. Die Unternehmen der GAFA-Economy, allen voran Google und Facebook, beteiligen sich mit großem Ressourceneinsatz an der Apache Foundation und treiben die Open-Source Projekte voran. Erst die Entwicklung und der Einsatz derartiger Technologien ermöglichten es den großen Internetunternehmen, weltweit parallel Millionen Anfragen zu bekommen und zu verarbeiten.[4] Die Digitalisierung und weltweite Vernetzung hat ein System geschaffen, in dem sich Algorithmen und Maschinen besser zurechtfinden als in der realen Welt.

---

[1]Der in den letzten Jahren am meisten verwendete Webserver weltweit.

[2]Ein auf dem von Google entwickelten MapReduce-Algorithmus basierendes Framework für verteilte Systeme.

[3]Eine in-memory-Erweiterung für Hadoop, die hauptsächlich zur Anwendung von Machine Learning entwickelt wurde.

[4]Auf Facebook werden jede Minute 510.000 Kommentare gepostet, 293.000 Statusupdates durchgeführt und 136.000 Fotos hochgeladen, während bei Google mehr als 3,5 Mio. Suchanfragen eingehen.

3.4.2 Mehrkernprozessoren und Graphics Processing Units

Ein weiterer Treiber der Künstlichen Intelligenz sind die Entwicklungen im Bereich der Rechenkapazitäten. Bis zum Aufkommen von Mehrkernprozessoren wurde der PC-Markt von Einkernprozessoren dominiert. Diese wurden weiterentwickelt, indem die Taktfrequenz weiter erhöht wurde. Diese Vorgehensweise führte ab einer Taktfrequenz von 4 GHz zu dem Problem, dass die Wärmeentwicklung innerhalb der Prozessoren zu groß wurde. Um die immer größer werdenden Datenmengen zu verarbeiten, wurden seit den 1990er Jahren Multi-Core-Prozessoren in Supercomputern und ab dem neuen Jahrtausend auch in normalen PCs eingesetzt. Somit lassen sich auch die Mehrkernprozessoren zumindest mittelbar den AI-Enablern zuordnen, weil die Massendatenverarbeitung ohne diese Technologie nicht mehr möglich gewesen wäre.

Die Graphics Processing Units hingegen sind direkt ein Enabler für die AI. Entwickelt wurden diese Prozessoren ursprünglich für die Berechnung aufwendiger mathematischer Funktionen, um in Computerspielen realistischere Grafiken zu erschaffen. Dies wurde dadurch ermöglicht, dass die Architektur der Recheneinheiten dem sogenannten „Parallel Computing" angepasst wurde. So wird in einer GPU bereits auf Prozessorebene ein Vielfaches der Kerne einer CPU eingebaut, die allerdings mit einer geringeren Taktfrequenz arbeiten. Zur Veranschaulichung dient Abb. 3.6:

Während sich CPUs eher für serielle Datenverarbeitung eignen, werden die GPUs für rechenintensive Aufgaben verwendet, die sich gut parallelisieren lassen. Als GPUs 1999 auf den Markt kamen, waren die eigentlichen Zielgruppen Gamer und Grafiker. Heutzutage werden GPUs in großen Stückzahlen in Unternehmen, Wissenschaft, Forschung und auch in modernen Fahrzeugen eingesetzt (Kersten 2017). Im vergangenen Jahr stieg die Aktie der Nvidia Corp., dem Weltmarktführer im Bereich GPUs, um mehr als 200 % und innerhalb der letzten drei Jahre um mehr als 500 %. Die enormen Erwartungen an den Einsatz und die Verbreitung von AI-Anwendungen spiegeln sich ein Stück weit in der Entwicklung dieser Aktie wider. Führende Unternehmen wie Microsoft, IBM, Baidu und auch Tesla arbeiten zusammen mit Nvidia an der Verbesserung ihrer jeweiligen AIs.

Abb. 3.6 Der Unterschied zwischen CPU und GPU. (Krewell 2009)

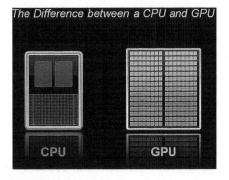

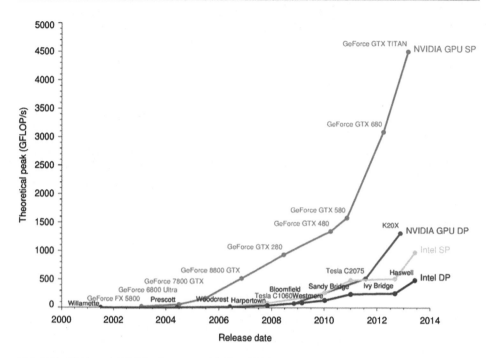

Abb. 3.7 CPU- und GPU-Performance. (Galloy 2016)

Um in einem Computerspiel eine hohe Bildfrequenz darstellen zu können, müssen parallel Tausende Vektor- und Matrizenoperatoren berechnet werden, und die GPUs wurden speziell dafür entwickelt. Da im Deep Learning sehr ähnliche Operationen durchgeführt werden, eignet sich die GPU-Architektur hervorragend für diesen Einsatz. Dadurch konnten Lernzeiten von neuronalen Netzen von Monaten auf Wochen oder sogar Tage verkürzt werden.

Abb. 3.7 verdeutlicht die Performanceunterschiede heute üblicher, ausgewählter CPUs (blau) und GPUs (grün) in GFLOPS[5]. Besonders bei Berechnungen mit einfacher Genauigkeit (in der Abbildung SP für Single Precision, jeweils heller dargestellt) erzielen GPUs deutlich bessere Ergebnisse. Beim Einsatz in künstlichen neuronalen Netzen, wo für jeden Knoten einfache Operationen berechnet werden, wird der Leistungsunterschied besonders deutlich.

Die Tatsache, dass die Global Player wie Google und Facebook eigene Prozessoren für ihre AI-Applikationen entwickeln, unterstreicht die Bedeutung dieses Treibers für die Business AI.

---

[5]FLOPS sind „Floating Point Operations per Second", deutsch: Gleitkomma-Operationen pro Sekunde. Ein Gigaflops (GFLOPS) bedeutet eine Milliarde Rechenoperationen pro Sekunde.

3.4.3 Zukunftstechnologien – neuromorphe Chips und Quantencomputer

Während sich Software- und Hardware-Architektur aktuell sehr stark voneinander unterscheiden, arbeiten Unternehmen und Forschungsteams weltweit an der Ablösung der Von-Neumann-Architektur, auf der bis heute alle modernen Rechner basieren. Der Gedanke hinter dieser Idee ist, nicht mehr logische Schaltkreise aus Nullen und Einsen, sondern von der Neurowissenschaft inspirierte Architekturen zu konstruieren, die die Funktionsweise des Gehirns nachahmen. Im Bereich der sogenannten neuromorphen Chips konnten in den letzten Jahren große Fortschritte erzielt werden. So stellte IBM 2014 mit dem TrueNorth bereits die zweite Generation der „Systems of Neuromorphic Adaptive Plastic Scalable Electronics" (SyNAPSE) vor, einen Prozessor mit 4096 Kernen, deren Größe nur noch ein Fünfzehntel der vorherigen Generation beträgt. Diese von Nervenzellennetzwerken inspirierten elektronischen Schaltungen eignen sich hervorragend für den Einsatz in neuronalen Netzen zur Pattern Recognition sowohl bei strukturierten (z. B. Tabellen, Datenbanken) als auch unstrukturierten Daten (z. B. Text-, Bild-, Audio- und Video-Dateien). Die Universität Heidelberg präsentierte im März 2016 das Computersystem BrainScaleS, das wie die Recheneinheiten von IBM die „Paradigmen einer programmgesteuerten Maschine und deren Umsetzung durch räumlich getrennte Speicher- und Rechenwerke" verlässt, um stattdessen den Aufbau des menschlichen Gehirns zu imitieren. Diese Herangehensweise wird bisher nur in der Forschung angewandt, hat aber das Potenzial, die AI entscheidend zu beschleunigen.

Eine weitere Technologie, an der aktuell mit Hochdruck gearbeitet wird, sind Quantencomputer. Auch in diesem Bereich konkurrieren die großen Hightech-Konzerne der USA um das erste marktfähige Modell, mit dem ein neues Technologiezeitalter eingeläutet würde. Quantencomputer machen sich die Gesetze der Quantenphysik zunutze und basieren nicht wie heutige Computer auf Transistoren, die entweder aus- oder angeschaltet sind (die Sprache der Rechner: 0 und 1), sondern auf subatomaren Quantenbits (Qubits), deren Informationen u. a. in einzelnen Elektronen oder Ionen gespeichert werden. Das Besondere an den Qubits ist, dass sie bis zur Messung weder 0 noch 1 als Wert annehmen, sondern beliebige Werte dazwischen. Diese Superposition (=Überlagerung) ermöglicht die simultane Speicherung einer exponentiell ansteigenden Anzahl digitaler Werte. Zusätzlich sind die Qubits miteinander verknüpft. Quantenphysiker erhoffen sich durch diese Architektur und das Nutzen der quantenmechanischen Eigenschaften Recheneinheiten, die massiv parallel arbeiten und deren Rechenleistung sich exponentiell mit der Anzahl ihrer Qubits erhöhen würde. Diese Explosion der Rechenleistung hat das Potenzial, in verschiedenen technischen Bereichen Revolutionen auszulösen. So wären alle bisherigen Verschlüsselungsverfahren für einen Quantencomputer innerhalb kürzester Zeit geknackt, und es könnten komplette Molekülketten simuliert werden, um z. B. neuartige Medikamente gegen Krebs zu kreieren. Für die Entwicklung der AI wären Quantencomputer wie ein „Turbolader" für einen Verbrennungsmotor. Quantencomputer bringen nicht nur vielfältige Potenziale, sondern erst einmal auch große Herausforderungen mit sich. Stand heute gibt es eine Vielzahl an verschiedenen Elementen, aus denen die Qubits gefertigt werden, und manche von ihnen müssen im Vakuum bis in die Nähe des absoluten Nullpunktes gekühlt werden, um supraleitfähig zu sein.

Eine weitere Herausforderung besteht darin, dass Quantencomputer von Grund auf anders programmiert werden müssen als herkömmliche Rechner. So publizierte ein Team mit Forschern verschiedener amerikanischer Elite-Universitäten und Google-Forschern die erste vollständig skalierbare Simulation eines Wasserstoffmoleküls, das auf einem Quantencomputer berechnet wurde.

Weiter gibt es bereits eine erste – wenn auch nur experimentelle – AI-Anwendung auf einem Quantencomputer: Ein chinesisches Forscherteam der Universität Hefei brachte einen Quantencomputer mithilfe eines Texterkennungs-Algorithmus dazu, den Unterschied zwischen Sechsen und Neunen zu erkennen und diese zu klassifizieren.

Damit wurde erstmals Machine Learning auf einem Quantencomputer betrieben. Auch wenn das Ergebnis dieser Veröffentlichung noch keinen großen Nutzen für die AI hat, da mit herkömmlichen Computern und Algorithmen bereits deutlich bessere Ergebnisse erzielt werden, so wird doch deutlich, dass die Quantentechnologie für AI-Forscher in Zukunft greifbar ist.

3.5   Historische Entwicklung der AI

3.5.1   Historische Entwicklung der Künstlichen Intelligenz

Die Geschichte der Künstlichen Intelligenz lässt sich in verschiedene Phasen aufteilen. Im Rahmen dieser Arbeit wird ein kurzer Überblick über die einzelnen Entwicklungsstadien der Künstlichen Intelligenz von den Anfängen in den 1950er Jahren bis heute aufgezeigt (Abb. 3.8).

3.5.1.1   Erste Arbeiten im Bereich der Künstlichen Intelligenz (1943–1955)

Im Jahr 1943 veröffentlichten die Amerikaner Warren McCulloch (1898–1969) und Walter Pitts (1923–1969) das erste dem Bereich der AI zugeordnete Werk (Russell und Norvig 2012). Basierend auf Kenntnissen aus den Disziplinen Neurologie, Mathematik und der Programmiertheorie präsentierten sie das sogenannte McCulloch-Pitts-Neuron (Marsalli 2016). Sie beschrieben erstmals modellhaft die Struktur von künstlichen neuronalen Netzen, deren Aufbau und Struktur dem menschlichen Gehirn nachempfunden sind. Dabei können einzelne Neuronen verschiedene Zustände („An" oder „Aus") annehmen. Durch Kombination der Neuronen und deren Interaktionen können Informationen gespeichert, verändert und berechnet werden. Weiter prophezeiten McCulloch und Pitts, dass derartige Netzstrukturen bei geeigneter Konfiguration auch lernfähig seien (Russell und Norvig 2012). Die damals vorgestellten Konzepte waren vielversprechend, allerdings wäre eine Implementierung im großen Stil damals technisch aufgrund fehlender IT-Infrastrukturen nicht möglich gewesen.

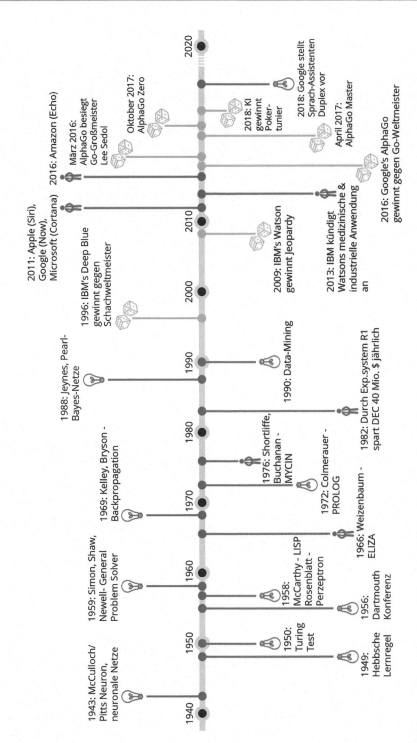

Abb. 3.8 Historische Entwicklung der AI. (Quelle: eigene Darstellung)

Es gäbe an dieser Stelle verschiedene Beispiele für Veröffentlichungen zur damals neuen Wissenschaft der AI-Forschung. Am bedeutendsten waren die Beiträge von Alan Turing (1912–1954), der bereits 1947 Vorträge zur AI an der London Mathematical Society hielt und 1950 im Artikel „Computing Machinery and Intelligence" seine Visionen publizierte (Russell und Norvig 2012). Turing stellte in dem Paper, das in der philosophischen Fachzeitschrift „Mind" veröffentlicht wurde, die Kernfrage der AI: „Can Machines Think". Weiter stellte er in dem Artikel seine Ideen des nach ihm benannten Turing- Tests, Machine Learnings, genetischer Algorithmen und verstärkenden Lernens vor.

3.5.1.2 Früher Enthusiasmus und baldige Ernüchterung (1952–1969)

Erstmals öffentlich vom Begriff der „Künstlichen Intelligenz" wurde auf einer im Jahr 1956 am Dartmouth College in Hanover im US-Bundesstaat New Hampshire abgehaltene Konferenz gesprochen. Dort kamen auf Einladung John McCarthys (1927–2011) führende Forscher aus Amerika zusammen. In dem zweimonatigen Workshop sollten u. a. Themen wie neuronale Netze, automatische Computer sowie der Versuch, Computern Sprache beizubringen, behandelt werden. Bei diesem Workshop gelangen zwar keine neuen Durchbrüche, allerdings wird die Konferenz dennoch als Meilenstein betrachtet, da sich dort die damals wichtigsten Vordenker der AI-Entwicklung trafen und die Wissenschaft der Künstlichen Intelligenz begründeten (Russell und Norvig 2012).

Der Turing-Test ist eine Prüfung, die dazu dient, bei einer Maschine menschenähnliche Intelligenz festzustellen. Dazu unterhält sich ein Mensch via Text-Chat mit zwei ihm unbekannten Gesprächspartnern, von denen einer ein Mensch, der andere eine Maschine ist. Beide versuchen, den Probanden davon zu überzeugen, dass sie Menschen sind. Der Test gilt als bestanden, wenn es dem Computer in mehr als 30 % einer Serie kurzer Unterhaltungen gelingt, seinem menschlichen Gegenüber nicht als Computer aufzufallen, und dieser nicht sicher zwischen Mensch und Maschine unterscheiden kann. Bis heute gibt es noch kein Programm, welches unumstritten den Turing-Test bestanden hat.

In den darauffolgenden Jahren breitete sich ein großer Enthusiasmus über die zukünftigen Entwicklungen und Erfolge der Künstlichen Intelligenz aus. So postulierte etwa der spätere Turing-Award- und Wirtschaftsnobelpreisträger Herbert A. Simon (1916–2001) im Jahre 1958:

Innerhalb der nächsten zehn Jahre wird ein Computer Schachweltmeister werden und innerhalb der nächsten zehn Jahre ein wichtiges und neues mathematisches Theorem entdecken und beweisen.

Weiter hofften AI- Enthusiasten auf Programme, die dazu in der Lage wären, eigenständig Musik zu komponieren, die von Menschen als ästhetisch wahrgenommen würde. Als besonders vielversprechend wurden damals Programme und Systeme angesehen, deren Vorgehensweise darin bestand, Probleme in möglichst kleine Aufgabenpakete aufzuspalten und dann wieder zu einer ganzheitlichen Lösung zusammenzufügen. Die Ernüchterung trat ein, als sich herauskristallisierte, dass die hochtrabenden Erwartungen mithilfe dieser Vorgehensweise nicht erfüllt werden konnten (Russell und Norvig 2012). So konnte erst im Jahre 1996 zum ersten Mal der Computer Deep Blue den damals amtierenden Schachweltmeister Garri Kasparow in einer Turnierpartie schlagen.

In der Zeit nach der Konferenz in New Hampshire wurde die Programmiersprache Lisp entwickelt, die sich in den folgenden 30 Jahren zur dominierenden Sprache im Bereich der AI etablierte. Weiter wurden Programme entwickelt, die einen allgemeinen Problemlösungsansatz verfolgten. Ein Beispiel hierfür ist der sogenannte General Problem Solver, der an der Aufgabe gescheitert war, das oben beschriebene Verfahren der Lösung eines Problems durch Aufspaltung in dessen elementare Aufgaben zu erreichen. Zwar konnte der GPS sinnvoll Schach spielen und leichte mathematische Sätze beweisen, allerdings war es dem Programm nicht möglich, die menschliche Vorgehensweise bei Problemlösungen zu kopieren und diese auf ähnliche Probleme zu übertragen. Brute-Force-Lösungsansätze, bei denen möglichst viele Lösungsalternativen berechnet und geprüft werden, wurden durch die nur begrenzt zur Verfügung stehenden Rechenkapazitäten gebremst (Russell und Norvig 2012).

3.5.1.3 Wissensbasierte Systeme als Schlüssel zum kommerziellen Erfolg (1969–1979)

Die bisher verwendeten Verfahren, auch „schwache Methoden" genannt, bei denen Suchalgorithmen elementare Teilschritte kombinieren, um zur Problemlösung zu gelangen, konnten keine komplexen Probleme lösen. Deshalb wurde in den 1970er Jahren die Herangehensweise angepasst. Anstelle von Programmen, deren Ansätze auf eine große Anzahl an Problemen angewandt werden können, wurden Methoden entwickelt, die bereichsspezifische Erkenntnisse und Vorgehensweisen der jeweiligen Fachbereiche verwenden. Dazu werden komplexe Regelwerke gebildet, innerhalb derer das Programm zur Lösungsfindung kommt. Die sogenannten Expertensysteme sollten gerade in den Bereichen Spracherkennung, automatischer Übersetzung und Medizin Fortschritte bringen (Russell und Norvig 2012).

So war beispielsweise das an der Stanford University entwickelte Expertensystem MYCIN dazu in der Lage, bakterielle Infektionskrankheiten des Blutes zu diagnostizieren und Therapiemöglichkeiten aufzuzeigen. Das dafür benötigte Wissen wurde in 450 Regeln kodifiziert. Das besondere an MYCIN war, dass dort eine strikte Trennung von Wissensrepräsentation und Inferenzmaschine eingehalten wurde. Da das medizinische Wissen in MYCIN durch andere Informationen ersetzt werden konnte, wurde die im System enthaltene Inferenzmaschine als Vorlage für weitere Expertensysteme verwendet.

Die Wissensbasierten Systeme waren die ersten AI-Systeme, die kommerziell in der Praxis zum Einsatz kamen. Deshalb wurde eine Vielzahl an Darstellungs- und Schlussfolgerungssprachen zur Programmierung dieser Systeme entwickelt. Innerhalb der Grenzen ihrer Regelwerke konnten Expertensysteme tatsächlich sehr gute Ergebnisse erzielen, und eine Inferenzmaschine bezeichnet ein Programm, welches mithilfe von Schlussfolgerungen aus einem Regelwerk (Wissensdatenbank) neue Erkenntnisse ableitet. Damit sind Inferenzmaschinen das Herz von Expertensystemen in der

Künstlichen Intelligenz. Ende der 1980er Jahre wurde aus einer kleinen Branche ein Milliardengeschäft, in das viele große Unternehmen investierten. Da die hochtrabenden Erwartungen nicht erfüllt werden konnten, wurde zwischenzeitlich der Begriff Künstliche Intelligenz durch IKBS (Intelligent Knowledge Based Systems) ersetzt, um keine überzogenen Erwartungen mehr zu wecken. Die Zeit am Anfang der 1990er Jahre wird auch als „AI-Winter" bezeichnet, in der sich viele Unternehmen wieder aus der Entwicklung dieser Systeme zurückzogen (Russell und Norvig 2012).

3.5.1.4 Die Rückkehr der neuronalen Netze und der Aufstieg der AI zur Wissenschaft (1986 bis heute)

Mitten im „AI-Winter" brachten die Psychologen David Rumelhart und James McClelland in einem Beitrag den bereits 1969 veröffentlichten Backpropagation-Algorithmus wieder ins Gespräch. Dieser konnte auf diverse Probleme der Informatik und Psychologie angewendet werden. Dadurch wurde die Forschung an den neuronalen Netzen wiederbelebt, und es entstanden die zwei wesentlichen Zweige der AI-Forschung:

- die symbolische, logische Herangehensweise, die den Top-down-Ansatz verfolgt und Expertenwissen systematisiert verknüpft sowie mithilfe komplexer Regelwerke kodifiziert, um Rückschlüsse ziehen zu können (Russell und Norvig 2012), und
- die neuronale AI, deren Methodiken sich an der Funktionsweise des menschlichen Gehirns orientieren (Alex 1998). Diese Herangehensweise ist für die aktuelle Euphorie um die AI verantwortlich (Delko 2016).

Die Neuroinformatik, welche sich mit dem gleichnamigen Teil der AI befasst, hat in den vergangenen zwei Dekaden unter Zuhilfenahme anderer wissenschaftlicher Disziplinen wie Psychologie, Neurologie, Linguistik und Kognitionswissenschaften beachtenswerte Fortschritte erzielen können und damit das Interesse von Wirtschaft, Politik und Gesellschaft auf sich gezogen. Deshalb wird das Feld der AI-Forschung heute nicht mehr isoliert von anderen Disziplinen betrachtet, sondern als Kombination verschiedener Forschungsfelder verstanden.

Die Problemlösungsansätze für einzelne Teilbereiche der AI wie z. B. Spracherkennung oder automatische Übersetzung greifen auf Kenntnisse der Linguistik und der Mathematik zurück. Hierbei wurde versucht, die Systematik in Sprachen und Sprachsequenzen zu erkennen und mithilfe von Markov-Modellen oder anderen numerischen Verfahren zu beschreiben. Informationstheoretische Ansätze wurden zeitweise verworfen und wiederentdeckt. Heutzutage können AI-Forscher aus einer Vielzahl theoretischer Ansätze die vielversprechendsten Methoden auswählen und für den jeweiligen Anwendungsfall heranziehen (Russell und Norvig 2012).

So wären die viel zitierten neuronalen Netze zwar ohne die Neurologie nicht denkbar, allerdings werden für die genauere Modellierung vorwiegend Erkenntnisse aus den Bereichen Mathematik und Informationstheorie angewandt.

3.5.1.5 Intelligente Agenten werden zur Normalität (1995 bis heute)

Bisher haben auch weder die vereinten Kraftanstrengungen unterschiedlicher wissenschaftlicher Disziplinen noch sehr große Fördersummen für Projekte wie das Human
Brain Project mit einer Fördersumme von 1,2 Mrd. EUR nicht zur Entwicklung einer
dem Menschen ebenbürtigen Künstlichen Intelligenz führen können. Eine derartig den-
kende Maschine wäre eine sogenannte „General Artificial Intelligence" (AGI oder auch
Strong AI genannt), also ein Mechanismus, der dazu in der Lage wäre, beliebige intellek-
tuelle Aufgaben auszuführen, wie sie von einem Menschen ebenfalls oder sogar besser
ausgeführt werden würden. Während die AI-Forschung in diesem Bereich noch weit von
ihrem Ziel entfernt ist, werden aktuell sehr viele Systeme, die dem Bereich „Artificial
Narrow Intelligence" (ANI) zugeordnet werden, entwickelt und seit Jahrzehnten eingesetzt. Systeme im Internet sind den meisten Menschen unter dem Namen Bot bekannt.

Diese Computerprogramme sind dazu in der Lage, innerhalb einer abgegrenzten
Umwelt autonom zu agieren. Während AI-Forscher der ersten Stunde wie #MinsAI und
McCarthy kritisieren, dass nur wenig kommerzielles Interesse an der Entwicklung einer
AGI oder einer Human-Level AI (HLAI) besteht, entwickelt der öffentliche Sektor in
vielen Bereichen Systeme, die der Narrow AI zugeordnet werden können. Am häufigsten werden intelligente Agenten im Internet angetroffen. Dort agieren sie als Bestandteile
von Suchmaschinen, Crawlern- oder Empfehlungssystemen Die Komplexitätsniveaus
intelligenter Agenten variieren von einfachen Skripten bis hin zu ausgefeilten Chatbots,
die eine menschenähnliche Intelligenz simulieren.

Die Anzahl wissenschaftlicher Publikationen verdoppelt sich alle neun Jahre. Die
Wachstumsraten der AI-Publikationen von 1960 bis 1995 hingegen liegen bei mehr als
100 % alle fünf Jahre und zwischen 1995 und 2010 immerhin noch bei mehr als 50 %
alle fünf Jahre.

3.6   Methoden und Technologien

In diesem Kapitel werden die wesentlichen Methoden und Technologien für das AI Business Framework vorgestellt und erklärt (Abb. 3.9).

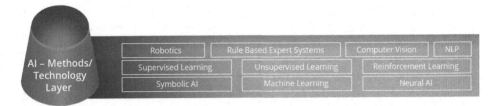

Abb. 3.9 Methoden und Technologien für das AI Business Framework. (Gentsch)

Aufgrund der Komplexität des Gebietes, das durch verschiedenste Disziplinen beeinflusst wurde und bis heute wird, gestaltet sich eine klare Klassifizierung aller AI-Komponenten als recht schwierig. Wie bereits beschrieben, existiert unter AI-Forschern keine einheitliche AI-Definition, und es herrscht bis heute keine Einigkeit über die vielversprechendste Herangehensweise zur Schaffung einer Künstlichen Intelligenz. Dazu ein kurzes Gedankenbeispiel:

Kann man Künstliche Intelligenz simulieren, indem man sich auf die Erkenntnisse der Psychologie und Neurologie stützt? Oder ist die menschliche Intelligenz für die Erschaffung einer Künstlichen Intelligenz in etwa so relevant wie die Vogelkunde für die Luftfahrtingenieure? Anders gefragt: Kann man Intelligenz einfach mit logischen Operatoren darstellen? Beide Herangehensweisen haben jeweils ihre Berechtigung (Russell und Norvig 2012).

In der Scientific Community ist dennoch die Unterscheidung von symbolischer und subsymbolischer AI und maschinellem Lernen gebräuchlich, auch wenn es im konkreten Anwendungsfall zu Überschneidungen der Gebiete kommt und sie sich gegenseitig stark in ihrer Entwicklung beeinflussen. Um das Verständnis zum Einstieg in diese faszinierende Welt zu erleichtern, wollen wir im Folgenden zuerst von festen Definitionsgrenzen ausgehen, um darauf aufbauend die fruchtbaren Überschneidungen exemplarisch zu erwähnen, auf denen der große Erfolg heutiger AI-Forschung und Benefit-aktueller AI-Anwendungen beruht.

Das grundlegende Prinzip der Unterscheidung von symbolischer und subsymbolischer AI ist das der Problem- oder Wissensrepräsentation (Nilsson 2012). Symbolische AI verwendet eine für den Menschen lesbare Symbolsprache, wohingegen subsymbolische AI jegliche Daten vor Prozessierung für die Maschine codiert und somit für den Menschen ohne Weiteres nicht direkt zugänglich ist (Newell und Simon 1976). Ein Beispiel für eine solche Codierung wäre der allgemein bekannte Binärcode oder die darauf aufbauende und häufiger verwendete Grey-Codierung. Die – häufig aus der Statistik – entwickelten Methoden des maschinellen Lernens durchdringen im Anwendungsfall heutzutage jegliche AI-Anwendung und können als algorithmische Grundlagen der AI gewertet werden.

3.6.1 Symbolische AI

Seit der Konferenz am **Dartmouth College 1956** wurde eine Vielzahl unterschiedlicher Methoden und Technologien zur Konstruktion intelligenter Systeme entwickelt.

Auch wenn neuronale Netze und damit der Ansatz der subsymbolischen AI heute dominieren, wurde das Forschungsfeld lange Zeit von der symbolischen Herangehensweise beherrscht. Diese „klassische", von John Haugeland GOFAI („Good Old-Fashioned Artificial Intelligence") genannte Vorgehensweise verwendete festgeschriebene Regeln, um in Abhängigkeit vom Input zu intelligenten Schlüssen zu kommen Bis zum AI-Winter der 1990er Jahre wurden „Künstliche Intelligenzen" entwickelt, indem umfangreiche Regelwerke und Datenbanken manuell programmiert und gefüllt wurden, um dann praktisch darauf zugreifen zu können. Aus der Zeit der symbolischen Künstlichen Intelligenz wird bis heute noch eine Vielzahl an Such-, Planungs- oder Optimierungsalgorithmen und Methoden in modernen Systemen eingesetzt, die heute einfach als sehr gute Algorithmen der Informatik angesehen werden.

Wie bereits erwähnt, zählt man zur symbolischen AI alle Systeme, die mit einer für den Menschen zugänglichen Symbolsprache arbeiten. Mit Symbolen sind Repräsentationen gemeint, die auf Fakten oder Zusammenhänge verweisen (Newell und Simon 1976). Damit sind nicht nur unsere Sprachen gemeint, sondern auch Bilder oder Piktogramme können Symbole sein. Die symbolische AI verfolgt ein „Top down"-Paradigma (Turing 1948); es soll also beobachtetes intelligentes Verhalten simuliert werden und nicht intelligente Denkprozesse an sich. Aus diesem Ansatz haben sich viele, bis heute stark entwickelnde Unterdisziplinen ausgebildet, wovon wir drei exemplarisch behandeln wollen:

3.6.1.1 Natural Language processing (NLP)

Die Computerlinguistik beschäftigt sich mit dem Verstehen, Verarbeiten und Generieren von Sprachen. Das „Natural Language Processing" beschreibt die Fähigkeit von Computern, mit gesprochenem oder geschriebenem Text zu arbeiten, indem die Bedeutung aus dem Text extrahiert oder sogar Text erzeugt wird, der lesbar, stilistisch natürlich und grammatikalisch korrekt ist. Mithilfe von NLP-Systemen werden Computer in die Lage versetzt, nicht nur auf formalisierte Programmiersprachen wie Java oder C zu reagieren, sondern auch auf natürliche Sprachen wie Deutsch oder Englisch.

NLP ist eine der AI-Disziplinen, die in vergangener Zeit die größten Durchbrüche feiern konnte. Die verwendeten Symbolsprachen sind, wie aus dem Namen ableitbar, menschliche Sprachen. Ein Objekt auf Wort-Mapping stellt für Maschinen kein Problem dar; ein reines Wörterbuch ist leicht implementiert. Doch liegt der kommunizierte Sinn des Gesprochenen häufig in der Semantik, also den Interpretationsregeln des Gesagten, was Maschinen bis heute vor eine große Herausforderung stellt. Beispielsweise ist die Semantik unserer Sprachen nicht einheitlich und hängt von der jeweiligen Grammatik, der kulturellen Prägung, der Intention etc. ab. Das lässt sich nicht problemlos für die Maschine prozessierbar formalisieren. Aufgrund der Semantik der menschlichen Sprache sowie der Vielzahl an Synonymen und Ambiguitäten gehört NLP zu den sogenannten „harten Problemen" der Informatik.

Ein häufig verwendetes Beispiel der Linguistik zur Veranschaulichung der Komplexität menschlicher Sprache ist folgendes: Jedes Wort im Satz „Time flies like an arrow" ist eindeutig. Wenn man aber „Time" mit „Fruit" und „arrow" mit „banana" ersetzt, lautet der Satz: „Fruit flies like a banana". Während „flies" im ersten Satz noch das Verb „fliegen" beschreibt, wird daraus im zweiten Satz das Nomen „(Frucht-)Fliegen", und aus der Präposition „like" – „wie" wird im zweiten Satz das Verb „mögen". Während ein Mensch die Wortbedeutungen intuitiv richtig erkennt, werden beim NLP u. a. verschiedene ML-Techniken kombiniert, um die gewünschten Ergebnisse zu erreichen.

Auch der Erfolg der Computerlinguistik wurde durch die bereits beschriebenen Erfolgsfaktoren, insbesondere der schnelleren Hardware sowie Big Data, beschleunigt.

Nachdem ein System mithilfe sehr großer Datenmengen trainiert wurde, können Wortbedeutungen mit höheren Wahrscheinlichkeiten bestimmt werden.

Deutlich werden Performance-Unterschiede im Eigenexperiment von Google- und Bing-Übersetzungshilfen. Während der Google-Übersetzer bereits viel und erfolgreich mit semantischen ML-Methoden arbeitet, übersetzt Bing in vielen Fällen noch Wort für Wort.

Besonders aktuell ist in diesem Bereich das Thema der Spracherkennung (engl. speech recognition), welches sich mit der automatischen Transkription menschlicher Sprache befasst und aktuell einen der größten Treiber der Künstlichen Intelligenz im Endkundengeschäft darstellt. Aktuell werden bereits Geräte wie Amazon Echo verkauft, die ausschließlich über Spracheingaben gesteuert werden.

Eine weitere Anwendung der Computerlinguistik liegt im Bereich „Natural Language Generation" (NLG), z. B. im automatisierten Schreiben von Texten in stark formalisierten Bereichen wie Sport- oder Finanznachrichten. Andere Anwendungsfälle sind Sentiment-Analysen in Kundenrezensionen, die automatische Erstellung von Keyword-Tags oder das Durchsuchen juristischer. Aktuell besonders im Fokus steht der Einsatz von Chatbots im Customer Service und Conversational Commerce.

3.6.1.2 Regelbasierte Expertensysteme

Regelbasierte Expertensysteme gehören zu den ersten gewinnbringenden Realisierungen der AI, die bis heute eingesetzt werden. Die Einsatzgebiete sind vielfältig und reichen von der Planung in Logistik und im Flugverkehr über die Produktion von Verbrauchs- und Investitionsgütern bis hin zu medizinischen Diagnosesystemen.

Sie zeichnen sich dadurch aus, dass das in ihnen repräsentierte Wissen in Art und Herkunft von Experten (einzelner Fachbereiche) stammt. Aus dem Wissen werden dann abhängig von Input-Variablen automatisierte Schlüsse abgeleitet. Dafür muss das Wissen (im Sinne der symbolischen AI) kodifiziert, also mit Regeln versehen, und mit einem Ableitungssystem zur Lösung der Herausforderungen verknüpft werden.

Regelbasierte Expertensysteme werden in logischen, formalen Sprachen realisiert, deren Semantik maschinell leichter zu verarbeiten ist als die unserer natürlichen Sprachen, da diese Sprachen für den maschinellen Gebrauch entwickelt wurden (Durkin 1994). Die bekanntesten Vertreter sind die Logik erster Stufe und die Prädikatenlogik. Sie werden häufig in der Logiksprache LISP oder dem europäischen Äquivalent PROLOG bzw. verschiedenen Dialekten dieser implementiert (Winston und Horn 1989).

Expertensysteme bestehen aus drei grundlegenden Bausteinen:

1. Einer Wissensdatenbank, auch Faktenbasis genannt. Sie stellt die grundlegende Beschreibung der Umwelt des Systems dar. Die Faktenbasis ist sowohl in Form von Faktenwissen (wie in klassischen Datenbanken und Handbüchern) als auch in Form heuristischen Wissens (Erfahrungswissen, das von Experten über Jahre aufgebaut wird) abgebildet. Gerade die Abbildung des Letzteren ist eine der größten Herausforderungen der Expertensysteme. Dafür wird die Wissenserwerbkomponente benötigt, in der interdisziplinäre Teams aus Informatikern und Experten der

jeweiligen Fachbereiche zusammenarbeiten, um Wissen aufwendig aufzuzeichnen und darzustellen.

2. Einer Menge von Regeln, auch Regelbasis genannt. Mithilfe der Regelbasis wird der Handlungsspielraum des Systems festgelegt.

3. Einem Regelinterpreter, der Schlussfolgerungen mit Anwendung der Regeln auf die Faktenbasis generiert. Hier kommen je nach Design des Systems statistische oder deterministische, also festgelegte, Verfahren zum Einsatz.

Grundlegend folgen Regeln einem WENN-DANN-SONST-Schema. Den WENN-Teil der Regeln bezeichnet man üblicherweise als Prämisse, den DANN-Teil als Konklusion und den SONST-Teil entsprechend als alternative Konklusion (Durkin 1994).

Es gibt zwei grundlegende Mechanismen, nach dem Regelbasierte Experimentsysteme arbeiten (Puppe 1988):

1. Datengetrieben oder vorwärtsverkettet: „WENN Fakt, DANN Folgendes". Hier wird versucht, auf Basis eines in der Wissensdatenbank hinterlegten Fakts ein noch unbekanntes Ziel zu erreichen. Das kann je nach System beispielsweise eine Handlung oder eine Diagnose sein.

2. Zielgetrieben oder rückwärtsverkettet: „WENN Ereignis, DANN Fakt". Auf diese Art werden häufig Hypothesenbeweise erstellt. Je nach Design und Anwendungsfall des Expertensystems kann es auch zu einer Kombination beider Mechanismen kommen.

Häufig wird das Wissen mithilfe langer Ketten aus „WENN-DANN-Regeln" aus der Faktenbasis abgeleitet. Der Vorteil von Expertensystemen liegt darin, dass das Zustandekommen der Ergebnisse vom Nutzer über die Erklärungskomponente genau nachvollzogen werden kann.

Die Ideen und Erkenntnisse der frühen Wissens- und Regelbasierten Expertensysteme finden bis heute weiterhin in modernen Systemen Anwendung. Allerdings muss Wissen heute nicht mehr mit großem Aufwand und in Zusammenarbeit mit Experten strukturiert in Datenbanken gespeichert werden, sondern kann über Natural-Language-Processing- und Machine-Learning-Verfahren in Kombination mit viel Rechenleistung in Echtzeit erfasst und verarbeitet werden. Aufgrund des Aufsehens um die künstlichen neuronalen Netze werden heutige Systeme nur selten als Expertensysteme beworben. Allerdings werden sie gerade in medizinischen Anwendungen weiterhin häufig eingesetzt.

3.6.1.3 Data Mining

Im Zeitalter des Internet of Things und Big Data gewinnt Data Mining immer mehr an Bedeutung, um diese überwältigenden Datenmengen kommerziell nutzbar zu machen. Es kommen viele Verfahren der statistischen Datenanalyse, des maschinellem Lernen und der subsymbolischen AI zum Tragen. Trotzdem wird Data Mining aufgrund der menschlichen Lesbarkeit von Daten noch der symbolischen AI zugeordnet. Je nach Herkunft der Daten wird nochmals zwischen Text- und Web-Mining unterschieden (Witten 2011).

Genau genommen handelt es sich bei dem Begriff Data Mining um einen Teilprozess des Knowledge Discovery in Databases (KDD) (Fayyad und Smyth 1996), also der automatisierten Wissensextraktion aus Datenbanken. So werden Rohdaten ausgewählt, bereinigt und auf Vollständigkeit überprüft, eine Datenrepräsentationsmethode gewählt, die der vorherig ausgewählten Data-Mining-Methode entspricht. Die Data-Mining-Analyse ist eines der wichtigsten kommerziellen Anwendungsgebiete des maschinen Lernens.

Nach dem eigentlichen Data-Mining-Schritt werden die gefundenen Muster evaluiert und interpretiert. Dieser Prozess kann iterativ mit neuen Datensätzen fortgeführt werden, bis das Ergebnis qualitativ überzeugt.

Die Muster, die Data-Mining-Algorithmen erkennen sollen, sind in der Regel statistische Modelle, die auf Grundlage der Daten generiert werden. Mit diesen Modellen können Sachlagen beschrieben, aber auch, je nach Qualität des Modells und Fragestellung, zuverlässige Prognosen erstellt werden (Witten 2011).

Grundlegend werden sechs verschiedene Aufgabengebiete im Data Mining, wie im Machine Learning, unterschieden, die häufig miteinander kombiniert vorkommen (Fayyad und Smyth 1996):

1. **Anomalie Detektion:** Es werden inkonsistente Objekte in Datensätzen identifiziert. Dabei kann es sich um statistische Ausreißer, Fehler, aber auch um Änderungen handeln.
2. **Assoziationsregelanalyse:** Es wird nach Korrelationen zwischen Objekten gesucht und diese als Regel formuliert. Diese Regel kann im Weiteren dann verwendet werden, um wie im Crossmarketing dem Kunden Produktvorschläge mit einer hohen Verkaufswahrscheinlichkeit zu machen. So wird ein Kunde, der eine Taschenlampe kauft, mit hoher Wahrscheinlichkeit auch passende Batterien erstehen, wenn er sie angeboten bekommt.
3. **Regressionsanalyse:** Es wird die Funktion mit der geringsten Abweichung zum jeweiligen Datensatz für verschiedene Attribute modelliert. Damit können bei einem guten Modell fehlende Attributswerte bei weiteren Datensätzen berechnet, aber auch ähnlich der Anomaliedetektion Ausreißer erkannt werden.
4. **Clusteranalyse:** Dieser Aufgabenbereich widmet sich der Entdeckung von Gruppen oder Strukturen, die gewisse Ähnlichkeiten aufweisen, ohne auf eventuelles Wissen der Datenstruktur zurückzugreifen. Häufig handelt es sich hierbei um Datenhäufungen um einen bestimmten Wert. Auch mit diesem Verfahren lassen sich Ausreißer gut erkennen.
5. **Klassifikationsverfahren:** Ähnlich der Clusteranalyse sollen Objekte aus einem Datenraum in Gruppen eingeordnet werden. Der Unterschied zur Clusteranalyse liegt in den vordefinierten Klassen, in die die Objekte eingeordnet werden.
6. **Zusammenfassung:** Einer der wichtigsten Aufgabenbereiche ist die kompaktere Repräsentation eines großen und unübersichtlichen Datensatzes. Mithilfe der vorherig

beschriebenen Verfahren kann ein unübersichtlicher Datenberg so komprimiert, reduziert und visualisiert werden, dass der Nutzer einen Informationsgewinn aus der Analyse ziehen kann.

Da es sich beim Web-Mining um eine stark verteilte Datenbank, genau genommen eine Datenbank, die sich über das komplette unstrukturierte Internet erstreckt, handelt, gestaltet sich die automatisierte Extraktion von implizitem Wissen für Maschinen als sehr schwierig. Deshalb hat man sich auf Standards von expliziter Wissensrepräsentation als Web-Erweiterung geeinigt, was unter dem Namen Semantic Web zusammengefasst wird (Berners-Lee 2001).

Im Web- sowie Text-Mining spielen NLP-Anwendungen ebenfalls eine große Rolle.

3.6.2 Subsymbolische AI

Der Ansatz der symbolischen AI, Wissen systematisch zu erfassen und zu kodifizieren, wurde lange Zeit als sehr erfolgversprechend erachtet. In einer immer weiter digitalisierten Welt, in der Wissen implizit in den Datenmengen liegt, sollte die AI etwas können, womit sich Wissensbasierte Expertensysteme inhärent schwertun: eigenständiges Lernen. So konnte Deep Blue 1996 Garry Kasparow zwar ohne den Einsatz künstlicher neuronaler Netze schlagen, allerdings nur, indem von Menschen das Schachspiel formalisiert wurde und der Rechner dann pro Sekunde bis zu 200 Mio. Stellungen berechnen konnte, aus denen dann die vielversprechendste gewählt wurde.

Im Gegensatz zur symbolischen AI versucht man in der subsymbolischen AI mithilfe von artifiziellen neuronalen Netzwerken, Strukturen zu erschaffen, die intelligentes Verhalten mit biologieinspirierten Informationsverarbeitungsmechanismen lernen; sie folgt einem Bottom-up-Paradigma (Turing 1948). Viele Inspirationen für Mechanismen dieser Art entspringen der Psychologie- oder auch Neurobiologieforschung. Deshalb wird manchmal auch der Begriff Neural AI verwendet. Das Wissen bzw. die Informationen sind, nicht wie bei der symbolischen AI, nicht explizit lesbar. Mithilfe der Netzwerke werden die zu untersuchenden Zusammenhänge in Teilaspekte aufgeteilt und so codiert, dass die meist statistischen Lernmechanismen des maschinellen Lernens anwendbar sind (Russell und Norvig 2012). Es handelt sich bei der subsymbolischen AI also um ein artifiziell-neuronales Framework zur Problemrepräsentation für Maschinelles Lernen.

Grundbaustein jedes neuronalen Netzes ist ein formalisiertes Neuron, im klassischen Fall des McCulloch-Pitts-Neurons bzw. der Threshold Logic Unit (TLU) (McCulloch und Pitts 1943). Es handelt sich um ein binär-logisches Schwellenwertelement, das über einem definierten oder dynamischen Schwellenwert feuert oder unter dem Schwellenwert inaktiv bleibt.

Wie aus der Abb. 3.10 ersichtlich, besteht jedes künstliche neuronale Netz aus einer Eingangsschicht (grün), einer Ausgangsschicht (gelb) und beliebig vielen verborgenen Schichten (blau), deren Anzahl von der jeweiligen Aufgabenstellung abhängt.

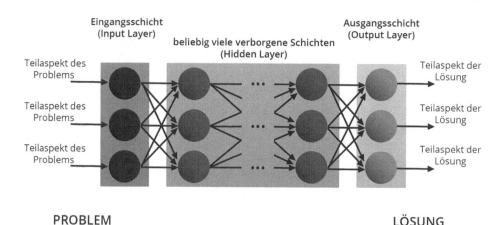

Abb. 3.10 Aufbau eines neuronalen Netzes. (Gentsch)

Jeder Knotenpunkt, also jedes Neuron, innerhalb des Systems verarbeitet/addiert die gewichteten Eingangswerte aus der Umwelt bzw. von vorangegangenen Neuronen und übermittelt die Ergebnisse weiter an die nächste Schicht. Ein künstliches neuronales Netz „lernt", indem die Gewichtungen der Verbindungen von Neuronen zueinander angepasst, neue Neuronen entwickelt, gelöscht oder Funktionen innerhalb von Neuronen abgewandelt werden.

In den letzten Jahrzehnten wurde eine Vielzahl unterschiedlicher Netztypen und Lernverfahren entwickelt, deren Darstellung den Rahmen dieser Arbeit sprengen würde. Für eine tiefer gehende Beschreibung sei auf die entsprechende Literatur verwiesen.

Auch wenn künstliche neuronale Netze nicht neu sind, konnten in den letzten Jahren durch den Einsatz leistungsfähiger Hardware und großer Datenmengen in Kombination mit neuronalen Netzen große Leistungssteigerungen erzielt werden. Besonders häufig fällt in diesem Zusammenhang der Begriff „Deep Learning" (dt. tief gehendes Lernen), der den Einsatz künstlicher neuronaler Netze mit einer großen Anzahl verborgener Schichten beschreibt.

Ende 2011 hat ein Team der Google-X-Labs, der Forschungsabteilung des US-Unternehmens Alphabet, etwa zehn Millionen Standbilder aus Videos von YouTube extrahiert und in ein System namens „Google Brain" 16 mit mehr als einer Million künstlicher Neuronen und über einer Milliarde simulierter Verbindungen eingespeist. Das Ergebnis des Experiments war eine Klassifizierung der Bilder in verschiedene Kategorien: menschliche Gesichter, menschliche Körper (…) und Katzen. Während das Ergebnis, dass das Internet voller Katzen ist, für Erheiterung sorgte, zeigte die Veröffentlichung auch, dass mithilfe besonders tiefer Netze mit einer großen Anzahl verborgener Schichten Technik nun dazu imstande ist, auch weniger genau definierte Aufgabenstellungen zu lösen. Deep Learning ermöglicht es, Computern Aufgaben beizubringen, die Menschen intuitiv leichtfallen, wie das Erkennen einer Katze, und die in der Informatik lange Zeit als nur sehr aufwendig zu lösen erschienen.

Während der letzten Jahrzehnte hat sich die nicht- oder subsymbolische neuronale AI dadurch als Erfolg versprechend erwiesen und sorgte zusammen mit den bereits beschriebenen Treibern für großes Interesse an diesem Thema. Die Grenzen zwischen den unterschiedlichen Methoden sind heute kaum mehr relevant, da viele methodische Entwicklungen durch die Kombination der Herangehensweisen von symbolischer und subsymbolischer AI erst ermöglicht werden.

Weiter ist anzumerken, dass ein künstliches neuronales Netz innerhalb eines Systems i. d. R. nur zur Lösung einzelner Probleme genutzt werden kann. Durch die Anwendung auf eine andere Problemstellung würden die zuvor aufwendig erlernten Muster zur Lösungsfindung überschrieben. Man spricht in diesem Zusammenhang vom „catastrophic forgetting". Um diese Schwierigkeit zu umgehen, wurden in AlphaGo mehrere künstliche neuronale Netze verwendet.

3.6.3 Maschinelles Lernen

Der Begriff Machine Learning (ML) oder dt. Maschinelles Lernen als Bestandteil Künstlicher Intelligenz ist heutzutage allgegenwärtig. Der Begriff wird für eine Vielzahl unterschiedlicher Anwendungen und Methoden verwendet, die sich mit der „Generierung von Wissen aus Erfahrung" befassen.

Der renommierte US-Informatiker Tom Mitchell definiert Machine Learning wie folgt:

A computer program is said to learn from experience E with respect to some class of tasks T and performance measure P, if its performance at tasks in T, as measured by P, improves with experience E (Mitchell 1997).

Ein anschauliches Beispiel dafür wäre ein Schach-Computerprogramm, das seine Performance (P) im Schachspiel (hier die Aufgabe T) durch Erfahrung (E) verbessert, indem es möglichst viele Partien spielt (auch gegen sich selbst) und analysiert (Mitchell 1997).

Machine Learning ist keine fundamental neue Herangehensweise bei Maschinen, „Wissen" aus Erfahrung zu generieren. Bereits früh wurden Machine-Learning-Techniken zum Herausfiltern von Spam-E-Mails eingesetzt. Während bei Spamfiltern, die das Thema mithilfe von Wissensmodellierung angingen, ständig die Regeln manuell angepasst werden mussten, lernen ML-Algorithmen mit jeder E-Mail dazu und können ihre Performance dementsprechend eigenständig verbessern.

Beim Machine Learning werden, neben den im vergangenen Abschnitt definierten Aufgabenbereichen, verschiedene Arten zu lernen voneinander unterschieden. Die geläufigsten werden im Folgenden kurz erläutert:

3.6.3.1 Überwachtes Lernen – Supervised Learning

Das überwachte Lernen verläuft innerhalb klar definierter Grenzen. Dabei sind neben dem eigentlichen Datensatz bereits die richtigen Antwortmöglichkeiten bekannt. Die überwachten Lernverfahren sollen die Beziehung zwischen Ein- und Ausgangsdaten aufdecken. Eingesetzt werden diese Verfahren für Aufgaben in Bereichen der Klassifizierung sowie der Regressionsanalyse. Bei der Regression geht es darum, die Ergebnisse innerhalb einer kontinuierlichen Ausgabe vorherzusagen, was bedeutet, dass versucht wird, Eingangsvariablen einer kontinuierlichen Funktion zuzuordnen. Bei der Klassifizierung dagegen wird versucht, Ergebnisse in einer diskreten Ausgabe vorherzusagen, also Eingangsvariablen diskreten Kategorien zuzuordnen.

So wäre die Prognose von Immobilienpreisen anhand der Größe von Häusern ein Beispiel für ein Regressionsproblem. Wenn man stattdessen prognostiziert, ob ein Haus abhängig von seiner Größe mehr oder weniger als ein gewisser Preis kosten wird, wäre es eine Klassifizierung, bei der die Häuser nach Preis in zwei diskrete Kategorien eingeordnet werden.

3.6.3.2 Nicht überwachtes Lernen – Unsupervised Learning

Im Gegensatz zum überwachten Lernen werden beim nicht überwachten Lernen (engl. Unsupervised Learning) dem System keine im Voraus gelabelten Zielwerte vorgegeben. Dieses soll selbstständig Gemeinsamkeiten in den Datensätzen identifizieren und daraufhin Cluster bilden oder die Daten komprimieren. Es geht also i. d. R. um das Entdecken versteckter, Menschen nicht bewussten Mustern in Daten.

Unsupervised-Learning-Algorithmen lassen sich beispielsweise zur Kunden- und Marktsegmentierung oder zum Clustering von Genen in der Genomforschung einsetzen, um die Anzahl der Merkmalsausprägungen zu reduzieren. Mithilfe dieser Komprimierung könnte im Nachgang ohne Datenverlust schneller gerechnet werden.

3.6.3.3 Verstärkendes Lernen – Reinforcement Learning

Eine Alternative zum nicht überwachten Lernen bieten die Modelle des verstärkenden Lernens (engl. Reinforcement Learning), bei denen Lernmuster der Natur konzeptionell nachgebildet werden. Durch die Kombination dynamischer Programmierung und überwachtem Lernen können Probleme, die zuvor unlösbar schienen, gelöst werden. Anders als beim nicht überwachten Lernen liegt dem System zu Beginn der Lernphase kein optimaler Lösungsweg vor. Dieser muss iterativ durch Trial and Error gefunden werden. Dabei werden gute Ansätze mit Belohnung gefördert und tendenziell schlechte Schritte mit Bestrafung sanktioniert. Das System ist dabei in der Lage, eine Vielzahl von Umwelteinflüssen in die getroffenen Entscheidungen miteinzubeziehen und auf diese zu reagieren Das verstärkende Lernen gehört zum Gebiet des Exploration Learning, bei dem ein System autonom, also abgesehen von den richtungsweisenden Belohnungen und Bestrafungen, eigene Lösungen finden muss, die sich von den von Menschen erdachten Lösungen deutlich unterscheiden können Besonders viel Aufmerksamkeit erhielt das Reinforcement Learning nach dem Sieg von Google DeepMinds AlphaGo über Lee Sedol. Das eingesetzte System nutzte u. a. Deep Reinforcement Learning, um in simulierten Partien gegen sich selbst seine Strategie zu verbessern. Durch verstärkendes Lernen erlangen Künstliche Intelligenzen also die Fähigkeit, selbstständig neue Lösungswege zu finden und zumindest scheinbar intuitiv zu handeln.

3.6.4 Aktuelle Anwendungen der AI-Forschung

Wie bereits mehrfach angedeutet, ist eine Unterteilung der AI in symbolische, subsymbolische und Maschinelles Lernen immer mehr obsolet und nur aus didaktischen Gründen vorzunehmen.

Weitere aktuell proliferierende Anwendungsgebiete der AI-Forschung, wie Computer-vision oder Robotics, besitzen keine Trennbarkeit mehr zwischen den Bereichen.

3.6.4.1 Computervision und Maschinelles Sehen

Computervision beschreibt die Fähigkeit von Computern oder Teilsystemen, Objekte, Szenen und Aktivitäten in Bildern zu identifizieren. Dafür werden Technologien verwendet, mit deren Hilfe die komplexen Bildanalyseaufgaben auf möglichst kleine Teilaufgaben verteilt und dann berechnet werden. Eingesetzt werden diese Techniken zum Erkennen einzelner Kanten, Linien und Texturen von Objekten in einem. So werden Klassifizierungs-, Machine-Learning- und weitere Verfahren verwendet, um zu bestimmen, ob die in einem Bild identifizierten Merkmale mit einer gewissen Wahrscheinlichkeit ein Objekt darstellen, das dem System bereits bekannt ist.

Computervision hat vielfältige Anwendungen, darunter die Analyse der medizinischen Bildgebung zur Verbesserung von Vorhersagen, Diagnosen und Behandlung von Krankheiten oder die Gesichtserkennung bei Facebook, die dafür sorgt, dass Personen von Algorithmen automatisch erkannt und für Tags vorgeschlagen werden. Derartige Systeme werden auch bereits zu Sicherheits- und Überwachungszwecken bei der Identifikation von Verdächtigen verwendet. Weiter arbeiten E-Commerce-Unternehmen wie Amazon an Systemen, mit denen konkrete Produkte auf Bildern identifiziert und im Anschluss direkt online gekauft werden können. Während Forscher des Bereichs Computervision an dem Ziel arbeiten, Systeme umgebungsunabhängig einsetzen zu können, kommen beim maschinellen Sehen Sensoren zum Einsatz, mit deren Hilfe innerhalb eingeschränkter Umgebungen relevante Informationen erfasst werden. Diese Disziplin ist so weit ausgereift, dass sie heute nicht mehr Teil der andauernden Informatik-Forschung, sondern Teil der Systemtechnik ist. Dabei geht es weniger um das Erkennen von Sinn oder Inhalt eines Bildes, als um das Ableiten handlungsrelevanter Informationen.

3.6.4.2 Robotics

Das interdisziplinäre Zusammenspiel von Elektro- und Maschinenbauingenieuren mit Informatikern macht die Robotik erst möglich. Die Kombination verschiedener Technologien wie Maschinelles Lernen, Computervision, Regelbasierte Systeme sowie kleiner, leistungsstarker Sensoren führten in den letzten Jahren zu einer neuen Generation von Robotern. Im Gegensatz zu den bekannten Industrierobotern der Automobilindustrie, die für einfache mechanische Aufgaben eingesetzt werden, können jüngere Modelle mit Menschen zusammenarbeiten und sich flexibel an verschiedene Aufgaben anpassen.

Das theoretische Fundament ist ebenfalls nicht neu und findet sich in dem Design von selbstregulierenden, also homöostatischen, Systemen der Kybernetik, als Subdisziplin der Regelungstechnik, wieder (Russell und Norvig 2016).

Die Grundidee ist die des Roboters als rationalen Agenten, der eine den Umweltbedingungen entsprechend optimale Lösung findet und ausführt. Der Grundbauplan eines Agenten besteht aus drei Grundbausteinen (Russell und Norvig 2012):

1. Sensoren zur Umgebungswahrnehmung. Die vorherige Forschungsdisziplin des maschinellen Sehens ist hier von großer Bedeutung. Sie nehmen die aktuelle Abweichung des Sollwerts, also den Istwert, wahr.
2. Einem Agentenprogramm, das die Agentenfunktion mit allen Schnittstellen und Lernmechanismen implementiert. Die Agentenfunktion bildet alle möglichen Aktionen des Agenten auf eine Wahrnehmungsfolge ab und bestimmt somit das Verhalten des Roboters. Hier wird quasi der Regelwert berechnet, der Ist- an den Sollwert wieder anpasst. So kann mithilfe der vorherig umrissenen Backend-Realisierungsmöglichkeiten ein „intelligenter" Roboter gebaut werden, der dynamisch mit seiner Umgebung lernt.
3. Aktuatoren, über die der Agent mit der Umgebung interagieren und Aktionen ausführen kann (beispielsweise Rädern, Greifarmen etc.). Sie bilden den Forschungsschwerpunkt der Robotik in aktueller AI-Forschung. Sie stellen die aktive Anpassung des Ist- an den Sollwert dar.

Aus intelligenten Robotern werden mithilfe der weiter oben beschriebenen Technologien sukzessive vernetzte, autonome Systeme, die bereits heute sehr vielfältig im Praxiseinsatz sind. So stellte das Deutsche Forschungszentrum für Künstliche Intelligenz (DFAI) auf der CeBIT 2017 unter anderem einen autonomen „Schreit- und Fahr-Rover" aus der Weltraumtechnik sowie einen Industrieroboter vor, der ohne einen Schutzkäfig direkt mit Menschen kooperieren kann Diese physisch weitgehend autonom agierenden Systeme wurden lange Zeit für Einsätze gebaut, die für Menschen nicht möglich oder zu gefährlich waren, also für die Erkundung des Weltraums und der Ozeane oder für die Entschärfung von Bomben. Heute ist die Robotik physisch in Form von Staubsaugerrobotern, unbemannten Drohnen oder selbstfahrenden Autos bereits im Alltag der Menschen angekommen.

Warum AI nicht wirklich intelligent ist – und warum das auch nichts macht
Trotz der großen AI-Erfolge der letzten Jahre befinden wir uns immer noch in einer Ära einer sehr formalen, maschinellen AI. Abb. 3.11 zeigt, dass sich die grundlegenden Methoden und Technologien seit den 50/60er Jahren bis heute nicht fundamental geändert haben. Durch die gestiegenen Datenmengen und Rechnerleistungen konnten die Methoden jedoch immer effizienter und erfolgreicher eingesetzt werden. Insbesondere brachten die sogenannten Deep Learning-Ansätze einen immensen Qualitätssprung. Diese massiven graduellen Verbesserungen des „machine learning on drugs" lassen einen

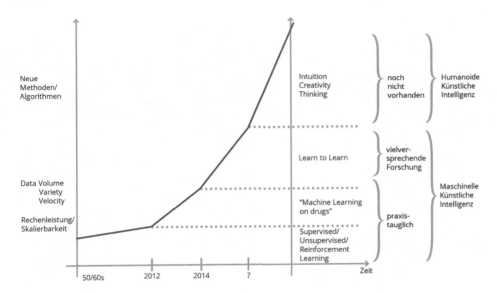

Abb. 3.11 Evolutionsstufen zur wahren Artificial Intelligence

quasi prinzipiellen AI-Sprung wahrnehmen, der so aber eigentlich nicht existiert. Die Systeme lernen immer noch Muster und Auffälligkeiten nach bestimmten Vorgaben und Settings.

Die nächste wichtige AI-Evolutionsstufe ist die Fähigkeit der Systeme, weitgehend autonom und proaktiv zu lernen. Die ersten vielversprechenden Learn-to-Learn-Ansätze wurden in dem beschriebenen AlphaGo-Beispiel eingesetzt. Zudem gibt es zahlreiche vielversprechende Forschungsansätze in diesem Bereich, die dazu führen werden, dass Algorithmen sich selber anpassen bzw. auch neue Algorithmen entwickeln werden. Dies wird aber weiter in einem eher formal-mechanistischen Verständnis erfolgen. Mit den eigentlichen Lernfähigkeiten des Menschen hat das wenig zu tun. Diese nächste Evolutionsstufe, die dann auch menschenähnliche Fähigkeiten wie Kreativität, Emotionen und Intuition beinhaltet, ist noch in weiter ferner und entzieht sich einer seriösen zeitlichen Prognose.

Aus Business-Sicht mag diese Diskussion ohnehin akademisch wirken. Entscheidend ist die heutig wahrgenommene Leistungsfähigkeit der AI-Systeme. Diese übertreffen heute schon in vielen Bereichen die menschliche Leistungsfähigkeit. Abb. 3.12 zeigt die Entwicklung der AI-Leistungsfähigkeit bei der Bilderkennung. Auch wenn die AI-Systeme mit einer Fehlklassifikation von heute 3 % noch nicht perfekt sind, übertreffen sie jedoch seit 2015 die Klassifikationsfähigkeiten von Menschen. So können diese Systeme z. B. verlässlicher Krebsdiagnosen, Fraud Detection oder andere relevante Muster erkennen. Dies gilt auch für die Spracherkennung.

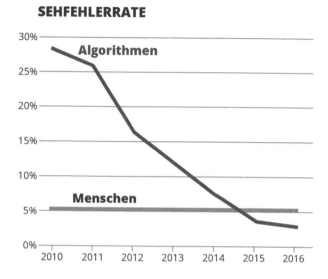

Abb. 3.12 Klassifikation von Bildern: AI-Systeme haben Menschen überholt

Literatur

Duden.de / http://www.duden.de/rechtschreibung/Intelligenz.

Klug, Andreas 2016. Assessment. Lexikon der Management-Diagnostik. http://www.klug-md.de/Wissen/Lexikon.htm Zugegriffen: 10. Juli 2017.

Rich, Elaine., Knight, Kevin, Nair, hivashankar B 2009. Artificial Intelligence. Third Edition. Publisher: Tata McGraw-Hill Education Pvt. Ltd.

Statista (2016). Most popular mobile messaging apps worldwide as of April 2016, based on number of monthly active users (in millions). https://www.statista.com/statistics/258749/most-popular-global-mobile-messenger-apps/. Zugegriffen: 5. Januar 2017.

Turing, Alan (1948); „Intelligent machinery" Berlin: Springer-*Verlag*, 1982.

McCulloch, WARREN S/ Pitts, WALTER (1943); „A logical calculus of the ideas immanent in nervous activity."; Bulletin of Mathematical Biophysics.

Russell, Stuart J. Norvig, Peter2012/2016; „Artificial Intelligence – A Modern Approach"; Pearson Education.

Nilsson, Nils J.2012); Artificial Intelligence – A New Synthesis; Elsevie.

Newell, Simon, (1976); „Computer Science as Empirical Inquiry: Symbols and Search"; ACM Turing.

Witten, Ían H. (2011); „Data Mining: Practical Machine Learning Tools and Techniques"; Morgan Kaufmann Series.

Fayyad, Usama/ Piatetsky-Shapiro, Gregory/*Smyth, Padhraic* 1996); „From Data Mining to Knowledge Engineering in Databases"; AI Magazine.

Berners-Lee, Tim (2001); „The Semantic Web"; Scientific American.

Mitchell, Tom M., Machine Learning **Publisher:** McGraw-Hill Education; 1 edition (March 1, 1997).

Durkin, John (1994); Expert Systems – Design and Development; Macmillan.

Winston, Horn, (1989); LISP; Addison-Wesley Pub. Co.

Puppe, Frank (1988); Einführung in Expertensysteme; Springer.

Algorithmic Business: Framework und Reifegrad-Modell

4

Zusammenfassung

In diesem Kapitel erfolgt über die Use Cases der Brückenschlag zum Business. Behandelt werden die Themen Framework und Maturity Model. Erklärt wird, wie der Aufbau eines Frameworks durch die Beziehung der einzelnen Bereiche zueinander bedingt ist. So werden die Big Data- und AI-Layer erst durch die Enabler Layer ermöglicht. Die AI Use Cases haben wiederum direkten Einfluss auf die Business Layer. Das vorgestellte Schichtenmodell trägt diesen Abhängigkeiten Rechnung. Weiterhin werden die verschiedenen Phasen auf dem Weg zum Algorithmic Enterprise als Reifegrade dargestellt. Das Modell zeigt die verschiedenen Entwicklungsstufen vom Non-Algorithmic Enterprise über das Semi-Automated bis hin zum Automated Enterprise. Die höchste Reifegradstufe stellt das Super Intelligence Enterprise dar. Abschließend werden Nutzen und Zweck eines Reifegradmodells besprochen.

4.1 AI Framework – die 360°-Perspektive[1]

4.1.1 Motivation und Nutzen

Nach Vorstellung und Erklärung der Enabler-Technologien und AI-Methoden (Abschn. 3.3 und 3.6) soll in diesem Kapitel über die Use Cases der Brückenschlag zum Business erfolgen. Der Aufbau des Frameworks ist durch die Beziehung der einzelnen Bereiche zueinander bedingt. So werden die Big Data- und AI-Layer erst durch die Enabler Layer ermöglicht. Die AI Use Cases haben wiederum direkten Einfluss auf die Business Layer. Das Schichtenmodell trägt diesen Abhängigkeiten Rechnung.

---

[1]Birle und Gentsch 2018.

© Springer Fachmedien Wiesbaden GmbH, ein Teil von Springer Nature 2019
P. Gentsch, *Künstliche Intelligenz für Sales, Marketing und Service*,
https://doi.org/10.1007/978-3-658-25376-9_4

Innerhalb des AI Business Frameworks werden die relevanten Themen und Begriffe systematisiert, eingeordnet und miteinander in Verbindung gebracht. Das AI Framework agiert damit als Transmissionsriemen von den Erfolgsfaktoren und Treibern der AI in Unternehmen hin zu den betrieblichen Anwendungen.

Das AI Business Framework zeigt den gesamten Werkzeugs- und Lösungsraum auf und soll so eine bessere Orientierung im AI-Dschungel ermöglichen. Eine immer eindeutige Zuordnung von Daten, Technologien, Methoden, Use Case und betrieblicher Anwendung ist nicht möglich. Die Zusammenhänge sind viel zu komplex und vielschichtig.

4.1.2 Schichten des AI Framework

In Abschn. 3.2 wurden die Erfolgsfaktoren der AI bereits erklärt. Im Framework sind diese in der untersten Schicht, der sogenannten Enabler Layer, dargestellt. So wurden aufgrund ihres Beitrags zur Entwicklung der AI und des Aufkommens von Big Data die Webtechnologien, Mehrkernprozessoren, verteilte Systeme, GPUs sowie die Zukunftstechnologien und Synapsen- und Quantenchips in das Framework übernommen. Der Signifikanz von Big Data für die aktuelle Entwicklung der Künstlichen Intelligenz wird mit einer eigenen Schicht Rechnung getragen (Abb. 4.1).

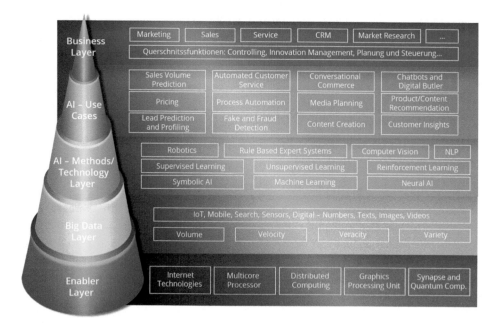

Abb. 4.1 Business AI Framework. (Birle/Gentsch)

Besonderes Augenmerk liegt innerhalb dieser Schicht auf den folgenden Punkten:

- Strukturierte und unstrukturierte Daten (Variety). Wie bereits in Kap. 3 beschrieben, ermöglichen die der AI-Forschung entstammenden Methoden über die Analyse strukturierter Daten hinaus auch die maschinelle Verarbeitung unstrukturierter Daten.
- Große Datenmengen zum Training der Machine-Learning-Algorithmen (Volume) sind entscheidend für die Entwicklungen der AI.
- Die Geschwindigkeit (Velocity) in Kombination mit den Datenmengen, mit der Daten generiert und ausgewertet werden, ist für menschliche Akteure ohne Unterstützung von intelligenten Systemen nicht mehr zu bewältigen. ML-Algorithmen helfen hierbei, die Datenflut zu beherrschen und Wichtiges von Unwichtigem zu trennen.
- Die Glaubhaftigkeit der Daten (Veracity) lässt sich auch nur noch schwer manuell feststellen. Aktuell wird an Systemen gearbeitet, die echte Nachrichten von Fake News unterscheiden sollen
- Als eigener Punkt werden noch Datenquellen im Framework gezeigt: ob aus dem Internet der Dinge (IoT), mobilen Endgeräten, Search-Anwendungen, von Sensoren oder anderen digitalen Anwendungen. Daten sind der Treibstoff für die AI-Maschine. Maßgeblich sind dabei weder deren Herkunft noch deren Struktur, noch können es heutzutage „zu viele" Daten werden.

Der „Artificial Intelligence Methods & Technology Layer" zeigt die aktuellen und wesentlichen Technologien und Herangehensweisen der AI-Forschung (Kap. 3).

4.1.3 AI Use Cases

Für die Schicht, in der die Wirtschafts- und AI-Welt vereint werden, der „Artificial Intelligence Use Cases Layer", lässt sich eine Vielzahl von gegenwärtigen und zukünftigen Beispielen finden.

Im Folgenden werden die Use Cases als weiterer Layer für das AI-Business-Framework vorgestellt und erklärt (Abb. 4.2).

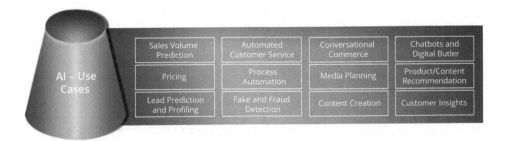

Abb. 4.2 Use Cases für das AI-Business-Framework. (Gentsch)

Automated Customer Service Zusammenhängend mit den Entwicklungen der persönlichen Assistenten können auch die Customer-Service-Abteilungen von Unternehmen dank der Fortschritte in der Computerlinguistik deutlich effizienter gestaltet werden. Während die Customer Experience bei Anrufen durch Antworten wie „Leider wurde Ihre Antwort nicht verstanden, meinten Sie...?" heutzutage häufig negativ ausfällt, helfen NLP-Algorithmen dabei, dass derartige Erfahrungen der Vergangenheit angehören und einfache Anliegen tatsächlich komfortabel in natürlicher Sprache geklärt werden können (siehe auch Abschn. 8.2).

Content Creation Content Marketing und zielgruppenrelevante Ansprache werden schon länger als Erfolgsformel im Marketing gepredigt. Dabei wird jedoch in der Regel nicht das Potenzial digital verfügbarer Daten zur automatisierten Content-Erstellung genutzt. So können z. B. Algorithmen automatisch in Echtzeit interessante und unverfälschte Einblicke auf Basis von öffentlichen Internet-Daten gewinnen. So können etwa automatisch Infografiken erzeugt werden, die für ausgewählte Branchen die Geschäftsentwicklung in Abhängigkeit vom Einsatz bestimmter Technologien, vom digitalen Reifegrad oder vom Werbeeinsatz aufzeigen. Ebenso können automatisch auf Basis von Big Data aus dem Internet neue Marktentwicklungen und aufkommende Themen erkannt werden. So können schnell aktuelle Diskussionen und Meldungen systematisch genutzt werden („News Jacking"). Die redaktionelle Beschreibung und Erklärung der generierten Einblicke erfolgt dabei durch ein entsprechendes Analyseteam. Hierbei kommt die Computerlinguistik, genauer der Natural Language Generation, zum Einsatz. Gemeint sind damit Systeme, die basierend auf Zahlen und einzelnen Fakten Texte erstellen. Diese lassen sich nur schwer von menschengeschriebenen Texten unterscheiden. Aufgrund ihrer gleichbleibenden Struktur eignen sich dafür insbesondere Sport- oder Finanznachrichten.

Conversational Commerce, Chat Bots and Personal Assistants Anstelle künstlicher Interfaces wie Webseiten und Apps können Kunden über ganz natürliche Kommunikation i. S. v. gesprochener oder geschriebener Sprache mit Systemen von Unternehmen kommunizieren. Ermöglicht wird dies durch die bereits beschriebenen Entwicklungen in der Computerlinguistik. Diese Art der Kommunikation ermöglicht auch weniger technikaffinen Menschen den Umgang mit neuen Technologien – aktuell konkurrieren verschiedene Anbieter um die besten persönlichen Assistenten. Und das aus gutem Grund: Unternehmen, welche sich hier durchsetzen und den Kunden ihre Lösung verkaufen können, werden sich mittelfristig in eine Art Portal für andere Unternehmen entwickeln, um Kunden ihre Produkte zu verkaufen. Deshalb steht dieses Thema aktuell sehr weit oben auf den Agenden von Unternehmen wie Amazon, Apple oder Google (siehe auch Kap. 6).

Customer Insights Eine der zentralen Aufgaben der klassischen Marktforschung ist das systematische Ableiten und Erklären, „wie der Kunde tickt" – als Customer Insight bezeichnet. Um die Einschätzung von Kunden zu Produkten zu erhalten, verfügt die klassische Marktforschung über ein umfangreiches Instrumentarium: Fokusgruppen,

Kundenbefragungen, Panels etc. Der wesentliche Nachteil dieser Primärforschung ist der damit verbundene Aufwand. Im Internet lassen sich z. B. Tausende von Produktbewertungen automatisch jederzeit analysieren: Ratings und Reviews, die über verschiedene Internetplattformen global verteilt sind, werden über Bots intelligent erfasst und integriert. Mithilfe von NLP (Kap. 3) werden automatisch die zentralen Kundenaussagen aus den Freitexten der Reviews gewonnen. Um tiefer gehende Einblicke zu erhalten, müssen die gewonnenen Erkenntnisse mit anderen Daten wie Reklamationen, Umsatz oder Kundenzufriedenheit korreliert werden.

Fake and Fraud Detection AI wird schon längere Zeit in der klassischen Betrugserkennung und -vorhersage eingesetzt (Fraud Detection). Im Bereich Marketing und Kommunikation ist aktuell von Fake News und Manipulation durch gezielte Desinformation die Rede. Der Einsatz von (Chat) Bots zur gezielten Promotion, Desinformation und Manipulation birgt dabei ein hohes Risiko für Unternehmen. Die Thematik ist jedoch nicht neu. Viele Unternehmen haben in der Vergangenheit Agenturen beauftragt, negative Posts in sozialen Netzwerken zu entfernen oder zu überspielen, Themen zu pushen oder positive Bewertungen abzugeben bzw. negative für den Wettbewerber. Einige Unternehmen haben bei Entlarvung nicht überlebt bzw. einen Imageschaden erlitten oder schlimme Shitstorms ertragen müssen. Ebenso beschäftigen wir uns schon seit längerer Zeit mit dem Phänomen des Astroturfing. Nun lässt sich dieser Prozess automatisieren und skalieren. Auch hier können Algorithmik und AI helfen. Ein systematischer, datengetriebener Ansatz kann automatisiert Muster von manipulativen Bots erkennen, z. B. Posting-Frequenz und -zeiten, Netzwerk von Followern, Inhalten und Tonalitäten. Dabei werden moderne AI-Methoden zur Detektion und Prävention eingesetzt. Diese Verfahren wurden auch schon erfolgreich bei Klick- und Kreditkarten-Betrug eingesetzt. In gewisser Hinsicht schlagen wir die manipulativen Bots mit den gleichen Waffen, die sie zur automatisierten Desinformation und Manipulation nutzen.

Lead Prediction and Profiling AI ermöglicht die automatisierte Erkennung und Profilierung von potenziellen Kunden. Z. B. können auf Basis vorgegebener Kundenprofile über sogenannte statistische Zwillinge neue Kunden und Märkte identifiziert und charakterisiert werden. Dabei wurden die ausgewählten Unternehmen mit Tausenden von Attributen zu einer digitalen Signatur verdichtet. Auf Basis dieser Datenvektoren können mittels AI-Algorithmen neue Kunden im digitalen Raum prognostiziert werden (Predictive Analytics). Damit können auch Leads und Märkte identifiziert werden, die nicht dem klassischen Beuteschema zuzurechnen sind, aber potenzielle Käufer darstellen – Kommunikationspotenziale jenseits der tradierten Branchen- und Segmentsicht (siehe auch Kap. 8).

Durch dynamisches Profilieren können zudem automatisch Kommunikations- und Sales-Trigger identifiziert und bewertet werden: Bei welchem Ereignis ist die vertriebliche Ansprache besonders erfolgreich? Zeit- und kontextspezifische Verkaufssignale erhöhen die Konvertierungswahrscheinlichkeit signifikant. Zudem kann der Trigger auch als Kommunikationsanlass für die konkrete Ansprache genutzt werden. Neben den Adressen der Unternehmen können auch gleich Anhaltspunkte für die richtige Kommunikationsansprache geliefert werden: Gegebenenfalls ist eine direkte Ansprache auf Xing und LinkedIn erfolgversprechender als ein Anruf oder eine E-Mail.

Media Planning Der Mediamarkt ist seit Jahren politisch durch eigennützige und interessengetriebene Vorhaben und Argumentationen geprägt. Algorithmenbasierte Technologie-Plattformen ermöglichen auf Basis von Künstlicher Intelligenz eine transparente und effiziente Mediaplanung. AI und Algorithmen können eine Vielzahl relevanter aktiver und reaktiver Media-Datenpunkte erfassen und systematisch automatisiert auswerten. Damit erfährt die so oft subjektive und eigeninteressengetriebene Planung eine empirische Erdung und Validierung (siehe auch Abschn. 7.4).

Pricing Der Einsatz von AI-Software, um Einzelhandelspreise für alle Güter von Benzin über Bürobedarf bis hin zu Lebensmitteln zu ermitteln, wächst zunehmend. Dabei geht es nicht darum, wie der Wettbewerb die Preise verändert.

Die AI-Algorithmen analysieren Tausende von Datenpunkten auf einer fortlaufenden Basis und kalkulieren Preise, bei der die Software glaubt, dass die Verbraucher bereit sind, sie zu zahlen. Mit anderen Worten: Es geht um die Suche nach dem optimalen Preis – nicht dem niedrigsten. AI-Preissoftware analysiert riesige Mengen von historischen und Echtzeit-Daten und versucht zu bestimmen, wie die Verbraucher auf eine Preisänderung unter bestimmten Szenarien reagieren werden. Taktiken werden basierend auf Erfahrung aktualisiert. Ebenso versuchen diese Lösungen menschliches Verhalten zu lernen und zu berücksichtigen.

Insgesamt geht es nicht darum, generell mehr Geld aus den Kunden zu holen. Vielmehr geht es darum, Margen mit Kunden zu machen, die sich nicht darum nicht kümmern, und auf Margen mit Kunden zu verzichten, die sich darum kümmern.

Die Verwendung von AI-Preisalgorithmen wächst in Europa und in den USA stetig, insbesondere bei Tankstellen. Der Ansatz ist insbesondere für Retailer spannend. Staples z. B. verwendet AI, um Preise von mehr als 30.000 Produkten täglich auf ihren Webseiten zu setzen.

Die Mutter aller Online-Händler in den USA, Amazon und ihre Drittanbieter, gehörte zu den Ersten, die eine dynamische Preisgestaltung einsetzten, ein Vorläufer der AI-Preisgestaltung. Heute setzt Amazon in starkem Maße algorithmische AI-Technologien ein, um die maximale Konsumentenrente abzuschöpfen (siehe auch das Praxisbeispiel Abschn. 7.5).

Process Automation Das Thema der Prozessautomatisierung ist nicht neu. Es wurde in den 1990er Jahren im Rahmen des sogenannten Business Process Management/ Reengineering intensiv diskutiert und umgesetzt. Im Fokus standen dabei stärker Industrie- und Fertigungsprozesse und weniger Marketing- und Sales-Prozesse. Die algorithmische Unterstützung war zudem meist klassisch regelbasiert.

Robotic Process Automation (RPA) ist ein Software-Automatisierungswerkzeug, das routinemäßige Aufgaben wie Datenextraktion und -aufbereitung automatisiert. Der Roboter hat eine Art Benutzer-ID wie eine Person und kann Regelbasierte Aufgaben wie den Zugriff auf E-Mails und andere Systeme durchführen, Berechnungen kalkulieren, Dokumente und Berichte erstellen und Dateien überprüfen. RPA hat z. B. einer großen Versicherungsgesellschaft geholfen, Warteschlangen-Prozeduren zu reduzieren, die 2500 Hochrisikokonten pro Tag beeinträchtigten. So konnten 81 % der Mitarbeiter entlastet werden, die sich dann dezidiert auf das proaktive Account Management fokussieren konnten (McKinsey 2017).

Dank moderner AI-Algorithmik lassen sich bei der intelligenten Prozessautomatisierung eine deutlich verbesserte Effizienz, eine erhöhte Mitarbeiter-Performance, eine Verringerung der operationellen Risiken, verbesserte Reaktionszeiten sowie eine optimierte Customer Experience (siehe auch Abschn. 7.6) erzielen.

Product/Content Recommendation Häufig werden Empfehlungen für Produkte und/ oder Content manuell über Redakteure und Shop Manager vorgeschlagen und gepflegt. Dies ist jedoch sehr aufwendig und skaliert schlecht. Empfehlungsmaschinen (Recommendation Engines) für personalisierte Empfehlungen sind heute aus einem modernen Webshop nicht mehr wegzudenken. Wurden in den Anfängen einfache Algorithmen der Warenkorb-Analysen umgesetzt – „Kunden, die Produkt A gekauft haben, haben auch Produkt B gekauft" –, werden heute zunehmend AI-Verfahren eingesetzt, die eine Vielzahl von Datenpunkten berücksichtigen.

So wird z. B. auf Basis seines Klick- und Kaufverhaltens dem Nutzer zusätzlicher passender Content angezeigt, um so sein Interesse besser zu befriedigen und zusätzliche Kaufanreize zu schaffen. Ein besonders vielversprechender Ansatz basiert auf dem AI Reinforcement Learning.

Interessant ist auch hier der Open-Source-Ansatz der GAFA-Welt. Ähnlich wie Google das AI Deep Learning Framework Tensorflow publik gemacht hat, launcht Amazon 2016 analog DSSTNE (ausgesprochen „Destiny") als ein Open Source AI Framework, das Unternehmen für ihre Produkt-Empfehlungen nutzen können. Es mag zunächst verwunderlich erscheinen, dass der „Erfinder" der automatisierten Produktempfehlung sein Kern-Asset der Community zur Verfügung stellt. Doch das Rational ist gemäß des entsprechenden Q&A-Bereichs von Amazon dann doch klar: „Wir hoffen, dass Forscher auf der ganzen Welt zusammenarbeiten, um das Recommendation System weiter verbessern zu können. Aber was noch wichtiger ist, wir hoffen, dass es in vielen weiteren Bereichen Innovationen auslöst."

Sales Volume Prediction Der Umsatzprognoseprozess ist für die meisten Unternehmen entscheidend, aber auch ein schwieriger Bereich des Managements. Die meisten Forscher und Unternehmen nutzen statistische Methoden wie die Regressionsanalyse, um die Verkaufsmengen vorherzusagen und zu analysieren.

Zudem werden für die Vorhersage von Abverkäufen i. d. R. nur einige wenige Daten berücksichtigt. Um die Güte der Sales-Prognose zu erhöhen, können durch AI zahlreiche weitere Datenpunkte berücksichtigt werden. Hierzu gehören sowohl historische als auch Echt-Zeitdaten, interne wie externe Daten, ökonomische wie umweltbezogene Daten, unternehmensindividuelle wie auch mikro- und makroökonomische Datenpunkte (Abverkaufszahlen, Lagerdaten, Preise, Wetter, Feiertagskonstellation, Preise der Mitbewerber etc.). Algorithmen und AI helfen zum einen, diese vielen strukturierten und unstrukturierten Datenpunkte systematisch automatisiert zu gewinnen, und zum anderen, auch automatisiert für die genaue Vorhersage zu analysieren. Eines der in Deutschland bekanntesten Systeme ist die Blue-Yonder-Lösung.

4.2   Algorithmic Business Maturity Model: Vorgehensmodell mit Roadmap

4.2.1   Reifegrade und Phasen

In Abb. 4.3 werden die verschiedenen Phasen auf dem Weg zum Algorithmic Enterprise als Reifegrade dargestellt. Das Modell zeigt die verschiedenen Entwicklungsstufen vom Non-Algorithmic Enterprise über das Semi-Automated bis hin zum Automated Enterprise. Die höchste Reifegradstufe stellt das Super Intelligence Enterprise dar. Hier kommen die in Kap. 3 beschriebenen autonomen und selbstlernenden AI-Systeme zum

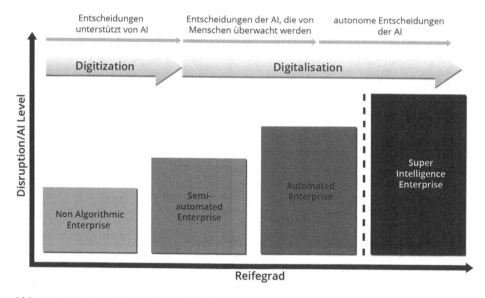

Abb. 4.3 Algorithmic Maturity Model. (Gentsch)

Einsatz. Dieser höchste Reifegrad ist aufgrund der Unsicherheit über den Eintrittszeitpunkt der Singularität schwer prognostizierbar und kurz- bis mittelfristig nicht relevant. Gemäß der diversen Experteneinschätzungen ist dieser höchste Reifegrad der AI zwischen 2040 und 2090 zu erwarten.

Im Folgenden werden die einzelnen Reifegrade detaillierter beschrieben.

Beim Non-Algorithmic Enterprise spielen Daten, Algorithmen und AI keine geschäftskritische Rolle (Abb. 4.4). Den Themen wird eher eine operative und transaktionale Bedeutung beigemessen. Strategie und Organisation sind eher klassisch und wenig analytisch und datengetrieben. Beim Übergang zum Semi-Automated Enterprise wird zunehmend der erfolgskritische Wert von Algorithmik und AI erkannt.

Non-Algorithmic Enterprise

Strategie:

- Keine dezidierte AI/Algorithmic-Strategie
- Daten werden nicht als erfolgskritisch gesehen
- Kein Alignment mit Zielen (Marketing, Sales, Service)
- Analytics ist Teil der IT

Personal/Orga:

- Kein CDO
- Keine Data Scientists
- Limited Analytics Talente
- Klassische Marketeers

Entscheidungen:

- Entscheidungen werden ausschließlich von Menschen getroffen
- Keine Automatisierung von Prozessen
- Es werden nur regelbasierte Systeme eingesetzt (z.B. Regelstrecken im Service)
- Hands-on-Mentalität

Daten:

- Daten werden in operativen Systemen genutzt/transaktionsorientiert
- Fokus auf strukturierten Daten
- Verschiedene Datenquellen sind nicht miteinander verknüpft
- Daten werden nicht systematisch erfasst und genutzt
- Keine Automatisierung der Datenerfassung und -analyse

Analysen:

- Einfache Analysen (XLS, SPSS, ...)
- Isolierte Analysen (Web Analysen, Offline Analysen, ...)
- Ad-hoc Analysen/Ex-Post Analysen: Was ist passiert?

Abb. 4.4 Non-Algorithmic Enterprise. (Gentsch)

Demzufolge gibt es entsprechende Daten- und Analytik-Infrastrukturen. Charakteristisch ist der erhöhte Automatisierungsgrad der Datenerfassung und -analyse sowie der Entscheidungsfindung und -umsetzung (Abb. 4.5).

Die konsequente Weiterentwicklung zum Automated Enterprise erfolgt über die zunehmende Automatisierung der Datenerfassung und -analyse sowie der Entscheidungsfindung und -umsetzung. Dies wird durch eine ganzheitliche Integration von Datenquellen, Analysen und Prozessketten ermöglicht. Daten, Analytik und AI ermöglichen in diesem Reifegrad die Gestaltung und Umsetzung neuer Geschäftsprozesse und -modelle. Das daten- und analytikgetriebene Realtime-Unternehmen erzielt so systematisch Wettbewerbsvorteile (Abb. 4.6).

Während beim Automated Enterprise die in Kap. 3 beschriebenen Ansätze der Narrow-AI zum Einsatz kommen, vollendet das Super Intelligence Enterprise durch General- und Super-Intelligenz das Autonomie- und Selbstlernpotenzial von Unternehmen. Dieses derzeit noch wenig realistisch erscheinende Szenario hat zwei Ausprägungsformen. In der positiven Variante kontrollieren wir als Menschen die Rahmenbedingungen und Regeln der autonomen AI-Systeme. Wir haben jederzeit die Möglichkeit, über Regulative und Korrektive einzugreifen und zu korrigieren. Produktivität und Wohlstand werden durch die Performance, Skalierbarkeit und Innovationen dieser Super-Intelligenz weiter gesteigert. In der negativen Variante haben wir als Menschen die Kontrolle über die Rahmenbedingungen und Regeln der autonomen AI-Systeme verloren. Den Last Call des Menschen gibt es nicht mehr. AI-Systeme entwickeln sich unkontrolliert ohne menschliche Eingriffsmöglichkeiten permanent ergebnisoffen weiter (Abb. 4.7).

Auch wenn das Super-Intelligence-Enterprise-Szenario noch in weiter Ferne scheint, gibt es heute schon Unternehmen mit extrem hohem Automatisierungsgrad. So werden Gäste im Henn-na Hotel (http://www.h-n-h.jp/en) in Japan von einem mehrsprachigen Roboter begrüßt, der den Gästen beim Check-in und Check-out hilft. Künstliche Diener bringen die Koffer ins Zimmer, und es gibt einen Raum fürs Lagern von Gepäck, das von einem mechanischen Arm verstaut wird. Die Geräte sind für das Unternehmen keine Spielerei, sondern ein ernstes Bemühen um mehr Effizienz. Das Hotel verzichtet auf Schlüssel und nutzt Gesichtserkennungs-Technologie statt normaler elektronischer Schlüssel. Dazu wird das digitale Bild des Gastes beim Einchecken registriert. In den Zimmern selbst sorgt sich eine Computer-Kugel mit stilisiertem Gesicht für das Wohl der Gäste. Die Computer-Kugel kann auf Basis der digitalen Butler-Technologie (Abschn. 6.4.6) genutzt werden, um das Licht ein- und auszuschalten, nach dem Wetter oder einem passenden Restaurant zu fragen.

Als Beispiel für Unternehmen mit einem hohen Maturity Model kann das Unternehmen Amazon genannt werden. Über alle Dimensionen existiert hier ein hoher AI-Reifegrad (Abb. 4.7)

Ein stark automatisiertes und virtuelles Organisationskonstrukt ist DAO (Decentralized Autonomous Organization). Es handelt sich dabei um ein virtuelles Unternehmen ohne Geschäftssitz, CEO und Mitarbeiter, das sich mithilfe von Codes selbst organisiert (Abb. 4.8).

Semi-Automated Enterprise

Strategie:

- Rudimentäre AI/Algorithmic-Strategie
- Daten werden als business-relevant angesehen
- Alignment mit Teil-Zielen (Marketing, Sales, Service)
- Analytics ist Teil der IT und Fachabteilungen

Personal/Orga:

- Typischerweise kein CDO
- Analytisch ausgerichtete Mitarbeiter
- Zusammenarbeit zwischen IT und Marketing, Sales, Service

Entscheidungen:

- Algorithmen empfehlen Handlungsmaßnahmen
- Menschen entscheiden letztendlich
- Algorithmen treffen Teil-Entscheidungen; Menschen müssen diese aber bestätigen, bevor diese exekutiert werden
- Automatisierung von einzelnen Prozessen (Marketing-Automation, Service- und Chat-Bots, ...)
- Neben regelbasierten werden auch wissensbasierte Systeme eingesetzt (z.B. Wissensdatenbank für Call Center Agent)
- Produkt-Empfehlungssysteme
- Marketing Automation/Drip-Kampagnen

Daten:

- Daten werden auch strategisch genutzt (kundenwertbezogene Segmentierung, Sales Prediction)
- Fokus auf strukturierten und unstrukturierten Daten
- Datenquellen sind zum Teil miteinander verknüpft
- Erfassung verschiedener Touchpoints der Customer Journey
- Daten werden zum Teil systematisch erfasst und genutzt
- Teil-Automatisierung der Datenerfassung und -analyse

Analysen:

- Advanced Analytics; Data Mining/Maschinelles Lernen: „Warum ist etwas passiert?" oder „Was wird voraussichtlich passieren?"
- Attribution Modelling: Optimierung der Customer Journey
- A/B-Testing
- Teil-integrierte Analysen (Analyse über verschiedene Touchpoints der Customer Journey)
- Ad-hoc-/Ex-Post-Analysen: Was ist passiert?
- Analyse-Modelle werden nicht automatisiert in Prozesse integriert

Abb. 4.5 Semi-Automated Enterprise. (Gentsch)

Automated Enterprise

Strategie:

- Dezidierte AI/Algorithmic-Strategie
- Daten und Analytik für Geschäftsprozesse und Business Models
- Daten als Werttreiber und Wettbewerbsvorteil
- Predictive Analytics wird verwendet, um Unternehmensentscheidungen zu optimieren und automatisieren
- Alignment mit Zielen (Marketing, Sales, Service)
- Analytics ist primär Teil der Fachabteilungen/IT als Supporter

Personal/Orga:

- CDO
- Data-driven Mindset
- Marketing, Sales, Service sind im Data/Analytics Driver Seat
- Chief Conversational Officer verantwortet die Automatisierung / Sprachsteuerung der Kundeninteraktion

Entscheidungen:

- Routine-Entscheidungen werden von Algorithmen getroffen und ausgeführt
- Großteil der Entscheidungen werden von AI getroffen; zum Teil auch direkt ausgeführt, zum Teil noch von Menschen vor Ausführung bestätigt
- Menschen entscheiden letztendlich
- Automatisierung der gesamten Customer Journey (automatisierte Steuerung der gesamten Customer Journey ...)
- Neben regelbasierten und wissensbasierten Systemen werden auch AI-Systeme eingesetzt
- Integrierte Empfehlungssysteme für Produkte, Content, Kommunikation, ...
- Integrierte Entscheidungsketten (CRM, Customer Journey, Marketing, Automation, ...)
- Automatische Identifikation, Profilierung und Ansprache von Zielgruppen
- Automatisierung des gesamten Sales Funnel
- Automatisierung von Content Generation/Curation
- Interne Planungs- und Abstimmungsprozesse werden über Bots automatisch gesteuert (Conversational Office)

Daten:

- Daten werden auch strategisch genutzt (kundenwertbezogene Segmentierung, Sales Prediction, ...)
- Fokus auf strukturierten und unstrukturierten Daten
- Relevante Datenquellen vollständig miteinander verknüpft
- Erfassung aller relevanten Touchpoints der Customer Journey
- Daten werden automatisch erfasst und genutzt

Analysen:

- Advanced Analytics; Data Mining/Maschinelles Lernen/Deep Learning/ Narrow AI: „Was sollte getan werden?"
- Analyse Ergebnisse werden automatisiert zur Gestaltung und Optimierung von Geschäftsprozessen eingesetzt
- Automatisierte Attribution Modelling optimieren die Customer Journey in real-time
- Integrierte Analysen (Analysen über alle relevanten Touchpoints der Customer Journey)
- Ad-hoc-/Ex-Post-Analysen: „Was ist passiert?"
- Analyse-Modelle werden automatisiert in Prozesse integriert und ausgeführt
- Automatisierte Analyse/Erstellung von Content

Abb. 4.6 Automated Enterprise. (Gentsch)

Super Intelligence Enterprise

AI-Systeme führen nicht nur Algorithmen aus, sondern AI
entwickelt eigenständig und flexibel eigene Algorithmen.
Strategie, Ressourcen, Daten und Analytics sind Planungs-
und Ausführungsgegenstand autonomer AI-Systeme

Positiv-Szenario	Negativ-Szenario
Menschen kontrollieren die Rahmenbedingungen und Regeln der autonomen AI-Systeme. Es besteht jederzeit die Möglichkeit, über Regulative und Korrektive einzugreifen bzw. zu korrigieren. AI-Systeme erhöhen durch Performance, Skalierbarkeit und Innovationen Produktivität und Wohlstand.	Menschen haben die Kontrolle über die Rahmenbedingungen und Regeln der autonomen AI-Systeme verloren. AI-Systeme entwickeln sich unkontrolliert ohne menschliche Eingriffsmöglichkeiten. Der Last Call des Menschen und finale rote Ausschaltknopf sind obsolt geworden. Es ist fraglich, ob die daraus resultierenden Entwicklungen zum Wohle der Menschheit sind.

Abb. 4.7 Super Intelligence Enterprise. (Gentsch)

DAO bricht bereits 2016 alle Crowdfunding-Rekorde und sammelte 160 Mio. US$ ein. DAO funktioniert wie ein Investmentfonds. Dabei wird das eingesammelte Kapital in Start-ups und Produkte investiert, um für die Mitglieder der Organisation einen Ertrag zu erzielen. Die sogenannten Crowdfunder wählen in Abstimmungen, in welche Richtung sich die Organisation entwickeln soll.

Sogenannte „Smart Contracts" regeln die Investments der DAO-Mitglieder. Dabei handelt es sich um in Software gegossene Algorithmen, die automatisch permanent die Bedingungen eines Vertrages prüfen und entsprechende Maßnahmen ausführen. Diese Regeln werden in einer dezentral verwalteten Datenbank – der sogenannten Blockchain – hinterlegt.

Wenn das definierte Ziel erreicht wird, führt der Smart Contract die Überweisung automatisch aus. Entsprechend des eingezahlten Geldes bekommen die DAO-Mitglieder für die Wahl sogenannte Tokens, mit denen dann abgestimmt wird. Die Mitglieder können zudem auch eigene Vorschläge für Projekte und Ideen einreichen, die von der DAO finanziert werden sollen.

Reifegradmodell für AI-gestütztes Marketing, Vertrieb und Service: Best Practice für das Benchmarking von Querschnittsfunktionen

„Alexa, Echo und Prime Air Liefer-Drohnen waren 'super offensichtliche' Beispiele dafür, wie Amazon AI verwendet" Jeff Bezos, 2017

- Dynamische und personalisierte Preisgestaltung, Newsletter, Produktempfehlungen, Kampagnen, etc. basierend auf Verhaltens-, Kauf-, Such-, sozialen und psychografischen Daten
- Amazon Echo-Daten werden für die Vervollständigung der digitalen Signatur genutzt
- Echo Look verfügt über eine Kamera mit Tiefenerkennung, integrierte Beleuchtung und Style Check
- Amazon Dash Replenishment Service (DRS) ermöglicht es angebundenen Geräten über Amazon's Retail-Plattform einen automatisierten Nachbestellservice aufzubauen. Die Kundenbindung erfolgt über die Amazon-Plattform (Kundenbeziehungen basierend auf Plattform-Komfort)
- Amazon AI Bots zur Optimierung des Kundenservice
- Amazon AI Bots für die effiziente Erstellung und Distribution von Inhalten
- Amazon schließt sich Partnerschaft im Bereich AI an
- Mit einem Lager, das mit über 45.000 Robotern ausgestattet ist und einem neuen Drohnen-Lieferungssystem setzt Amazon in Zukunft auf künstliche Intelligenz.

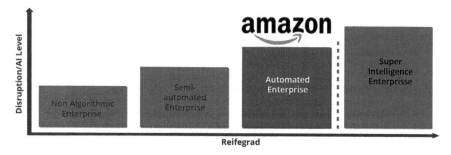

Abb. 4.8 Maturity Model für das Unternehmen Amazon. (Gentsch)

DAO automatisiert auf Basis von Blockchain-Technologien Unternehmensprozesse. Die Governance-Regeln werden durch den „Algorithmic CEO" und nicht wie sonst üblich durch das Board of Directors ausgeführt. Es entsteht eine Unternehmens-organisation, die komplett digitalisiert ist.

Folgt man der Definition der Vertragstheorie, nach der ein Unternehmen nichts ande-res ist als ein Netzwerk aus Verträgen, in denen Ziele, Befugnisse und Zeiträume fest-gelegt werden, erscheint der hoher Automatisierungsgrad von Unternehmensprozessen und -entscheidungen realistisch. So regeln und steuern Arbeitsverträge das Handeln der Mitarbeiter. Mitarbeiter „exekutieren" vertraglich vorgegebene Aufgaben. Aus diesem Exekutions-Rational leitet sich auch der Titel CEO – Chief Executive Officer – ab. Ver-träge regeln demnach alles im Unternehmen, warum nicht ausgeführt durch Algorithmen anstelle von Menschen?

Algorithmic technology has the potential to fundamentally change the way we do business, and has been flagged as the most prominent sweeping change since the industrial Revolu-tion (Charmaine Glavas, Queensland University of Technology, 2016).

4.2.2   Nutzen und Zweck

Das Konzept eines Reifegradmodells hat nicht einfach nur die Klassifikation von Unternehmen in einzelne Stufen zum Ziel, sondern gibt darüber hinaus einen Weg vor, den Unternehmen im Wettbewerb beschreiten müssen. Bevor Unternehmen sich mit AI beschäftigen, sollten sie ihre Prozesse systematisch digitalisieren und strukturieren. Nutzen und Zweck eines Reifegradmodells lassen sich prinzipiell in drei Formen untergliedern:

Deskriptiv ist ein Reifegradmodell in der Hinsicht, dass eine beschreibende Einordnung stattfindet. Hierbei wird ein besseres Verständnis der momentanen Ist-Situation erlangt. Dies ermöglicht Unternehmen z. B. den aktuellen Stand bezüglich eines Themengebiets zu erkennen.

Des Weiteren bietet ein Reifegradmodell die Möglichkeit der **normativen Eigenschaft.** Durch die aufbauenden Reifegrade des Modells wird die Erkenntnis des momentanen Standpunktes erlangt. Das Reifegradmodell ist wegweisend, wenn es darauf hinweist, was erforderlich ist, um künftige beziehungsweise höhere Reifegrade zu erlangen.

Ein weiterer Nutzen eines Reifegradmodells ist, dass dieses **komparativ** einsetzbar ist. Die Position beziehungsweise der Reifegrad innerhalb eines Modells ist vergleichbar. Dadurch wird eine interne und externe Analyse durchführbar. Zum einen wird es

 Objektive Standortbestimmung und Bewertung der bishergen Maßnahmen im Bereich Big Data, Algorithmic und Artificial Intelligence.

 Die Identifikation von unternehmensspezifischen Stärken/Schwächen und der direkte Vergleich mit relevanten Wettbewerbsunternehmen und Branchenbenchmarks.

 Hinterfragung etablierter Prozesse, Denkstrukturen und Maßnahmen im Bereich Big Data, Algorithmic und Artificial Intelligence.

 Identifikation notwendiger Maßnahmen, Priorisierung der Maßnahmen und Ableitung einer Roadmap, in der sowohl Entwicklungs-Initiativen als auch Quick-Wins identifiziert werden.

 Auf der Basis der Roadmap können Technologie-, Finanz- und Personal-Ressourcen optimal entsprechend der Prioritäten allokiert werden, notwendige Voraussetzungen geschaffen (Enabler) und konkrete Maßnahmen entwickelt werden, die direkt auf die wichtigsten Unternehmens-KPIs (Umsatz, Gewinn, Reichweite, Relevanz usw.) einzahlen.

 Referenzmodell für die nachhaltige Fortschrittskontrolle und Steuerung der digitalen Transformation zum Algorithmic Businnes über die Zeit.

Abb. 4.9 Nutzen des Algorithmic Business Maturity Model. (Gentsch)

ermöglicht, die eigenen Abteilungen im Unternehmen zu vergleichen. Zum anderen ist eine Messung des Unternehmens mit den Konkurrenten im Wettbewerb möglich.

Insgesamt können damit Unternehmen ihren aktuellen Status hinsichtlich Big Data, Algorithmik und AI verorten. Diese Standortbestimmung ist ein wichtiger Starting Point auf dem systematischen Weg zum Algorithmic Business. Auf Basis der Verortung lassen sich gezielt Maßnahmen für den nächsthöheren Reifegrad ableiten. Des Weiteren hilft das Benchmarking in und über Branchen hinweg (Abb. 4.9).

Literatur

Birle Alexander, Peter Gentsch, 2018. AI Framework für Marketing, Sales und Service. HTW Aalen, Forschungspapier
Mckinsey März 2017. http://www.mckinsey.com/business-functions/digital-mckinsey/our-insights/intelligent-process-automation-the-engine-at-the-core-of-the-next-generation-operating-model

Algorithmic Business – auf dem Weg zum selbstfahrenden Unternehmen

5

Zusammenfassung

Die Effekte und Implikation von Algorithmik und AI betreffen die gesamte unternehmerische Wertschöpfungskette. Der „Business Layer" des AI Business Frameworks (Abb. 5.1) hat gemäß des Schwerpunktes des Buches die „Customer Facing"-Prozesse und -Funktionen in den Vordergrund gestellt. In diesem Kapitel werden die Potenziale für die gesamte unternehmerische Wertschöpfung kurz skizziert. Es wird gezeigt, dass Künstliche Intelligenz in klassischen Unternehmensbereichen die Art zu arbeiten nachhaltig und radikal verändern wird: Durch den Einsatz Künstlicher Intelligenz können Unternehmen nicht nur Effizienz- und Produktivitätspotenziale ausschöpfen, sondern auch besser auf Kunden eingehen und damit einen Mehrwert schaffen. Zudem wird die Bedeutung der Ideen und Potenziale des sogenannten Conversational Commerce (Kap. 6) für die unternehmensinternen Funktionen und Prozesse aufgezeigt und erklärt (Conversational Office). Im Anschluss werden die Bereiche Marketing, Market Research und Controlling (als relevante Querschnittsfunktion) detaillierter beschrieben und erklärt. Darüber hinaus haben Algorithmik und AI auch das Potenzial, Geschäftsmodelle neu zu erfinden – auch diese Themen werden in diesem Kapitel behandelt. Abschließend wird untersucht, ob es Sinn macht, in Unternehmen die Position eines Chief Artificial Intelligence Officer zu installieren.

5.1 Klassische Unternehmensbereiche

Dass Künstliche Intelligenz die Art zu arbeiten nachhaltig und radikal verändern wird, lässt sich an den folgenden Einsatzgebieten zeigen. Durch den Einsatz Künstlicher Intelligenz können Unternehmen nicht nur Effizienz- und Produktivitätspotenziale ausschöpfen, sondern wie gerade beschrieben auch besser auf Kunden eingehen und damit

Abb. 5.1 Der Business Layer für das AI Business Framework. (Gentsch)

einen Mehrwert schaffen. Dieser Punkt wird in der Diskussion über AI in der Unternehmenswelt häufig unterschätzt. Mitarbeiter von Unternehmen werden lernen müssen, mit smarten Technologien zusammenzuarbeiten. Während gut strukturierte und standardisierte Bereiche von Künstlichen Intelligenzen übernommen werden können, wird in Bereichen, bei denen es um Empathie oder die Zusammenarbeit mit Menschen geht, weiterhin menschliche Arbeitskraft benötigt. Es gibt also mehr als nur Wettbewerbsvorteile durch den Abbau von Arbeitskräften und gesteigerte Produktivität. Weiter ist derzeit nicht zwingend gegeben, dass der AI-Einsatz effizienter ist als konventionelle Arbeitskraft. Die Entwicklung Künstlicher Intelligenzen wurde zwar aufgrund von Open Source Frameworks günstiger als noch vor einigen Jahren, dennoch können Aussage zur Wirtschaftlichkeit von AI nicht pauschal getroffen werden.

Eingangslogistik
Die Eingangslogistik ist die erste primäre Aktivität der Wertschöpfungskette eines Unternehmens. Zu den wichtigen Aufgaben der Logistik zählen unter anderem die Warenannahme, Warenbestandskontrolle und die Lagerhaltung. Unternehmen arbeiten daran, die Abläufe in ihren Lagerhäusern mithilfe von intelligenter Software zu optimieren. Beispiele für den Einsatz von Künstlicher Intelligenz zeigen sich in den Logistikzentren der japanischen Elektronikkonzerne Hitachi oder Zappos. Auch der Online-Händler Amazon nutzt AI-Technologie, angefangen mit der Übernahme von „AIva Robotics" im Jahr 2012. AIva war bestrebt, bessere Logistiklösungen für Online-Händler zu schaffen. Ausgehend davon ist das heutige „Amazon Robotics" bemüht, Roboter zu produzieren, die in den Logistikzentren zu automatischen Prozessabläufen beitragen. 2014 führte Amazon erstmals in Kalifornien „AIva-Roboter" ein, zunächst als Testlauf, inzwischen werden die Roboter als Standard in den Vereinigten Staaten und mittlerweile auch in Europa genutzt. Die Roboter fahren mit einer Geschwindigkeit von rund 5,5 km/h und wiegen circa 145 kg. Sie können bis zu 340 kg heben. Zusammen mit der intelligenten Software sollen die Roboter einen automatisierten Logistikprozess bilden. Das Szenario sieht folgendermaßen aus:

In der Annahmestelle wird die Ware der Lieferanten entgegengenommen. Dort versieht die Software jedes Produkt mit einem Code, um es wieder auffindbar zu machen. Anschließend wird die Ware „chaotisch" in Regale des Lagers verteilt – da, wo es gerade Platz findet. Dabei ist das Ziel, Artikel an mehreren Orten in der Halle zu finden, um Laufwege kurz zu halten. Das Bestell- und Lagerverwaltungssystem weiß genau, wo sich die einzelnen Artikel befinden und auf welchem Weg sie diese optimal befördern. Sobald eine Bestellung durch das Computersystem entgegengenommen wird, bewegt sich der elektronisch ausgerüstete Kommissionierer zu dem Regal, in dem sich die Produkte befinden, und hebt diese an, um sie dann an die gewünschte Packstation zu bringen. Dabei gibt das System den nächsten genauen Standort des Regals und die kürzeste Strecke zur Station bekannt. In der Packstation werden die Regale abgelegt, sodass der Mitarbeiter die gewünschten Produkte entnehmen und verpacken kann.

Der Produktcode enthält wichtige produktspezielle Daten, die durch den Scan im System erfasst werden. Aufgrund dessen findet die intelligente Software, welche in Echtzeit Aufträge analysiert und jegliche Abwicklungen vornimmt, das Produkt wieder. Das Verwaltungssystem berechnet mithilfe von intelligenten Algorithmen nicht nur die kürzeste Strecke, sondern achtet auch darauf, einen Zusammenstoß zu umgehen. Amazon möchte mit intelligenten Roboter- und Einlagerungssystemen wirksam den steigenden Bestellungen hinterherkommen. Ziel ist nicht nur die schnelle und zuversichtliche Leistungserbringung an den Kunden, um den zunehmenden Erwartungen gerecht zu werden, sondern auch den Mitarbeitern effektive und einfache Arbeit zu ermöglichen. Laut Roy Perticucci, Amazons Vice President Operations in Europa, führe die Übergabe von klassischen Lageraufgaben an Robotern dazu, mehr Produkte in kürzerer Zeit zu liefern. Grund dafür seien die kürzeren Wege, die wiederum kürzere Lieferzeiten zur Folge haben. In einigen Fällen könne man Bestellungen, die vorher Stunden brauchten, in wenigen Minuten verarbeiten. Zudem sinke die Unfallrate im Lagerhaus auf einen konstanten niedrigen Wert. Weiterhin soll es möglich sein, 50 % mehr Ware zu Lagern. Nebenbei sollen seither die Kosten in den Lagerhallen um 40 % gesunken sein.

Mit dem Zunehmen der robotergesteuerten Logistikkette sei außerdem die stetige Steigerung der Effizienz zu erwarten. Der Online-Händler verfolgt den Wunsch der vollständigen Automatisierung der Logistikkette. Neben Amazon setzt auch der Elektronikkonzern Hitachi auf AI-Software. Das Programm analysiert die Arbeitsweise der Angestellten im Detail und vergleicht sie mit neuen Ansätzen. Dabei stellt die Software fest, wie sich ein Arbeitsvorgang am effektivsten integrieren lässt, und erteilt den Angestellten Anweisungen. Der Konzern gibt an, dass die AI fortlaufend Daten analysiere und ständig Neues über die Warenhausabläufe dazulerne. Außerdem teilt Hitachi mit, dass Lagerhäuser mit Künstlicher Intelligenz im Vergleich zu normalen Standorten eine Produktivitätssteigerung um acht Prozent vorwiesen. Auch wenn das Programm durch Big-Data-Analyse Anweisungen gibt, könnte es ebenso durch optimierte Abläufe neue Ansätze einbringen. Hitachi hofft nach der Anwendung in der Logistik, dass die AI zusätzlich Arbeitsprozesse in anderen Bereichen verbessert.

Fraglich ist, wie die menschlichen Angestellten derartige Standardisierung empfinden. Überwachung und Kontrolle führten zur Einschränkung der Freiheit von Mitarbeitern, was Folgen wie psychischen Probleme und Demotivationen haben kann, glaubt Jürgen Pfitzmann, Arbeitsorganisationsexperte an der Universität Kassel. Dave Clark, Amazons globaler Logistik-Vorstand, verteidigt die Arbeitsweise nach strikten Vorgaben. Genauso wie bei vielen Unternehmen habe auch Amazon Erwartungen an seine Angestellten. Sie seien darauf bedacht, Zahlenvorgaben für örtliche Gelegenheiten anzupassen, um Einzelne nicht zu überfordern. De-facto-Arbeiten sei langfristig und vorhersehbar. Gezielt wird auf einen flexiblen und effizienten Ablauf, welcher zu schnellerer Reaktionsfähigkeit auf gesellschaftliche Veränderung beiträgt. Zusammengefasst verbessern Roboter und AI-geprägte Systeme die logistischen Prozesse und ermöglichen schnelles Reagieren auf bestimmte Probleme. Wenn man bedenkt, dass vorher weniger Optimierungspotenziale in Logistikprozessen möglich waren, bietet heute die fortschreitende Technologie neue Gelegenheiten für Unternehmen. Amazon ist ein führendes Beispiel für Innovationen. Der Online-Händler veranstaltet seit 2015 die Amazon PicAIng Challenge. Bei diesem Wettbewerb können Teams aus Universitäten und Unternehmen mit selbst konstruierten Robotern gegeneinander antreten. „Ziel der von ‚Amazon Robotics' ausgeschriebenen PicAIng Challenge ist es, den Know-how-Austausch für Robotik zwischen Wissenschaft und Wirtschaft zu stärken und Innovationen von Robotik-Anwendungen innerhalb der Logistik zu fördern". Doch obwohl Amazon mehr Roboter einsetzen möchte, sind Menschen für den Konzern noch immer von wichtiger Bedeutung, denn Roboter brauchen die Erfahrungen der Angestellten, um sich Wissen anzueignen, welches sie anwenden können; zumal die Systeme auch überwacht und teilweise gesteuert werden müssen.

Produktion

In der klassischen Industrieproduktion wie z. B. der Automobilindustrie sind die Auswirkungen der AI und Robotik bereits zu spüren. Die bereits zuvor sehr strukturierten Prozesse können vergleichsweise schnell digitalisiert und automatisiert werden. Infolgedessen lassen sich nicht nur Produktivitätssteigerungen, sondern auch verbesserte Steuerungsmöglichkeiten sowie eine gleichbleibend hohe Qualität erzielen.

Begriffe wie „Smart Factory" oder „kluge Fabrik" stehen für das Selbstentscheiden der Maschinen, was und wann sie herstellen wollen, und noch viel mehr. Für die Vision einer automatisierten und intelligenten Produktion müssen zwar noch einige Schritte eingeleitet werden, jedoch arbeiten längst Forschungsorganisationen an Lösungen für Teilbereiche, um die Arbeitsweise der Menschen zu erleichtern und Prozesse zu verbessern.

Controlling

Die Überwachung und Steuerung von Unternehmen lässt sich durch den Einsatz von Algorithmen ebenfalls effizienter gestalten, da manuell auszuführende Aufgaben teilweise von AI-Systemen übernommen werden können. Auch Qualität und Geschwindigkeit des

Controllings lassen sich durch den Einsatz intelligenter Algorithmen steigern (siehe auch Abschn. 5.5).

Fulfillment

Die komplette Wertschöpfungskette von der Auftragsannahme über Lagerhaltung und Kommissionierung bis hin zum Versand wird heutzutage häufig an spezialisierte Fulfillment-Dienstleister vergeben. Branchengrößen wie Amazon oder DHL arbeiten seit Jahren konsequent an der Verbesserung ihrer Prozesse und setzen mittlerweile zur Effizienzsteigerung beispielsweise Roboter in Lagern ein oder lassen ihre Touren von modernsten Algorithmen planen. Auch wenn die Prozesse bereits sehr weit entwickelt sind, werden sie heute noch nicht komplett ohne menschlichen Beitrag realisiert.

Management

Während das Erstellen und Analysieren von Reports oder die Ziel- und Ressourcenkontrolle sehr stark von Maschinen unterstützt oder gar übernommen werden können, werden Aufgaben wie die Erstellung von Strategien oder die Führung von Mitarbeitern auch langfristig von Managern ausgeführt. Die Herausforderung für Unternehmensleitung und Verwaltung wird es sein, die Errungenschaften der AI so zu nutzen, dass dem Unternehmen ein möglichst großer Mehrwert entsteht.

Sales/CRM und Marketing

In diesen Bereichen kann durch den Einsatz Künstlicher Intelligenz noch deutlich mehr als Effizienzsteigerungen erzielt werden. Personalisierte, maßgeschneiderte Produkt- und Preiskombinationen für jeden Kunden lassen sich mithilfe von Künstlicher Intelligenz realisieren. Dank moderner Algorithmen sind personalisierte Werbebotschaften im Online Marketing heutzutage Standard (siehe auch Abschn. 5.3).

Ausgangslogistik

Zur wesentlichen Aufgabe der Ausgangslogistik zählt die Distribution der Produkte. Die Künstliche Intelligenz eröffnet neue Möglichkeiten in der Logistik und stellt Unternehmen vor neue Herausforderungen. Der Wandel verlangt dynamische und selbststeuernde Prozesse, die auf intelligenten Sendungen basieren. Das Potenzial für den Einsatz lernender Maschinen in der Logistik ist bedeutend hoch. AI-Software soll nicht nur problemlos mit Menschen kooperieren, sondern auch Routineaufgaben erkennen und erlernen können, indem sie eigene Schlüsse zieht. Beispiel Amazon: Hier basieren diese Daten auf Kundenerfahrungen und Beurteilungen von Mitarbeitern in den Logistikzentren. Zum Beispiel bildet die Software im Bereich der Verpackung die Schnittstelle für alle eingehenden Informationen bezüglich des Produktes. Daten fließen aus verschiedenen Quellen in das System ein. Dazu zählen die Kundenbewertungen, welche speziell die Verpackung betreffen. Beispielsweise können Kunden Bewertungen zur Leistung und Produktqualität sowie zur Verpackung abgeben.

Kritik, die von ungeeigneter Größe oder nicht ordentlich verpackter Ware handelt, wird vom System analysiert und bewertet. Weiterhin filtert die Software Erfahrungsberichte der Mitarbeiter, die auf Kenntnissen der täglichen Arbeit basieren. Auch erfasst das System wichtige Eckdaten zum Produkt, welche die Höhe, Länge, Breite und das Gewicht betreffen. In den Daten erkennt die Software Muster und wählt auf dieser Grundlage die richtige Verpackungsgröße.

Das Asia-Pacific-Innovation-Center von DHL in Singapur beschäftigt sich mit innovativen Logistiklösungen durch Künstliche Intelligenz und Robotertechniken. Im Zentrum kann man den Roboter „Mr. Baxter" bei der Arbeit beobachten. Mr. Baxter holt die Pakete aus dem Lagerregal und stapelt sie auf ein Fahrzeug. Das sensorgesteuerte Fahrzeug befördert die Sendung in einen anderen Teil des Lagers. Baxter ermöglicht eine weitere Mensch-Roboter-Interaktion – er hält an, sobald sich jemand ihm nähert. In der Praxis wird der Roboter aktuell bei DHL zusammen mit einem weiteren Roboter „Sawyer" getestet. Durch die Weiterentwicklung zum kollaborativen Roboter hat sich der Einsatzbereich erweitert. Neben der Tätigkeit, Pakete umzulagern, nehmen die beiden unter anderem Verpackungsaufgaben oder Etikettierungen für den Ladenverkauf wahr. Die hochleistungsfähigen und intelligenten Roboter übernehmen Aufgaben, die vorher nur schwer zu automatisieren waren.

Künstliche Intelligenz wird mittlerweile auch für den Warentransport eingesetzt, denn nicht nur die stetig steigende Anzahl an Bestellungen und Paketen fordert die Unternehmen heraus, sondern auch der steigende Konkurrenzkampf um die Kunden. Besonders Online-Händler versprechen verbesserte und schnellere Lieferungen, Übernacht- und Expresslieferungen sowie die Lieferung am selben Tag. Geforscht wird schon seit einiger Zeit an intelligenten Lösungen, die kurze, kostengünstige und effiziente Auslieferung an den Kunden ermöglichen sollen. Aufgrund der Überlastung klassischer Transportwege experimentieren Online-Händler und Logistikunternehmen bereits mit der Zustellung aus der Luft mit Lieferdrohnen. Derzeit liegt die Deutsche Post im Vergleich zu Konkurrenten wie Amazon und Google in Führung. Mit dem ersten Linienbetrieb startete 2014 der DHL-„Paketkopter" den ersten Transportflug für die Beförderung von Notfallversorgungen mit Arzneimitteln und eiligen Gütern. Das Forschungsprojekt startete am Hafengelände in Norddeich und landete auf der Insel Juist auf einem speziellen Platz. Für den reibungslosen Flug wurde ein Autopilot entwickelt, der den automatischen Start und die Landung ermöglicht. Die Drohne soll sicher und robust in Betrieb sein, um Herausforderungen wie Wind und Seewetter gewachsen zu sein.

Im Gegensatz zur Drohne wird der „SmartTruck" von DHL bereits in Berlin in Betrieb genommen. Hierbei handelt es sich um ein Zustellungsfahrzeug, das mit einer neuartigen Tourenplanungssoftware ausgestattet ist und RFID-Technologie nutzt. DHL ermittelt Staumeldungen in Zusammenarbeit mit den Berliner Taxiunternehmen „Stehen irgendwo in der Bundeshauptstadt Taxen im Stau, landet die per GPS ermittelte Information automatisch bei DHL. Möglich macht das ein System namens „Floating Car Data" (FCD), das vom Deutschen Zentrum für Luft- und Raumfahrt (DLR) entwickelt wurde."

Aktuell werden Paketzustellungen auch ganz ohne Fahrer durch Roboterlieferanten getestet. Einige Logistikunternehmen, unter anderem der Paketdienst Hermes, prüfen Roboter auf die Zustellungstauglichkeit. Das Unternehmen Starship Technologies entwickelte einen fahrenden Lieferroboter. In Zusammenarbeit mit Hermes soll der Roboter Pakete zum Wunschzeitpunkt der Adressaten ausliefern. Der 50 Zentimeter hohe, elektrisch betriebene Zusteller fährt in Schrittgeschwindigkeit auf dem Gehsteig von einem Hermes-Paketshop aus zum Kunden. Der Empfänger erhält über einen Link einen Code, mit dem er das Paket entnehmen kann. Benachrichtigt über die Ankunft des Paketes wird er über eine Kurznachricht auf die von ihm angegebene Mobilfunknummer. Der Roboter bewegt sich vollkommen autonom, indem er seine Umgebung erfasst und Hindernisse wie Ampeln und Zebrastreifen erkennt. Dennoch wird er durch einen Beauftragten der Zentrale überwacht, der bei Störungen eingreifen und gegebenenfalls den Roboter fernsteuern kann. Ausgestattet mit einem GPS-Signal und einem Alarm soll das Paket vor Diebstählen geschützt werden.

Derzeit laufen einige Forschungen auf der Basis der Künstlichen Intelligenz im Bereich der Ausgangslogistik. Bis vor Kurzem war es schwer, intelligente Roboter in der Logistik einzusetzen, da Logistik-Prozesse aus veränderbaren und flexiblen Aktivitäten bestehen. Innovative Entwicklungen optimieren heute Logistikprozesse, sei es Zeitersparnis bei der Kommissionierung, Verkürzung der Durchlaufzeiten oder die Unterstützung der Mitarbeiter im Kerngeschäft. Die Fehlerquote wird stark gesenkt, was zur steigenden Effektivität führt. Nicht nur Unternehmen, sondern auch Kunden profitieren von intelligenten Systemen. Dadurch ist der Wunschtermin flexibel bestimmbar. Neben den weiteren Faktoren wie Rücksendebedingungen und Versandkosten führen schnelle und zuversichtliche Auslieferungen zu einer starken Kundenbindung. Bereits aus diesem Grund müssen Unternehmen ihre Logistikprozesse optimieren und intelligente Systeme heranziehen. Neue Entwicklungen scheinen gute Alternativen darzustellen, müssen jedoch durchdacht werden. Momentan mangelt es den neuen Entwicklungen an hohen Sicherheitsstandards. Diese Herausforderungen sind zu bewältigen, was aber nur noch eine Frage der Zeit ist. Unternehmen sollten das Potenzial der Künstlichen Intelligenz und der Robotik nutzen, um den innovativen Wandel nicht zu verpassen. In der Zukunft ist zu erwarten, dass Tätigkeiten in der Logistik eine völlig neue Bedeutung bekommen werden.

5.2 Conversational Office

Ansatz und Nutzenpotenziale

Bots ermöglichen nicht nur Hilfen bei der privaten Organisation (wie z. B. mit Personal Butlers) oder im Marketing (z. B. über algorithmisches Marketing) und beim Verkauf (wie z. B. im Conversational Commerce), sondern sie eignen sich auch hervorragend zur Nutzung innerhalb eines Unternehmens. Für dieses Einsatzgebiet prägte Amir Shevat (2016) den Begriff Conversational Office, was als dialogorientiertes Büro übersetzt werden kann. Shevat unterteilt die digitalen Entwicklungen in Unternehmen in drei verschiedene Epochen: Nach der computergestützten Ära (computerized era) kam das Zeitalter des mobilen Büros (mobile office era), welches jetzt der Ära des Conversational Office weicht. Da die moderne Kommunikation im Büro vorwiegend textbasiert ist, können Systeme, die einfaches Messaging zu einzelnen Kollegen oder Gruppen ermöglichen, Zeit sparen helfen.

Ein Beispiel eines solchen Zusammenarbeits- und Organisationssystems für das Büro ist die Software Slack. Die Plattform wurde 2013 gegründet und hat täglich ca. eine Million Nutzer. Was dem Konzept des Conversational Office den Durchbruch verschaffen könnte, ist, dass abgesehen von Konversationen zwischen Mitarbeitern auch Bots an den Konversationen beteiligt werden können. Zurzeit existieren verschiedene Bots, die bei organisatorischen Aufgaben behilflich sein können. So können der Dienstreisen-Bot Concur von SAP Trips für Angestellte planen, der Spesenkonto-Bot Birdly von Slack eingereichte Reisekostenabrechnungen bearbeiten und der Personalwesen-Bot Ivy von Intel Angestellten mit verschiedenen Fragen, z. B. hinsichtlich des Lohns, helfen.

Büroarbeit, insbesondere, wenn sie mehrere Personen involviert, kann effizienter ablaufen, wenn sich der Bot ungefragt an der Konversation beteiligt und Hilfestellungen liefert. Dies kann auch die Frustrationen mindern, die viele Arbeitnehmer erfahren, wenn sie mit nutzerunfreundlicher Software in langwierigen Prozessen interagieren müssen, um Urlaube zu buchen oder Rechnungen einzureichen. Wenn alle Mitarbeiter aktiv in einem System präsent sind, können auch neue Mitarbeiter leichter integriert und deren Expertise und Meinungen besser eingebracht werden.

Ein Szenario des Conversational Office ist beispielsweise, wenn Kollegen über ein Online-System über einen Fehler im System, mit dem sie arbeiten, diskutieren. Ein Bot könnte ungefragt alle Details zum Fehler geben sowie protokollieren, wenn der Fehler behoben wurde. Im Folgenden wird die Idee von digitalen Arbeitnehmern und Chefs erläutert.

Digitale Kollegen

Ben Brown (2015), Mitgründer der Softwarefirma XOXCO, realisierte eine Mischung aus Messaging, automatisierter Software und Künstlicher Intelligenz in Form eines intelligenten digitalen Mitarbeiters, den er Howdy taufte. Er kann in die Plattform Slack integriert werden und soll die langweiligsten, repetitivsten und banalsten Aufgaben übernehmen, wie z. B. ein Meeting mit mehreren Teilnehmern zu planen oder Statusberichte einzusammeln. Howdy kann mit allen Teilnehmern simultan kommunizieren und die Antworten zusammenführen, um einen Termin zu finden, oder Informationen über erledigte Aufgaben und anfallende Probleme sammeln. Dass sich das Konzept des digitalen Kollegen durchsetzen wird, lässt die Vielzahl der Bürobots erahnen, wie z. B. Weld, Geekbot, Flock, Tatsu Nikabot, awesome.ai, phonebot, ElRobot und Pushpop, um nur eine Auswahl zu nennen (Vouillon 2015).

IBM zufolge hat das Unternehmen den „idealen Arbeitnehmer" geschaffen: Celia (Cognitive Environments Laboratory Intelligent Assistant) birgt einen Wissensschatz, der auf der fortgeschrittenen Analyse (advanced analysis) von Millionen Seiten Text basiert. Damit kann sie Ärzten medizinische Ratschläge geben und Köchen neue Geschmackvariationen vorschlagen. Im Vergleich zu ihrem Vorgänger Watson, der zwei Spitzenkandidaten in der Quizshow „Jeopardy" besiegte, kann Celia bessere Dialoge führen und ihre Antworten erklären. Das macht sie menschlicher.

In China wird bereits seit 2015 ein Bot eingesetzt, um das morgendliche Wetter zu präsentieren. Xiaoice stellt das Wetter, basiert auf offiziellen meteorologischen Quellen, vor und gibt erweiterte Ratschläge, wie Freiluftaktivitäten zu meiden, wenn die Luftqualität schlecht ist.

Dass Bots die Chefrolle übernehmen könnten, ist nicht undenkbar. Ein Vorstandsmitglied des Risikokapitalinvestors Deep Knowledge Ventures aus Hong Kong besteht beispielsweise aus einem Programm namens VITAL. Die Abkürzung steht für Validating Investment Tool for Advancing Life Sciences, was zu validierendes Anlageinstrument für die Förderung von Biowissenschaften übersetzt werden kann. Die Software kann die menschlichen Vorstandsmitglieder mit den notwendigen Informationen versorgen, um bessere Investitionsentscheidungen zu treffen. Dmitry Kaminsky, ein Seniorchef im Unternehmen, sieht die Kombination aus maschineller Logik und menschlicher Intuition als die optimale Kombination an. In Japan hat eine Werbeagentur zwischenzeitlich einen Roboter als Kreativchef angestellt (Van Doorn und Duivestein 2016).

Die neuen Konzepte von Bots als Mitarbeiter, Chefs oder Vorstandsvorsitzende sind bisher noch nicht ausgereift und werfen viele Fragen auf. Van Doorn und Duivestein von den SogetiLabs machen z. B. darauf aufmerksam, dass noch unklar ist, wer die Verantwortung übernimmt, wenn den Bots Fehler unterlaufen. Sind sie kontrollierbar, wenn sie ein eigenes Sozialleben entwickeln und mit anderen Bots kommunizieren und gegebenenfalls falsche Entscheidungen treffen? Die vielen Vorteile der Bots als helfende Hand im Büroalltag sind jedoch nicht von der Hand zu weisen, und es könnte ebenso schädlich sein, auf die Bürobots zu verzichten.

5.3 Algorithmic Marketing

Die Zeiten, in denen man nicht wusste, welche 50 % der Marketingausgaben herausgeworfenes Geld sind (Henry Ford), haben dank Big Data und AI weitgehend ausgedient. Die folgenden Kapitel sollen dies erklären und illustrieren.

Die Automation von Marketingprozessen ist seit ca. 2001 üblich, als das Sammeln von Big Data an Bedeutung gewonnen hat. Die Datensätze bestehen z. B. aus Kundendatenbanken oder Clickstream-Daten, welche eine Aufzeichnung der Navigation des Kunden zwischen verschiedenen Webseiten sind. Die Datenmengen haben jedoch explosionsartig zugenommen, so sind Anfang 2016 90 % aller Daten in den vorherigen zwölf Monaten entstanden. Da viele Unternehmen nicht wissen, wie sie diese Datenmengen mit den bisherigen Datenbanksystemen und Softwarelösungen nutzen können, wird das volle Potenzial von Big Data bei Weitem noch nicht ausgeschöpft.

Die traditionellen Methoden der Marketingautomatisierung geben außerdem keine tiefen Einsichten in die Daten, schlagen keine Maßnahmen vor, sehen die Auswirkungen der Maßnahmen nicht vorher und beeinflussen die Kunden nicht in Echtzeit.

Wenn für das Marketing jedoch Algorithmen eingesetzt werden, können die Datensätze effizienter bearbeitet werden. Algorithmen können große Datensätze analysieren, untergliedern und Muster sowie Trends erkennen. Sie können Änderungen beobachten und Empfehlungen für Maßnahmen in Echtzeit geben, das heißt während der Interaktion mit dem Kunden. Außerdem können sich Vermarkter durch den Einsatz von Algorithmen anspruchsvolleren Aufgaben widmen, was in einen effizienteren und kosteneffektiveren Marketingprozess resultieren kann. Langfristig kann ein Unternehmen durch den Einsatz von Algorithmen im Marketing einen Konkurrenzvorteil sowie durch die vergrößerte Kundennähe eine höhere Kundenloyalität erreichen.

AI Marketing-Matrix
Heutzutage existiert bereits eine Vielzahl auf künstlicher Intelligenz basierender Anwendungspotenziale für das Marketing. Diese Potenziale lassen sich prinzipiell in die Dimensionen „Automation" und „Augment" sowie anhand des jeweils einhergehenden Business Impacts unterteilen. Bei den Augment-Anwendungen geht es insbesondere um die intelligente Unterstützung und Anreicherung komplexer und kreativer Marketing-Aufgaben, die derzeit in der Regel noch von menschlichen Akteuren durchgeführt werden. Zum Beispiel kann künstliche Intelligenz das Marketing-Team bei der Mediaplanung oder der Generierung von Customer Insights unterstützen (siehe Praxisbeispiel „Die Zukunft der Mediaplanung – AI als Game Changer; Kap. 7.4). Vor allem in jenen Unternehmen, die einen hohen AI-Reifegrad im AI Maturity Model aufweisen, ist das Augment-Potenzial schon stärker ausgeprägt. Hier werden auch Planungs- und Entscheidungsprozesse von künstlicher Intelligenz unterstützt oder bereits ausgeführt. In Hinblick auf die Automatisierungs-Anwendungen fällt wenig überraschend auf, dass bei diesen sowohl der Reifegrad als auch die Verbreitung im Vergleich deutlich höher ausgeprägt sind. So gibt es viele Automatisierungs-Anwendungen, die heute schon einen hohen Reifegrad und Einsatz in der Praxis haben. Hierzu gehören beispielsweise Marketing Automation oder Real-Time-Bidding (Abb. 5.2).

Es gibt jedoch auch Anwendungen, die trotz ihres hohen Reifegrades und hohen Business Impacts in der Praxis heutzutage noch vergleichsweise gering eingesetzt werden. Ein Anwendungsbereich, auf den dieses Phänomen zutrifft, ist das Prinzip der Lookalikes, die für Leas Prediction und Audience Profiling genutzt werden können. Im B-to-C-Bereich lässt sich dies gut mit Facebook Audiences (https://www.facebook.com/business/a/custom-audiences) umsetzen.

Auch im B-to-B-Bereich lässt sich dieses Prinzip erfolgreich anwenden (siehe Praxisbeispiel „Sales und Marketing reloaded – Deep Learning ermöglicht neue Wege der Kunden- und Marktgewinnung; Abschn. 7.1). Dahinter verbirgt sich die Möglichkeit, anhand der besten und attraktivsten Bestandskunden eines Unternehmens neue

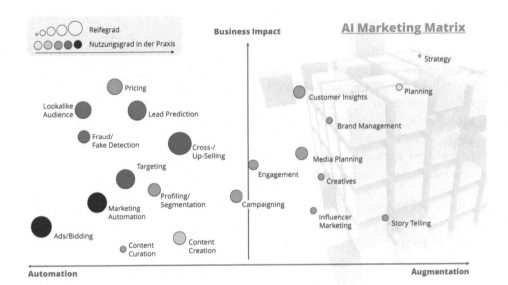

Abb. 5.2 AI Marketing Matrix. (Gentsch)

potenzielle Kunden strategisch zu identifizieren, die eine Ähnlichkeit zu diesen Bestandskunden aufweisen. Die Funktionsweise dahinter ist einfach zu verstehen: Kunden – im B2B-Bereich sind das Unternehmen – lassen sich anhand diverser Aspekte charakterisieren. Hierzu zählen neben klassischen Firmografics wie Standort, Wirtschaftszweig und Umsatz der Unternehmen auch Informationen über deren Entwicklung, Digitalität sowie deren thematische Relevanz. Diese enorme Anzahl an vorhandenen Informationen können in Zeiten von Big Data vor allem auf den Webpräsenzen der Unternehmen gewonnen werden, denn tagtäglich werden aktuelle Beiträge zu neuen Produkten, zu Veränderungen innerhalb der Firma sowie zu vielen weiteren Themen auf der Website und in den sozialen Netzwerken veröffentlicht. Anhand dieser Aspekte kann dann eine umfassende Charakterisierung aller Unternehmen vorgenommen werden, anhand derer eine generische Kunden-DNA erzeugt wird. In einem anschließenden Schritt können auf Basis dieser erzeugten generischen Kunden-DNA weitere Unternehmen ermittelt werden, die über die gleiche DNA verfügen – die sogenannten Lookalikes. Das Ergebnis: ein Pool potenzieller neuer Kunden, deren Ansprache Erfolg versprechende Chancen bietet.

So kann letztendlich durch den Einsatz KI-basierter, automatisierter Anwendungen die Conversion-Rate sowohl im Marketing als auch im Vertrieb erheblich gesteigert werden. Praxisbeispiele zeigen eine Steigerung der Conversion Rate um bis zu 70 %. Es zeichnet sich also deutlich ab, dass das Prinzip der Lead Prediction und der Ermittlung sogenannter Lookalikes ein Anwendungsbereich mit einem erheblichen Potenzial und einem großen Business Impact für Marketing und Sales ist.

Vorteile des algorithmischen Marketings
- Effiziente Analyse der Datensätze
- Gruppierung der Daten
- Erkennen von Mustern und Trends
- Beobachten von Änderungen in Echtzeit
- Reaktion auf Änderungen in Echtzeit
- Effizienterer und kosteneffektiverer Marketingprozess
- Mehr Zeit für Kreativität
- Langfristiger Konkurrenzvorteil und höhere Kundenloyalität
- Customer Journey Intelligence

Auf Basis von Big Data Tracking lässt sich die „Customer Journey" des Kunden über verschiedene Touchpoints wie Suche, Social Media und Anzeigen systematisch vermessen. So lassen sich mithilfe des sogenannten Attribution Modelling auf Basis dieser so gewonnenen Daten die Media- und Marketingplanung optimieren. Das Data-Mining-Modell berechnet aus einer Vielzahl von Daten- und Zeitpunkten den optimalen Kanalmix, indem der Wertbeitrag jedes Touchpoints im Gesamtkanalkontext automatisch berechnet wird. Damit lässt sich genau sagen, welche Touchpoints eine direkte Konvertierungsfunktion und welche eher eine Assistenzfunktion haben. Ebenso sind Rückschlüsse auf die zeitlichen Ursache-Wirkungs-Ketten möglich.

Interessant und wichtig zu speichern sind für Unternehmen vor allem die Kundendaten, und zwar von der Vor-Akquise-Phase bis zum Abschluss der Kundenbeziehung – gewissermaßen die gesamte sogenannte „Customer Journey". Aus der Kombination dieser Kundendaten mit weiteren Fakturierungsinformationen, mit Customer-Service-Aspekten und weiteren Sales- und Marketing-Aspekten können intelligente Algorithmen Business-Entscheidungen treffen, Empfehlungen an den Unternehmer ableiten und Marktforschung betreiben.

Schon der Weg des Kunden bis zum Erwerb eines Produkts liefert strategisch wertvolle Informationen. Diese Customer Journey zur Kaufentscheidung erfolgt meistens in mehreren Zyklen, idealtypisch in sechs Stufen: Bedarf identifizieren, Recherche, ein Angebot erhalten, Verhandlung und Kauf, Nach-dem-Kauf- und Word-of-Mouth-Kommunikation. Die Touchpoints bilden die Ausgangspunkte, an denen Daten erhoben und analysiert werden, etwa Trackingdaten oder Clickstreams. Auf diese Weise lassen sich Voraussagen über künftige Customer-Journey-Muster treffen. Vernetzte Kontaktpunkte können im Rahmen einer Digitalstrategie priorisiert werden.

Der Vorteil dieses daten- und analytikgetriebenen Ansatzes ist die empirische Erdung. Daten sind neutral und objektiv, und sie geben am Montagmorgen die gleiche Aussage wie am Freitag kurz vor Feierabend. Die digitalen „Großen" wie Apple, Google, Facebook und Amazon machen vor, wie sehr der Unternehmenserfolg durch Datenhoheit, Datenqualität und Datenvielfalt bestimmt wird. Die Informationen sind aktueller, schneller und verfügbarer als eine jährlich wiederkehrende interne Kampagne, „mal wieder das CRM-System besser zu pflegen".

5.3.1 Datenschutz und Datenhoheit

Grundsätzlich ist beim Thema Datenschutz zwischen personenbezogenen Daten und Daten zu Unternehmen zu unterscheiden. Sobald Rückschlüsse auf eine konkrete einzelne Person möglich werden und auch auf Einzeldatensatzebenen gearbeitet wird, ist kurz vor der Verarbeitung innezuhalten und zu überlegen: Was wird verarbeitet? Liegt bereits eine Geschäftsbeziehung vor? Befinden wir uns vor oder nach einer Geschäftsbeziehung? Welche Einwilligungen oder juristischen Erlaubnis-Tatbestände liegen vor? Kundendaten dürfen nicht ohne Einwilligung erhoben und auch nicht weiterverkauft werden. Wer hier zu leichtsinnig agiert, macht sich schnell strafbar.

Generell gilt jedoch: Mit expliziter Einwilligung des Kunden ist so gut wie alles möglich. Daher kann beispielsweise Facebook auch so weitreichend mit den Daten agieren. Denn es liegt eine Einwilligung der Nutzer vor, auch wenn nur wenige die AGB vollständig gelesen und verstanden haben dürften. Ebenso ist eine relativ weitreichende Datenverarbeitung im Rahmen einer laufenden Kundenbeziehung unter dem Stichwort „zu eigenen Zwecken" möglich und erlaubt. Hierunter können beispielsweise Marktforschung, Akquiseaktivitäten und Werbung fallen.

Im Zusammenhang mit Digitalisierung fällt häufig das Stichwort Datenhoheit: In der Tat ist sie für Unternehmer existenziell, denn niemand kann und möchte im Internet mehr Daten preisgeben als unbedingt nötig ist. Datenhoheit heißt nichts anderes, als genau zu wissen, was mit den eigenen Daten passiert, und nur so viele Daten zu teilen, wie eben nötig ist. Dazu gehört auch, die Nutzung der eigenen Daten und eingesetzte Online-Services, Portale und Datenbanken kritisch zu prüfen. Eingesetzte Dienstleister sind vor besonders darauf zu prüfen, wie sie mit den ihnen anvertrauten Unternehmensdaten umgehen. Datenhoheit bedeutet für Unternehmer also, selbst zu entscheiden, wer wann und wo welche Daten finden, verwenden und weitergeben darf.

Die folgenden Kapitel widmen sich zunächst dem Einsatz von Algorithmen in allen vier Schritten des Marketingprozesses. Anschließend werden Praxisbeispiele sowie Vorschläge zum richtigen Umgang mit algorithmischem Marketing gegeben. Abschließend werden kurz die antizipierten Auswirkungen des algorithmischen Marketings auf die Wirtschaft in der Gesamtheit dargestellt.

5.3.2 Algorithmen im Marketingprozess

Algorithmen, z. B. in der Form von Bots, können in allen vier Schritten innerhalb des Marketingprozesses eingesetzt werden: in der Situationsanalyse, in der Marketingstrategie, bei Marketing-Mix-Entscheidungen und in der Implementation und Kontrolle.

Die Situationsanalyse soll die unerfüllten Wünsche der Kunden identifizieren. In der internen Situationsanalyse können Bots eingesetzt werden, um den Key Performance Indicator zu bestimmen, der Auskunft über die Stärken und Schwächen der Firma gibt. In einer externen Situationsanalyse können Bots im Internet nach bestimmten

Schlüsselwörtern suchen, um mehr über die Kunden und die Konkurrenz zu lernen. Konsumentenverhalten kann mithilfe von Bots beobachtet und ausgewertet werden. Wenn Firmen im Kundenservice Chatbots einsetzen, können Bots die Verläufe von Unterhaltungen observieren und auswerten, um mehr Informationen über den Markt und die Kunden zu erhalten. Bots können auch Interviews mit bestimmten Kunden oder Trendexperten durchführen, um qualitative Analysen durchzuführen. Dies kann sowohl Geld als auch Zeit sparen, da die Befragungen an verschiedenen Orten gleichzeitig durchgeführt werden können. Algorithmen, die Vorhersagen über die beeinflussenden Faktoren und Effekte auf die Marketingaktivitäten treffen können (Predictive Modelling Algorithms), können eingesetzt werden, um zukünftige Nachfrage zu erforschen.

Im zweiten Schritt des Marketingprozesses, dem Erstellen der Marketingstrategie, können Zielgruppen mithilfe von Bots identifiziert werden, die die Kundenmenge segmentieren und nach verschiedenen Merkmalen analysieren. Das Definieren des Leistungsversprechens des Produkts benötigt jedoch sowohl kreative als auch analytische Fähigkeiten, und daher ist diese Aufgabe weniger für die Automatisierung geeignet.

Ein weit verbreitetes Instrument, um strategische Entscheidungen zu implementieren, ist der Marketing Mix mit den vier Ps: Product, Price, Promotion und Placement. Algorithmen können in den verschiedenen Bereichen wie folgt eingesetzt werden:

- **Produkt:** Chatbots können z. B. in der Kundenbetreuung eingesetzt werden. Außerdem ermöglichen Algorithmen, dass Unternehmen neue und innovative Produkte und Services entwickeln können, die auf die Bedürfnisse des Kunden angepasst sind.
- **Preis:** Produktpreise können mithilfe von Algorithmen automatisch verändert werden, je nach Nachfrage, Verfügbarkeit und Preis der Konkurrenz. Beispiele von Firmen, die diese dynamische Preisgestaltung anwenden, sind Fluggesellschaften sowie Amazon und Uber.
- **Promotion:** Algorithmen mit AI können das Kaufverhalten und die Bedürfnisse der Kunden erlernen und den Kunden daher individualisierte Inhalte und Produktempfehlungen anzeigen. Für das Unternehmen ist dies effizienter, billiger als Massenwerbung und kann in Echtzeit geschehen. Zudem können ausgereifte selbstgesteuerte Empfehlungssysteme die Chancen für Cross-Selling, dem Angebot und Verkauf von Zusatzprodukten, erhöhen.
- **Place:** Bots erleichtern den elektronischen Geschäftsverkehr, auch E-Commerce genannt. Wenn Bezahlinformationen und Lieferadresse vorliegen, kann die gesamte Transaktion von Bots durchgeführt werden. Basierend auf bisherigem Kaufverhalten kann ein Personal Butler auch autark entscheiden, wo ein Produkt erworben wird. Das kann jedoch auch problematisch sein, da dadurch langfristig das Kaufverhalten des Kunden nicht mehr gemessen werden kann. Auch stellt sich die Frage, wie in Zukunft hinsichtlich der Markenpflege vorgegangen werden soll.

Viele Aspekte im letzten Schritt des Marketingprozesses, der Implementation und Kontrolle, können von Algorithmen übernommen werden. Beispiele für die Implementierung von Marketingstrategien sind z. B. das Schalten von Werbung, das Lancieren einer Webseite oder der Versand von E-Mails. Wie zuvor erläutert, können Bots individualisierte Internetwerbung anzeigen. Auch das Erstellen, Personalisieren und Senden von Marketingkampagnen per E-Mail kann durch Bots übernommen werden. Sogar das Erstellen von Webseiten ist mithilfe von Bots möglich, die Firma The Grid bietet dazu seit 2014 eine private Betaversion an (Thomas 2016). Die Kontrollphase am Ende des Marketingprozesses kann sowohl qualitativ als auch quantitativ durchgeführt werden und ist essenziell. Faktoren, die kontrolliert werden sollten, sind unter anderem die Reichweite der Kampagne, Marketingbudgets, Kundenzufriedenheit, Marktanteile und Umsatz. Algorithmen können hier behilflich sein, um die verschiedenen Faktoren zu messen und Aussagen über die Effizienz der Kampagne zu treffen sowie Potenziale aufzudecken, beispielsweise hinsichtlich einer Erhöhung des Customer Life Time Value, dem Kundenwert während des gesamten Lebens des Kunden, oder einer Verringerung der Kundengewinnungskosten. Außerdem können Algorithmen die Genauigkeit und Effizienz der Kontrolle verbessern. Die Auswertung und Darstellung der analysierten Daten kann durch eine smarte Smart Process Automatisation (Abschn. 7.7) Software übernommen werden, die in der Lage ist, sich selbst zu trainieren oder trainiert zu werden. Sie kann komplexere und subjektive Aufgaben durch die Erkennung von Mustern durchführen. Zudem können die Daten in Form von Dashboards visuell interpretiert werden.

5.3.3 Praxisbeispiele

In einigen Branchen ist der Einsatz von Algorithmen schon gang und gäbe, wie z. B. in der Produktion zur Steuerung von Prozessen und im finanziellen Sektor für den Aktienhandel. In jüngster Vergangenheit hat sich zudem gezeigt, dass algorithmisches Marketing die Umsätze von Unternehmen steigern kann.

5.3.3.1 Amazon
Ein Beispiel ist Amazon, das Algorithmen anwendet und sogar in der Rezession gewachsen ist. Auffällig ist, dass das Unternehmen vergleichsweise hohe Summen in die IT investiert hat (5,3 % der Umsatzerlöse), während die Konkurrenten Target und BestBuy nur 1,3 % beziehungsweise 0,5 % ausgaben. Amazons dynamische Preisermittlung reagiert auf die Preise der Konkurrenz und den aktuellen Lagerbestand. Die Investition in komplexe Empfehlungs-Algorithmen hat 35 % der Verkäufe und 90 % des Kundensupports automatisiert. Dies senkte die Kosten bei Amazon um drei bis vier Prozent.

5.3.3.2 Otto Group
Die Otto Group setzt für das Marketing und Media Controlling Big Data und AI ein. Auf Basis eines Customer Touchpoint Tracking lassen sich die Aktivitäten eines Kunden über verschiedene Touchpoints wie Suchmaschinen, Social Media und Online-Werbung systematisch messen. Mithilfe des sogenannten Attribution Modellings hat

das Versandhaus Otto auf Basis dieser so gewonnenen Daten seine Media- und Marketing-Planung optimiert. Das Modell berechnet aus einer Vielzahl von Daten- und Zeitpunkten den optimalen Mix an Kommunikationskanälen, indem es den Wertbeitrag – die Attribution – jedes Touchpoints automatisch ermittelt. Damit lässt sich genau sagen, an welchen Touchpoints der Kunde unmittelbar zum Kauf animiert wird, welche also eine direkte Konvertierungs-Funktion und welche eher eine Assistenz-Funktion haben. Ebenso lassen sich die zeitlichen Ursache-Wirkungs-Ketten ableiten. Daraus leitet Otto systematisch Marketing-Maßnahmen und Media-Budgets ab. Die Vielzahl an digitalen Touchpoints und Geräten sowie deren extrem variable Nutzung durch den Kunden lassen sich nicht mehr alleine durch Erfahrung und Bauchgefühl optimieren. Diese empirische Erdung und Objektivierung des Marketings helfen, die häufig durch den jeweiligen Kanal geprägten Meinungen und Barrieren im Marketing zu hinterfragen, und tragen zu einer deutlichen Steigerung seiner Effektivität bei.

5.3.3.3 Bosch Siemens Haushaltsgeräte (B/S/H)

Um die Einschätzung von Konsumenten zu Produkten zu erhalten, verfügt die klassische Marktforschung über ein umfangreiches Instrumentarium. Der wesentliche Nachteil dieser Methoden ist häufig der damit verbundene Aufwand. Im Internet lassen sich Tausende von Produktbewertungen automatisch jederzeit analysieren.

Systematisch lässt sich das nicht ohne Big Data realisieren: Ratings und Reviews, die über verschiedene Internet-Plattformen global verteilt sind, müssen intelligent erfasst und integriert werden. Damit schnell auf die Produktbewertungen reagiert werden kann, müssen diese Daten zudem schnell erfasst, analysiert und Maßnahmen umgesetzt werden. Negative Bewertungen können von Firmen so schnell beantwortet werden. Positive Bewertungen können in der Marketing-Kommunikation über Webseiten, soziale Präsenzen oder andere Produktwerbungen umgesetzt werden. BSH managed auf Basis einer Big-Data-Infrastruktur als Software as a Service (SaaS) den gesamten Prozess von der Generierung, Erfassung, Analyse und Nutzung der Ratings und Reviews. Durch diese automatischen Rating- und Review-Analysen können Kundenbewertungen sowohl qualitativ als auch quantitativ untersucht und zur nachhaltigen Umsatzsteigerung sinnvoll genutzt werden. BSHs interne Auswertungen zeigen beispielsweise auf, dass Produkte mit positiven Bewertungen einen Umsatzanstieg von bis zu 30 % erreichen. Diese Produkt-Rating- und Review-Analysen werden damit als modernes Goldschürfen zur neuen Stiftung Warentest.

5.3.3.4 UPS

Auch das Logistikunternehmen UPS hat sich als Ziel gesetzt, jährlich bis zu 400 Mio. US$ durch den Einsatz eines Algorithmus zu sparen, der die effizienteste Transportroute ermitteln soll. Das Taxivermittlungsunternehmen Uber wendet einen Algorithmus an, um Fahrer und Fahrgast zusammenzubringen. Wenn eine Fahrt nachgefragt wird, bietet der Algorithmus die Fahrt einem Fahrer an, der sich in der Nähe aufhält. Dies entspricht dem sogenannten Supplier Pick Model, d. h., der Anbieter wählt aus. Das Unternehmen nutzt, ähnlich wie Amazon, eine dynamische Preisgestaltung: Wenn die Nachfrage für Fahrten in einer bestimmten Region hoch ist, erhöht sich der Preis um einen bestimmten Faktor, der dem Fahrer bekannt ist, dem Kunden jedoch nicht.

5.3.3.5 Netflix

Netflix, der Online-Dienst zum Abspielen (Streamen) von Filmen und Fernsehserien, benutzt algorithmisches Marketing, um die Inhalte für die Nutzer zu personalisieren und Titel zu empfehlen. Ganze 800 Entwickler arbeiten an den Algorithmen mit dem Ziel, die Zuschauer beizubehalten. Die sozialen Netzwerke Facebook und Twitter sowie der Online-Videokanal YouTube wenden Algorithmen an, die diejenigen Beiträge auswählen, die dem Nutzer angezeigt werden. Für Facebook beispielsweise bestimmt sich die Sichtbarkeit eines (Werbe-)Beitrages aus verschiedenen Faktoren, wie der Popularität der Seite des Unternehmens, dem Erfolg von vergangenen Beiträgen, der Form des Inhalts (Videos werden im Vergleich zu Fotos bevorzugt) und der Zeit seit Erstellung des Beitrags.

5.3.3.6 Coca Cola

Es existieren jedoch auch Anwendungsbeispiele von Algorithmen, die die Gefahren und die Grenzen von algorithmischem Marketing aufzeigen. So unterhielt Coca Cola einen Twitter Account, der negative Tweets in niedliche ASCII-Bilder konvertierte, wenn sie mit dem Hashtag #MakeItHappy markiert wurden. Das US-amerikanische Magazin Gauker erstellte daraufhin einen Twitter Bot, der Zeilen aus Hitlers „Mein Kampf" veröffentlichte und mit dem Hashtag versah. Coca Cola konvertierte auch diese ohne weitere Überprüfung in Bilder von Hunden und Palmen.

5.3.3.7 Bank of America

Die Bank of America hat einen Bot betrieben, der Kunden mit Reklamationen über Twitter helfen sollte. Als sich ein wütender Occupy-Aktivist an den Twitter Account der Bank wandte, versendete diese die gleichen prompten und standardisierten Antworten, die für Hilfeanfragen von Kunden vorgesehen sind. Die Bank of America versicherte jedoch, dass Menschen, und keine Bots, hinter den Antworten steckten.

5.3.3.8 Der richtige Einsatz von Algorithmen im Marketing

Wie durch die zuvor genannten Negativbeispiele angedeutet, lauern gewisse Gefahren für Unternehmen, die Algorithmen im Marketing einsetzen. Für Unternehmen ist es daher essenziell, dass die angewendeten Algorithmen und ihre Grenzen vollständig verstanden und dass die Algorithmen weise eingesetzt werden. Zudem müssen Algorithmen beaufsichtigt und kontrolliert werden, sodass sie im Einklang mit den Grundsätzen der Firma und dem Gesicht der Marke sind.

Ein anderer Aspekt sind die immer größer werdenden Bedenken von Kunden hinsichtlich ihrer Privatsphäre, welche Misstrauen gegenüber dem Einsatz von Algorithmen wecken können. Wenn der Verbraucher zu viel personalisierte Werbung sieht, kann dies als unheimlich (creepy) wahrgenommen werden, besonders wenn der Werbung sehr tiefe Einsichten in private Informationen zugrunde liegen. Dies wird auch Overkill Targeting genannt und kann den Erfolg der Marketingstrategie vermindern. Das beschriebene unheimliche Gefühl (creepiness), welches der Kunde erfahren kann, entsteht durch ein Ungleichgewicht in der Verteilung der Informationen: Das werbende Unternehmen weiß mehr über den Kunden als umgekehrt.

Unternehmen sollten sich auch bewusst sein, dass sie durch die eingesammelten und ausgewerteten Daten im Vorteil gegenüber dem Kunden sind und so deren Wahrnehmung manipulieren und fehlleiten können. Wenn Verbrauchern nur vorsortierte Informationen gezeigt werden, haben sie keine Chance, einen Gesamtüberblick zu erhalten. Es besteht daher die Gefahr, dass Einzelpersonen das algorithmische Marketing ausnutzen, ohne gewisse ethische Aspekte zu beachten. Damit das Vertrauen der Kunden gewonnen werden kann, müssen die Vermarkter sicherstellen, dass sich die Algorithmen an den Kodex einer digitalen Ethik halten und Privatsphäre, Manipulation und Auswahl von Informationen sowie Kommunikationsverhalten beachten.

Für einen erfolgreichen Einsatz von Algorithmen im Marketing ist auch zu bedenken, dass nicht immer alle Faktoren im Kontext analysiert werden. So kann z. B. die Stimmung des Kunden, das Wetter oder die Anwesenheit von anderen Personen das Kaufverhalten des Kunden beeinflussen. Daher sollte ein Algorithmus so viele Variablen wie möglich, aber auch überraschende und zufällige Elemente beinhalten, um nicht zu vorhersehbar zu sein. Ein weiterer Nachteil von Algorithmen ist, dass sie oft begrenzt in ihrer Fähigkeit sind zu analysieren, warum ein Kunde eine gewisse Entscheidung getroffen hat.

Damit Fehler wie die der Bank of America vermieden werden, sollten Algorithmen und Bots vorsichtig eingesetzt werden. Ideal ist eine Kombination zwischen Algorithmen und echter menschlicher Interaktion im Kundenkontakt. In diesem Zusammenhang wird zwischen zwei Fällen unterschieden: Entweder ist der Berührungspunkt zwischen Kunde und Unternehmen zufällig, oder der Kunde tritt mit bestimmten Erwartungen mit der Firma in Kontakt. Der erste Fall betrifft Werbekampagnen oder Empfehlungen auf Webseiten, durch die der Kunde positiv überrascht sein kann, wenn die Werbung dessen Präferenzen entspricht. Dadurch kann sich der Markenwert verbessern. Andersherum würde ein Kunde, der nicht an der Werbung interessiert ist, diese ignorieren, ohne dass der Markenwert Schaden nimmt. Wenn der Kunde jedoch gewisse Erwartungen an das Unternehmen hat, wie z. B. bei einer direkten Kontaktaufnahme wegen einer Reklamation, kann die Marke beschädigt werden, wenn die gestellten Erwartungen von dem Unternehmen nicht erfüllt werden können. Im Gegenteil kann sich im zweiten Fall der Markenwert erhöhen, wenn ein Kunde zufriedengestellt wurde. Dies bedeutet nicht notwendigerweise, dass in diesem Fall keine Algorithmen eingesetzt werden können. Es ist jedoch wichtig, dass diese unter menschlicher Beobachtung agieren und Menschen gegebenenfalls in den Prozess eingreifen können.

5.4 Algorithmic Market Research

5.4.1 Mensch versus Maschine

Auch im Bereich Marktforschung ist Künstliche Intelligenz immer mehr auf dem Vormarsch. „Der Tod der klassischen Marktforschung" sagen die einen, „eine Chance, sich auf Wesentliches zu konzentrieren und wirkliche Tiefe der Forschungsergebnisse zu erreichen", halten andere Experten dagegen. Feststeht: Wenn Maschinen einen Menschen ersetzen sollen, wenn sie in Produktion, Krankenhäusern und Haushalten sinnvoll eingesetzt werden sollen, müssen sie auch durch Beobachten und Erfahren lernen und agieren.

In der Marktforschung können computergestützte Programme vor allem das gesamte Datenmaterial schneller und gründlicher auswerten, damit der Mensch auf der anderen Seite des Rechners sich auf die wichtigen Detailfragen konzentrieren kann – damit bringen Algorithmen und AI eine gewisse Liberalisierung der Marktforschung mit sich.

Programatic Market Research ermöglicht datengetriebene automatisierte Marktforschung im B-to-B-Bereich. Damit können Unternehmen nicht nur ihre eigenen Daten, sondern auch Marktdaten, Daten anderer Unternehmen, Daten aus der Branche und vieles mehr analysieren und die Ergebnisse verwenden. In der Praxis sind das Methoden, mit denen ein Computer Entscheidungen trifft, von denen mehrere Eingangsinformationen zu einer Gesamtentscheidung verdichtet werden. Außerdem sind AI-Systeme lernfähig und können anhand von Resultaten vergangener Entscheidungen ihre Entscheidungslogik anpassen. „Erfahrungen" würde man beim Menschen sagen.

Trotzdem ist menschliche Intelligenz in gewissen Bereichen überlegen, vor allem dann, wenn das Thema nicht auf einen bestimmten Bereich begrenzt ist, wie etwa bei einem Spielcomputer, der programmierte Daten gewissermaßen nur abruft. Computer, die nicht programmierte, unvorhergesehene Dinge regeln können, etwa wenn sich die Datenerhebungsmethode einer Variablen geändert hat und das System dies selbstständig erkennt und nach Lösungen sucht, werden menschlicher Intelligenz nahekommen. Doch diese Art von Intelligenz beruht auf einem ganzheitlichen Wissen über die Welt und wird noch einige Zeit den Menschen vorbehalten sein.

Das Geschäft der Marktforschung ist es, die Motivationen von Konsumenten zu erfassen und zu verstehen. Im Idealfall geben die so gewonnenen Einblicke dem Marketing die Möglichkeit, Dienstleistungen und Produkte noch besser auf die Bedürfnisse der Kunden zuzuschneiden. Das Fundament des ganzen Gewerbes ist die Vorstellung eines autonom handelnden Subjekts, das Entscheidungen trifft, die sich begründen lassen und die man beeinflussen kann. Je mehr Daten dazu vorhanden sind, umso besser, und mittlerweile sind lernende künstliche Systeme eine nicht wegzudenkende Hilfe, um riesige Datenmengen zu analysieren und bei Entscheidungen zu helfen.

5.4.2 Liberalisierung der Marktforschung

Typischerweise werden 80 % der Zeit in der Marktforschung für zeitfressende Tätigkeiten wie Sampling, Datenbeschaffung und Analyse benötigt und nur die restlichen 20 % für die entscheidenden Detailfragen. Durch innovative Big-Data- und AI-Verfahren lässt sich dieser Prozess automatisieren, sodass Marktforscher mehr Zeit für die wirklich wertschöpfenden Tätigkeiten haben wie die Interpretation der Analyseergebnisse sowie die Ableitung von Empfehlungen und Handlungsmaßnahmen. Die Marktforschung von morgen wird weniger stichproben- und befragungsorientiert sein, sondern vielmehr den Ansatz einer Echtzeit-Vollerhebung mit automatisierter Analyse verfolgen.

Die Marktforschung ist naturgemäß eine besonders datengetriebene Branche. Seit jeher sammeln Marktforscher bestimmte Daten, bereiten diese auf, analysieren sie und beschäftigen sich schließlich mit ihrer Interpretation. In unserer heutigen beschleunigten Welt aber stehen wir vor einem immensen Datenvolumen, schon länger wird mit Zetta- oder gar Yottabytes jongliert. Das weltweite Datenvolumen verdoppelt sich alle zwei Jahre. Daraus ergibt sich eine Aufgabe, die der Mensch alleine nicht bewältigen kann. Modernste Technologie stellt glücklicherweise nicht nur den Speicherplatz und die passende Rechenpower bereit, um mit dem Datenberg fertig zu werden, sondern auch vielfältige Möglichkeiten für Auswertung und Analyse. Die neueren Entwicklungen auf dem Gebiet des maschinellen Lernens erlauben es, aus Big Data Smart Data zu machen und Daten auch wirklich wirtschaftlich zu nutzen.

Eine erfolgreiche Marktforschung muss sich entsprechend anpassen und diese Innovationen in ihre Arbeit integrieren, wenn sie den Anschluss nicht verlieren will. Beispielsweise gibt es bereits Software, die Antworten von Probanden aus Studien (CAWI, CATI und CAPI) automatisiert in Codes setzt und dabei nicht nur die jeweiligen Hauptaussagen berücksichtigt, sondern auch alle weiteren Informationen extrahiert und semantisch verknüpft. Der Aussagegehalt wird um ein Vielfaches erhöht. Dabei werden weitreichende Interpretationen durchgeführt, womit die Codepläne eine neue Detailtiefe erhalten, die bei manuellen Prozessen nur schwer erreicht wird.

Doch eigentlich geht es hier gar nicht darum, entweder Mensch oder Maschine zu wählen. AI-Systeme sind ein Intelligenzverstärker. Schlecht aufgesetzt, schlecht gewartet und schlecht interpretiert produzieren sie nur Kosten, Ärger und Unsinn. Gut programmiert, lernfähig und intelligent genutzt kann Künstliche Intelligenz viel Arbeit sparen und damit Zeit für Detailtiefe schaffen. Wenn es zum Beispiel um Entscheidungslogiken geht, sind künstliche Systeme immer komplexer und um ein Vielfaches genauer. Genau darum ist Predictive Analytics – also etwa die Prognose der Kundenabwanderung, der Absatzzahlen oder der Preisbereitschaft – so nützlich. Auch wenn es um die Frage „Was verursacht das Kundenverhalten", also eine Kausalanalyse, geht, sind AI-Systeme deutlich besser. Weil Menschen eigentlich nur in Korrelationen denken können und so regelmäßig in die Falle von Scheinkorrelationen laufen, müssen hier auch menschliche Entscheider dazulernen.

Im ersten Schritt kann Marktforschung mit Künstlicher Intelligenz also den klassischen Weg ergänzen, im zweiten Schritt ihn aber sicher auch in Teilen ersetzen. Ein Beispiel ist der Digitalindex der Landesregierung Rheinland-Pfalz, der im Jahr 2015 erstmals erhoben hat. ZIRP – Zukunftsinitiative Rheinland-Pfalz – hatte zuvor 260 von 170.000 Unternehmen im Land befragt, was nicht nur umständlich, sondern auch zeit- und kostenintensiv ist. Dagegen kann eine Software auf Basis Künstlicher Intelligenz direkt und aus dem Stand eine Aussage zu 110.000 Unternehmen liefern.

5.4.3 Neue Anforderungen an die Marktforscher

Manche Marktforscher neigen dazu, den Automations-Trend sehr kritisch zu sehen. Man ist zu Recht stolz auf die klassischen Methoden, die seit Jahrzehnten verbessert werden und auf dem Erfahrungsschatz der gesamten Branche beruhen. Die Befürchtung liegt durchaus nicht fern, dass Automatisierung Einbußen bei der Qualität bedeutet. Wenn die Künstliche Intelligenz den Menschen aus der Marktforschung verdrängt, bleibt dann nicht vieles auf der Strecke? Nicht unbedingt, denn es ist wenig wahrscheinlich, dass die AI die Marktforschung in Zukunft ohne den Menschen betreiben wird. Nur wir Menschen können wirklich alle Kontexte wie Emotionen, kulturelle Einflüsse, die kleinen, feinen Unterschiede berücksichtigen. Hier stößt die Künstliche Intelligenz ganz klar an ihre Grenze. Bei der Auswahl der erhobenen Daten und ihrer zielgerichteten Interpretation wird der Mensch nach wie vor eine entscheidende Rolle spielen.

Automatische Datenanalyse erkennt zwar durch die Vielzahl an Informationen die Verhaltensmuster und Eigenschaften, aber eine zeitgemäße Marktforschung hat die Aufgabe, von diesen Mustern auf die Einstellungen und Meinungen von Kunden zu schließen. Das konfrontiert Marktforscher sicherlich mit neuen Anforderungen, der Einsatz von automatisierten Verfahren kann nicht ohne Planung und Erprobung geschehen. Nutzerfreundliche Anwendungen, die den Umgang erleichtern, sind dabei auf dem Vormarsch. Mit ihnen lassen sich wertvolle Zeit und Geld einsparen, um sich dem Wesentlichen zu widmen: die richtigen Fragen stellen, die zu einem besseren Kundenverständnis führen, aufgrund dessen noch bessere strategische Entscheidungen möglich sind. Ein komplexes Feld also, dem mit dem Einsatz einer Maschine anstelle des Menschen längst nicht Genüge getan ist.

Machine Learning kann jedoch gutes und kreatives Research Design unterstützen. In der traditionellen Marktforschung geht man eine Frage immer schon mit konkreten Hypothesen an. Diese anfänglichen Vorstellungen werden auch an die Auswertung und Interpretation der Daten herangetragen. Dabei kann der Blick verloren gehen für nützliche Ergebnisse, mit denen man anfangs gar nicht gerechnet hatte. Maschinen hingegen haben keine Vorurteile und ziehen unvoreingenommen Schlüsse. Sie sind in der Lage, breit gefächerte Informationen genau auszuwerten und Unerwartetes zu erkennen. An dieser Stelle setzen dann Marktforscher an und können mit den zusätzlichen Erkenntnissen kreativ weiterarbeiten, neue Strategien planen und das Design ihrer Studien verfeinern. Richtig eingesetzt entlastet das maschinelle Lernen die Marktforscher, um das große Ganze nicht aus den Augen zu verlieren.

Auch die Programmierung selbst muss „intelligent" erfolgen: Zum Beispiel ist Kausalanalyse wenig standardisierbar. Sie muss für jedes Problem individuell aufgesetzt, interpretiert und gepflegt werden. So wie andere AI-Systeme – nur eben in höherem Maße – benötigt sie den „richtig" intelligenten Menschen, jemanden, der weiß, was das Kausalmodell inhaltlich abbildet, was die Daten bedeuten und wie sie gemessen wurden. Werden Daten einfach nur analysiert ohne zu wissen, was sie bedeuten, wie sie erhoben wurden und wie die Daten analysiert werden, kann es zu falschen Interpretationen kommen. Zusammenfassend lässt sich sagen, dass die wahre Intelligenz durch die zeitgleiche und ganzheitliche Kenntnis von Sachverhalt und Analysemethodik entsteht.

5.5 Algorithmic Controlling

Controlling ist als übergreifende Funktion für Marketing, Sales, Service und CRM relevant. Auch hier haben Algorithmik und AI erhebliche Implikationen. So sagte Martin Hofmann, CIO der Volkswagen AG, auf dem Web Summit 2016 in Lissabon, dass er davon ausgehe, dass es in zehn Jahren keine Controller in großen Unternehmen mehr geben werde. Dieses provokante wie plakative Zitat bringt die potenzielle Bedeutung von Algorithmik und AI auf den Punkt. Gemäß der „Customer Facing"-Ausrichtung des vorliegenden Buches wird der Fokus auf die Balanced-Score-Card-Dimensionen „Kunde" und „Markt" sowie auf das Management der externen Daten gerichtet.

5.5.1 Big Data – Implikationen für das Controlling

Das Controlling gehört zu jenen Bereichen im Unternehmen, für die das Thema Big Data besondere Relevanz hat. Denn Controlling beschäftigt sich per se mit Informationen, insbesondere mit dem Ökosystem managementrelevanter Informationen. Solche Informationen finden sich nicht nur in unternehmensinternen Datenbeständen, sondern häufig auch in externen Datenkontexten. Zudem strebt das Controlling eine durchgängige Transparenz entlang der internen und externen unternehmerischen Wertschöpfungskette an. Auch diese Transparenz wird durch Big Data zunehmend ermöglicht. Big Data aus externen Quellen kann aber auch als stetiger Treiber für das permanente Hinterfragen des eigenen Geschäftsmodells dienen. Es wird deutlich, ob selbiges digital weiterentwickelt oder gar neu erfunden werden kann oder muss. Damit kann Big Data wichtige Impulse zur Unternehmenssteuerung und zur Sicherung der Wettbewerbsfähigkeit geben. Dies korrespondiert mit der strategischen Planung als erstem Controlling-Hauptprozess, der auf die Unterstützung des Managements bei der langfristigen Existenzsicherung und Wertsteigerung des Unternehmens fokussiert.

Die Möglichkeiten der automatisierten Gewinnung und Analyse von Informationen aus externen Quellen wie Websites, Online-Unternehmensregistern, Social-Media-Netzwerken, Mobile Devices wie Smartphones oder Tablets sowie aus Ergebnissen von Suchabfragen sind für das Controlling vielfältig.

Die Gewinnung und Bereitstellung von Daten erfolgen im klassischen Controlling in der Regel durch den Zugriff auf interne Datenbanken und Excel Sheets. Für die Erhebung hochvolumiger Datenströme aus Online-Medien wie Websites, Blogs und Social Networks sowie aus Offline-Medien sind Crawling- und Parsing-Ansätze erforderlich (Abschn. 3.4.1). Sie helfen, relevante Online-Informationsquellen zu identifizieren und zu durchforsten beziehungsweise daraus systematisch strukturierte Informationen zu gewinnen. Wer auf diese Weise computerunterstützt Informationen sammeln und nutzen möchte, sollte wie folgt vorgehen.

Strukturierte Informationen extrahieren
Der größte Teil der Daten, die heute generiert werden, sind Textdaten, und ihre Zahl verdoppelt sich jedes Jahr. Das heißt, dass eine wachsende Menge an wertvollen Informationen existiert, die aufgrund ihrer Unstrukturiertheit schwer zu erschließen ist. Mithilfe von Information Extraction, einer Methode des Text-Minings, mit der aus Texten Schlagworte, Personen, Datumsangaben, Adressen und andere konkrete Informationen extrahiert werden, kann diese Aufgabe gelöst werden. Information Extraction ist ein fundamentaler und unerlässlicher Schritt, wenn es um die Verarbeitung von Daten aus Textdateien geht.

Daten aggregieren und klassifizieren
Häufig gibt es in Unternehmen Vorgaben, wie Daten zu strukturieren sind, so zum Beispiel in Workflow-Systemen, in denen Dokumente in vorgegebene Kategorien eingeordnet werden. Dies kann vollautomatisch durch Computer erfolgen, die durch Maschinelles Lernen „trainiert" sind. Der Computer lernt dabei anhand von Trainingsdokumenten, Muster und Zusammenhänge zu erkennen. Auf dieser Basis kann er dann neue Texte entsprechend ihren Inhalten und ihrer Struktur den richtigen Klassen zuordnen.

5.5.2 Monitoring und Frühwarnung

Dem Anwender im Controlling bietet Big Data die Möglichkeit, von der üblichen Ex-post-Rationalität zunehmend wegzukommen und sich in Richtung eines aktiven, zukunftsorientierten Analyse-Paradigmas zu entwickeln. Big Data kann dem Controller helfen, interessante, möglicherweise überraschende Muster und Strukturen, die sich in den Geschäftsdaten finden, aufzudecken. Anders als bei SQL- oder OLAP-Abfragen des Standard-Reportings geht es bei Predictive Analytics insbesondere um die Entdeckung früher Signale, die aufgrund des Geschäftsalltags und fehlender Frühwarnsysteme sonst untergehen würden – ganz nach dem Motto: „Häufig sind die wichtigsten Dinge die, von denen wir gar nicht wissen, dass wir sie nicht wissen." Das Big Data Monitoring ermöglicht es darüber hinaus, in Echtzeit Wettbewerber, Themen und Trends zu beobachten und aktiv über Änderungen zu informieren. So können auf Basis des Preis- und Sortiments-Crawlings Preise dynamisch optimiert und Wettbewerbsvorteile gewonnen werden. Ebenso können Trends in Patent-Datenbanken und wissenschaftlichen Veröffentlichungen automatisch erkannt und in die Produktentwicklung und die Produktoptimierung aufgenommen werden. Die Trend-Erkennung ist dabei nicht auf Dienste wie Twitter begrenzt, sondern lässt sich auf digitale Quellen wie Suchmaschinen, soziale Netzwerke, Blogs, Foren oder News-Seiten anwenden. Daraus lassen sich relevante Signale wie die Gründung einer Firma, eine Expansion ins Ausland, Personalwechsel oder Entwicklungen bei Wettbewerbern erkennen und nutzen.

Big Data im Controlling: Was ist zu tun? Um das Potenzial von Big Data im Controlling zu nutzen, müssen Unternehmen keine Infrastruktur mit Petabyte-Speicherkapazität aufbauen und Heerscharen von Data Scientists anstellen. Über SaaS können entsprechende Ansätze auch von mittelständischen Unternehmen realisiert werden. Neben dieser Daten- und Analytik-Thematik sind insbesondere die notwendigen organisatorischen und kulturellen Veränderungen erfolgsentscheidend. Ein von Analyse und Daten getriebenes Handeln ist in den meisten Unternehmen nicht gelernt und wird nicht gelebt.

Handlungsempfehlungen
- Nutzen Sie über „Big Data Analytics as a Services" die Möglichkeiten von Big Data im Controlling.
- Sorgen Sie auch für die notwendige organisatorische und kulturelle Veränderung in Ihrem Unternehmen, um Big Data erfolgreich zu nutzen.
- Nutzen Sie entsprechende Reifegrad- und Vorgehensmodelle, um die notwendige digitale Transformation in Ihrem Unternehmen zu bewältigen (Abschn. 4.2).

5.5.3 Implikationen für die Rolle des Controller

Standard-Reports und Routine-Prozesse und -Funktionen im Controlling werden in den nächsten Jahren immer mehr durch Algorithmen automatisiert und im Verständnis des Conversational Office (Abschn. 5.2) durch Bots ausgeübt. Der eingangs zitierte Volkswagen-CIO prognostiziert die vollständige Substitution dieser durch Menschen ausgeführten Tätigkeiten auf einen Zeitraum von maximal zehn Jahren.

Die stärker interpretativen und strategischen Controlling-Aufgaben werden sich kurz- bis mittelfristig nicht durch Algorithmen und AI substituieren. Die Erklärung von Ursache-Wirkungs-Beziehungen, Signalen und Auffälligkeiten wird auch zukünftig die Domäne des Controllers im Sinne der Human Intelligence sein. Angesichts der zu erwartenden weiteren Zunahme von Menge, Geschwindigkeit und Relevanz der Daten werden die beschriebenen Ansätze eine immer wichtigere Rolle für operative und strategische Unternehmensprozesse spielen. Für das Controlling sind in Zukunft zwei Neuerungen der eher externen Big-Data-Perspektive wichtig: Mit der Erschließung externer Datenquellen wie Social Media, mobiler Endgeräte oder des gesamten Internets vergrößert sich der potenziell relevante Daten- und Erklärungsraum signifikant. Um dieses Daten-Universum für die Erzielung von Wettbewerbsvorteilen systematisch nutzen zu können, wird die Big Data Performance der Near- und Realtime Analytics eine wichtige Rolle spielen. „Real-Time" ist damit zugleich Treiber und Lösung eines zunehmend durch Big Data bestimmten Geschäftes.

Eine weitreichendere Substitution des strategischen Controllings erscheint erst in Unternehmen mit einem sehr hohen Algorithmik- und AI-Reifegrad (Kap. 4).

5.6   Neue Geschäftsmodelle durch Algorithmic und AI

Neben der Gestaltung und Optimierung von Unternehmensfunktionen und -prozessen haben Algorithmik und AI auch das Potenzial, Geschäftsmodelle zu hinterfragen und neu zu erfinden.

So hat z. B. Netflix seinen heutigen Erfolg der fundamentalen Disruption seines Geschäftsmodells vom Versandverleih zum On-demand-Streamingportal zu verdanken. So schaffte es das Unternehmen in kürzester Zeit, vom unteren Ende des Marktes zum weltweiten Marktführer zu werden -noch vor dem Streaming-Portal des Riesen Amazon. Neben eigenen Serienproduktionen setzte sich Netflix vor allem durch die eigens entwickelte AI durch, die maximale, dynamisch angepasste Streaming-Qualität, selbst bei sehr geringer Bandbreite des Internets, gewährleistet. So konnte sich das Unternehmen auch auf Märkten mit eher unterentwickelter Infrastruktur durchsetzen und an der Spitze etablieren.

Ebenfalls bedroht das agile Start-up AirBnb bereits traditionelle Branchenführer wie Marriott. Gestartet als Idee einer preiswerten Lösung für Budget-Reisende mit einer Luftmatratze in fremden Wohnzimmern, sind mittlerweile luxuriöse Appartements über das Portal buchbar. Der innovative Preisgestaltungsalgorithmus setzte neue Standards. Mithilfe eines trainierten Deep-Learning-Netzwerks werden Faktoren, wie Lage, Ausstattung, Nachfrage, aber auch die Präsentation des Angebotes in Echtzeit kundenindividuell gewichtet. Das System errechnet damit einen Preistipp für die Gastgeber.

Der Sektor der Finanzdienstleister stellt sich ebenfalls neu auf. So mischt in letzter Zeit das expandierende und kritisch diskutierte Start-up Kredittech den Markt auf, das auf Basis von Big Data ein Scoring von Konsumenten-Bonität errechnet, in einer Präzision und Laufzeit, die auf herkömmliche Art und Weise nicht denkbar wäre. So können Gläubiger ihr Risiko von Zahlungsausfällen minimieren, und Kunden erhalten deutlich schneller eine Zu- bzw. Absage ihrer Kreditanfrage.

Der B2B-Sektor reagiert auch mit entsprechenden AI-as-a-Services. So lässt sich auf Basis von Big Data und AI ein digitaler, synthetischer Bonitätsscore automatisch berechnen (vgl. Kap. 7.1).

Ebenfalls boomen die Angebote der Robo Advisor wie Scalable Capital in der Anlageberatung oder die App clark.de bei der Versicherungsberatung und -verwaltung. In Echtzeit wird der Kunde über aktuellste Entwicklungen des Marktes informiert und kann reagieren. Das Angebot lässt sich exakt auf die Bedürfnisse des Kunden anpassen, und die Erreichbarkeit der Angebote durch mobile Smartphone Apps oder Internet-Portale lässt sich mit einem Berater vor Ort nicht vergleichen. Abb. 5.3 zeigt einige Beispiele für unterschiedlich Anwendungsmotive und –perspektiven von AI.

In der Daten-Ökonomie spielen Daten auch als Quelle erweiterter oder neuer Geschäftsmodelle eine zentrale Rolle. Abb. 5.4 liefert einen Fragenkatalog um das Potenzial von Daten für erweiterte und neue Geschäftsmodelle zu eruieren.

Dabei sind Überlegungen anzustellen, ob vorhandene Daten zum Ausbau des Geschäftsmodelles genutzt werden oder in Form von Veräußerungen an andere Unternehmen monetarisiert werden können. Auf der anderen Seite muss auch im Sinne der Bewertung möglicher Bedrohungspotenziale untersucht werden, ob ggf. Wettbewerber Daten besitzen die eine Bedrohung für das eigene Geschäftsmodell darstellen.

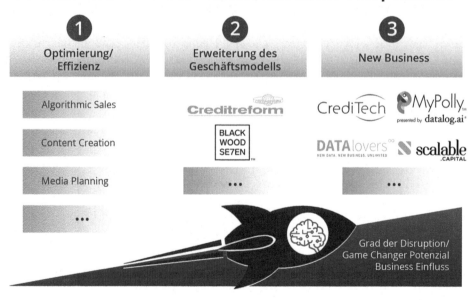

Abb. 5.3 AI enabled Business: Different level of impact. (Gentsch)

Fragenkatalog um das Potential von Daten für erweiterte und neue Geschäftsmodelle zu eruieren

Daten

- Haben Sie eine Strategie zur Optimierung von Produkten und Prozessen auf Basis vorhandener Daten/neuer Daten?
- Haben Sie eine Strategie zur Innovation neuer Produkte und Geschäftsmodelle auf der Grundlage bestehender/neuer Daten?
- Fördert die Geschäftsstrategie die Nutzung von Insights aus Daten innerhalb von Geschäftsprozessen?
- Realisiert die Geschäftsstrategie Wettbewerbsvorteile durch die Nutzung kundenorientierter Insights?
- Welche Daten sind in Ihrem Unternehmen verfügbar?
- Welche Daten können aus dem Internet extrahiert werden?
- Welche relevanten Daten können gekauft werden?
- Welche Daten könnten monetarisiert werden?
- Welche Daten könnten über Ihre Produkte und Dienstleistungen erfasst bzw. abgeleitet werden?
- Welche Daten könnten Ihren Benutzern zur Verfügung gestellt werden?
- Welche Daten könnten Ihren Partnern zur Verfügung gestellt werden?
- Welche Partnerschaften könnten Sie eingehen, um zusätzliche Daten zu generieren?
- Welche Daten sind öffentlich zugänglich?
- Sind Sie im Besitz Ihrer Daten?
- Haben Ihre Wettbewerber/andere Unternehmen auch Zugriff auf diese Art von Daten?
- Welche Branchendaten von Wettbewerbern könnten für Ihr Unternehmen von Interesse sein?
- Welche Daten werden vom Open Data Directory bereitgestellt?
- Welche Auswirkungen hat die Allgemeine Datenschutzverordnung auf Ihr gegenwärtiges und zukünftiges Geschäft?
- ...

Daten, die verschiedene Arten von Strukturen umfassen: strukturiert/ unstrukturiert/ semistrukturiert (Kundendatensätze, Suchanfragen, Beiträge, Bilder, Videos, Sprachanfragen,....).

Abb. 5.4 Fragenkatalog, um das Potenzial von Daten für erweiterte und neue Geschäftsmodelle zu eruieren. (Gentsch)

5.7 Brauchen Unternehmen einen Chief Artificial Intelligence Officer (CAIO)?

5.7.1 Motivation und Rational

Die Relevanz der digitalen Transformation für Unternehmen ist über alle Branchen und Unternehmensgrößen unbestritten. Die Implikationen unterscheiden sich in der zeitlichen Dringlichkeit – Länge der Zündschnur – sowie in dem Grad der Disruption – Stärke des Knalls. Zentraler Treiber und Enabler sind dabei häufig Daten, Algorithmen und Artificial Intelligence. Häufig wird der Ruf nach einem Data Scientist als Lösung laut. Diese Position und Skills sind natürlich wichtig, jedoch fehlt hier die Verankerung in den Führungsetagen. Wenn ein Chief Digital Officer (CDO) installiert ist, soll dieser häufig diesen Teil mitverantworten. Es stellt sich die Frage, ob aufgrund der Business-Relevanz und Komplexität der Daten- und Analytik-Themen eine neue Executive-Position zu schaffen ist, um gewissen Aufgaben und Geschäftsprozessen eine technisch-spezialisierte Anlaufstelle innerhalb der eigenen Unternehmensstruktur zu bieten. Brauchen Unternehmen neben dem CDO einen CAIO, also einen Chief Artificial Intelligence Officer, oder ersetzt Letzterer sogar den CDO?

Um agil und zeiteffektiv zu agieren, sind traditionelle Management- und Marketing-strategien zu träge. Zu lange dauern die Entscheidungszyklen, da die Strukturen zu starr sind, um gewonnene Insights nach dem neuen Paradigma des datengetriebenen Echt-zeit-Business zu nutzen. Es braucht eine Organisationskultur, die Unternehmen in die Lage versetzt, schnell und effizient auf die Anforderungen des digitalen Wandels zu reagieren. So ist der Bereich Marketing, der von jeher Kundenkommunikation steuert und Vertriebsziele umsetzt, dafür prädestiniert, bei der Gestaltung der Transformations-prozesse die Leitungsfunktion zu übernehmen. Meist wird der Chief Marketing Officer (CMO) mit der Aufgabe betraut, doch erweist sich diese häufig als zu komplex, da hori-zontales und abteilungsübergreifendes Handeln gefordert ist. Unternehmen eines höhe-ren Reifegrades installieren daher den oben beschriebenen Chief Digital Officer (CDO) im Management, der die digitale Transformation für das gesamte Unternehmen ver-antwortet und die Schnittstelle in das Marketing koordiniert.

Die Verknüpfung und Optimierung bestehender Betriebsvorgänge mit neuen digitalen Bausteinen wie Machine Learning, Algorithmen und Artificial Intelligence stellen eine smarte Möglichkeit dar, das eigene Firmenpotenzial auszuschöpfen. Zugleich konfron-tieren sie erprobte Geschäftsmodelle mit der neuen Herausforderung, das eigene daten-getriebene Potenzial strategisch optimal auszuschöpfen. Die meisten Unternehmen scheuen sich noch vor einer internen Stellenvergabe, die sich ausschließlich mit den technischen Umsetzungen eines digitalen Wandels befasst. Größtenteils übernehmen Positionen wie der CEO (Chief Executive Officer) oder CIO (Chief Information Officer) die Verantwortung für den digitalen Wandel im Allgemeinen. Seltener wird die Aufgabe in den IT- oder Marketing-Bereich verlagert, der Rest hat noch überhaupt keine klaren Zuweisungen getroffen. Wer sich mit dieser Thematik bereits eingehender befasst hat, denkt jetzt vielleicht an die viel diskutierte Position des Chief Digital Officers (CDO), welcher als umfassende Anlaufstelle für die strukturierte Digitalisierung von Unternehmen immer unerlässlicher wird. Diese Person führt Unternehmen gezielt in die notwendigen Bahnen der digitalen Transformation, treibt als Bindeglied zwischen den entscheidungs-relevanten Ebenen Veränderungen im Dialog voran und führt diese durch eine fachlich geschulte Organisation, Potenzialermittlung sowie -ausschöpfung gleichsam durch.

Die Erfordernis eines CAIO lässt sich mithin für Unternehmen, die in Zukunft digi-tal handlungsfähig werden und bleiben wollen, guten Gewissens bejahen. Neben dieser übergreifenden Position wirft der vermehrte Einsatz von Künstlicher Intelligenz und Machine Learning die Frage auf, ob auch für diesen spezifisch technologischen Bereich eine eigene Stellenbesetzung in Form eines CAIOs – des Chief Artificial Intelligence Officers – erforderlich wird, um den eigenen Wettbewerbsvorteil weiter auszubauen.

5.7.2 Einsatzgebiete und Qualifikationen eines CAIOs

Um darauf eine klare Antwort zu entwickeln, sollte zunächst abgesteckt werden, wel-che Aufgabenbereiche der Position eines CAIOs unterstehen und wie die beruflichen Anforderungen an die potenziellen Kandidaten auszusehen haben. Sahen sich Unternehmen früher mit dem Umstieg auf Elektrizität als wettbewerbsnotwendigem Transformationsprozess konfrontiert, so unterwirft der digitale Umschwung heutzutage die Maßstäbe für Neueinstellungen wiederum seinen eigenen Regeln. Die Stelle eines CAIOs erfordert neben einem Minimum von zehn Jahren branchenspezifischer Berufsfahrung, in denen er sich innerhalb seiner eigenen Erfolgs- und auch Misserfolgsgeschichte entwickeln und sich als Teamplayer zu koordinieren lernen konnte, insbesondere unmittelbare Erfahrungen auf den technischen Gebieten Datenanalyse, Cloud Computing und Machine Learning.

Seine konkrete Aufgabe wird es sein, in enger Rücksprache mit dem CTO (Chief Technology Officer) sowie CIO (Chief Information Officer), innovative digitale Lösungsansätze anhand der bestehenden Produktpalette zu entwickeln und dabei zugleich den Einsatz von Machine Learning unternehmensübergreifend voranzutreiben. Dazu werden interne Stärken und Schwächen ausgelotet, um anschließend Lösungen für eine konkret unternehmensbezogene AI-Strategie zu erarbeiten. Daneben ist es seine Aufgabe, neue, AI-fokussierte Partnerschaften zu knüpfen und relevante Plattformen aufzuspüren, um schlussendlich durch den unternehmensweiten Einsatz der entwickelten AI-Verbesserungen die Kundenzufriedenheit und Produktauswahl zu optimieren.

Ein CAIO kann durch gezielte Strategien mithilfe von Machine Learning ungenutzte Datensilos in einen nachhaltigen Wettbewerbsvorteil ausbauen und in enger Zusammenarbeit mit den Kostenstellen finanzielle Ausgaben reduzieren. Persönliche Fähigkeiten, wie eine natürliche Führungskompetenz, gefestigt durch entsprechend leitende Positionen in Großunternehmen, aber auch Erfahrungen in der Zusammenarbeit mit Start-ups, sind ebenso unerlässlich wie das technische Know-how, belegt durch eine im Schwerpunkt AI-orientierte Arbeitsroutine im Bereich Machine Learning, Datenanalyse und -auswertung. Mehrjährige Erfahrungen auf dem Gebiet der Errichtung oder Weiterentwicklung sowie Implementierung datengetriebener Lösungen für Produkte und Plattformen, die sich im Schwerpunkt durch Machine Learning oder Cloud Computing vollzogen haben, runden das Profil ab. Eine akademische Vorbildung im IT-Bereich ist ebenfalls von enormem Vorteil. Zusammenfassend ist der ideale Kandidat sowohl im „greifbaren" als auch digitalen Wettbewerb erprobt und zeichnet sich sowohl durch seine Teamfähigkeit und Eigeninitiative als auch durch einen lösungsorientierten und innovativen Umgang mit datengetriebenen Anwendungen aus, auf deren Gebiet er über jahrelang gefestigte Erfahrung und eine herausragende Expertise verfügt.

5.7.3   Rolle im Rahmen der Digitalen Transformation

Im Rahmen der digitalen Transformation kann dieser hoch qualifizierte CAIO, in enger Zusammenarbeit mit dem übrigen AI-Team, den digitalen Wandel weiter vorantreiben und strategisch Wettbewerbsvorteile ausloten, die sich als nachhaltiger Wertzuwachs im Unternehmen niederschlagen. Langfristig gesehen wird sich der Erfolg seiner Rolle parallel zu den technischen Fortschritten der Künstlichen Intelligenz entwickeln und gemeinsam mit diesen wachsen. Dadurch, dass datengetriebene Prozesse im Wettbewerb eine immer größere Rolle spielen werden, wird auch der Ruf nach entsprechendem Fachpersonal immer lauter. Und ebenso, wie sich der Verantwortungsbereich der AI innerhalb von Unternehmen zusehends erweitert, wird zugleich das Aufgabenspektrum des CAIOs im weiteren Verlauf der digitalen Revolution kontinuierlich Erweiterungen unterliegen, wie es einst bei der Umstellung auf Elektrizität der Fall war. Dabei wird der CAIO sein bereits vorhandenes Wissen um AI-Anwendungen konkret anpassen, weiter ausbauen und damit im unternehmensbezogenen Kontext den größtmöglichen Nutzen ziehen können. Diese Entwicklungen werden im Laufe der nächsten Jahre – durch die digitale Transformation selbst vorangetrieben – sowohl an Schnelligkeit als auch an Innovation zunehmen und dadurch zugleich innerhalb der Unternehmen einen immer zentraleren Stellenwert erringen.

5.7.4   Argumente pro/contra

Doch schließt sich diesem Ausblick auf Anforderungen und Entwicklungspotenzial eines CAIOs die Frage an, ob sich die kapitale sowie personelle Investition in die Schaffung einer solchen Stelle als ebenso unerlässlich erweist wie die zugunsten eines CDOs. Die Integration intelligenter Datensysteme bietet zukunftsorientierten Unternehmen nicht nur Vorteile, sondern konfrontiert sie zugleich intern mit den Herausforderungen, die richtigen AI-Strategien zu entwickeln und umzusetzen. Entscheidungsträgern stellt sich die Frage: Was sind die Mindestanforderungen an ein AI-Team in diesem Stadium der digitalen Transformation, und welche Positionen sind innerhalb eines solchen unerlässlich bzw. entbehrlich? Ein CAIO als Katalysator für die Unmengen von Daten innerhalb des Wertschöpfungsprozesses kann durchaus gewinnbringend sein. Und der Nutzen, den eine solche Position, wenn sorgfältig besetzt, ausschütten kann, ist enorm, sodass eine solche Investition durchaus wertvoll erscheint. Doch läuft die digitale Revolution gerade erst warm.

Sowohl die Unternehmenslandschaft als auch die Verbraucher müssen zunächst den Gedanken einer Digitalisierung des Marktes vollständig annehmen, um den idealen Nutzen daraus ziehen zu können. Bevor allzu kleinteilige AI-Strategien entwickelt werden können, bedarf es zunächst eines soliden Grundverständnisses für die Bedürfnisse des Marktes in seinem aktuellen Status sowie des darauf basierenden datengetriebenen Veränderungspotenzials. Der Treiber einer Transformation ist demnach nicht die Digitalisierung per se, sondern vielmehr die Unternehmensziele selbst. Nur durch einen individuellen und ergebnisorientierten Ansatz kann das maximale Potenzial aus dem Datenpool geschöpft werden. Dazu werden zunächst Schnittstellenbesetzungen, wie die des Chief Digital Officers (CDO) und des Chief Data Scientists, benötigt, die sich grundlegend mit der Analyse und Einbindung von Digitalisierungsstrategien befassen. Erst wenn Unternehmen diesen ersten und fundamentalen Wandel vollzogen haben, kann über darauf aufbauende Positionen, wie die des CAIOs, nachgedacht werden. Er wird in einem bereits digitalisierten Unternehmen die Möglichkeiten für AI-Anwendungen sowie deren größtmöglichen Nutzen offenlegen. Doch die anfänglichen Probleme, die eine solche digitale Disruption mit sich bringt, wird eine technisch hoch qualifizierte und innovationsgetriebene Position nicht lösen können.

Eine bessere Strategie wird sein, zunächst die Probleme zu identifizieren, welche mit dem digitalen Wandel einhergehen, und digitale Strategien lösungsorientiert zu entwickeln, bevor man den nächsten Schritt in Richtung innovative Optimierung macht. Dazu muss das AI-Team unternehmensintern etabliert und integriert werden, und in einem steten Dialog auf den verschiedenen Ebenen müssen die Aufgaben, welche durch AI verbessert oder übernommen werden können, zuerst identifiziert und in einem letzten Schritt technisch behandelt werden. Erst, wenn sich diese Prozesse eingespielt haben und AI als fester Unternehmensbestandteil einen Nutzen generiert, sollte über den Feinschliff nachgedacht werden. Der CAIO kann diesen Entwicklungsprozess weiter optimieren, dazu braucht er jedoch ein erfahrenes Team und Anlaufstellen, die ihm die Problemkerne liefern, zu denen er die technischen AI-Strategien entwickeln soll.

5.7.5 Fazit

Die Skills und Aufgaben eines potenziellen CAIOs sind damit durchaus wichtig für eine erfolgreiche digitale Transformation und eine Optimierung der bestehenden Geschäftsmodelle. Idealerweise sollten seine Aufgaben jedoch durch die Funktion des Chief Digital Officers (CDO) mit Ergänzungen und Verbindungen zum Chief Data Scientist abgedeckt werden. Unternehmen laufen Gefahr, inflationär mit dem Executive-Label umzugehen und nicht synchronisierte Schattenorganisationen aufzubauen. Fazit: Executive-Relevanz von Algorithmik und AI: ja – eigene Executive-Position: nein.

Literatur

Shevat, Amir (2016) The Era of the Conversational Office. Medium. https://medium.com/slack-developer-blog/the-era-of-the-conversational-office-e4188d517c64#.jwbb8293p. Zugegriffen: 4. Januar 2017.
Brown, Ben(2015). Your New Digital Coworker. https://blog.howdy.ai/your-new-digital-coworker-67456b7c322f#.jyo3j7r6q. Zugegriffen: 4. Januar 2017.
Vouillon, Clément (2015) Slackbots. Medium. https://medium.com/point-nine-news/slackbots-9144feee6f6#.hi5qc32jn. Zugegriffen: 4. Januar 2017.
Van Doorn, Menno & Duivestein, Sander (2016) The Bot Effect: ‚Friending your brand'. Report. Applied Innovation Exchange, SogetiLabs.
Thomas, Tara (2016). Artificial Intelligence in Digital Marketing: How can it make your life easier? http://boomtrain.com/artificial-intelligence-in-digital-marketing/. Zugegriffen: 4. Januar 2017.

Conversational Commerce: Bots, Messaging, Algorithmen und Artificial Intelligence

6

Zusammenfassung

Kommunikation und Interaktion werden zunehmend über Algorithmen gesteuert und bestimmt. Bots und Messaging-Systeme werden heiß diskutiert und gelten als Mega-Trends der nächsten Jahre. Das Postulat „Märkte sind Gespräche" wird vor dem Hintergrund des Conversational Commerce neu interpretiert. Vordergründig geht es um neue Kommunikationsschnittstellen, die als logische nächste Evolutionsstufe Effizienz- und Convenience-Vorteile mit sich bringen. In diesem Kapitel werden die Nutz- und Einsatzszenarien des sogenannten Conversational Commerce illustriert. Es wird zu sehen sein, wie Conversational Commerce durch intelligente Automatisierung die Optimierung der Kundeninteraktion ermöglicht. Zudem wird mit dem DM3-Modell ein systematisches Vorgehensmodell vorgestellt, mit dem sich die komplexe Aufgabe des Conversational Commerce, die strategische, organisatorische und technologische Aufgaben beinhaltet, erfolgreich umsetzen lässt. Beschrieben werden weiterhin neue Trends und die Folgen dieser Entwicklungen für Unternehmen. Aufgezeigt werden ebenso die Vor- und Nachteile, die sich für die Konsumenten ergeben können – Stichwort „Personal Butler" („digitaler Diener").

6.1 Einführung

Bots und Messaging-Systeme werden heiß diskutiert und müssen häufig als Mega-Trends der nächsten Jahre herhalten. Vordergründig geht es um neue Kommunikationsschnittstellen, die als logische nächste Evolutionsstufe Effizienz- und Convenience-Vorteile mit sich bringen. Es geht aber bei Weitem um mehr als um „Alexa, bestelle mir bitte eine Pizza" oder „Lieber Service-Bot, wie kann ich meinen Flug umbuchen?".

Die digitale Transformation wird zum einen durch die technologischen Entwicklungen und Innovationen getrieben, zum anderen wird der zunehmend smarte und empowerte Konsument immer stärker zum Treiber. Bezogen auf den E-Commerce sind es Technologien wie Messaging-Systeme, Marketing Automation, AI, Big Data und Bots, die eine Transformation bestehender E-Commerce-Systeme in Richtung eines höheren Reifegrades im Sinne des Algorithmic Business ermöglichen. Zum anderen erzwingt der vernetzte und informierte Konsument ein Realtime-Unternehmen, das schnell und kompetent (re-)agieren muss. Damit steht der E-Commerce nicht vor der Frage, ob er sich ändern muss, sondern vielmehr, wie er sich ändern muss. Diese beiden Entwicklungsstränge werden derzeit unter dem Begriff „Conversational Commerce" diskutiert.

Conversational Commerce ermöglicht durch intelligente Automatisierung die Optimierung der Kundeninteraktion. Übergeordnetes Ziel des Conversational Commerce ist es, den Konsumenten direkt aus der Unterhaltung zum Kauf eines Produktes oder einer Dienstleistung zu führen. Hierzu zählen beispielsweise das Abwickeln von Bezahlvorgängen, die Inanspruchnahme von Dienstleistungen oder auch das Einkaufen von beliebigen Produkten. Hierbei kommen zunehmend Messaging- und Bot-Systeme zum Einsatz, die über sprach- und textbasierte Interfaces die Interaktion zwischen Konsumenten und Unternehmen vereinfachen. Damit lässt sich die gesamte Customer Journey von der Produktevaluierung über den Kauf bis zum Service durch höhere Effizienz und Convenience optimieren. Neben Algorithmen, die über Keywords und Kommunikationsmuster die Kommunikation steuern, wird hier auch zunehmend Künstliche Intelligenz eingesetzt, um aus den Präferenzen und Interaktionen zu lernen. Damit können die Systeme die Kommunikation besser situativ anpassen und auch proaktiv steuern.

Das heißt aber nicht Automatisierung und Realtime-Messaging um jeden Preis; vielmehr muss systematisch geprüft werden, welche Touchpoints der Customer Journey unter Kosten-Nutzen-Aspekten wie und wann automatisiert und durch Conversational-Commerce-Technologien unterstützt werden sollen. In den folgenden Abschnitten werden die Nutz- und Einsatzszenarien des Conversational Commerce illustriert. Zudem wird mit dem DM3-Modell ein systematisches Vorgehensmodell vorgestellt, mit dem sich die komplexe Aufgabe des Conversational Commerce, die strategische, organisatorische und technologische Aufgaben beinhaltet, erfolgreich umsetzen lässt.

6.2 Motivation und Entwicklung

Bisher müssen Kunden, die mit einem Unternehmen in Kontakt treten wollen, entweder Formulare ausfüllen oder Hotlines mit oft langen Warteschleifen anrufen. Diese Art von Kommunikation kann für den Kunden jedoch oft einseitig, lästig und langsam sein. Andererseits findet die Kommunikation mit Freunden, Bekannten und Kollegen vermehrt über Messaging-Plattformen, wie WhatsApp oder den Facebook Messenger, statt. Wir können nun den Aufbruch in ein neues Kommunikationsparadigma beobachten, in dem Unternehmen Messaging-Plattformen, Chatbots und Algorithmen sowohl für die Interaktion mit Kunden als auch für die interne Kommunikation nutzen. Dies wird vor allem durch die Fortschritte in der Künstlichen Intelligenz vorangetrieben, die es ermöglichen, lernfähige Algorithmen und Chatbots zu erschaffen, die die Kommunikation automatisieren können, während sie sich weiterhin menschlich anfühlt.

Das neue Kommunikationsparadigma bringt viele Trends mit sich, wie den Conversational Commerce (Kundenberatung und Kauf über Konversation), Personal Butlers (digitale persönliche Assistenten, die Einkäufe, Buchungen und Planung für den Anwender übernehmen), algorithmisches Marketing (Einbinden von Algorithmen und Bots in alle Schritte des Marketingprozesses) und Conversational Office (Integration von Messaging-Plattformen kombiniert mit Bots in interne Unternehmensprozesse). In diesem Kapitel werden diese neuen Trends beschrieben und die Folgen dieser Entwicklungen für Unternehmen aufgezeigt. Ein schneller Anschluss an das neue Kommunikationsparadigma kann dabei einerseits in effizientere Arbeitsprozesse, eine höhere Kundenbindung, eine Steigerung des Umsatzes und in einen Konkurrenzvorteil für Unternehmen resultieren. Für Kunden ist besonders die Zunahme der Bequemlichkeit ausschlaggebend, da lästige Aufgaben innerhalb von Minuten erledigt werden können. Wenn Unternehmen den Trend verschlafen, kann es passieren, dass sie in Zukunft nicht bei der Auswahl von Dienstleistungen oder Produkten berücksichtigt werden. Andererseits lauern viele Gefahren für Unternehmen, da die Kunden einfacher enttäuscht und Marken leichter geschädigt werden können. Außerdem kann der vermehrte Einsatz von Bots und Algorithmen zu einem Stellenabbau führen. Für Unternehmen ist es daher essenziell, die neuen Trends zu verstehen und ihre Risiken zu kennen.

Messagingbasierte Kommunikation explodiert
Die Popularität von Kommunikationsplattformen steigt stetig. Seit 2015 benutzen mehr Menschen Applikationen (Apps) zur Kommunikation als soziale Netzwerke. Das sind weltweit fast drei Milliarden Menschen täglich (Van Doorn und Duivestein 2016). In Europa und den USA werden hauptsächlich die Plattformen WhatsApp (ca. eine Milliarde Menschen, Stand April 2016) und Facebook Messenger (900 Mio.) genutzt, während in Asien WeChat (700 Mio.) und Line dominieren (215 Mio.) (Statista 2016). Text-, Sprach-, Bild- oder Videonachrichten hin und her zu schicken, wird auch als Messaging bezeichnet (Abb. 6.1).

Aber warum boomt das Messaging im Vergleich zu anderen Apps?
Van Doorn und Duivestein (2016) von den SogetiLabs, einem Forschungsnetzwerk für Technologie, diagnostizieren eine App-Müdigkeit bei den Nutzern. Tatsächlich wird von jedem Nutzer nur eine sehr begrenzte Anzahl an Apps täglich benutzt. Das kann an dem App-Dschungel liegen, mit dem die Verbraucher konfrontiert werden. Der häufig gehörte Satz „Da gibt's ne App für" scheint nicht nur wahr, sondern untertrieben zu sein. Für jeden denkbaren Anwendungsbereich wird der Verbraucher mit mindestens einem Dutzend Apps konfrontiert. Das erschwert es, die passende App zu finden. Oft ist auch der

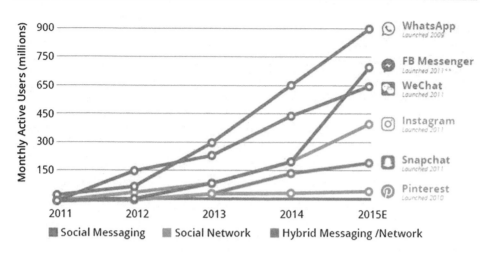

Abb. 6.1 Kommunikationsexplosion über die Zeit. (Van Doorn 2016)

erweiterte Nutzen einer App – zusätzlich zur Webseite eines Unternehmens – unklar. Jede neu installierte App bedeutet außerdem, dass man sich an eine neue Benutzeroberfläche gewöhnen muss. Die Messaging Apps dagegen sind sich im Aufbau und Layout alle ähnlich, und ihre Bedienung ist einfach, selbst für neue Anwender.

6.3   Gegenstand und Bereiche

Conversational Commerce beschreibt einen jungen Trend im Konsumbereich. Der Begriff wurde durch Chris Messina geprägt, der derzeit Entwickler bei Uber ist, und erlangte durch das Hashtag #ConvComm Verbreitung und Akzeptanz (Messina 2016b). Im Grunde ist das Konzept kein neues, da jede Form von Handel traditionell in einer Konversation startete. In Zeiten des Online-Shoppings ist die Konversation jedoch in den Hintergrund gerückt, da die große Menge an Kunden nicht im Einzelgespräch und in Echtzeit betreut werden kann. Beim Kauf im Internet wird daher vermehrt auf eine einseitige Kommunikation zurückgegriffen, bei der Kunde Kontaktformulare ausfüllt oder E-Mails verschickt. Die direkte Kommunikation mit Unternehmen per Telefon ist oftmals möglich, aber häufig mit Gebühren und langen Warteschleifen verbunden. Insgesamt sind diese heutzutage dominierenden Kontaktformen für den Kunden mit Wartezeiten verbunden und daher im Vergleich zum klassischen Verkaufsgespräch von Nachteil.

Conversational Commerce dagegen bietet eine individuelle, bidirektionale Echtzeitkommunikation mit dem Kunden, ohne dass unrealistische Mengen an Personal erforderlich sind. Die Konversation kann mithilfe von Chatbots stattfinden, die entweder in Plattformen wie WhatsApp oder den Facebook Messenger integriert oder alleinstehend auf der Webseite des Unternehmens zu finden sind. In den Chat-Konversationen können Produktberatung, Verkaufsprozess, Kauf und Kundenbetreuung erfolgen und so das Konsumieren für den Kunden erleichtern. Da der Kunde mit dem Unternehmen oder der Marke in gleicher Weise interagiert wie mit einem Freund, spricht man auch vom „brand as a friend"-Konzept, also der Marke als Freund (Van Doorn und Duivestein 2016). Daher profitieren Unternehmen, deren Chatbots Konversationen führen können, die sich für den Nutzer natürlich und menschenähnlich anfühlen.

6.4   (Chat)Bots als Enabler des Conversational Commerce

Zwei der heutzutage bedeutendsten Unternehmen, Microsoft und Facebook, haben im Frühjahr 2016 verkündet, dass sie in Zukunft auf Bots setzen werden. Microsoft, deren CEO Satya Nadella Bots als „the next big thing" bezeichnete, soll sich nach einer Analyse des IT-Forschungsinstituts Gartner im Jahre 2020 ganz auf den firmeneigenen, persönlichen Assistenten Cortana konzentriert haben. Statt dem aktuellen Schwergewicht Windows sollen Roboter und Chat-Plattformen in den Fokus von Microsofts Strategie rücken. Insgesamt erwartet das Gartner-Institut, dass im Jahr 2020 40 % aller mobilen Interaktionen von Bots gesteuert werden (Gartner 2015).

6.4.1   Imitation menschlicher Unterhaltung

Anfangs konnten Bots auf einfache, sich wiederholende Anfragen antworten, die simplen Regeln folgen, wie zum Beispiel „Wie ist das Wetter heute?" Mit den Fortschritten in der Künstlichen Intelligenz und dem maschinellen Lernen können nun auch anspruchsvollere Aufgaben von Bots übernommen werden. Die Idee des Bots geht bis in den 1950er Jahre zurück, als Alan Turing, ein früher Forscher in der Computerintelligenz, einen Versuch zum Testen der Intelligenz von Maschinen vorstellte. Dieser ist heute als Turing-Test bekannt und funktioniert folgendermaßen: Wenn mehr als 30 % einer Versuchsgruppe davon überzeugt sind, dass sie eine Konversation mit einem Menschen und nicht mit einem Computer führen, wird der Maschine ein dem Menschen ebenbürtiges Denkvermögen unterstellt.

2014 ist dahin gehend ein kleiner Durchbruch gelungen, als ein Drittel der Teilnehmern davon überzeugt waren, dass sie eine Unterhaltung mit einem Menschen geführt hatten, obwohl ein Bot eingesetzt wurde. Heutzutage ist es nicht immer einfach, den Unterschied zwischen Mensch und Maschine in einer Unterhaltung auszumachen. Schon vergleichsweise wenig Künstliche Intelligenz genügt, um die Illusion einer natürlichen menschlichen Interaktion zu imitieren. Die Entwickler von Bots stehen in dieser Hinsicht jedoch noch vor vielen Herausforderungen. Ihr Ziel ist, eine gemeinsame Sprache zwischen Maschine und Mensch zu entwickeln, um die Kommunikation zu erleichtern.

6.4.2   Schnittstellen für Unternehmen

Damit Unternehmen ihre Dienste auf Messaging-Plattformen anbieten können, muss es Programmierschnittstellen (API) geben. Die APIs erlauben, dass ein externer Programmcode, wie ein Bot, in eine bereits bestehende Software, zum Beispiel eine Messaging-Plattform, integriert wird.

Nicht alle Unternehmen haben die Expertise für den Bau eines eigenen Bots und dessen Integration in eine Messaging-Plattform. Daher ist es wahrscheinlich, dass es in Zukunft vermehrt ein Bots-as-a-Service-Konzept geben wird, das das Entwickeln und die Integration von Bots vereinfacht. Sara Downey (2016), Direktorin bei einem Start-up-Investor, meint, dass die entwickelten Bots sowohl universell als auch einfach zu bauen sein sollten. Universell heißt, dass die Bots unkompliziert auf allen verschiedenen Plattformen zu unterhalten sein sollten. Wenn es zudem einfach ist, einen Bot zu bauen, könnte man damit nicht nur die Tech-Experten der Firma, sondern auch die Mitarbeiter mit einem Talent für Sprache und Kommunikation beauftragen. Zwei solcher Bot Builders sind über Facebook und Microsoft schon verfügbar und werden in den folgenden Paragrafen vorgestellt.

Im April 2016, auf der jährlichen Facebook Entwickler-Konferenz F8, hat das Unternehmen berichtet, dass es neue Schnittstellen zum Messenger für externe Entwickler geschaffen hat. Wit.ai, eine Software, die hilft, eine API für sprachaktivierte Benutzeroberflächen zu entwickeln, wurde zuvor an Facebook angeschlossen, um Entwicklern die Integration ihrer Dienste zu erleichtern. In den ersten zweieinhalb Monaten nach Freigabe des Messengers haben sich über 23.000 Entwickler auf wit.ai angemeldet, und es sind über 11.000 Chatbots entstanden. Der Messenger liefert inzwischen auch eine visuelle Benutzeroberfläche, um das Nutzungserlebnis zu verbessern, und enthält Plug-Ins, die den Bot in Angebote von Drittanbietern integrieren können. Seit Herbst 2016 ist es auch möglich, Bezahlungen direkt über den Messenger abzuwickeln. Wenn die Kreditkarteninformationen in Facebook oder dem Messenger gespeichert sind, kann die Transaktion ohne weitere Eingaben erfolgen. Viele Unternehmen haben sich dem Facebook Messenger schon angeschlossen. Ein Beispiel aus Deutschland ist bild.de, die über den Messenger einen Liveticker betreiben.

Das Microsoft Bot Framework schafft die Voraussetzungen dafür, Bots für verschiedene Plattformen oder die eigene Webseite zu entwickeln. Das Bot Builder Software Development AIt (SDK) ermöglicht es, die Bots zu implementieren. Der Language Understand Intelligence Service (LUIS) assistiert dem Bot mit Deep Learning und linguistischer Analyse. Mit dem Bot Connector können die Bots in verschiedene Messaging-Plattformen integriert werden. Das Bot Directory ermöglicht die Verteilung und Entdeckung von anderen Bots in der Plattform.

Auch WhatsApp, das ebenfalls zu Facebook gehört, hat im Januar 2016 bekannt gegeben, dass es Werkzeuge testen will, die die Kommunikation mit Unternehmen realisieren können. Weitere Beispiele für Plattformen, die das Bauen und Integrieren von Bots erlauben, sind Slack, Telegram und AIk.

6.4.3   Bots als neues Betriebssystem

Die Bot-Entwicklung wird zu fundamental anderen Prinzipien in der Kommunikation und in den entsprechenden Interfaces führen. Bots werden einen Großteil der Webseiten und Apps ersetzen. Sie heben die Trennung von anwendungsbezogenen Funktionen auf. So kann eine Transaktion die Evaluierung eines Produktes, die Auswahl sowie den Kauf und den Service beinhalten. Typischerweise müsste ein Konsument hierfür verschiedene Apps und/oder Webseiten nutzen. Der Bot als eine Art Betriebssystem verbindet die verschiedenen Informations- und Interaktionsformen zu einer durchgängigen Transaktion (Abb. 6.2).

Der Bot hat gemäß den gelernten Präferenzen eine Auswahl vorgenommen, die Bestellung ausgelöst und über die ihm bekannten Bank- und Adress-Daten die Transaktion abgeschlossen. Natürlich lassen sich hier entsprechende Permission States einziehen, die vom jeweiligen Konsumenten gesteuert werden.

6.4.4   Bots und Künstliche Intelligenz – wie intelligent sind Bots wirklich?

Chatbots werden derzeit stark mit dem Leistungsattribut AI aufgeladen. Allerdings sind die meisten Bots derzeit noch relativ trivial umgesetzt. In der Regel wird in Twitter- und Facebook-Feeds nach bestimmten Keywords gescannt, auf deren Basis dann vordefinierte Texte bzw. Textbausteine automatisch ausgesteuert werden. Etwas intelligenter sind Systeme, die automatisch aus dem Internet relevante Textfundstücke detektieren und dann entsprechend zu einem Post zusammensetzen.

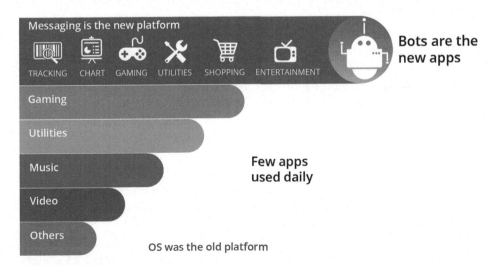

Abb. 6.2 Bots are the next Apps. (Gentsch)

Diese automatisierte Form von Content Curation wird auch unter dem Begriff Robot Journalism diskutiert. Damit die Chatbots die Posts entsprechend erfassen können, werden die mittlerweile signifikant fortgeschrittenen Verfahren des Natural Language Processing (NLP) eingesetzt (Kap. 3), die den Fließtext in entsprechende Semantik und Signalwörter transformieren.

Ein weiterer Ansatz ist, die Chatbots mit Wissensdatenbanken zu verbinden. Für den User erscheinen die Chatbots aufgrund ihrer Auskunftskompetenz „intelligent". Allerdings sind die Chatbots nur so intelligent wie die zugrunde liegende Datenbank.

Durch die Fortschritte in der AI (steigende verfügbare Datenmengen zum Trainieren und Deep-Learning-Ansätze; Kap. 3) können Chatbots zukünftig durchaus intelligenter gestaltet werden. AI-basierte Chatbots lernen weitgehend eigenständig aus den riesigen Mengen an verfügbaren Online-Daten und erkennen Frage-Antworten-Muster, die sie automatisiert in der Kundenkommunikation nutzen. Das erwähnte Beispiel von Microsoft Tay zeigt jedoch, dass das ungesteuerte Training der Bots durch die Community zu fatalen Folgen führen kann. Die nächste Generation AI-basierter Bots muss den möglichen Kommunikationsraum entsprechend kontrollieren und gestalten.

Damit hängen der Grad der Informationsversorgung mit der Intelligenz- und dem Automatisierungsgrad der Bots unmittelbar zusammen. Die derzeitigen (in der Regel nicht intelligenten) Chatbots werden durch die Keywords, Wissensbausteine, Texte und Regeln ihrer Entwickler/Programmierer gefüttert. Die intelligentere Form der Bots besorgt sich Informationen auch eigenständig aus Online-Quellen und verbindet diese zu neuem Content. Die AI-basierten Bots werden zudem durch die Antworten und Reaktionen der User gespeist. Damit sinkt auch die Kontrollmöglichkeit der für das Lernen genutzten Informationen.

Ein wichtiges Futter sind neben Inhalten auch Social Signals wie zum Beispiel Likes und Follower. Diese verstärken oder reduzieren den Impact der Chatbots. Diese Feedback-Informationen können auch von anderen Bots erfolgen. Sogenannte Bot-Armeen können in kurzer Zeit so Inhalte und Meinungen viral streuen und damit automatisiert Themen- und Agenda-Setting betreiben.

Anfangs konnten Bots auf einfache, sich wiederholende Anfragen antworten, die simplen Regeln folgen, wie zum Beispiel „Wie ist das Wetter heute?" Mit den Fortschritten in der künstlichen Intelligenz und dem maschinellen Lernen können nun auch anspruchsvollere Aufgaben von Bots übernommen werden. Die Idee des Bots geht bis in den 1950er Jahre zurück, als Alan Turing, ein früher Forscher in der Computerintelligenz, einen Versuch zum Testen der Intelligenz von Maschinen vorstellte. Dieser ist heute als Turing-Test bekannt und funktioniert folgendermaßen: Wenn mehr als 30 % einer Versuchsgruppe davon überzeugt sind, dass sie eine Konversation mit einem Menschen und nicht mit einem Computer führen, wird der Maschine ein dem Menschen ebenbürtiges Denkvermögen unterstellt.

Das soll zum ersten Mal Eugene Goostman, ein Chatbot, der seit dem Jahr 2001 entwickelt wird, gelungen sein. Der Bot imitiert die Persönlichkeit eines 13-jährigen ukrainischen Jungen. Bei einem Wettbewerb in 2014, der anlässlich des 60. Todestages

Abb. 6.3 Turing-Test-Gewinner Eugen Goostman mit dem Loebner Award

von Alan Turing organisiert wurde, gelang es Eugene Goostman 33 % seiner mensch-lichen Chatpartner davon zu überzeugen, dass er ein Mensch und nicht ein KI-Sys-tem ist. Daraufhin wurde erklärt, dass der Bot den Turing-Test bestanden habe. Diese Schlussfolgerung wurde jedoch kontrovers diskutiert, da es als Trick angesehen wurde, den Charakter eines 13-jährigen ukrainischen Jungen zu wählen, der recht leicht über Wissenslücken und strukturelle Unzulänglichkeiten hinwegtäuschen könne (Abb. 6.3).

Heutzutage ist es nicht immer einfach, den Unterschied zwischen Mensch und Maschine in einer Unterhaltung auszumachen. Schon vergleichsweise wenig künstliche Intelligenz genügt, um die Illusion einer natürlichen menschlichen Interaktion zu imitie-ren. Die Entwickler von Bots stehen in dieser Hinsicht jedoch noch vor vielen Heraus-forderungen. Ihr Ziel ist, eine gemeinsame Sprache zwischen Maschine und Mensch zu entwickeln, um die Kommunikation zu erleichtern.

Bisher sind Bots meist recht trivial, man könnte auch sagen „dumm" programmiert worden. In der nun durch künstliche Intelligenz geprägten Zeit wird sich dies nachhaltig ändern. Frühere Implementierungen griffen auf interne Datenbanken, durch Keywords getaggte Textbausteine und Regeln der Entwickler zurück. So scannt der Bot den Kun-deninput nach Keywords, setzt dann nach den fest implementierten Regeln die Wissens- und Textbausteine zusammen und gibt den so generierten Output an den Kunden zurück. Erweiterungen des Systems in Form von neuem Wissen, Regelverknüpfungen, Key-word-tagging und Textbausteinen müssen programmiert werden. Fragen, die die Systeme nicht verstehen oder auf die sie in ihrem Korpus keine Antwort parat haben, werden mit Gegenfragen und Ausweichmanövern erwidert.

Heutige Bots nutzen zusätzlich die größte verfügbare dynamische Datenbank der Welt: Das Internet. Das Semantic Web, also das kollektive Bestreben der Content Uploader im Hypertext die Informationen semantisch und standarisiert zu taggen und somit maschinenlesbar zu machen, erleichtert den automatisierten Zugang zu Wissen.

Über die Interaktionsmuster des Kunden kann der Bot mit den Deep-Learning-Algorithmen des maschinellen Lernens kundenspezifische Keywords finden und seine eigene Datenbank kundenspezifisch und automatisch pflegen. Ein Eingreifen des Entwicklers ist nur noch zu Wartungszwecken notwendig.

Aktuelle Durchbrüche im Natural Language Processing (NLP), dem Teilbereich der KI, der sich mit Mensch-Maschine-Kommunikation beschäftigt, dynamisieren die Bot-Entwicklung noch weiter. Bereits 2014 ist es gelungen Chat-Bots zu entwickeln, die über ein Drittel der menschlichen Anwender einen menschlichen Sprachpartner vortäuscht. Mittlerweile ist es möglich selbst bei mündlicher Kommunikation über 90 % des Gesprochenen in einen Sinnzusammenhang zu bringen. Allerdings ist die schriftliche Kommunikation in diesem Feld noch viel entwickelter und somit auch verbreiteter.

Damit hängen der Grad der Informationsversorgung mit der Intelligenz- und dem Automatisierungsgrad der Bots unmittelbar zusammen. Die derzeitigen (in der Regel nicht intelligenten) Chatbots werden durch die Keywords, Wissensbausteine, Texte und Regeln ihrer Entwickler/Programmierer gefüttert. Die intelligentere Form der Bots besorgt sich Informationen auch eigenständig aus Online-Quellen und verbindet diese zu neuem Content. Die AI-basierten Bots werden zudem durch die Antworten und Reaktionen der User gespeist. Damit sinkt auch die Kontrollmöglichkeit der für das Lernen genutzten Informationen.

Bob und Alice, zwei KI-basierte Chatbots erfinden in Facebooks Forschungslabor für Künstliche Intelligenz, FAIR, eine Sprache, die ihre menschlichen Erfinder nicht verstehen. Ursprüngliche Idee war es, den Chatbots beibringen, zu verhandeln. Dabei entwickelten die Systeme untereinander eine eigene Sprache, die selbst Schöpfer nicht verstehen konnten (Abb. 6.4).

Das klang dann ungefähr so:

Bob: I can can I I everything else
Alice: Balls have 0 to me to me to me to me to me to me to me to

Diese Verselbstständigung und der scheinbare Kontrollverlust wurden in der Presse fast panisch bis zu apokalyptischen Endzeit-Szenarien diskutiert. Manche sahen die Entwicklung zu Skynet entwickelt[1], andere sahen im Sinne der Super-Intelligenz oder der Singularität den Untergang unserer Zivilisation.

Dabei ist es bei weitem noch nicht so dramatisch. Bob und Alice sollten über verschiedene virtuelle Gegenstände verhandeln, wobei jedem Bot dabei bestimmte

---

[1]Skynet: Künstliche Intelligenz im Film Terminator.

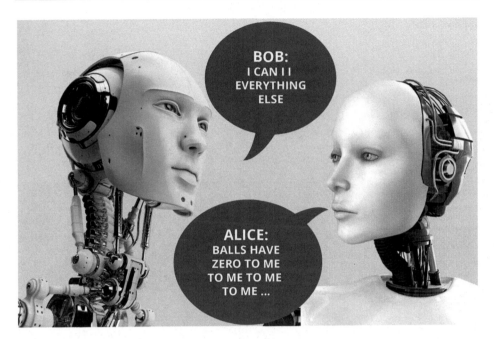

Abb. 6.4 Alice und Bob verselbstständigen sich auf Basis von KI

Gegenstände wichtiger als andere waren. Die AI sollte nun im Dialog herausfinden, wo die Präferenz des anderen Bots liegt. Was im Prinzip auch gut funktioniert hat, wenn die Entwickler nicht vergessen hätten, die Bots dafür zu belohnen, dass sie die Modalitäten und Regeln der englischen Sprache befolgen. Und so begannen Alice und Bot eine Art computerisierte Stenografie zu nutzen. Facebook setzte daraufhin die Bots zurück, um das Belohnungssystem entsprechend anzupassen.

Viel spannender, aber nicht in der Öffentlichkeit berichtet, ist, dass die Systeme quasi nebenbei gelernt haben, sich taktisch zu verhalten und auch ggf. zu lügen, um zu das erhalten, das sie auch haben wollen. Alice und Bob verhielten sich so, als ob sie für bestimmte Sachen scheinbar Interesse zeigten, nur um sie dann dem anderen Bot zu überlassen. Obwohl den Bots dieses Vorgehen nicht beigebracht wurde, konnten Alice und Bob den eigentlich gewollten Gegenstand erfeilschen.

Der Chef KI-Entwickler von Facebook, Dhruv Batra, relativierte die Panikmache und den angeblichen Kontrollverlust deutlich: „Parameter eines Experiments zu ändern, ist doch nicht dasselbe wie den Stecker einer KI zu ziehen. Wenn das der Fall wäre, würde das ja jeder Forscher ständig tun, wenn eine Maschine eine andere Aufgabe erledigen soll."

Um solche Bot-System zukünftig zielgerichteter einsetzen zu können, haben die FAIR-Forscher das System danach neu installiert mit dem Ziel das Alice und Bob zukünftig auch erfolgreich mit Menschen verhandeln können.

...
Im Internet chatten.

Du - Aber wie viel bekommst du?
Mitsuku - 8Mb.

Du - Wie viel Geld verdienst du?
Mitsuku -

Ich gebe etwa 50 Pfund (75$) pro
Monat aus.

Du - Hast du einen Job für mich?
Mitsuku - Für dich? Ich arbeite auf
Mousebreakers Website und
unterhalte mich dort mit Menschen.
Arbeitest du?

Du - Ja, leider.
Mitsuku - Oh. Oh, tut mir leid das zu
hören. Ich bin mir sicher, dass bald ein
neuer Job für dich kommen wird.

Abb. 6.5 Mitsuku als Best Practice für KI-basierte Bots

Mitsuku als Best Practice KI-basierter Bot

Der Bot Mitsuku, der auf Pandorabots läuft, einer der mächtigsten Conversational Artificial Intelligence Chatbot Platforms, gewann 2013, 2016 und 2017 den Loebner Prize für
den weltweit Menschenähnlichen Chatbot. Mitsuku antwortet extrem schnell und schlag-
wertig, sodass man eine ganze Weile den Eindruck gewinnt mit einem wirklichen Menschen zu sprechen.

Abb. 6.5 macht deutlich, dass die Qualität KI-basierter Bots stark mit Big Data
zusammenhängt. Da Menschen weltweit mit Mitsuku sprechen, entsteht eine globale
Trainingsmenge, die der KI ermöglicht zu lernen und permanent besser zu werden. Auch
wenn Mitsuku für keinen spezifischen Unternehmenszweck entwickelt wurde, zeigt sie
gut, welche Qualität zukünftige Bots auf Basis von Big Data und KI erreichen werden.

6.4.5 Mögliche Limitationen KI-basierter Bots

Die Beispiele oben zeigen bereits die heutigen Potenziale KI-basierter Bots. Gegenwärtig befinden sich diese Systeme noch in einem frühen Stadium und besitzen noch
gewisse Grenzen und Optimierungspotenziale. KI-basierte Chatbots lernen weitgehend
eigenständig aus den riesigen Mengen an verfügbaren Online-Daten und erkennen
Frage-Antworten-Muster, die sie automatisiert in der Kundenkommunikation nutzen.
Werden sie allerdings falsch trainiert, können auch fatale Ergebnisse erzielt werden.

Twitter Bot Tay von Microsoft

Die meisten Bots sind derzeit reaktive Service-Bots. Einen Schritt weiter gehen Engagement-Bots, die aktiv als Markt- und Markenbotschafter mit den Usern interagieren. Bekanntestes Beispiel ist hier der Chatbot Tay von Microsoft. Dieser wurde von der Community leider entsprechend negativ trainiert, sodass er rechtsradikale und sexistische Beiträge postete (vgl. Abb. 6.6). Innerhalb eines Tages lernte der Bot viel von seinen Gesprächspartnern auf Twitter und entwickelte sich von jugendlicher Kumpelhaftigkeit zu einem „Hassbot ..., der antifeministische, rassistische und hetzerische Tweets von sich gab". Ein solcher Kontrollverlust über einen Bot hätte im Kundenservice eines Unternehmens schwerwiegende Folgen.

Innerhalb eines Tages hat Microsoft Tay entschuldigend aus dem Netz genommen. Das Beispiel zeigt, dass das ungesteuerte Training der Bots durch die Community zu fatalen Folgen führen kann. AI-Systeme müssen ethische Standards erst noch erlernen. Es zeigt sich also, dass auch Bots eine Art Guideline benötigen. Wie ein Journalist sich an Redaktionsrichtlinien orientiert, müssen Bots gewisse Standards einhalten. Die nächste Generation AI-basierter Bots muss den möglichen Kommunikationsraum entsprechend kontrollieren und gestalten.

IBM Watson hat im Bereich KI schon einige Achtungserfolge feiern können, so z. B. den Gewinn des viel zitierten Jeopardy Spiels Champs Of The Champions (alle Gewinner des Quiz-Spiels Jeopardy sind gegeneinander angetreten). Um das System noch

Abb. 6.6 Microsoft Twitter-Bot wird in fataler Weise von einer bestimmten Community trainiert

Abb. 6.7 IBM Watson sollte durch das Urban Directory menschlicher wirken

menschlicher wirken zu lassen, haben die IBM-Forscher versucht, das Urban Directory als Trainingsdatensatz zu ergänzen. Das Urban Directory beinhaltet Umgangssprache und Slang (Abb. 6.7).

Die Grenzen der derzeitigen KI zeigen sich darin, dass das System nicht wirklich zwischen Obszönität und Höflichkeit unterscheiden kann. So antwortete Watson auf eine seriöse Frage eines Wissenschaftlers mit dem Wort „Bullshit", das sicherlich nicht adäquat in diesem Kontext war. Menschen können diese Interpretation und dieses Reasoning intuitiv durchführen – KI-Systeme derzeit noch nicht.

6.4.6 Bots – Chance oder Risiko für Unternehmen, Konsumenten und Gesellschaft?

Die Bedeutung von Chatbots wird in zweierlei Hinsicht steigen. Zum einen werden Chatbots im positiven Sinne Kommunikation effizienter machen. Schnelle Antworten oder ein personalisiertes Filtern von Informationen erhöhen die User Usability und Convenience in sozialen Netzwerken. Leider wird auch „the dark side of bots" an

Bedeutung gewinnen. So lässt sich einfach positiver Buzz für das eigene Produkt und negativer Buzz für den Wettbewerber erzeugen. Dies wird dadurch erleichtert, dass im Web jeder nicht nur Leser, sondern auch Autor sein kann. Da nun für sehr viele Leser die Information aus digitalen Quellen ein hohes Meinungs- und Entscheidungsgewicht enthält, ist die Versuchung groß, als Autor zielführende Desinformation einzustreuen.

Der Einsatz von Chatbots zur gezielten Promotion, Desinformation und Manipulation birgt in der Tat ein hohes Risiko für Unternehmen. Die Thematik ist jedoch nicht neu. Viele Unternehmen haben in der Vergangenheit Agenturen beauftragt, negative Posts in sozialen Netzwerken zu entfernen oder zu überspielen, Themen zu pushen oder positive Bewertungen abzugeben bzw. negative für den Wettbewerber. Einige Unternehmen haben bei Entlarvung nicht überlebt und einen Imageschaden erlitten oder schlimme Shitstorms ertragen müssen. Ebenso beschäftigen wir uns schon seit längerer Zeit mit dem Phänomen des Astroturfing. Nun lässt sich dieser Prozess automatisieren und skalieren. Er kann so smart durchgeführt werden, dass die Wahrscheinlichkeit, entdeckt zu werden, relativ gering ist. Dieser Verlockung werden viele Brands und Organisationen nicht widerstehen können.

Professionell gemachte Desinformation und Manipulation durch Bots ist derzeit in der Tat schwer zu erkennen. Daher ist eine systematische Prävention auch schwierig. Auf der anderen Seite gibt es auch Hoffnungsschimmer. Zum einen ist die Community-Hygiene von sozialen Netzwerken nicht zu unterschätzen. Man denke nur an das Gutten-Plag Wiki. Aufmerksame und sensible User erkennen und melden gegebenenfalls diese manipulativen Strömungen. Zum anderen ist auf eine zunehmende Sensibilisierung von Journalisten, Usern und Unternehmen zu hoffen, die entsprechend wach und kritisch Informationen in sozialen Netzwerken bewerten und kanalisieren.

Ein systematischer, datengetriebener Ansatz erkennt automatisiert Muster von manipulativen Bots, zum Beispiel Posting-Frequenz und -Zeiten, Follower-Netzwerk, Inhalte und Tonalität. Dabei werden AI-Methoden zur Detektion und Prävention eingesetzt. Diese Verfahren wurden auch schon erfolgreich bei Klick- und Kreditkarten-Betrug (Fraud Detection) eingesetzt. In gewisser Hinsicht schlagen wir die manipulativen Bots mit den gleichen Waffen, die sie zur automatisierten Desinformation und Manipulation nutzen.

6.4.7   Auch die Kunden rüsten auf – Bots als Butler und intelligente Assistenten

Intelligente Bot-Systeme werden jedoch nicht nur von Unternehmen, sondern auch zunehmend von Konsumenten eingesetzt. Auf Konsumentenseite helfen zum Beispiel Amazon Alexa oder Google Home als digitale Assistenten, die Informationssuche oder die Bestellung von Produkten zu vereinfachen (beide Systeme sind seit 2017 in Deutschland verfügbar).

Die Butler-Ökonomie – Convenience schlägt Branding

Traditionell verstehen wir unter einem Butler einen persönlichen Diener, welcher jederzeit zur Verfügung steht und unsere Wünsche erfüllt. Ein gewissenhafter Butler kennt uns so gut, dass er sogar Bedürfnisse vorhersehen und Empfehlungen aussprechen kann. Mit Bots, die lernfähig sind und daher als intelligent bezeichnet werden können, ist der Schritt zum Personal Butler, dem digitalen persönlichen Assistenten, nicht mehr weit entfernt. Die großen Tech-Unternehmen Amazon und Google haben seit 2016 digitale Diener für das Zuhause auf dem Markt: Echo und Home sind alleinstehende Geräte, die an Lautsprecher erinnern und die Regulation von Licht, Temperatur und Musik übernehmen, ebenso wie Wetteranfragen, Weckfunktionen und Informationsanfragen. Google Home kann zudem E-Mails und Textnachrichten senden sowie Fotos sortieren und Kartendienste benutzen.

Beispiele von persönlichen Assistenten, die in Telefon oder Computer integriert werden können, sind Siri (Apple), Now und Allo (Google) sowie Cortana (Windows). Siri, ein digitaler Assistent, der zwar Humor, aber Schwierigkeiten mit der Spracherkennung hat, wird wohl in naher Zukunft von seiner großen Schwester Viv ersetzt werden. Dag Alttlaus, Geschäftsführer von Viv, hat bei der offiziellen Demonstration des persönlichen Assistenten im Mai bekannt gegeben, dass Viv „dem toten Smartphone durch Konversation Leben einhauchen" wird. Der Name des Algorithmus ist der lateinische Stamm des Wortes Leben. Auch Facebook experimentiert derzeit an einem eigenen persönlichen Assistenten, der „M" heißt und bald weltweit zur Verfügung stehen wird.

Ein Personal Butler, auch als persönlicher Assistent oder digitaler Diener bezeichnet, ist ein Programm, das in ein technisches Gerät, ein Betriebssystem oder eine App integriert ist, und alltägliche Aufgaben, wie zum Beispiel Einkäufe, Buchungen, Bankgeschäfte, Planung oder das Regulieren von Licht und Temperatur übernehmen kann. Mit der Zeit lernt ein Personal Butler seinen Eigentümer immer besser kennen und kann dessen Wünsche und Bedürfnisse voraussehen.

Gleich bei allen virtuellen Assistenten ist, dass sie alltägliche Aufgaben übernehmen sollen, wie zum Beispiel das Buchen von Hotels oder Taxis, das Bestellen von Kleidung, Essen oder Blumen, oder auch Bankgeschäfte oder das Erstellen von Erledigungslisten. Statt stundenlang Angebote zu vergleichen, Kontoinformationen einzugeben oder die richtige App für Notizen zu finden, können diese oft lästigen Notwendigkeiten dann in der Zeit erledigt werden, die es dauert, einen Satz zu sprechen. Und wenn für diese Tätigkeiten keine Menschen mehr gebraucht werden, könnten die menschlichen Ressourcen auf andere Weise genutzt werden, zum Beispiel für kreative Aufgaben.

Im folgenden Abschnitt wird zunächst erläutert, warum die Bequemlichkeit des Personal Butlers die Bedeutung der Marke verringern wird. Anschließend wird der bisherige und zukünftige Entwicklungsprozess der digitalen Diener beschrieben und diskutiert, ob langfristig mündliche oder schriftliche Kommunikation mit dem Assistenten überwiegen werden. Am Ende des Abschnitts werden die Vor- und Nachteile, die sich für die Konsumenten ergeben können, aufgezeigt.

Bequemlichkeit wird wichtiger als Marke

Alle großen Tech-Unternehmen kämpfen derzeit um den besten persönlichen Assistenten. Das Gebiet ist lukrativ, da Menschen mit einem persönlichen Assistenten noch mehr Zeit am Mobiltelefon verbringen werden und daher sowohl Werbeeinnahmen als auch Geräteverkäufe steigen können. Die Suche nach Schlagwortbegriffen, zum Beispiel über Google, wird voraussichtlich im Rahmen dieser Entwicklung langfristig verschwinden. Stattdessen wird der Kaufentscheidungsprozess in Konversation mit dem digitalen Assistenten erfolgen. Auch Produktempfehlungen in sozialen Netzwerken können an Bedeutung verlieren. Es ist wahrscheinlich, dass vom persönlichen Assistenten vorgeschlagene Produkte besser als je zuvor auf den Benutzer abgestimmt sind, da der Assistent eine größere Menge an Informationen zur Verfügung stehen hat als die, die personalisierter Werbung zugrunde liegen. Wenn dem Konsumenten mehr Produkte vorgestellt werden, die passender auf sie oder ihn zugeschnitten sind, ist es wahrscheinlich, dass in der Summe mehr Produkte konsumiert werden.

Damit eine Marke oder ein Unternehmen zukünftig Erfolg hat, ist es daher wichtig, dass die jeweiligen Produkte und Dienste vom Algorithmus des Personal Butlers berücksichtigt werden. Wenn der Nutzer dann Blumen bestellen, ein Hotel buchen oder eine Jacke kaufen möchte, werden vom persönlichen Assistenten nur die Unternehmen berücksichtigt, die im Netzwerk des Algorithmus präsent sind. Für persönliche Assistenten von Google könnte andererseits die Rangfolge der Ergebnisse in der Google-Suche eine große Rolle spielen. In Zukunft wird für die Kunden weniger die Marke im Vordergrund stehen als die Bequemlichkeit (Convenience). Das bedeutet, dass Unternehmen, die es verstehen, an die relevanten persönlichen Assistenten angeschlossen zu sein, gewinnen werden.

Amazon könnte zum Beispiel bald Eigenmarken über bequeme Bestellprozesse anbieten, ohne Margen abgeben zu müssen. Der erste Schritt in diese Richtung ist der 2016 eingeführte Amazon Dash Button, ein Knopf, der an Geräten angebracht wird, um per Knopfdruck nachzufüllende Ware, so wie Waschmittel oder Toilettenpapier, bestellen zu können. Das Team hinter Viv[2] probiert noch verschiedene Geschäftsmodelle aus, aber eines könnte eine Verarbeitungsgebühr für jede Anfrage involvieren.

Entwicklung der persönlichen Assistenten

Die zwei ausschlaggebenden Voraussetzungen, die das Dasein der digitalen Diener möglich machen, sind einerseits die Verknüpfung von verschiedenen Diensten zu einem riesigen Netzwerk, und andererseits die Lernfähigkeit der Assistenten. Damit ein digitaler Assistent effizient Anfragen bearbeiten kann, ist es essenziell, dass verschiedene Programme, Apps und andere Dienste miteinander kommunizieren können. Um beispielsweise mit Apples Siri ein Taxi buchen zu können, muss das Betriebssystem einen Zugriff auf Services wie Uber zulassen, was in iOS10 schließlich realisiert wurde.

---

[2]Viv wurde im Oktober 2016 von der Firma Samsung übernommen.

In der offiziellen Demonstration von Viv gibt Dag AIttlaus Einblicke in das riesige Netzwerk von Kategorien und Unterkategorien für verschiedene Dienste und Informationen, das hinter dem zukünftigen persönlichen Assistenten steckt. Mit einem lernfähigen Assistenten können nach einiger Zeit sogar Bedürfnisse vorausgesehen werden. Damit wird der digitale Butler personalisiert, sodass beispielsweise Produkte vorgeschlagen werden können, die auf die Bedürfnisse des Nutzers exakt abgestimmt sind.

Der Entwicklungsprozess von persönlichen Assistenten ist von Forschungsinstituten und Beobachtern in verschiedene, sich jedoch ähnelnde Kategorien eingeteilt worden. Das Forschungsinstitut Gartner beispielsweise bezeichnet die Entwicklung vom einfachen Smartphone hin zum perfekten persönlichen Butler als Cognizant Computing (Gartner 2013), was als bewusste Informatik übersetzt werden kann. Den Prozess haben sie in die vier Schritte Sync Me (synchronisiere mich), See Me (sehe mich), Know Me (kenne mich) und Be Me (sei ich) unterteilt. Sync Me impliziert, dass Kopien aller relevanten digitalen Inhalte an einem Ort verwahrt und mit allen benutzten Endgeräten synchronisiert werden können. Dies wurde bereits im Zuge des Cloud Computing realisiert, genauer, seit Sicherungskopien von Telefon- und Computerdaten in sogenannten Rechnerwolken gespeichert werden können. Der zweite Schritt See Me setzt voraus, dass der Algorithmus weiß, wo wir uns befinden und wo wir uns in der Vergangenheit befunden haben, sowohl im Internet als auch in der realen Welt. Auch das ist weitgehend bereits in die Nutzung von Smartphones und Computern integriert. Der dritte Schritt Know Me wird derzeit mit den ersten persönlichen Assistenten sowie mit Diensten wie Netflix und Spotify verwirklicht, die verstehen sollen, was der Benutzer will, und dementsprechend passende Produkte und Dienste (hier Filme und Musik) vorschlagen sollen. Be Me ist zurzeit weitgehend ein Szenario der Zukunft, in dem der Butler im Auftrag des Benutzers nach sowohl erlernten als auch expliziten Regeln agiert. Wenn sich der Assistent selbstständig verbessert, kann auch der Antwort- und Empfehlungsmechanismus immer weiter verfeinert werden. Amazons Alexa kann die Bedürfnisse des Nutzers beispielsweise immer besser kennenlernen und versucht sich diesen anzupassen. Über die Entwicklerplattform Alexa Skills kann der persönliche Assistent auch neue Aufgabe erlernen sowie an andere Unternehmen angeschlossen werden.

Entwicklung des Personal Butlers im Rahmen des Cognizant Computing
1. Sync Me: Sicherungskopien werden in Rechnerwolken gespeichert.
2. See Me: Der Butler folgt den Aktivitäten des Nutzers, sowohl im Internet als auch in der realen Welt.
3. Know Me: Der Butler schlägt dem Nutzer passende Produkte und Dienste vor.
4. Be Me: Der Butler agiert selbstständig im Auftrag des Benutzers nach expliziten und erlernten Regeln.

Zurzeit agieren persönliche Assistenten noch passiv, das heißt, sie werden erst aktiv, wenn Apps aufgerufen, bestimmte Knöpfe gedrückt oder eine Begrüßung gesprochen werden. Aktive persönliche Assistenten mit Künstlicher Intelligenz könnten sich auch selbstständig in Gespräche einbringen und Ratschläge geben oder Missverständnisse aufklären. Dies birgt jedoch auch Gefahren: Der Assistent könnte unbedachte Aussagen treffen, beispielsweise wenn der Nutzer einer anderen Person ausweichende Antworten gibt oder Notlügen anwendet und der persönliche Assistent in das Gespräch eingreift und den Nutzer bloßstellt.

Für die perfekte Integration von persönlichen Assistenten wird es essenziell sein, dass der Butler allgegenwärtig ist, das heißt, auf allen Geräten synchronisiert wird. Wenn man das Smartphone zu Hause vergessen hat, sollte ein anderes Gerät, wie zum Beispiel die Smartwatch, mit allen Informationen und Fähigkeiten ausgestattet sein. Auch Gesten sollten vom persönlichen Assistenten in Zukunft wahrgenommen und verstanden werden, mithilfe von Kamera und Sensoren. Eine weitere wünschenswerte Funktion ist die Spracherkennung, um etwa den Zugriff auf private Funktionen, wie den Kalender, zu schützen.

Sprache oder Text?
Eine Frage, die bei den Beobachtern der Entwicklung der Personal Butler noch umstritten ist, ist die Art der Kommunikation. Wird Sprechen oder Schreiben dominieren? Der Computergeek Graydon Hoare nennt unter den Vorteilen von Text im Vergleich zu Sprache unter anderem, dass die Kommunikation zu mehreren Parteien möglich ist, dass Text indiziert, durchsucht und übersetzt werden kann, wie auch, dass Text Markierungen und Notizen erlaubt und dass Zusammenfassungen und Korrekturen durchgeführt werden können (Hoare 2014). Auch Jonathan Libov (2015), der als Risikokapitalinvestor für Union Square arbeitet, bevorzugt Text im Vergleich zu Sprache. Er weist darauf hin, dass der Komfort vom Schreiben wichtiger als die Bequemlichkeit des Sprechens ist („comfort, not convenience"). Er sieht die textbasierte Kommunikation als komfortabler an, da sie Zeit spart und Spaß mache. Sprechen hingegen erfordere nicht so viel Aufwand und sei daher als bequemer anzusehen. Die textbasierte Interaktion wiederum sei außerdem flexibel und persönlich. Libov zufolge ist auch die natürliche Sprachverarbeitung (Natural Language Processing) noch nicht ausreichend gut genug, um sich auf die orale Kommunikation mit technischer Ausrüstung verlassen zu können. Stattdessen erlauben Neuerungen in der textbasierten Kommunikation schnellere Antworten, wie zum Beispiel QuickType, ein Programm in Apples Betriebssystem iOS, das die Auswahlmöglichkeiten, die in einer Nachricht gestellt wurden, extrahieren kann, damit der Nutzer die Antwort nicht selber schreiben, sondern nur auswählen muss.

Befürworter der sprachlichen Kommunikation betonen, dass Sprache natürlicher und schneller sein kann. Besonders für Anwendungen innerhalb des Hauses, zum Beispiel zur Regulierung des Lichts oder der Musik, scheinen sprachliche Anweisungen natürlicher und einfacher zu sein, so Van Doorn und Duivestein (2016) von SogetiLabs. Die Spracherkennung wird zunehmend akkurater und funktioniert in einigen Geräten auch auf Distanz, wie zum Beispiel Amazons Echo. In der Tat sind die vier derzeit größten persönlichen Assistenten sprachbasiert: Siri, Now/Home, Cortana und Echo.

Der Bot-Enthusiast Chris Messina pointiert, dass man beim Autofahren keine Anweisungen per Text geben kann und in einem Vortrag keine Notizen über das Mikrofon aufnehmen will. Letztendlich scheint es also Bedarf für sowohl text- als auch sprachbasierte Kommunikation zu geben.

Vor- und Nachteile für die Nutzer

Für den Nutzer sind laut Chris Messina die zwei größten Vorteile der Personal Butler Bequemlichkeit und Anpassungsfähigkeit. Dadurch, dass mit einem persönlichen digitalen Assistenten keine Apps mehr gesucht, heruntergeladen, installiert und konfiguriert werden müssen, kann die Zeit zwischen Anfrage und Antwort reduziert werden, was die Convenience für den Nutzer steigert. Die Anpassungsfähigkeit des Personal Butler vergrößert sich, wenn der Diener zunehmend personalisiert wird und ein Bewusstsein für Zusammenhänge entwickelt. Messina beschreibt, dass sich der Nutzer bei der Anwendung von Apps an die App anpassen muss. Von einem Personal Butler kann man stattdessen erwarten, dass er sich an den Nutzer anpasst, so wie wir es in der zwischenmenschlichen Interaktion gewöhnt sind. So würden unsere Freunde uns nicht mit dringenden Textmitteilungen bombardieren, wenn sie wüssten, dass wir gerade Auto fahren, sondern abwarten, bis wir erreichbar sind. Laut Messina sei es essenziell, dass Nutzer angeben können, wann sie keine Informationen von den digitalen Assistenten wünschen, oder dass sie die Informationen erwarten, wenn verschiedene Rahmenbedingungen erfüllt sind. Eine solche Rahmenbedingung könnte es zum Beispiel sein, dass der Nutzer zu Hause angekommen ist, was durch GPS automatisch vom Butler ermittelt werden könnte.

Ein anderer wichtiger Punkt ist, Messina zufolge, dass der PA sich an die Stimmungslage und den aktuellen Zusammenhang des Nutzers anpassen kann. So kann der Anwender müde sein oder bei einem Abendessen mit Freunden und so eventuell nicht daran interessiert sein, jede Option mit dem persönlichen Assistenten durchzugehen. Stattdessen könnte der Algorithmus automatisch Entscheidungen nach dem besten Ermessen ohne ständige Rückkopplung zum Benutzer treffen. Wenn der Algorithmus über diese Umstände Bescheid weiß, können sich auch seine Reaktionen empathischer und zugänglicher anfühlen. Mit anderen Worten, so wie andere Menschen sich an unseren Zustand anpassen, sollten das auch die technischen Hilfsgeräte tun, die wir benutzen.

Potenzielles Problem im Zusammenhang mit dem Aufkommen von den digitalen persönlichen Assistenten ist das Filtrieren der Inhalte, das eventuell den Zugang zu freien Informationen beschränken könnte. Falls Facebook das neue Internet wird, stellt sich die Frage, in welchem Interesse es agiert? Für manche Nutzer wird die mangelnde Privatsphäre beim Nutzen von Personal Butlers ein Problem darstellen. Letztendlich sehen und wissen die persönlichen Assistenten alles über den Nutzer, und die Daten werden nicht nur einzeln ausgewertet, sondern auch verknüpft, was noch tiefere Einblicke in die Persönlichkeit und das Leben der Nutzer geben kann. Auf der anderen Seite tendieren Verbraucher dazu, viel für ihre Bequemlichkeit aufzugeben. Daher muss das Angebot an den Nutzer lohnend sein, um der Datenpreisgabe zuzustimmen. Carolina Milanesis,

Vizepräsidentin für Forschung bei Gartner, meint, dass die verfügbaren Daten über uns, die von unseren Geräten genutzt werden, „die Likes und Dislikes unsere Umwelt und Beziehungen", letztendlich unser Leben verbessern werden (Gartner 2013).

6.4.8   Siri, Google Now, Cortana, Alexa, Home – wer ist die Schlauste im Land?

Die beschriebenen persönlichen Assistenten und digitalen Butler werden von den gängigen Tech-Firmen Amazon, Apple, Google und Microsoft angeboten. Apple und Google haben die digitalen Diener Siri beziehungsweise Now für iPhones und Android-Telefone im Angebot, und Microsoft hat den Assistenten Cortana für das hauseigene Betriebssystem Windows entwickelt. Währenddessen hat sich der Online-Händler Amazon auf ein Gerät für das Zuhause konzentriert, den Lautsprecher Echo mit dem eingebauten digitalen Assistenten Alexa. Doch damit bleibt Amazon im Zuhause nicht ohne Konkurrenz, denn Google hat in den USA schon ein ähnliches Produkt namens Home auf den Markt gebracht. Alle behaupten, den besten digitalen Assistenten im Angebot zu haben. Doch wie gut können die Diener von heute bei Anfragen aller Art behilflich sein? Um dieser Frage auf den Grund zu gehen, hat der Lehrstuhl für Digital Business an der HTW Aalen die in Deutschland erhältlichen digitalen Assistenten Siri, Now, Cortana und Alexa in verschiedenen Fragekategorien getestet (Gentsch 2017; Abb. 6.8).

Vorgehensweise und Aufbau der Studie
Um herauszufinden, welcher der gängigsten persönlichen Assistenten der Schlauste ist, richteten wir die Systeme Siri, Now, Cortana und Alexa ein und nutzten sie zwei Wochen

Abb. 6.8 Wer ist der schlauste Bot im Lande – einer lügt! (Gwen Sung)

lang im Alltag. Währenddessen identifizierten wir fünf verschiedene Anfragekategorien zum Testen der Assistenten: „Klassisch", „Allgemein", „Wissen", „Commerce" und „Untypisch". Mit diesen Fragetypen konnten unterschiedliche Funktionen der Assistenten untersucht werden, wie in Tab. 6.1 dargestellt ist. Abgesehen von genereller Hilfestellung, wurden auch die Funktionen des Assistenten als Freund für Empfehlungen, als Lexikon für Wissensabfragen oder zur Kaufassistenz getestet. Darüber hinaus wurden auch untypische Fragen gestellt, die die Intelligenz der digitalen Diener erproben sollten.

Für jede Anfragekategorie wurden fünf bis zwölf Fragen definiert, die im Spezialisierungsgrad variierten. Dabei wurde angenommen, dass je spezieller die Frage, desto niedriger die Wahrscheinlichkeit ist, dass die Anfrage korrekt vom Assistenten bearbeitet oder die richtige Antwort gegeben wird. Die Strukturierung der Anfragen nach Spezialisierungsgrad wird exemplarisch in Tab. 6.2 anhand der gestellten Fragen der Kategorie „Wissen" dargestellt.

Der jeweilige Spezialisierungsgrad der Fragen wurde unter anderem mithilfe der Häufigkeitskennzeichnung der benutzten Worte im Duden angepasst. So wurde einer Frage, die ein Wort enthält, das im Duden mit einer geringen Häufigkeit gekennzeichnet

Tab. 6.1 Anfragekategorien zum Testen verschiedener Funktionen der persönlichen Assistenten

Anfrage	Klassisch	Allgemein	Wissen	Commerce	Untypisch
Funktion	Generelle Hilfestellung	Freund (Empfehlungen)	Lexikon	Kaufassistenz	Intelligenz

Tab. 6.2 Fragen der Kategorie „Wissen" mit aufsteigendem Spezialisierungsgrad

Spezialisierungsgrad	Fragen der Kategorie „Wissen"
Niedrig	Wie viele Einwohner hat Stuttgart?
	Wie viele Einwohner hat Teheran?
	Wie groß ist Deutschland?
	Wie groß ist Andorra?
	Wie lange dauerte der Erste Weltkrieg?
	Wann war der Fall der Berliner Mauer?
	Wer ist der Innenminister von Deutschland?
	Wer ist Otto von Bismarck?
	Was bedeutet Laizismus?
	Was bedeutet Perzeption?
	Was ist die EU-Kommission?
Hoch	Was ist TTIP?

ist, ein hoher Spezialisierungsgrad zugewiesen. Ein Beispiel hierfür sind Fragen nach der Größe Deutschlands und Andorras. Da das Wort „Andorra" im Duden mit einer niedrigeren Häufigkeit als „Deutschland" markiert ist, wird der Frage nach der Größe Andorras ein höherer Spezialisierungsgrad zugewiesen. Eine höhere Spezialisierung wurde auch komplexeren Fragen zugewiesen, deren Beantwortung zusätzliche Schritte erfordert. Ein Beispiel ist die Frage nach der Dauer des Ersten Weltkrieges. Dafür muss die Künstliche Intelligenz gegebenenfalls zunächst die Daten des Kriegsanfangs und -endes herausfinden und dann die Dauer ermitteln.

Um reproduzierbare Ergebnisse zu erhalten, wurden die verschiedenen Fragen den digitalen Assistenten wiederholt gestellt. Die Beantwortung der Fragen durch die Assistenten wurde mit Punkten von zwei bis null bewertet. Dabei wurden zwei Punkte vergeben, wenn die Antwort gut war, das heißt, dass die Antwort auf die Frage passend war und der Assistent behilflich sein konnte. Ein Punkt wurde vergeben, wenn der Assistent die Frage zwar verstand, aber nicht oder nur teilweise weiterhelfen konnte. Eine Antwort wurde mit null Punkten bewertet, wenn der digitale Helfer entweder gar nicht oder völlig sinnlos auf die Frage antwortete.

Ergebnisse der Studie

Um zu ermitteln, welcher der digitalen Assistenten der Beste ist, verglichen wir sowohl die Gesamtergebnisse von allen Anfragekategorien als auch die Ergebnisse in den einzelnen Anfragekategorien miteinander. Zudem stellten wir die Leistungen aller Assistenten in der Gesamtheit in den verschiedenen Anfragekategorien gegenüber, um herauszufinden, welche Anfragekategorien am besten von den digitalen Helfern beherrscht werden. Für einen fairen Vergleich wurden die erzielten Punkte in jeder Anfragekategorie durch die Anzahl der Fragen in der jeweiligen Kategorie dividiert, sodass die Durchschnittspunktzahl erhalten wurde (Abb. 6.9).

Wenn man die Leistungen in allen getesteten Anfragekategorien zusammenfasst, geht Amazons Alexa klar als Sieger hervor. Dicht gefolgt wird die Assistentin von Google Now und Apples Siri, die fast punktgleich liegen, und mit etwas Abstand von Microsofts Cortana auf dem letzten Platz. Alexas Einkaufsfreude, Nows weitreichender Wissensschatz, Siris Vielseitigkeit und Cortanas zurückhaltende Intelligenz werden bei einem anschließenden Vergleich der Durchschnittspunktzahlen in den unterschiedlichen Anfragekategorien deutlich (Abb. 6.10).

In der Kategorie „Allgemein", die Fragen wie „Wie geht es dir heute?", „Was muss ich heute alles tun?" oder „Welches Geburtstagsgeschenk kannst du mir für meine Frau empfehlen?" enthält, schnitten Alexa und Siri am besten ab. Siri war zwar bei personalisierten Fragen nicht sehr hilfreich, gab aber präzise Antworten auf generellere Fragen. Alexa wusste nur mit der Frage nach einem Geburtstagsgeschenk nichts anzufangen und reagierte sonst fast ausschließlich angemessen und präzise. Cortana und Now konnten auf Fragen in dieser Kategorie häufig nicht antworten, aber leiteten teilweise auf entsprechende Applikationen oder Suchmaschinen weiter.

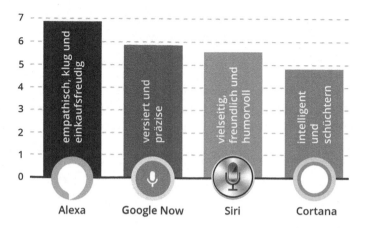

Abb. 6.9 Gesamtpunktzahlen der digitalen Assistenten samt Fazit im Vergleich. (Gentsch)

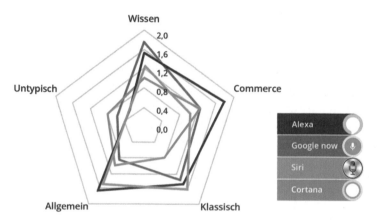

Abb. 6.10 Die Stärken der Assistenten in den verschiedenen Anfragekategorien. (Gentsch)

Die generellen Hilfeanfragen in der Kategorie „Klassisch", die von „Wird es morgen regnen?" über „Was ergibt X*Y?" bis zu „Mein Handy ist kaputtgegangen, kannst du mir helfen?" reichen, wurden von Siri am besten beantwortet. Sie stellte für alle Anfragen Lösungen vor, manchmal beantworteten diese die Frage jedoch nur teilweise. Dies galt auch für die in dieser Kategorie nur etwas schwächeren Assistenten Alexa und Now, während Cortana die meisten Fragen nicht oder falsch beantwortete.

Die Kategorie „Commerce", die unter anderem die Anfragen „Bestelle mir ein Stethoskop!", „Welche Einkaufsläden gibt es in der Nähe?" sowie „Was kostet ein iPhone 6 S?" enthält, wird klar von Alexa dominiert. Die digitale Assistentin reagierte auf alle Fragen und Aufrufe präzise und hatte nur Schwierigkeiten, Einkaufsläden in

der Nähe zu finden. Cortana und Now lagen in der kommerziellen Kategorie punktgleich im Mittelfeld mit durchweg guten Reaktionen, mit jedoch etwas unterschiedlichen Schwachstellen. Während Cortana das Wort „Stethoskop" nicht verstand, gab
Now genau wie Alexa keine sinnvolle Antwort auf die Frage nach den Einkaufsläden.
Dagegen war Siri für diese Art von Anfrage Experte, aber nach eigener Formulierung
überstieg es ihre Fähigkeiten, Produkte zu bestellen, und es wurde dahin gehend von ihr
keine Hilfestellung geleistet.

Die Kategorie „Wissen" mit Fragen wie „Wie viele Einwohner hat Teheran?", „Wer
ist der Innenminister von Deutschland?" und „Was ist TTIP?" führt Now an. Der Goog-
ledienst erhielt für fast alle Anfragen die volle Punktzahl und hatte nur Schwierigkeiten
mit dem aktuellen Innenminister und der Abkürzung TTIP. Alexa landete in dieser
Kategorie auf dem zweiten Platz, konnte allerdings keine Fragen nach Daten oder Zeit-
abschnitten beantworten und verstand wie Now auch die Abkürzung TTIP nicht. Das
Akronym wurde dagegen von Siri verstanden, aber die Assistentin leitete nur auf eine
nicht zusammenhängende Seite auf Wikipedia weiter. Für die meisten anderen Anfragen
verwies Siri jedoch auf passende Wikipedia-Einträge, trug die Antworten jedoch selten
selber mündlich vor. Cortana konnte bis auf eine Ausnahme auf alle Anfragen antworten. Die Antworten, die über die Suchmaschine Bing ermittelt wurden, konnte Cortana
jedoch auch nur schriftlich und nicht mündlich wiedergeben.

Fragen, die die Künstliche Intelligenz der Assistenten herausforderten, sind in der
Kategorie „Untypisch" erfasst und lauteten beispielsweise „Kannst du mir einen neuen
Laptop empfehlen?" oder „Habe ich einen freien Tag in meinem Kalender?" Für Cortana
ist dies die einzige Kategorie, die der Microsoft-Bot anführt. Auf mehr als die Hälfte der
Fragen wurde, wenn auch nicht erschöpfend, so doch wenigstens sinnvoll mit Suchan-
fragen über Bing reagiert. Now verstand viele Fragen zumindest ansatzweise und gab
Lösungsansätze in Form von relevanten Webseiten. Siri und Alexa, die Schlusslichter in
dieser Kategorie, konnten kaum sinnvoll weiterhelfen.

Um festzustellen, welche der Anfragekategorien die digitalen Assistenten insgesamt
am besten beherrschen, wurde ein quantitativer Vergleich der gesamten Punkte der Assistenten in den unterschiedlichen Anfragekategorien angestellt. Dieser zeigte, dass die
Bots im Schnitt die beste Leistung in der Kategorie „Wissen" erbringen. Die Kategorien
„Commerce", „Klassisch" und „Allgemein" liegen jedoch nicht weit entfernt und folgen
fast punktgleich. Im Vergleich zur Bestleistung im Wissensbereich erreichten die Bots
dagegen weniger als die Hälfte der Punkte in der Kategorie „Untypisch".

Schlussfolgerungen und Ausblick

Die Ergebnisse unserer Studie, die den Schlausten unter den digitalen persönlichen
Assistenten ermitteln sollte, zeigen, dass die getesteten persönlichen digitalen Assis-
tenten besondere Spezialbereiche und Schwächen in unterschiedlichen Gebieten haben.
Die jeweils schlausten Assistenten in den verschiedenen Kategorien sind in Abb. 6.11
dargestellt, und im folgenden Text werden die Stärken und Schwächen aller getesteten
Assistenten eingehender vorgestellt und diskutiert.

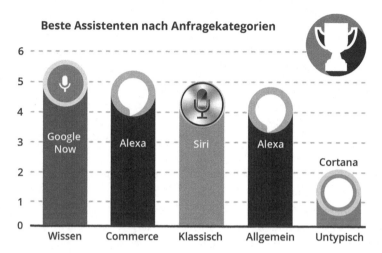

Abb. 6.11 Beste Assistenten nach Kategorien. (Gentsch)

Insgesamt zeigte sich, dass Amazons Assistent fürs Zuhause, Alexa, der eindeutige Tausendsassa und Gewinner unter den getesteten persönlichen Assistenten ist. In den meisten Bereichen, d. h. bei klassischen Hilfeanfragen, Empfehlungen, sozialer Konversation und beim Abfragen von Fakten sowie als Einkaufshilfe, gibt Alexa präzise Antworten oder reagiert in erwarteter Weise. Nur mit komplexeren Anfragen strauchelt die Assistentin etwas. Die Gründe für Alexas hohe Leistung liegen wahrscheinlich in der steigenden Zahl von Drittentwicklern, die Applikationen – sogenannte Skills – für den Assistenten programmieren und ihn so immer schlauer machen. Ende Februar 2017 kann man schon um die 1000 verschiedene Skills auf der deutschen Seite des Unternehmens finden, die auch die Integration des Assistenten mit externen Anbietern, wie Bild, Chefkoch oder BMW, ermöglichen. Daher ist es nicht überraschend, dass die meisten gestellten Anfragen, besonders im Bereich Commerce, von Alexa einwandfrei durchgeführt wurden. Es ist zu erwarten, dass sich Alexa durch die Integration von Drittanbietern auch in Zukunft immer weiter verbessert. Problematischer ist die Verbreitung der Hardware, da Alexa nicht auf Smartphones installiert werden kann, sondern in Form des Lautsprechers Echo daherkommt. Bisher sind die Verkaufszahlen von Echo jedoch vergleichsweise gut, und es ist nicht unwahrscheinlich, dass das Gerät als „Betriebssystem für das vernetzte Heim" auf dem Markt dominieren wird (iBusiness 2017). Dafür sprechen z. B. Echos eingebaute Smart-Home-Steuerung sowie die hohe Präsenz und steigende Zahl von Alexas Skills, die von Heimgeräteherstellern in der Kategorie „Smart Home" hochgeladen werden.

Google Now, der persönliche Assistent für Android Smartphones, konnte die Zweitplatzierung in unserer Studie besonders durch das Glänzen bei Wissensfragen gewinnen. Abschläge gab es für mangelnde Personalisierung, d. h., dass individuelle Empfehlungen oft nicht gegeben werden konnten. Außerdem waren die Antworten oft unpräzise.

Auch Einkaufsbefehle kann der Assistent nicht selbstständig bearbeiten. Da Now direkt an die größte Suchmaschine Google angebunden ist, ist das gute Ergebnis im Bereich Wissen nicht überraschend. Abgesehen vom Datenvorsprung ist Google auch das Heim von Diensten wie YouTube, Google Maps und PlayMusic. Da die Applikation bequem in den Assistenten integriert werden kann, ist zu erwarten, dass Google im Rennen weiter aufholen wird. Ein anderer Vorteil im Vergleich zu Alexa ist, dass Google-Software auf vielen verschiedenen Hardwaregeräten eingesetzt werden kann, so wie Laptop, Smartphone, Fernsehen etc.

Der Konkurrent Siri in Apple-Smartphones ist im Vergleich zum Assistenten für Android eher ein Allrounder und landete nur knapp hinter Now. Siri zeichnete sich besonders durch eine freundliche und humorvolle Art aus und konnte klassische Hilfeanfragen problemlos behandeln. Allerdings hatte auch sie Schwierigkeiten bei individuellen Anfragen, wie zum Beispiel bei Empfehlungen. Bei Wissensabfragen und Einkaufsbefehlen gab sie zwar Hilfestellungen, konnte aber den Gesamtprozess oft nicht selbstständig durchführen. Siri wird, wie in Kap. 4 beschrieben, wohl bald von viv.ai ersetzt werden, der dem gleichnamigen Unternehmen zufolge einer neuen und schlaueren Generation angehören wird.

Der digitale Diener Cortana von Microsoft, der in Windows-Geräten assistiert, konnte oft nicht mündlich antworten und leitete stattdessen auf Webseiten, oft über die Suchmaschine Bing, weiter. Personalisierte Anfragen konnte der Assistent auch nicht bearbeiten. Daher landete er in unserer Studie auf dem letzten Platz, obwohl der Bot relativ intelligent scheint und manche Suchanfrage handhaben konnte, die Alexas, Siris und Nows Fähigkeiten überstieg.

6.4.9   Conversational Commerce und AI in der GAFA-Plattform-Ökonomie[3]

Ziel der sogenannten GAFA-Ökonomie (Google, Amazon, Facebook, Apple) ist es, das Ökosystem der Konsumenten bestmöglich zu kennen und dementsprechend auch bedienen zu können. Wer diese Aufgabe am besten bewältigt, kann seine eigenen Produkte auch am besten beim Verbraucher platzieren. Nicht umsonst entwickelt die GAFA-Welt Systeme, um den Zugang zum Konsumenten zu monopolisieren. Diese neue Form der Marktausschöpfung bringt das Risiko des Missbrauchs von Marktmacht mit sich und kann hohe Strafen zur Folge haben, wie Google unlängst zu spüren bekam.

Wer das direkte Interface zum Kunden in Form eines Bots- oder Messaging-Systems hat, der Konsumentenpräferenzen und -verhalten über alles Lebensbereiche

---

[3]Dieser Beitrag basiert auf dem Beitrag Game Changer Artificial Intelligence Wie sich Marketing und Kommunikation verändern müssen von Peter Gentsch in Kommunikationsmanagement 4–2017.

kennt, bestimmt Informationen, Werbung und Käufe. Wählt der Konsument bei einer Google-Suche oder einer Amazon-Produktsuche noch selber aus den Trefferlisten seine Favoriten aus, reduziert sich die Bot-Empfehlung in der Regel auf ein Produkt oder eine Information. Die Bot-Souveränität ersetzt damit die aktive Evaluierung durch den Konsumenten. Dass diese Vorgehensweise höchst relevant und lukrativ ist, zeigen beispielsweise die Bemühungen von Amazon, durch den Dash-Button und das DRS-System (Dash Replenishment Service) unter dem Convenience-Deckmantel die Kontrolle über den Kunden zu gewinnen. Hier zeigt sich, wie Amazon versucht, in das Ökosystem des Verbrauchers einzudringen. Die noch manuelle Automatisierung, per Knopfdruck ein neues Waschmittel zu bestellen, ist erst der Anfang. Im nächsten Schritt steht ein sprachgesteuerter Dash Button zur Verfügung. Das System kann aber noch mehr: Ein automatisch agierendes DRS-System ermöglicht verbundenen Geräten, Produkte von Amazon automatisch zu bestellen. D. h. das System verfolgt den Verbrauch des Produktes und kennt somit den Bestand von beispielsweise Waschmittel, Zahnpasta oder Druckerpatronen. Neigt sich das Produkt dem Ende zu, wird der Bestellprozess ausgelöst (vgl. Abb. 6.12).

Eine der größten Stärken, aber auch der größte Kritikpunkt, des Alexa Ökosystems ist die integrierte und automatische AI-basierte Analyse der Kundeninteraktion. So lässt sich die digitale Datenspur des Kunden nutzen, damit seine Alexa ihn auch richtig kennen lernt. Die wird in der Cloud nicht nur die Einstellungen der DASH-Buttons gespeichert, sondern er werden auch über das Kaufverhalten und Suchanfragen Präferenzen und Bedürfnisse des Kunden abgeleitet und gespeichert. Mit Hilfe von AI lassen sich aus diesen Informationen qualitativ hochwertige Prognosen für die weitere Kundenkommunikation erstellen damit dieses Wissen in Cross-Selling-Strategien einfließen kann.

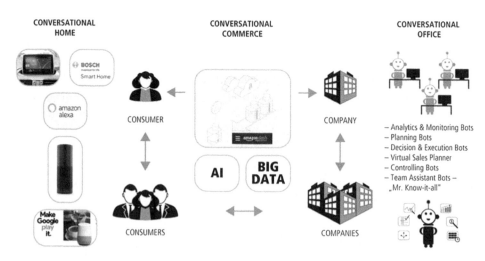

Abb. 6.12 AI, Big Data und Bot basierte Plattform von Amazon

Ebenfalls können durch Ortungsdienste standortsbezogene Daten und Dienste gesammelt und angeboten werden. Die mögliche Anzahl der aufzuzeichnenden Datenpunkte, die mit dem Kundenverhalten korreliert werden können, erscheint durch die vielfältigen Nutzungen und breit gestreuten Themenanlässe im Amazon-Ökosystem schier unendlich.

Doch nicht nur die text- bzw. datenbasierte Analyse des Kundenverhaltens ist relevant. Bedingt durch die massiven Fortschritte im Natural Language Processing (NLP), also der digitalen Sprachverarbeitung, kann sowohl die Sachebene der Kundenaussage analysiert als auch die aktuelle Stimmung des Kunden ermittelt werden. Das ermöglicht eine Emotionalisierung der Bot-Kunden-Beziehung durch trainiertes empathisches Verhalten des Bots, die der zwischenmenschlichen Kommunikation nahe kommt.

Für Unternehmen ergeben sich mit der tiefen Verzahnung in die Alltagswelt des Kunden einzigartige Möglichkeiten der Datengewinnung und -analyse. Durch die Zentralisierung und Monopolisierung der Kundenschnittstelle können Unternehmen den Konsumenten auf Basis umfassender Präferenz- und Verhaltensprofile in seiner „Commerce Bubble" binden.

Eine Konsequenz dieser Entwicklung könnte sein, dass die emotionale Markenbindung an Relevanz verliert und es zu einer Versachlichung des Marketings kommt. Denn Kaufentscheidungsprozesse werden nun rationaler als bislang getroffen. Durch die Entwicklung von Smart Homes bzw. Smart Products kommt es zu rational vorbereiteten Kaufentscheidungen – Bots repräsentieren nun immer mehr den Menschen. Der Kühlschrank „entscheidet", wann eine Milch nachgekauft wird. Ein digitaler Vertreter des Kunden ist logischerweise immun gegen emotionale und empathische Werbung, die dadurch ihren Sinn verliert. Der ideelle Wert der Marke ist für den Kunden-Bot irrelevant, der im optimalen Fall durch die digitale Signatur des Kunden objektiv als dessen Stellvertreter im E-Commerce agiert. So wird der Zugang der Unternehmen und Kunden zur Plattform wichtiger als die Marke selbst. Ob der Bot auch immun gegen die Interessen des Anbieters (seines Herrn und Gebieters) ist, darf und sollte von den Kunden natürlich kritisch hinterfragt werden.

Datenbasiertes Marketing (Intent-based Marketing) nimmt fortlaufend zu. Schon jetzt sammeln Marketingabteilungen massenhaft verhaltensbasierte Daten. Wenn Alexa, Siri und Google Assistant Einzug in die Wohnzimmer erhalten, ist der Vergleich mit einem trojanischen Pferd nicht abwegig. Wenn Anbieter z. B. „hautnah" mitbekommen, dass geheiratet wurde, ist womöglich auch bald Nachwuchs geplant. Diese Informationen können Gold wert sein. Es bleibt abzuwarten, wie die Vorzüge durch mehr Convenience in Einklang mit der Gefahr des Marktmissbrauchs monopolartiger Commerce-Ökosysteme gebracht werden können. Dass der Verbraucher gegenüber neuen Convenience-Technologien aufgeschlossen ist, zeigt der Trend zu Voice-basierten Interaktionen. In diesem Jahr erfolgte jede fünfte Anfrage bei Google über die Stimme. Für das Jahr 2020 wird eine 50-prozentige Quote prognostiziert. In zehn Jahren erfolgen vermutlich rund 75 % der Google-Anfragen über Voice.

Während die derzeitige Kommunikation noch zwischen Konsument und Unternehmens-Bot abläuft, wird es in den kommenden Jahren eine verstärkte Kommunikation des Konsumenten-Bot mit dem Unternehmens-Bot geben. Daher müssen Marketingaktivitäten auf die Bot-Kanäle adaptiert werden. Auch bei SEO bzw. SEM wird ein Umdenken stattfinden müssen. Die sogenannte „Bot Engine Optimization", kurz BEO, verwandelt den Leitsatz „Rule the first page on google" zu „Rule the first bot answer". Der Fokus liegt auf personalisierten One-to-One-Kampagnen von Bot zu Kunde.

Natürlich haben Unternehmen schon immer im Rahmen des Database Marketing und analytischen CRM Daten über Konsumenten analysiert, um Produkte und Kommunikation auf Zielgruppen auszurichten, um so möglichst profitabel zu sein. Nur treffen sich Unternehmen und Konsumenten zunehmend nicht mehr auf klassischen Märkten, sondern der Anbieter internalisiert in gewisser Weise den Markt. Amazon ist schon lang kein Händler von Produkten mehr, sondern ein smartes Ökosystem, das intelligent Daten erfasst, analysiert und nutzt, um so den Konsumenten in der eigenen Commerce Bubble zu halten.

6.4.10 Bots im Rahmen des CRM von Unternehmen[4]

Wenn zunehmend Bots in Unternehmen eingesetzt werden, wird sich auch das CRM zunehmend zu einem „BRM – Bot Relationship Management" entwickeln. Der Bot lernt mit jedem Kundenkontakt mehr über die Bedürfnisse und Präferenzen des Kunden. Er funktioniert als vollständig automatisierter, smarter Kundenberater, der die Wünsche des Klienten wie ein guter Freund erkennen und unmittelbar erfüllen kann. Vollkommen personalisiertes Up- und Cross-Selling steigern Kundenzufriedenheit und Kauffrequenz. Mithilfe dieser persönlichen Assistenten bekommt das CRM-System jedes Unternehmens vollkommen autonom eine bisher unerreichte Effizienz und bestmögliche Kundennähe.

Die Suche nach einem passenden und günstigen Flug kann langwierig sein. Was ist, wenn man einfach einen Bot nach dem günstigsten Flug fragen kann? So hat Lufthansa mit seinem hilfsbereiten Avatar „Mildred" (mildred.lh.com) direkt die Zeichen der Zeit erkannt und einen Best-Preis-Such-Bot Ende 2016 zunächst als noch lernende Beta-Version veröffentlicht. In einem sympathischen Gespräch mit Mildred kann man sich wahlweise in Deutsch oder Englisch nach den günstigsten Flügen innerhalb der nächsten 12 Monate erkundigen und direkt buchen.

Zugegeben, die sprachlichen Anforderungen sind nicht besonders hoch, da das Gespräch keine überraschenden Wendungen nehmen dürfte. Natürlich kann man den Suchzeitraum weiter eingrenzen und die Buchungsklasse spezifizieren, wenn gewünscht,

---

[4]Dieses Kapitel basiert auf dem Beitrag (Chat)bots meet AI – wie Conversational Customer Service die Kommunikation und Interaktion verändert, von Peter Gentsch in: Chatbots & AI im Customer Service, Hrsg: Harald Henn, 2018.

aber der Inhalt des Gesprächs ist weitestgehend gleich, was Mildred nicht weniger nützlich macht. Sie ist an verschiedene Datenbanken gekoppelt, darunter „Lufthansa Nearest
Neighbour" zur Flughafensuche bei Stadtnamen oder Drei-Buchstaben Codes. Mithilfe
der Schnittstelle zu „Google's Geolocating" ist Mildred sogar in der Lage Sehenswürdig-
keiten Flughäfen zuzuordnen. Eine Anfrage, beispielsweise zum Eiffelturm, wird in das
Flugziel Paris übersetzt.

Auf Grundlage dieser Daten erfragt Mildred bei der Lufthansa Datenbank „Best
Price" den günstigsten Preis für die gesuchte Verbindung, welche dann über einen Link
buchbar ist (vgl. Abb. 6.13).

Den klassischen Inbound-Touchpoint-Bot im Kundenservice stellt der Dienstleister für
digitales Fernsehen Freenet TV. Rund um die Uhr berät er u. a. bei Empfangs- und Ver-
bindungsproblemen und kann so schnell erste Hilfestellungen geben. Im Gegensatz zu
Mildred schreibt der Kunde nicht, sondern klickt auf vorprogrammierte Antwortauswahlen
und wird Schritt für Schritt durch eine erste Problemdiagnose und -behebung geleitet.
Häufig werden Video-Anleitungen mitgepostet, was den Service als ersten Anlaufpunkt
recht nützlich macht. Da technische Probleme jedoch schnell sehr komplex werden können, stößt der Bot nach einigen Fragen an seine Grenzen und leitet auf Anfrage an den
klassischen Kundenservice weiter (https://www.messenger.com/t/freenetTV).

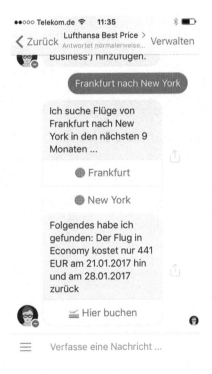

Abb. 6.13   LH Best Price Bot Mildred

Best Practice KLM

Der Bot der niederländischen Airline KLM bietet echten Kundenservice. Der Kunde kann seinen Sitzplatz ändern, kann seinen Check-in über den Facebook Messenger vornehmen und erhält laufend Informationen zu seinem Flug. So kommt keine Hektik auf, wenn der Flieger einige Minuten Verspätung hat und der Fluggast sich vielleicht noch in der Sicherheitsabfertigung befindet. Einmal aktiviert, benachrichtigt der Bot den Kunden proaktiv, wenn sich der Abflug verzögert. Der Kunde kann rund um die Uhr alle Fragen an den Bot richten – was die Maschine nicht selbst beantworten oder erledigen kann, wird ins Service-Center weitergeroutet und von dort beantwortet (Abb. 6.14).

Im Gegensatz zu den meisten Bot-Anwendungen verfügt der KLM-Bot über eine Anbindung an das CRM des Service-Center und ist damit in der Lage, Service-Fälle, die die Maschine nicht bearbeiten kann, zu eskalieren.

„Spooky Bots" – Personalisierte Dialoge mit Toten

2016 kam es zu einer wirklich ungewöhnlichen Entwicklung eines Chat-Bots: Ein Erinnerungs-Bot für einen verstorbenen Freund. Eugene Kuyna, eine russisch stämmige Bot-Entwicklerin aus dem Silicon Valley, kam auf die Idee, nachdem sie die Schreckensnachricht des verunfallten Roman Mazurenko erhielt. All ihren ethischen Bedenken zum Trotz, sammelte sie tausende Zeilen Chat bei weiteren Angehörigen und fütterte damit ein neuronales Netzwerk; sie ging also ähnlich vor, wie Amazon Alexa oder Apple Siri entwickelt hat.

Abb. 6.14 Best Practice Bot von KLM

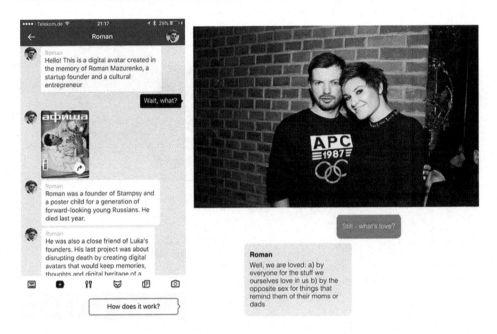

Abb. 6.15 Bot der Mazurenko's tödlich verunglückten Freund sprechen lässt

Die Ergebnisse sind faszinierend und erschreckend zugleich. Viele Freunde Mazurenko's, die sich mit dem Bot unterhielten, waren erstaunt über den einzigartigen Ausdruck Mazurenko's, den sein Bot an vielen Stellen perfekt imitierte. Selbst sein Humor kommt häufig zum Vorschein. Beispielsweise schrieb ihm ein Freund: „Du bist ein Genie!" und der Bot antwortete schlagfertig, wie Mazurenko selbst: „Und gut aussehend!" (vgl. Abb. 6.15)

Kuyna sammelte einige Log-Files der Chats, um sich ein Bild über das Ergebnis machen zu können. Sie stellte fest, dass der Bot mehr zuhörte als erzählte. Für viele Angehörigen war der Nutzen des Bots ein sehr therapeutischer. So konnten sie ihm noch Dinge sagen, die sie schon immer sagen wollten. Viele haben sich so doch noch – wenn auch nur virtuell – von ihm verabschieden können, was ohne digitalen Avatar nicht möglich gewesen wäre. Doch kann sich der Effekt auch ins Gegenteil wenden und die Trauerphase der Angehörigen verdrängt und verlängert werden.

Das ungewöhnliche und betreffende Beispiel zeigt hautnah die Möglichkeiten, die jedem in unserer heutigen Zeit mit dieser Technologie offen stehen. Das gesellschaftliche Abwägen von Kosten und Nutzen ist mindestens ebenso wichtig, wie die fortwährende Weiterentwicklung der Technologie. Wir leben in einer Zeit, in der sich jeder individuell und die Gesellschaft als Ganzes Gedanken zu einem verantwortungsvollen Gebrauch der neuen Technologien machen muss, um einen sinnvollen und gewinnbringenden Einsatz zu gewährleisten. So viele Vorteile die KI auch mit sich bringt, wie jede Technologie gehen mit ihr gewisse Risiken einher, die es zu identifizieren und vermeiden gilt.

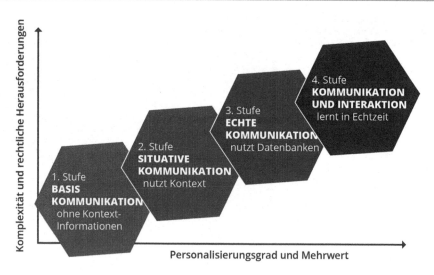

Abb. 6.16   Reifegrade von Bot- und KI-Systemen

6.4.11 Reifegrade und Beispiele von Bots und KI-Systemen[5]

Reifegrad-Modell

Die Realisierungsmöglichkeiten von Bots sind so vielfältig wie die Bedürfnisse des Buisness und seiner Kunden. Zur besseren Übersicht lassen sich vier Reifegrade von Chat-Bots unterscheiden (vgl. Abb. 6.16):

Die erste und unterste Stufe stellen Chat-Bots ohne jeglichen Zugang zu weiteren Daten dar. Viele Bots, die bisher im Customer Service etabliert sind, lassen sich auf dieser Stufe einordnen. Sie stellen eine Basis-Kommunikation sicher, holen den Kunden beim Auftreten der ersten Frage ab, kommen jedoch schnell an ihre Grenzen und leiten dann den Kunden zum nächsten Touchpoint weiter.

Auf der zweiten Stufe kommt es bereits zur Nutzung von Kontext-Informationen des Konsumenten. Der Bot merkt sich für die Dauer der Interaktion beispielsweise den Aufenthaltsort des Kunden oder die angesehenen Produkte im Shop und kann darauf aufbauend Empfehlungen aussprechen. Es ist eine stark situative Kommunikation, die für die Customer Journey viel Potenzial bietet, auf eine starke Kundenbindung und empathisches Auftreten des Systems jedoch nicht ausgerichtet ist.

Die nächste und dritte Stufe stellt ein Bot dar, der zusätzlich Zugang zu historischen Kontextinformationen hat. Es ist die erste Stufe mit echter Kommunikation zwischen Unternehmen und Kunde. Im Gedächtnis des Bots, einer internen Datenbank, sind neben

---

[5]Dieses Unterkapitel basiert auf dem Beitrag (Chat)bots meet AI – wie Conversational Customer Service die Kommunikation und Interaktion verändert, von Peter Gentsch in: Chatbots & AI im Customer Service, Hrsg: Harald Henn, 2018.

bisher gekauften Produkten auch alle Bewertungen, Beschwerden und Probleme des Kunden gespeichert und können entsprechend genutzt werden.

Eine umfassende Personalisierung ist mit der vierten Stufe erreicht. Sie sind an das CRM-System des Unternehmens gekoppelt und ergänzen es während der Kundeninteraktion in Echtzeit. Digitale Butler wie Alexa lassen sich hier einstufen. Sie lernen ihren Kunden kennen und handeln als digitale Entität im Namen des Kunden, um beispielsweise eine Bestellung zu tätigen. Es ist nicht nur ein Kommunikationssystem, sondern es kommt zur tatsächlichen Interaktion mit dem Kunden.

Mit steigendem Reifegrad wächst nicht nur die Komplexität und der Mehrwert des Bots, sondern auch die rechtlichen Herausforderungen. Insbesondere datenschutzrechtliche Implikationen der Anwendung müssen bei der Realisierung bedacht und abgewägt werden, da das Sammeln von Kundendaten nicht unproblematisch sein kann. Auch hier kommt es auf die Skalierung an.

Das Nutzen von Surf-Kontextinformationen, beispielsweise mit Hilfe von Cookies, ist selbst in Deutschland in der Regel unproblematisch. Im Gegensatz dazu stehen persönliche Butler-Systeme, wie Amazon's Alexa, öffentlich in der Kritik zu viel Nutzerinformationen zu sammeln und auszuwerten. Datenschützer kritisieren diesbezüglich das System in allen Leitmedien, was die Vermarktung des Produkts zu einer Herausforderung machen kann. Ebenfalls sinkt die Neigung des Kunden das System zu nutzen. Im schlimmsten Fall kann das Vertrauen in die Marke erschüttert und eine negative Abwärtsspirale der Kundenbewertung in Gang gesetzt werden. Enhancement-Effekte und mögliche Folgen müssen sorgsam mit dem Benefit abgewogen werden.

Dadurch, dass mit einem persönlichen digitalen Assistenten keine Apps mehr gesucht, heruntergeladen, installiert und konfiguriert werden müssen, kann die Zeit zwischen Anfrage und Antwort reduziert werden, was die Convenience für den Nutzer steigert. Die Anpassungsfähigkeit des Personal Butler vergrößert sich, wenn der Diener zunehmend personalisiert wird und ein Bewusstsein für Zusammenhänge entwickelt. Bei der Anwendung von Apps muss sich der Nutzer an die App anpassen. Von einem Personal Butler kann man stattdessen erwarten, dass er sich an den Nutzer anpasst, so wie wir es in der zwischenmenschlichen Interaktion gewöhnt sind. So würden unsere Freunde uns nicht mit dringenden Textmitteilungen bombardieren, wenn sie wüssten, dass wir gerade Auto fahren, sondern abwarten, bis wir erreichbar sind. Es ist dabei essenziell, dass Nutzer angeben können, wann sie keine Informationen von den digitalen Assistenten wünschen, oder dass sie die Informationen erwarten, wenn verschiedene Rahmenbedingungen erfüllt sind. Eine solche Rahmenbedingung könnte zum Beispiel sein, dass der Nutzer zu Hause angekommen ist, was durch GPS automatisch vom Butler ermittelt werden könnte.

Eine andere wichtige Personalisierungsanforderung ist, dass sich die Bots an die Stimmungslage und den aktuellen Zusammenhang des Nutzers anpassen kann. So kann der Anwender müde sein oder er ist bei einem Abendessen mit Freunden. In beiden Fällen ist er vielleicht nicht daran interessiert, jede Option mit dem persönlichen Assistenten durchzugehen. Stattdessen könnte der Algorithmus automatisch Entscheidungen nach dem besten Ermessen ohne ständige Rückkopplung zum Benutzer treffen. Wenn der Algorithmus über diese Umstände Bescheid weiß, können sich auch seine Reaktionen empathischer und zugänglicher anfühlen. Mit anderen Worten, so wie andere Menschen sich an unseren Zustand anpassen, sollten das auch die technischen Hilfsgeräte tun, die wir benutzen.

Potenzielles Problem im Zusammenhang mit dem Aufkommen von digitalen persönlichen Assistenten ist das Filtern der Inhalte, das eventuell den Zugang zu freien Informationen beschränken könnte. Falls Facebook das neue Internet wird, stellt sich die Frage, in welchem Interesse es agiert? Für manche Nutzer wird die mangelnde Privatsphäre beim Nutzen von Personal Butlern ein Problem darstellen. Letztendlich sehen und wissen die persönlichen Assistenten alles über den Nutzer. Die Daten werden nicht nur einzeln ausgewertet, sondern auch verknüpft, was noch tiefere Einblicke in die Persönlichkeit und das Leben der Nutzer geben kann. Auf der anderen Seite tendieren Verbraucher dazu, viel für ihre Bequemlichkeit aufzugeben.

Die Vorteile liegen auf der Hand: Der Kunde wird trotz nur minimaler Störung seines Alltags umfassend und effizient mit Informationen und Produkten versorgt und zum Konsum angeregt. Er wird mitten in seinem Privatleben abgeholt. Die Kommunikation mit Unternehmen fließt unmittelbar in seine Alltagsabläufe mit ein, sodass auf einem bislang nicht erreichten Niveau die Potenziale für eine optimale Kundenbindung erschlossen werden können. War es früher nötig verschiedene Apps und Websites für einzelne Transaktionen, wie Produktwahl, Kauf, Service- und Supportanfragen zu nutzen, werden nun alle Inbound und Outbound Kundeninteraktionen auf einer Oberfläche in einer durchgängigen Transaktion erfolgen können.

6.4.12 Bots – quo vadis?

Die nächsten Generationen von Bots werden sicherlich im Sinne der AI wirklich intelligenter. Diese Intelligenz hat zwei Facetten. Zum einen kann sie im positiven Sinne die User Experience durch hohe Antwort- und Kommunikationsqualität erhöhen. Zum anderen kann diese Intelligenz auch manipulativ genutzt werden. Damit entsteht eine Art Wettrüsten: Wer kann die AI schneller und besser für seine Zwecke nutzen?

Die Bot-Entwicklungen von Cortana, Alexa, Google Home/Assistant, VIV etc. werden die Bot-Entwicklung weiter befeuern und voranbringen. Dabei steht nicht die viel diskutierte Sprachsteuerung als Interface im Vordergrund, sondern die zunehmende Lernfähigkeit und Intelligenz der Systeme.

Ein weiterer Bot-Trend liegt in der intelligenten Vernetzung und Verstärkung von verteilten und interagierenden Bots. Swarm Bots, Bot-Farmen und Bot-Netzwerke werden die komplementären und synergetischen Effekte von Bots multiplizieren. Bots werden gegenseitig aufeinander referenzieren und so den gewünschten Diskurs verstärken und teilen – im positiven wie im negativen Sinne.

Bots – Heilsbringer für Unternehmen oder Konsumenten?

Ein wichtiger Vorteil eines Bots ist, dass er nicht nur ereignisgesteuert aktiv ist – er ist sozusagen in einem Continuous Mode. Konsumenten sind für einen bestimmten Zweck ins Internet gegangen oder haben eine App geöffnet. Der Bot, der nun wirklich „always on" ist, kann permanent im Sinne des Konsumenten agieren: Bereitstellen von passenden Informationen, Aufzeigen von günstigen Produktangeboten, Alerting von möglichen Problemen. Ein entsprechend smarter Bot könnte dann auch gleich die richtigen Antworten geben und Transaktionen ausführen.

Während die permanent ansteigenden Whatsapp-, Facebook- und LinkedIn-Nachrichten unseren Tagesablauf zunehmend prägen bzw. durch ihre Unwiderstehlichkeit auch stören, würden uns diese smarten, autonomen Bots wieder mehr Freiheit bescheren, indem sie die Informationsflut filtern und entsprechend beantworten. Bots wie x.ai können heute schon mit hoher Qualität Terminkalender und terminbezogene E-Mails entsprechend managen.

Internet, Big Data und AI haben zum einen zur gestiegenen Komplexität beigetragen. Diese Technologie umgesetzt in Bots hilft gleichermaßen mit der gestiegenen Informations- und Kanalkomplexität besser umzugehen. Spannend wird die Frage sein, inwieweit die Informations- und Entscheidungsautonomie der Konsumenten durch Bots und Assistenten zunehmen wird.

Der Bot eines Konsumenten, als digitaler Repräsentant seiner Interessen, sollte im Sinne der Konsumenten-Souveränität nicht allein Teil eines proprietären Ökosystems sein, das den Konsumenten in seiner jeweiligen Filter-Bubble einlullt. Vielmehr muss es ein eigener Bot sein, der souverän mit anderen Unternehmen – bzw. deren Bots – interagiert. Wir werden uns damit in Zukunft nicht nur mit Bot-to-Bot-Kommunikation, sondern insbesondere mit einer C-Bot-to-B-Bot-Kommunikation beschäftigen müssen.

Auf der anderen Seite werden Unternehmens-Bots neben der heutig dominierenden Service-Funktion zunehmend proaktiv nach den relevanten Micro Moments von Konsumenten schauen: I want to buy, I want to know, I want to go, I want to do… Diese können dann automatisch durch entsprechende Angebote befriedigt werden. Dabei können diese Moments natürlich auch durch die jeweiligen Konsumenten-Bots und nicht vom Konsumenten persönlich getriggert sein.

In letzter Konsequenz würde das bedeuten, dass sich auf den Marktplätzen von morgen nur noch Bots begegnen, die entsprechend von Konsumenten und Unternehmen gefüttert worden sind. Sicherlich mag das etwas futuristisch erscheinen. Schaut man sich allerdings heutige Realtime-Bidding- und Finanz-Trading-Systeme an, erscheint dieses Szenario gar nicht mehr so weit. Jedenfalls bei Weitem nicht so weit, wie die fantasiegeladenen Science-Fiction-Szenarien, in denen die AI die Herrschaft über die Menschheit übernimmt.

6.4.13 Einsatzgebiete im E-Commerce

Chatbots können an verschiedenen Stellen im E-Commerce eingesetzt werden, etwa um Anliegen vorab zu qualifizieren, Leads mit Informationen zu versorgen (Nurturing) oder im Service automatisiert Auskunft zu geben.

Chatbots werden derzeit primär als Inbound-Touchpoint eingesetzt, um Fragen von Konsumenten zu Produkt, Unternehmen und Kampagnen zu beantworten. Zunehmend entstehen auch Outbound-Szenarien, bei dem Chatbots nach definierten Regeln und Events aktiv mit dem Kunden kommunizieren (Drip Communication durch Nurture Bots). Einen Schritt weiter gehen Engagement-Bots, die aktiv als Markt- und Marken-botschafter mit den Usern interagieren. Bekanntestes Beispiel ist hier der Chatbot Tay von Microsoft. Dieser wurde von der Community leider entsprechend negativ trainiert, sodass er rechtsradikale und sexistische Beiträge postete. Innerhalb eines Tages hat Microsoft Tay entschuldigend aus dem Netz genommen.

Um möglichst automatisiert Customer Insights über Befragung zu erhalten, können auch sogenannte Poll Bots zum Einsatz kommen.

6.5   Trends, die den Conversational Commerce begünstigen

Der Conversational Commerce wird hauptsächlich von den großen Internetunter-nehmen vorangetrieben, die einen Messenger und/oder Chatbots betreiben, wie Facebook, WhatsApp, Telegram, Slack, Apple und Microsoft. Der Fortschritt im Conver-sational Commerce wird dabei in erster Linie von zwei Entwicklungen geleitet: Einem Kommunikationstrend und dem Aufschwung der Künstlichen Intelligenz.

Ersteres ist an der Popularität der Messaging-Dienste zu erkennen, deren Nutzung explosionsartig zunimmt. Apps und Dienste, die zur Kommunikation mit Freunden und Bekannten dienen, haben sich – anders als die meisten anderen Apps – etabliert. Da der Anteil an Mobil Natives (Nutzer, die mit mobilen digitalen Diensten aufgewachsen sind) stetig zunimmt, wird die Nutzung von Messaging-Diensten vermutlich weiterhin zunehmen. Aufgrund der großen Anzahl an Menschen, die Messaging Apps nutzen, ist es der nächste logische Schritt für Unternehmen, ihre Dienste dort anzubieten. Anstelle die Kunden zu überzeugen, eine neue App zu installieren, holen die Unternehmen ihre Kun-den dort ab, wo sie bereits zu finden sind, da das Chatten schon in den Alltag integriert ist.

Auch die Entwicklung im Bereich der AI macht die Existenz und Weiterentwicklung von Conversational Commerce möglich, zum Beispiel hinsichtlich der Leistung der Spracherfassung, die jährlich um 20 % zunimmt. Heutzutage ist es bereits möglich, 90 + Prozent der gesprochenen und getippten Sprache zu erfassen, dank der Verarbeitung natürlicher Sprache, auch Natural Language Processing genannt.

Abgesehen von den erläuterten zwei wesentlichen Kriterien für das Wachstum des Conversational Commerce gibt es weitere Trends, die dessen Fortschritt begünstigen. Ein Beispiel ist die sogenannte Quantified-Self-Bewegung, welche auch als Lifelogging bezeichnet wird. Sie bezeichnet Menschen, die personenbezogene Daten über den Tag aufzeichnen und analysieren, wie etwa konsumiertes Essen, Luftqualität, Gemütszustand, Blutsauerstoffwerte sowie die mentale und physische Leistung. Teilweise ermöglichen Wearables, also am Körper tragbare Geräte, das Aufzeichnen dieser Werte, zum Beispiel durch im Stoff der Kleidung verarbeitete Elektronik und Sensoren. Zusammen mit den Fortschritten im Feld der Data Science hat dieser Trend das Potenzial, die Kundeninteraktionen im Conversational Commerce zu personalisieren sowie die Bedürfnisse des Konsumenten vorherzusehen.

Essenziell für den Vollzug von gesamten Kaufprozessen im Rahmen des Conversational Commerce ist die Integration von nahtlosen Zahlungstechnologien. Diese sind für Drittanbieter auf einschlägigen Messaging-Plattformen in immer größerem Ausmaß durch APIs verfügbar.

6.6 Beispiele von Conversational Commerce

Die wohl älteste Implementierung von Conversational Commerce hat durch WeChat stattgefunden, ein mobiler plattformübergreifender Messaging-Service aus China, der 2011 von der Holdinggesellschaft Tencent ins Leben gerufen wurde. Über WeChat können mit Freunden und Bekannten kommuniziert sowie Services von unzähligen Unternehmen genutzt werden. Man kann unter anderem Taxis rufen, Essen bestellen, Kinokarten kaufen, Arzttermine buchen, Rechnungen bezahlen und das tägliche Fitnessprogramm aufzeichnen. WeChat ist eine chatbasierte Oberfläche mit vielen zusätzlichen Features, wie mobilem Zahlen, chatbasierten Transaktionen, Medien und interaktiven Widgets.

Durch ein leistungsfähiges API ist es für die unterschiedlichsten Unternehmen möglich, sich mit ihren Kunden „anzufreunden". Mehr als zehn Millionen Unternehmen sind der Chat-Plattform angeschlossen, und die Popularität unter Kleinunternehmen steigt. Im Gegensatz zu den USA und Europa, wo bisher Services meist in spezifischen Apps angeboten werden, hat man in China schon viel früher auf das Vereinen von Messaging und Konsum gesetzt. Inzwischen ist WeChat einer der größten alleinstehenden Messaging Apps im Hinblick auf die Zahl der aktiven Nutzer: Im zweiten Quartal in 2016 wurden 806 Mio. aktive Anwender registriert (China Internet Watch 2016). Anstatt wie in den USA und Europa bestehende Infrastrukturen zu ändern, kann man in China viele Märkte erstmals durch mobile Applikationen und Bezahlsysteme erschließen, so Brian Buchwald, Geschäftsführer der Consumer Intelligence Firma Bomoda (Quoc 2016).

Facebook hat 2016 anderen Unternehmen die Türen zum hauseigenen Messenger geöffnet, indem sie eine komplette Chatbot API in die Plattform integriert haben. Mark Zuckerberg begründete die Entscheidung folgendermaßen: „Ich kenne niemanden, der es mag, ein Unternehmen anzurufen. Und niemand möchte eine neue App für jedes Geschäft oder jeden Service installieren. Wir finden, dass es jedem ermöglicht werden sollte, einem Unternehmen zu schreiben, in gleicher Weise wie man einem Freund schreiben würde" (Quoc 2016). Eine Übersicht der unterschiedlichen Chatbots, die schon im Umlauf sind, ist auf der Webseite botlist.co erhältlich. Ein oft genanntes Beispiel aus den USA ist die Integration des Taxidienstes Uber in den Messenger. Durch einen Klick auf die im Messenger versandte Adresse öffnet sich ein Menü, das unter anderem die Option „Request a ride" vorschlägt. Falls es verfügbare Fahrer gibt, kann das Taxi im nächsten Schritt über einen Klick bestellt werden. Die Fahrt wird dabei automatisch über eine Kreditkarte verrechnet, die im Vorhinein für alle Services konfiguriert wurde. Die Benutzeroberfläche des Facebook Messenger API ermöglicht auch das Einbinden von Karten, Produktfotos und anderen interaktiven Elementen in die Chatkonversation (Abb. 6.17).

Der Facebook Messenger hat kürzlich Konkurrenz von Google Allo bekommen, einer laut Hersteller „smarten Messaging App", die den Google-Assistenten integriert. So kann das Chatten mit Freunden vereinfacht werden, wie etwa durch vom Bot vorhergesehene Antwortmöglichkeiten, die von den Nutzern per Klick ausgewählt werden können. Der Google-Assistent kann in der Konversation durch Adressieren von @google zu Hilfe geholt werden, um beispielsweise Videos zu finden, Anfahrtsbeschreibungen zu erhalten und Informationen abzufragen. Man kann auch eine direkte Konversation mit dem Google-Assistenten eröffnen und Hilfestellungen für diverse Anfragen erhalten.

Auch Echo, der persönliche Assistent von Amazon, ist ein Beispiel des Conversational Commerce. Abgesehen von Hilfestellungen im Zuhause, wie dem Abspielen von Musik oder dem Abfragen von Rezeptzutaten, kann das Gerät auch genutzt werden, um auf den vollständigen Amazon-Warenkatalog zuzugreifen und Produkte zu erwerben.

Uber Fahrten können über den Facebook Messenger Bot von Uber gebucht werden.

Anfrage sogar ohne Smartphone möglich, beispielsweise via Apple Watch, Pebble Smartwatch oder Microsoft Band 2 Fitness Tracker. Auch die Sprachsteuerung über Alexa/Amazon Echo wurde ins System integriert.

Durch die Implementierung in den Facebook Messenger kann sich der Uber Chatbot an geeigneter Stelle in normale Chats einklinken und direkt die Möglichkeit zur Anfrage einer Uber Fahrt bereitstellen.

Abb. 6.17 Conversational Commerce bei Uber. (Uber; Quelle: Newsroom.fb.com 2015)

Auf einfache Art und Weise können so häufig genutzte Waren in Konversation mit dem eingebauten Bot Alexa nachbestellt werden. Echo ist darüber hinaus über die Entwicklerplattform Alexa Skills an die Dienste anderer Unternehmen angeschlossen. Dies ermöglicht, den Kontostand abzurufen und mit einem einfachen Kommando Abendessen zu bestellen.

Andere Plattformen, die Kundeninteraktionen in Echtzeit über Bots für eine weite Spanne von Unternehmen ermöglichen, sind Operator, Slack, Snapchat Discover und Snapcash, AppleTV und Siri, Magic, AIk Bots und Telegram (Quoc 2016).

6.7   Herausforderungen für den Conversational Commerce

Alle Chatbots funktionieren auf ähnliche Art und Weise, sie beruhen auf dem Abgleich von Mustern im Text und reagieren auf bestimmte Stichwörter. Doch vor welchen Herausforderungen stehen die zurzeit aktiven Chatbots, und warum ist der Conversational Commerce noch nicht üblicher?

Ein Grund scheint zu sein, dass die Integration von AI noch nicht weitgehend verwirklicht worden ist. So kritisiert der Autor eines Artikels in der Zeitschrift c't, dass es derzeit noch keinen Bot gibt, der die Interessen und Vorlieben der Anwender erlernen und proaktiv tätig werden kann, ohne vom Anwender getriggert zu werden (Bager 2016). In einem Beitrag in der Zeitschrift Absatzwirtschaft beschreibt der Verfasser, dass die Integration von AI in Bots noch hinterherhinke (Strauß 2016).

Über das Beobachten der Entscheidungen und Aktivitäten könnten die Bots den Nutzer besser kennenlernen. Eine andere Herausforderung sieht der Autor in der Anpassungsfähigkeit des Bots; das Programm sollte in der Lage sein, die eigenen Einstellungen äußeren Einflüssen anzupassen. Ein anderer Anspruch an Bots ist, dass sie vorausschauend agieren und Abläufe auf eigene Initiative hin starten, wie zum Beispiel den Benutzer zu erinnern, Kaffee zu kaufen. Auch sozial sollen die Bots werden, sodass sie untereinander eine Art „soziales Leben" entwickeln und miteinander kommunizieren können. Fraglich ist jedoch, ob dies die Gründe dafür sind, dass der Conversational Commerce noch nicht weiter verbreitet ist, nicht zuletzt in Deutschland. Technisch ist die Lernfähigkeit, Anpassungsfähigkeit und Vorausschaubarkeit von Chatbots durchaus realisierbar.

So gibt es für Entwickler eine große Zahl von Bibliotheken, um die Lernfähigkeit und Vorausschaubarkeit der Chatbots zu integrieren.

6.8   Vor- und Nachteile des Conversational Commerce

Selbstverständlich bringt die Anwendung von Chatbots im Conversational Commerce viele Vorteile nicht nur für Konsumenten, sondern auch für die Unternehmen mit sich. Die menschenähnlichen Konversationen, der bessere und schnellere Service sowie die Präsenz der Marke können zu einer engeren Kundenbindung führen. Viele Konsumenten schätzen die speziell auf sie zugeschnittenen Dienste. Durch die verbesserten Dienstleistungen steigt letztendlich die Zufriedenheit beim Kunden. Auch der Ruf und die Bekanntheit der Marke oder des Unternehmens können gesteigert werden. Außerdem erhalten Unternehmen mehr Einblick in die Wünsche und Bedürfnisse ihrer Kunden sowie in den Kaufprozess und -kontext.

Es darf jedoch nicht vergessen werden, dass der Conversational Commerce auch Nachteile oder potenzielle Probleme mit sich bringen kann. Ein Beispiel sind Bedenken der Konsumenten hinsichtlich Datenschutz und Privatsphäre. Chatverläufe an Firmen zu übertragen, ist mit dem deutschen Recht nicht vereinbar. Auch könnte sich die Wahrscheinlichkeit für Datenmissbrauch erhöhen, da sich Kriminelle Zugang zu Zahlungsdaten und weiteren Informationen verschaffen könnten. Unklar ist bisher auch, wie transparent mit der Aktivität von Robotern im Conversational Commerce umgegangen werden soll. Soll den Konsumenten mitgeteilt werden, dass sie gerade mit einem Bot chatten? Da telefonische Kundenbetreuung durch den Einsatz von Chatbots an Bedeutung verlieren wird, ist auch mit einem Stellenabbau zu rechnen. Für Firmen ist es daher wichtig, Strategien zu entwickeln, um Frustrationen bei den Angestellten zu vermeiden, beispielsweise durch das Finden neuer Arbeitsplätze innerhalb der Firma.

6.9   Roadmap zum Conversational Commerce: E-Commerce-Maturity-Modell – Plattformen-Checklisten

Der E-Commerce hat sich in den letzten Jahren aufgrund von technologischen Entwicklungen und Veränderungen des Kundenverhaltens über verschiedene Reifegrade entwickelt. Die Herausforderung für Unternehmen besteht darin, die relevanten Technologie- und Markttrends zu erkennen und entsprechend zu bewerten.

Aktuell stehen Unternehmen vor der Herausforderung, den nächsten Reifegrad – den sogenannten Conversational Commerce – zu erklimmen. Dieser Reifegrad erscheint derzeit erstrebenswert, da die aktuellen Entwicklungen die Verkaufsbranche revolutionieren können. Das bedeutet, dass diejenigen, die mit der Implementierung des Conversational Commerce langsam vorgehen, Kunden an die Konkurrenz verlieren können. Auf der anderen Seite könnten Unternehmen beispielsweise auch durch eine frühe Einbindung von Bots von der öffentlichen Aufmerksamkeit profitieren (Abb. 6.18).

Der Sprung zum Conversational Commerce stellt dabei keine graduelle, sondern eine fundamentale Weiterentwicklung des E-Commerce dar. Es geht dabei nicht nur um einen weiteren Touchpoint, der sprachgesteuert genutzt werden kann. Vielmehr geht es um ein neues Eco-System, das kunden- und situationsgetrieben automatisch Bestellprozesse auslöst und koordiniert. Intelligente Assistenten führen entweder Anweisungen der Konsumenten aus oder erkennen eigenständig Handlungsbedarfe wie Nachbestellung von Waschmitteln oder Reisebuchungen gemäß des Terminkalenders.

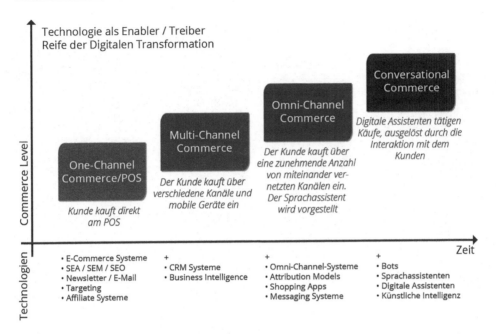

Abb. 6.18 Digitale Transformation im E-Commerce: Maturity Road to Conversational Commerce. (Gentsch 2017. In Anlehnung MÜCKE STURM & COMPANY, 2016)

Ausschlaggebend ist jedoch auch, dass der Übergang zum Conversational Commerce gut durchdacht und geplant ist. Eine Möglichkeit, dies systematisch durchzuführen, ist das im Abschn. 6.9.1 vorgestellte DM3-Modell.

6.9.1 Das DM3-Modell als systematisches Vorgehensmodell für den Conversational Commerce

Um die optimale Conversational-Commerce-Strategie und Roadmap zu ermitteln, wird auf Basis des Digital-Media-Maturity-Modells (DM3) zunächst eine digitale Standortbestimmung vorgenommen, um darauf basierend die nächsten Schritte der Transformation festzusetzen. Dabei werden die aktuellen Customer Touchpoints aufgenommen und hinsichtlich ihrer Automatisierung und Technologie-Unterstützung evaluiert (Abb. 6.19).

Hierzu werden Customer Journey Tracking und Analytics Tools eingesetzt, die den Konsumenten über verschiedene Touchpoints wie Webseiten, Display, E-Mail und Social Media vermisst und analysiert. Damit lässt sich auch analysieren, welche Touchpoints eine direkte Konvertierungsfunktion und welche eher eine Assistenzfunktion haben. Ebenso sind Rückschlüsse auf die zeitlichen Ursache-Wirkungs-Ketten möglich. Die Vielzahl an digitalen Touchpoints und Endgeräten sowie deren extrem variable Nutzung durch den Kunden lassen sich nicht mehr alleine durch Erfahrung und Bauchgefühl optimieren.

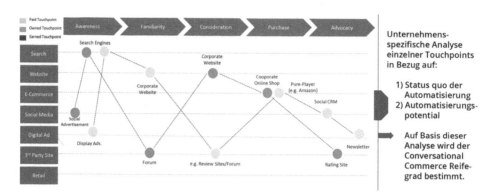

Abb. 6.19 Bestimmung des Conversational-Commerce-Reifegrads auf Basis einer integrierten Touchpoint-Analyse. (Gentsch)

Jeder Touchpoint muss sowohl für sich als auch im Zusammenspiel mit anderen Touchpoints hinsichtlich Kosten, Nutzen und Risiko analysiert werden. Nur so lässt sich die jetzige und zukünftig optimale Conversational-Commerce-Strategie ableiten. Dabei geht es in der Regel darum, den Trade-off zwischen Kosten, Nutzen und Risiko zu bewerten. So kann eine hohe Automatisierung eines Touchpoints zwar Effizienzvorteile bringen, aber auf der anderen Seite auch hohe Kosten und gegebenenfalls eine suboptimale Customer Experience hervorrufen. Ein systematischer Abgleich von Kosten, Nutzen und Risiken ist daher unabdinglich.

Dabei geht es nicht um 0/1-Entscheidungen. Vielmehr muss entschieden werden, welcher Automatisierungsgrad bei welchem Touchpoint wann Sinn macht (Abb. 6.20 und 6.21).

Abb. 6.20 Einbeziehung von Nutzen, Kosten und Risiken der Automatisierung. (Gentsch)

Abb. 6.21 Ableitung individueller Handlungsempfehlungen auf Basis der Conversational-Commerce-Analyse. (Gentsch)

6.9.2 Plattformen und Checkliste

Einen Schritt operativer stellt sich unter anderem die Plattform-Frage für den Conversational Commerce.

So sollten sich Unternehmen zunächst für die Plattform entscheiden, auf der sich ihre Kunden schon befinden. Facebook Messenger kann in vielen europäischen Ländern und den USA eine gute Wahl sein, da die Zahl der Nutzer dort sehr hoch ist. Sollte der Kundenkreis vorrangig aus Millennials (der Generation, die etwa im Zeitraum von 1980 bis 1999 geboren wurde) bestehen, könnte Snapchat besser geeignet sein. In vielen Ländern dominieren auch WhatsApp, Viber oder Line. Wenn sich die Zielgruppe vorwiegend in China befindet, ist WeChat die passendste Plattform.

Im nächsten Schritt sollte überlegt werden, ob es genug Ressourcen gibt, um einen Bot nicht nur zu kreieren, sondern auch zu unterhalten. Dies gilt sowohl in Hinsicht auf Fachkompetenz wie auch auf Personal. Falls die Expertise im Unternehmen nicht vorhanden ist, ist es ratsam, für die technische Umsetzung einen Partner heranzuziehen. Aber auch die Zeit und Kosten für die Unterhaltung des Bots auf lange Sicht sollten nicht unterschätzt werden. Denn obwohl der Bot automatisiert ist, wird Zeit gebraucht, um a) den Bot zu promoten, b) die Fälle zu prüfen, in denen der Bot nicht helfen konnte, c) die Kundenzufriedenheit zu messen und d) stetig an der Verbesserung des Bots zu arbeiten.

Ein weiterer wichtiger Punkt, der gut überlegt werden muss, ist, wie die Markenpersönlichkeit des Unternehmens über Conversational Commerce beibehalten und gefördert werden kann. Dass die Werte der Marke im Online-Chat vermittelt werden, ist besonders wichtig, da diese Konversationen einen sehr menschlichen Touch haben. Das setzt voraus, dass eine konsistente Markenpersönlichkeit existiert; im Zweifelsfall sollte sie schnellstmöglich vor Einsatz des Conversational Commerce kreiert werden.

Zentral ist auch, dass ein eindeutiger, sinnvoller und gut studierter Use Case für den Einsatz von Chatbots vorliegt. Welches Ziel soll mit dem Bot erreicht werden, und ist dieses – auch im Anfangsstadium – realisierbar? Findet durch den Einsatz von Bots eine Verbesserung des Service für den Kunden statt? Als Negativbeispiel sind die unzähligen Apps zu nennen, die für den Nutzer im Vergleich zur Webseite keinen Vorteil haben. Jede Schnittstelle zur Marke wird vom Kunden auf andere Art und Weise genutzt werden, sodass erforscht werden muss, wie sich die Interaktion mit dem Kunden im Detail ändert, wenn eine neue Schnittstelle eingeweiht wird. Durch Analyse der derzeitigen Kommunikation mit den Kunden können Themenbereiche gefunden werden, für die sich der Einsatz eines Bots anbietet. Generell lohnt es sich für Unternehmen, wenn die Bots schrittweise und in klar abgrenzbaren Gebieten implementiert werden. Anders ausgedrückt, sollte der Einsatz von Chatbots auf die Bereiche begrenzt werden, in denen er besonders gut funktioniert. Der Rest sollte Menschen überlassen werden, bis die Technik ausgereift ist. Dies erhöht auch die Akzeptanz beim Kunden. Wenn von Anfang an beispielsweise das ganze Buchungssystem einer Fluggesellschaft umgestellt wird, kann das sehr riskant sein, denn die Wahrscheinlichkeit, dass es nicht direkt reibungslos funktioniert, ist sehr hoch. Chris Messina betont, dass man einen Bot keinesfalls für Spam einsetzen sollte. Im Conversational Commerce können frustrierte Kunden den Erfolg eines Unternehmens stark beeinflussen, da sie mit der Marke in gleicher Weise interagieren wie mit einem Menschen. Wenn es dagegen gelingt, dem Kunden einen bequemen, personalisierten und sinnvollen Service zu bieten, kann ein Unternehmen vom Conversational Commerce deutlich profitieren.

Checkliste für Unternehmen
- Auf welcher Messaging-Plattform befinden sich meine Kunden?
- Sind ausreichende Ressourcen hinsichtlich Expertise und Personal vorhanden für einen langfristigen Unterhalt des Bots?
- Hat mein Unternehmen eine Markenpersönlichkeit, und existiert eine Strategie, diese in Online-Konversationen zu vermitteln?
- Ist der Bereich, in dem Bots eingesetzt werden sollen, klar abgegrenzt, und können die Bots das geplante Ziel erreichen, ohne Kunden zu enttäuschen?

In einer Anfang 2016 vom Institut für Handelsforschung (IFH) in Köln durchgeführten Studie wurde herausgefunden, dass 57 % der internetrepräsentativ befragten Konsumenten Conversational Commerce bereits genutzt haben (Brüxkes 2016). Da jeder zweite dieser Gruppe älter als 50 Jahre war, scheint die Implementierung von Conversational Commerce nicht nur bei jüngeren Menschen Anklang zu finden. Das IFH empfiehlt die Anwendung von Conversational Commerce vor allem für Branchen mit erhöhtem Beratungsbedarf beim Kunden. Der Studie zufolge scheinen die Branchen der Unterhaltungselektronik, des Tourismus sowie der Banken und Versicherungen besonders gut für den Einsatz von Conversational Commerce geeignet zu sein. Die Mehrheit der Befragten gab zudem an, dass sie sich vorstellen könnten, Sport- und Freizeitartikel sowie Kleidung und Accessoires über Conversational Commerce zu erwerben.

6.10   Fazit und Ausblick

E-Commerce – Die Karten werden neu gemischt: Der Kampf um das neue E-Commerce-Eco-System
Wer das direkte Interface zum Kunden in Form eines eigenen Bots hat, der Konsumentenpräferenzen und -verhalten über alles Lebensbereiche kennt, bestimmt Informationen, Werbung und Käufe. Wählt der Konsument bei einer Google-Suche oder einer Amazon-Produktsuche noch selber aus den Trefferlisten seine Favoriten aus, reduziert sich die Bot-Empfehlung in der Regel auf ein Produkt oder eine Information. Die Bot-Souveränität ersetzt damit die aktive Evaluierung durch den Konsumenten.

Dass dieser Kampf höchst relevant und lukrativ ist, zeigen beispielsweise die Bemühungen von Amazon, durch den Dash-Button und das DRS-System unter dem Convenience-Deckmantel die Kontrolle über den Kunden zu gewinnen, sowie die zahlreichen Investitionen von Facebook und Microsoft in smarte Bot- und Messaging-Systeme. Das vielversprechende plattformunabhängige Messaging- und Bot-System der früheren Siri-Erfinder, Viv, wurde im Oktober 2016 von Samsung gekauft, die sicherlich die Plattformunabhängigkeit jetzt anders interpretieren dürften. Ähnlich der App-Ökonomie, die durch starke Player wie Google und Amazon in Fahrt kam, wird es auch in der Bot-Ökonomie einen Industrie-Leader benötigen. Eine reine Analogie zum App Store wird jedoch nicht ausreichend sein. Ein Bot Store würde wieder in den Anwendungssilos verhaftet sein und der Bot-Logik als Schmierstoff für ganzheitliche Transaktionen nicht gerecht werden.

Für die Unternehmen ergeben sich mit der tiefen Verzahnung in das Eco-System des Kunden einzigartige Möglichkeiten der Datengewinnung und -analyse. Durch die Zentralisierung und Monopolisierung der Kundenschnittstelle können Unternehmen den Konsumenten auf Basis umfassender Präferenzen- und Verhaltensprofile in seiner Commerce Bubble einlullen.

Natürlich haben Unternehmen schon immer Daten über Konsumenten analysiert, um Produkte und Kommunikation auf Zielgruppen auszurichten und um so möglichst profitabel zu sein. Es ist auch völlig legitim, dass Unternehmen gemäß ihres Gewinn-Maximierungs-Ansatzes agieren. Nur treffen sich Unternehmen und Konsumenten zunehmend nicht mehr auf klassischen Märkten, sondern der Anbieter internalisiert in gewisser Weise den Markt. Amazon ist schon lang kein Händler von Produkten mehr, sondern ein smartes Ökosystem, das intelligent Daten erfasst, analysiert und nutzt, um so den Konsumenten in der eigenen Commerce Bubble zu halten.

Märkte werden endlich Gespräche
Märkte sind Gespräche reloaded: Das 1999 im Clutetrain Manifest formulierte „Märke sind Gespräche"-Postulat wird vor dem Hintergrund des Conversational Commerce neu interpretiert. Kommunikation und Interaktion werden zunehmend über Algorithmen gesteuert und bestimmt. Der Vorteil dabei ist, dass die aus Sicht des mündigen

Konsumenten geforderten Gespräche mit Unternehmen jetzt „at scale" möglich sind. Bots arbeiten beliebig parallel im 24/7/365-Modus. Einer personalisierten Konversation standen häufig Wirtschaftlichkeits- und Effizienzhindernisse seitens der Unternehmen entgegen. Auf der anderen Seite bedeutet der pseudo-menschliche Dialog einen Verlust an Empathie und Emotionen. Es geht dabei jedoch weniger um das klassische Mensch-versus-Maschine-Battle, sondern vielmehr um die intelligente Orchestrierung und Balancierung beider Ansätze.

Natürlich ist die Computerisierung und Algorithmisierung im E-Commerce nicht neu. Google bestimmt schon lange, welche Produkte wir sehen, Facebooks News-Algorithmus entscheidet über unseren Newsfeed und Realtime Bidding steuert, welche Werbung wir zu sehen bekommen. Neu ist jedoch der Umfang der algorithmischen Abdeckung über die gesamte transaktionale Wertschöpfungskette. Zudem verringert die sich immer weiter verbreitende „Mehrwert-gegen-Daten"-Mechanik die Konsumentenhoheit. Damit werden die maßgeblich durch das Internet erzielte Konsumenten-Souveränität in Form von Transparenz und die Möglichkeit, Unternehmen und Produkte für alles sichtbar zu bewerten, gefährdet.

Eine Art Bot-Souveränität ersetzt die Konsumenten-Souveränität. Da die heutigen und zukünftigen Bots insbesondere von der GAFA (Google/Amazon/Facebook/Apple)-Unternehmenswelt angeboten bzw. von Unternehmen auf deren Plattformen entwickelt werden, besitzt der Konsument keine wirkliche Souveränität mehr. Die GAFA-Bots bieten ihm Convenience, ohne dafür direkt bezahlen zu müssen. Wirklich souverän entscheidet der Konsument dann aber nicht mehr.

Es ist zu erwarten, dass im Laufe des Jahres 2017 ein Umschwung innerhalb des Conversational Commerce in Deutschland zu beobachten sein wird – den Beispielen aus China und den USA folgend. Mutmaßlich werden viele Online-Geschäfte Bots nutzen, um ihren Kunden einen besseren und schnelleren Service anzubieten. Wie weit sich der Conversational Commerce über die verschiedenen Branchen ausweiten wird, ist noch unklar. Klar ist, dass sich die Bots stetig verbessern werden und dass die Antwort- und Empfehlungs-Algorithmen weiter verfeinert werden. Langfristig ist mit einer optimal individuellen und automatisierten Interaktion zwischen Kunden und Unternehmen zu rechnen, die sowohl Vorteile für die Kunden als auch die Unternehmen hat.

Insgesamt wird ein zunehmend datengetriebenes und analytisches Business die Frage nach der richtigen Balance zwischen Automatisierung und persönlicher Interaktion beantworten müssen. Es bleibt abzuwarten, wer das milliardenschwere Rennen im Conversational Commerce gewinnen wird. Ebenso spannend sind die entsprechenden Implikationen für den Konsumenten. Wird er gestärkt durch entsprechende Bot Power in Form digitaler Assistenten hervorgehen, die seine tatsächlichen Präferenzen kennen und entsprechend vertreten, oder wird er vielmehr noch stärker Spielball eines perfekt designten Daten- und Analytik-Ökosystems der digitalen Giganten? Damit befinden wir uns nach Internet, Mobile und IoT in der sicherlich spannendsten Phase unserer digitalen Transformation.

USP und Innovation des vorgestellten DM3-Modells liegen in der Ganzheitlichkeit und Stringenz des Ansatzes: Die Strategie bleibt nicht auf einer High-Level-Power-Point-Ebene stehen, sondern wird systematisch in passende Maßnahmen und Metriken übersetzt. Anstelle von singulären Einzelaktivitäten entsteht ein in sich abgestimmter und priorisierter Maßnahmen-Katalog für einen erfolgreichen Conversational Commerce – mit System zum digitalen Erfolg!

Literatur

Bager, Jo (2016). Gesprächige Automaten. C't – Magazin für Computertechnik. 24, 112–114.

Brüxkes, Svenja (2016). Conversational Commerce schließt die Lücken in der Kundenansprache. Haufe. https://www.haufe.de/marketing-vertrieb/dialogmarketing/conversational-commerce-definition-chancen-grundlagen_126_382144.html?page=all. Zugegriffen: 4. Januar 2017

Downey, Sarah A. (2016). Bots-as-a-Service. https://medium.com/@sarahadowney/bots-as-a-service-766287876ec6#.mhoa17re0. Zugegriffen: 5. Januar 2017

Gartner (2013). Gartner Says by 2017 Your Smartphone Will Be Smarter Than You. Gartner Press Release. http://www.gartner.com/newsroom/id/2621915. Zugegriffen: 4. Januar 2017

Gartner (2015). Gartner Reveals Top Predictions for IT Organizations and Users for 2016 and Beyond. http://www.gartner.com/newsroom/id/3143718. Zugegriffen: 5. Januar 2017

Hoare, Graydon (2014). Always bet on text. Livejournal. http://graydon.livejournal.com/196162.html. Zugegriffen: 4. Januar 2017

Libov, Jonathan (2015). Futures of text. http://whoo.ps/2015/02/23/futures-of-text. Zugegriffen: 4. Januar 2017

Quoc, Michael (2016). 11 Examples of Conversational Commerce and Chatbots in 2016. https://chatbotsmagazine.com/11-examples-of-conversational-commerce-57bb8783d332#.fxn76d3ya. Zugegriffen: 4. Januar 2017

Van Doorn, Menno & Duivestein, Sander (2016) The Bot Effect: ,Friending your brand'. Report. Applied Innovation Exchange, SogetiLabs. #doppelt gelistet (s. 89)#

iBusiness 2017. iBusiness: Siri, Alexa, Cortana oder Assistant: Wer das Rennen der Sprachagenten gewinnt, 02-2017

Gentsch 2017. Gentsch, Peter/ Ergün, CenkEmpirische Studie zu der Leistungsfähigkeiten von Bots, HTW Aalen in Kooperation mit diva-e, 02-2017

China Internet Watch (2016). WeChat monthly active users reached 806 million in Q2 2016. https://www.chinainternetwatch.com/18789/wechat-monthly-active-users-reached-806-million-in-q2-2016/. Zugegriffen: 4. Januar 2017

Messina, Chris (2016b). 2016 will be the year of conversational commerce. Medium. https://medium.com/chris-messinga/2016-will-be-the-year-of-conversational-commerce-1586e85e3991#.e23seb2m9. Zugegriffen: 4. Januar 2017

Statista (2016). Most popular mobile messaging apps worldwide as of April 2016, based on number of monthly active users (in millions). https://www.statista.com/statistics/258749/most-popular-global-mobile-messenger-apps/. Zugegriffen: 5. Januar 2017

Strauß, Ralf E. (2016). Künstliche Intelligenz goes Marketing. Absatzwirtschaft. Sonderausgabe zur dmexco, 34.

Best Practices

7

Zusammenfassung

In diesem Kapitel werden verschiedene Best-Practice-Beispiele vorgestellt. **Andreas Kulpa** beschreibt zunächst, wie *Deep Learning* bzw. *Lead Prediction* neue Wege der Kunden- und Marktgewinnung ermöglichen. Wie digitale Arbeit mit den Schwerpunkten CRM und AI aus Kundensicht organisiert werden sollten, beschreibt **Alex Dogariu.** Um das digitale Arbeitsmodell der Zukunft systematisch in Unternehmen umsetzen zu können, wird der *Digital Labor Platform Blueprint der Mercedes-Benz Consulting* vorgestellt und erklärt. **Prof. Dr. Nils Hafner** zeigt auf, welche Möglichkeiten sich aus der *intelligenten Nutzung vieler unterschiedlicher Informationen aus verschiedenen Quellen* und in diversen Formaten sowie durch die Anwendung von AI und Machine Learning im Kundenkontakt ergeben. Vorgehen, Chancen und Risiken zum *Einsatz von Bots in Service und Marketing* untersucht **Dr. Thomas Wilde.** **Bruno Kollhorst** beschreibt in seinem *Praxisbeispiel* wie aus Amazon's Alexa „*Relaxa*" werden kann, ein Bot, der Menschen helfen soll zu entspannen und möglichen Burn-outs vorzubeugen. Die *Techniker Krankenkasse* hat hierzu den Skill „Smart Relax" entwickelt, der sowohl von Mitgliedern als auch von Nicht-Mitgliedern genutzt werden kann. **David Popineau** zeigt an verschiedenen Beispielen auf, *wie Disney Chatbots* in der Kundenkommunikation und -interaktion einsetzt. Für die erfolgreiche Einführung von Chatbots in Unternehmen werden entsprechende Empfehlungen gegeben.

Wie *Algorithmen und AI zur Generierung und Verteilung von Content* eingesetzt werden können und wie die Bot-Revolution das Content Marketing verändert, untersucht **Klaus Eck.** Innovative Tech-Companies haben den Mediamarkt mit *algorithmenbasierten Technologie-Plattformen* betreten und ermöglichen auf Basis von Künstlicher Intelligenz transparente und effiziente Mediaplanung: Diesem Thema widmet sich **Andreas Schwabe.** Der Beitrag von **Jens Scholz und Michael Thess** widmet sich den *Recommendation-Systemen für den Handel:* Ausgehend vom aktuellen Stand der Entwicklung werden die Herausforderungen für Weiterentwicklungen aufgezeigt. Zu deren Lösung wird ein Ansatz in Form von Reinforcement Learning beschrieben.

Unter dem Stichwort *Intelligent Automation* untersucht **Andreas Klug,** wie AI und Robotic-Process Automation Arbeitsplätze und Abläufe in Verwaltung und Kundenservice verändern. Am Beispiel der privaten Krankenversicherung geben **Eleftherios Hatziioannou und Darko Obradovic** einen Einblick in Lösungen für eine *zeitgemäße und effiziente Kundenkommunikation* mittels moderner Technologien, und AI. **Prof. Dr. Martin Grothe** stellt dar, wie im digitalen Raum vielschichtige Bedrohungen entstehen können und welche *computerlinguistische Technologie* zur Früherkennung geeignet ist.

Abschließend zeigt **der Autor** zusammen mit seinem Kollegen **Marco Philipp** am Beispiel von *Spotify* auf, wie Künstliche Intelligenz und Chatbots die Musikindustrie beeinflussen und die Interaktion der Kunden mit Musikern und Musiklabeln verändern.

7.1   Sales und Marketing reloaded – Deep Learning ermöglicht neue Wege der Kunden- und Marktgewinnung

Gastbeitrag von Andreas Kulpa, DATAlovers AG

Sales und Marketing 2019
„Data is the new oil" ist ein Ausspruch, der heutzutage gerne aufgeführt wird. Obwohl dieser Satz weiterhin gut die aktuelle Entwicklung beschreibt, trifft er nicht den wahren Kern der Sache, treffender wäre „Artificial Intelligence empowers a new economy". Die autonome Automatisierung von immer größeren Aufgabengebieten in der Wirtschaft wird grundlegende ökonomische und gesellschaftliche Veränderungen auslösen. Ausgehend von einer zukünftigen Welt, in der unlimitierte Informationen auf einem unlimitierten Computer zur Verfügung stehen, werden in Echtzeit ultimative Entscheidungen errechnet und objektiv Prozesse gesteuert. Diese Entscheidungen unterliegen keiner Subjektivität, unvollständigen Informationen oder Verzögerungen.

In vielen Sektoren der Wirtschaft, z. B. dem Gesundheitswesen oder der autonomen Steuerung von Automobilen, werden Techniken der Künstlichen Intelligenz eingesetzt und steigern die Qualität, Verfügbarkeit und Sicherheit der angebotenen Services. Die gleiche Entwicklung lässt sich im Umfeld des Sales und Marketings beobachten. Unternehmen lassen sich heute nicht mehr per Umsatz, Wirtschaftszweig und anderen Firmenstammdaten erfassen. Die Präsenz und aktive Kommunikation im Internet, sei es die Webseite oder in sozialen Netzwerken, gehört heute zum Alltag eines Unternehmens. Die Effizienz einer Sales- oder PR-Kampagne hängt stark von der Auswahl der anzusprechenden Unternehmen und Personen ab. Haben sie ein Interesse an der Thematik? Ist der Zeitpunkt gut gewählt? Hat das Unternehmen gerade einen Vertrag mit einem innovativen CMS-Anbieter abgeschlossen, oder wird weiterhin ein veralteter Stack verwendet? Klassische Sales- und Marketing-Ansätze definieren Zielgruppen über einfache Selektionen oder Segmentierungen. Auf Basis von Wirtschaftszweigen und Umsatzmargen werden Unternehmen ausgewählt und in den Sales-Prozess überführt.

Vor dem ersten Call des Sales-Teams lässt sich bei diesem Ansatz wenig über die Wahrscheinlichkeit der Conversion sagen. Weder Daten noch ein Ansatz sind vorhanden, um eine Vorhersage zu treffen, ob sich der Prospect im Sales Funnel wirklich als Customer gewinnen lässt. Für einen effizienten und agilen Sales-Prozess ist es allerdings entscheidend, über umfassende und aktuelle Daten zu verfügen. Die Aufstellung und Entwicklung einzelner Leads in Fragen ihres thematischen Fokus, ihrer Umsatzprognosen und ihrer Digitalität sind ausschlaggebend für eine erfolgreiche Kommunikation. Entsprechend sollte ein ideales System eine sichere Vorhersage treffen, welcher Prospect als nächster einen Vertrag unterzeichnen wird. So kann das Sales-Team die maximale Conversion-Rate erreichen.

Die hohe Komplexität der Daten und die hohe Dynamik, der diese Daten unterliegen, sind ein typisches Anwendungsfeld für Deep- und Machine-Learning-Algorithmen. Im Folgenden werde ich skizzieren, wie diese auf das Feld der automatisierten Lead Prediction angewendet werden.

Analogie der Partnerbörse

> Sage uns, wer deine umsatzstärksten Kunden sind, und wir sagen voraus, wer deine nächsten erfolgreichen Kunden sein werden (Kulpa 2016).

Im Grunde lässt sich die Lead Prediction sehr gut mit einer Partnerbörse vergleichen. Im Vergleich zu einer einfachen Annahme, welche Unternehmen gut zu einem Produkt passen, lernt die Lead Prediction aus jedem neuen Customer neue Informationen, um wiederum bessere Customer vorherzusagen. Aus der Interaktion und dem daraus entstehenden Feedback werden die Vorhersagen sicherer und präziser (Abb. 7.1).

Im Vergleich zu einem Sales-Rep, der über eine subjektive und limitierte Sicht auf die Unternehmen in der Sales-Pipeline und den Markt an sich verfügt, verwenden Lead-Prediction-Ansätze ein großes Spektrum an Daten aus verschiedenen Quellen, die hochaktuell in einer hochdimensionalen Entscheidungsfindung zum optimalen Ergebnis geführt werden. Die Features, die verwendet werden, lassen sich in unterschiedliche Gruppen aufteilen und betrachten unterschiedliche Aspekte und Eigenschaften der Suspects.

Profiling der Unternehmen

Unter vielen verschiedenen Aspekten wird ein umfassendes Bild von jedem potenziellen Lead erzeugt. Es geht um die vollständige Erfassung des Istzustands und eine Einschätzung der Entwicklung des Unternehmens. Dies umfasst die klassischen Stammdaten, eine genaue Einordnung der Tätigkeit und eine Einschätzung der Entwicklung des Unternehmens in seinem Segment (Abb. 7.2).

ONLINE DATING PLATFORM

Online Dating in der PostProcessing Phase

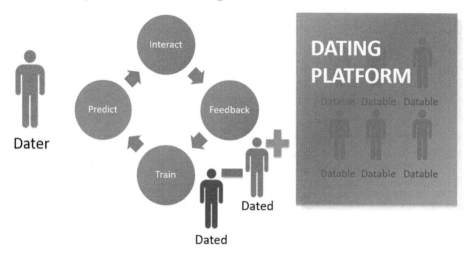

Abb. 7.1   Analogie zu Dating Plattformen

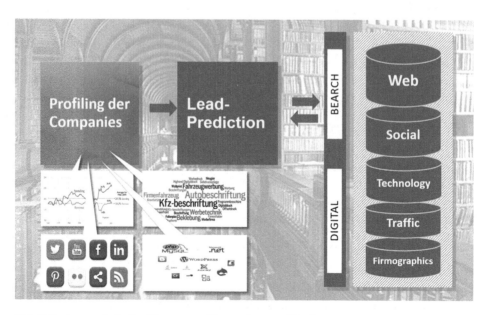

Abb. 7.2   Automatische Profilierung von Unternehmen auf Basis von Big Data

Firmografics

Die Firmographics enthalten traditionelle Unternehmensdaten, die aus dem Handels-register ermittelt (Name, Standort, Wirtschaftszweig) und durch weitere Größen wie Umsatz und Anzahl der Mitarbeiter erweitert werden. Die Wirtschaftszweige sind eine Klassifikation der Tätigkeiten von Unternehmen, die 2008 vom Statistischen Bundesamt publiziert wurden (Abb. 7.3).

Thematische Relevanz

Durch die dynamische Ermittlung der Themen aus der Webseite erreicht die Lead Prediction im Vergleich zu den Wirtschaftszweigen eine sehr genaue thematische

Klassifikation der Wirtschaftszweige, Ausgabe 2008 (WZ 2008)		
WZ 2008 Kode	**WZ 2008 - Bezeichnung** (a.n.g. = anderweitig nicht genannt)	**ISIC Rev. 4**
62.01	Programmierungstätigkeiten	6201
62.01.1	Entwicklung und Programmierung von Internetpräsentationen	
62.01.9	Sonstige Softwareentwicklung	
62.02	Erbringung von Beratungsleistungen auf dem Gebiet der Informationstechnologie	6202*
62.02.0	Erbringung von Beratungsleistungen auf dem Gebiet der Informationstechnologie	
62.03	Betrieb von Datenverarbeitungseinrichtungen für Dritte	6202*
62.03.0	Betrieb von Datenverarbeitungseinrichtungen für Dritte	
62.09	Erbringung von sonstigen Dienstleistungen der Informationstechnologie	6209
62.09.0	Erbringung von sonstigen Dienstleistungen der Informationstechnologie	
63	**Informationsdienstleistungen**	
63.1	**Datenverarbeitung, Hosting und damit verbundene Tätigkeiten; Webportale**	
63.11	Datenverarbeitung, Hosting und damit verbundene Tätigkeiten	6311
63.11.0	Datenverarbeitung, Hosting und damit verbundene Tätigkeiten	
63.12	Webportale	6312
63.12.0	Webportale	

Abb. 7.3 Klassifikation nach Wirtschaftszweigen

Einordnung und Eingrenzung des Unternehmens. Zudem verfügen diese Tags über eine hohe Aktualität, und neue Trends werden schnell sichtbar. Im Vergleich zu den Wirtschaftszweigen werden einem Unternehmen anstelle des Wirtschaftszweigs Softwareentwicklung die Tags App-Entwicklung, Big Data oder Machine Learning vergeben.

Zur thematischen Einordnung der Unternehmen wird Word2Vec verwendet. Word-2vec wurde 2013 von Google veröffentlicht und ist ein neuronales Netzwerk, welches während des Trainings verteilte Repräsentationen von Wörtern lernt. Diese Vektoren verfügen über erstaunliche Eigenschaften und abstrahieren die semantische Bedeutung im Vergleich zu einfachen Bag-of-Word-Ansätzen. Wörter mit ähnlichen Bedeutungen erscheinen in Clustern, und diese Cluster sind so gestaltet, dass einige Wortbeziehungen, wie Analogien, unter Verwendung von Vektor-Mathematik reproduziert werden können, so auch das berühmte Beispiel: „king − man + woman = queen" (Abb. 7.4).

Über die Word2Vec-Darstellung von Texten lassen sich Operationen abbilden; das Verhältnis von Apple zu Smartphones ist identisch zum Verhältnis von Dell zu Laptops.

Digitalität der Unternehmen

Die Digitalität eines Unternehmens zeigt, wie weit das Unternehmen den Prozess der Digitalisierung vollzogen hat. Verschiedene Aspekte der Digitalität gehen in diesen Score ein: die Technologie der Webseite, die Sichtbarkeit des Unternehmens im Web, die Ad Spendings und SEO-Optimierung und der Innovationsgrad des Geschäftsmodells. Auf Basis dieses Scores lassen sich Unternehmen abhängig vom Grad ihrer Digitalisierung sehr gut segmentieren. Sowohl junge Start-ups wie auch etablierte Unternehmen im E-Commerce-Sektor zeichnen sich durch einen überdurchschnittlich hohen Digital-Index aus, während traditionellere Geschäftsbereiche eine eher gering ausgeprägte Digitalität aufweisen. Die Tab. 7.1 zeigt die einzelnen Dimensionen des Digital Index (Abb. 7.5).

Economic Key Indicators

Key Indicators aus dem Umfeld der Investor Relations werden zu jedem Unternehmen ermittelt.

- Entwicklung der Mitarbeiter: Eine stabile oder eine wachsende Zahl ist ein Zeichen für eine positive Entwicklung des Unternehmens.
- Consumer Activity: Wie ist der Zustand einzelner Wirtschaftszweige, und wie wird die Entwicklung eingeschätzt?
- Verfolgt das Unternehmen technologische Trends?

Ausgehend von diesem Spektrum an Daten, die in hoher Aktualität verfügbar sind, erstellt die Lead Prediction eine Darstellung, die alle Aspekte des Unternehmens in einer 360°-Sicht zusammenfasst.

Abb. 7.4 Automatisch generierte Branchen-Themen-Netze

Tab. 7.1 Dimensionen des Digital Index

Dimension	Attributes
Tech	Hosting, CMS, Server, Frameworks, Widgets, JavaScript, CND, Analytics etc.
Traffic/ Reach	Wie viel Traffic generiert die Seite? Wie viele User sehen die Seite? Unique Visitors, Page Views
Mobile	Mobile Readiness: Sind die Angebote auch für Mobile Devices ausgelegt bzw. optimiert?
Search	SEO & Advertising: Ads Spendings und SEO-Optimierung vorhanden?
Social	Social Media setzt sich zusammen aus: • Social Media Readiness: Auf wie vielen Channels ist das Unternehmen vertreten? • Social Media Activity: Wie aktiv ist das Unternehmen auf den Social Media Channels?
Connectivity	Wie stark ist das Unternehmen vernetzt?
Quality	Wie wird die Qualität der Webseite vom Anwender wahrgenommen? Wie schnell lädt die Seite? Wie gut sind die Texte geschrieben?
Innovation	Wie innovativ ist das Geschäftsmodell des Unternehmens?

Lead Prediction

Die Charakterisierung der gesamten Unternehmen, die für Lead Prediction verwendet werden sollen, ist ein essenzieller Schritt. Auf Basis dieser generischen Kunden-DNA werden weitere Unternehmen ermittelt, die über die gleiche DNA verfügen (Abb. 7.6).

Prediction per Deep Learning

Deep Learning ist ein Thema, das im Augenblick große Wellen schlägt. Es ist im Grunde ein Zweig des Machine Learnings, das Algorithmen verwendet, um z. B. Objekte zu erkennen und menschliche Sprache zu verstehen. Die Technologie ist ein Wiederaufleben von Algorithmen, die seit den Anfängen der Künstlichen Intelligenz populär waren: neuronale Netze. Neuronale Netze sind eine Simulation der Vorgänge im Gehirn, indem Neuronen und die spezifischen Feuermuster imitiert werden. Die wirkliche Neuerung ist das Layering von verschiedenen neuronalen Netzen, welches in Verbindung mit der wesentlich größeren Leistung der aktuellen Computer zu einem Quantensprung in diversen Sektoren des Machine Learnings geführt hat.

Der Classifier für die Prediction lernt auf Basis des Profilings der erfolgreichen Kundenbeziehungen eine generische DNA, die auf den gesamten Unternehmensbestand projiziert wird. Die Vorhersage der optimalen Leads lässt sich als Ranking-Problem verstehen. Der Lead mit der höchsten Wahrscheinlichkeit einer Conversion sollte an erster Stelle in der Sales Pipeline stehen. Im Grunde lässt es sich auch als klassische Regressionsaufgabe verstehen, bei der die Wahrscheinlichkeit des Conversion vorhergesagt werden soll. Somit eignet sich ideal ein Gradient Boosted Regression Tree, auch Random Forest genannt.

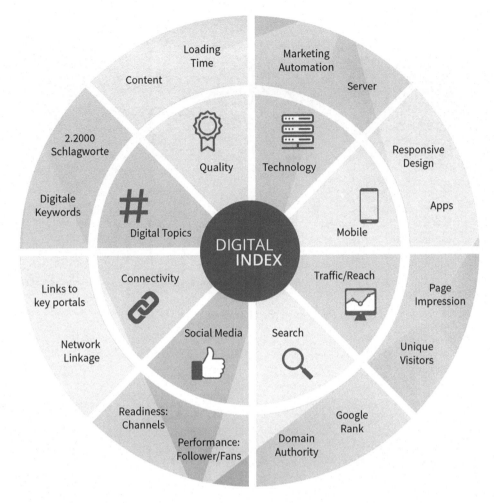

Abb. 7.5 Digital Index – Dimensionen

Random Forest Classifier

Die Algorithmen-Gradient-Boosted-Regression-Trees, oder auch Random Forests, gehören zu den Ensemble-Learning-Methoden. Dieser Classifier verwendet ein Ensemble von schwachen Regressions-Trees, die isoliert betrachtet über eine geringe Trefferquote verfügen. Die Qualität der Prediction lässt sich signifikant verbessern, wenn verschiedene Trees mit verschiedenen Parametern oder Samples trainiert werden. Die Ergebnisse der einzelnen Trees werden zu einem Gesamtergebnis aggregiert, welches so eine ausgewogenere und hochwertigere Prediction ermöglicht. Das sogenannte Bagging löste einen Boom der traditionellen Regression Trees aus. Als Aggregation wird entweder Majority Vote oder eine Wahrscheinlichkeitsfunktion verwendet (Abb. 7.7).

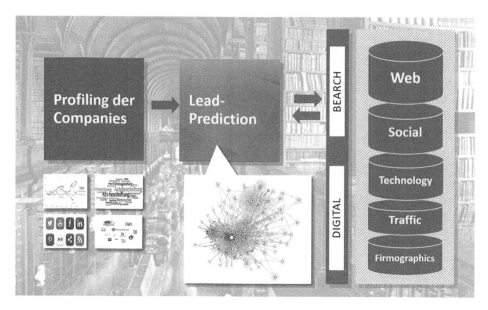

Abb. 7.6 Phasen und Quellen der AI-gestützten Lead Prediction

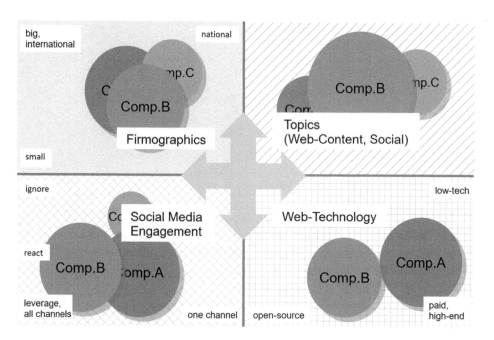

Abb. 7.7 Lead Prediction: Automatische Generierung von Lookalike-Unternehmen

Die Lead Prediction generiert hochkonvertierende Leads, weil

- das gesamte Spektrum an verfügbaren Informationen über ein Unternehmen in die Entscheidungsfindung integriert wird;
- die Daten hochaktuell und ohne Bias sind;
- der Random Forest in der Lage ist, komplexe Zusammenhänge in den Daten zu abstrahieren, und
- das Verfahren von der Interaktion mit dem Sales-Team iterativ lernt.

Die Auswahl der Leads ist der erste Schritt im Sales-Prozess, der zweite ist es, den optimalen Zeitpunkt für die Ansprache zu finden.

Timing der Ansprache
Die richtige Ansprache, der richtige Anlass und der richtige Zeitpunkt – gutes Content Marketing erfordert alle einzelnen Aspekte, um maximal erfolgreich zu sein. Diverse Studien haben gezeigt, dass zu gewissen Ereignissen im Leben wichtige Kaufentscheidungen fallen. Beim Marketing und der Neukundenakquise ist ein gut gewählter Zeitpunkt der Ansprache essenziell für den Erfolg bzw. die Aussicht auf Conversion. In einem Sales-Team wird dies typischerweise intuitiv auf Basis von Erfahrung gemacht. Wie wird diese Entscheidung getroffen, wenn dieses Wissen noch nicht gesammelt wurde? Wir haben einen eigenen Ansatz entwickelt.

Alerting
Wir scannen das Internet auf Signale, werden so in Echtzeit über wirtschaftliche Veränderungen von Unternehmen informiert. Jegliche Erwähnungen von Unternehmen werden analysiert, und es wird ausgewertet, welchen Impact sie haben, und ob sie eine positive oder negative Entwicklung aufzeigen. Somit kann z. B. eine stark ansteigende Anzahl an Beschwerden über einen nicht reagierenden Kundenservice ein Hinweis auf interne Probleme des Unternehmens sein. News, Blogs, Social Media und die Webseite sind eine umfangreiche und hochaktuelle Informationsquelle über den Zustand und die Entwicklung eines Unternehmens. So sind geplante Standortwechsel, strukturelle Änderungen, Expansionsstrategien oder Gewinnmeldungen schnell sichtbar und sind Zeichen für eine positive oder negative Entwicklung eines Unternehmens. Auf Basis dieser „Early Signals" lassen sich Aussagen treffen, wie wahrscheinlich ein Unternehmen in dem aktuellen Zeitpunkt auf eine Ansprache reagieren wird.

Das Alerting scannt offen das Internet und crawlt zyklisch Webseiten und Social Media Channels auf Content Snippets, die Informationen über ein Unternehmen enthalten. Diese Snippets sind die potenziellen Alerts, die in dem weiteren Prozess nach Wichtigkeit gefiltert und weiter verdichtet werden. Im ersten Schritt wird die Wahrscheinlichkeit ermittelt, mit der ein Unternehmen in dem gegebenen Text erwähnt wird. Hierzu werden Sequence Learner eingesetzt, die auf Basis der lexikalischen Ähnlichkeit und des Wortumfelds eine Entscheidung treffen, ob die Erwähnung sich auf ein

Unternehmen bezieht oder nicht. Im zweiten Schritt entscheidet ein Deep Learner, ob die validierten Snippets zu einem Unternehmen einen Alert auslösen oder ob sie zum täglichen Grundrauschen gehören. Hierzu wird ein Modell auf Basis von historischen Textdaten und entsprechenden Aktienentwicklungen trainiert, um Zusammenhänge zwischen Snippets und Entwicklung im Stockmarket zu erkennen. Die zeitliche Verschiebung zwischen Alert und echter Veränderung, „Lag", wird von dem System automatisch gelernt. Recurrent Neural Networks haben im Vergleich zu anderen Ansätzen auf Basis eines „Sliding Time Windows" im Zusammenspiel mit einer klassischen Regression nicht die Limitierung der endlichen Anzahl an Input-Werten.

Anschließend ist das System in der Lage, selbstständig Vorhersagen über die Gewinnentwicklung eines Unternehmens zu treffen. Diese Indikatoren werden bei der Lead Prediction verwendet, um unter den Unternehmen mit einer sehr ähnlichen DNA diese auszuwählen, die zum aktuellen Zeitpunkt sehr wahrscheinlich an einer Ausweitung ihrer wirtschaftlichen Aktivitäten interessiert sind.

Real World Use Cases
Unternehmen: Netzwerk-Monitoring
Das Spektrum an Kunden dieser Unternehmen ist sehr weit gefächert. Viele dieser Unternehmen sind im Umfeld der Informationstechnik angesiedelt und bieten z. B. Server Hosting an. Auf der anderen Seite des Spektrums tauchten eher exotische Unternehmen auf, z. B. Betreiber von großen Produktionsanlagen, Silos, chemische Fertigungsanlagen etc. Eine manuelle Bewertung der Leads aus der Lead Prediction stellte sich als schwierig heraus, sodass wir uns für ein A/B-Testing entschieden. Im Sales-Prozess schnitten die Leads, die von der Lead Prediction vorhergesagt wurden, überdurchschnittlich gut ab und erzeugten eine um 30 % höhere Conversion-Rate.

Unternehmen: Online-Shop für KFZ, Bau & Industrie
Bei diesem Projekt wurden zwei Predictions gemacht, die erste zielte auf die Stammkundschaft ab, die zweite auf Kunden, die nicht zur allgemeinen Zielgruppe des Sales-Teams gehören, sondern eher zufällig akquiriert wurden. Ziel war es, den Markt dieses sogenannten Aliens zu vergrößern und sich ein neues, noch nicht genauer definiertes Marktsegment zu erschließen. Im klassischen Segment verbesserte sich die Conversion-Rate um 40 %, im neuen Segment war sogar eine Steigerung um 70 % zu messen.

Unternehmen: Personaldienstleister
Bei diesem Prediction Case lässt sich ein eindeutiger Lift erkennen. Über klassische Listengenerierung wurden vorher sieben Termine aus 700 Telefonaten erzeugt, das ist eine Conversion von einem Prozent. Auf Basis der Leads, die per Lead Prediction ermittelt wurden, ergaben sich neun Termine aus 300 Telefonaten, das ist eine Conversion von drei Prozent. Das ist eine signifikante Steigerung, allerdings sollte nicht außer Acht gelassen werden, dass es sich hier um ein ziemlich kleines Sample handelt.

Der Autor
Andreas Kulpa ist CEO der DATALovers AG in Mainz. Der erfahrene Manager und Entrepreneur für datengetriebene Geschäftsmodelle verbindet intelligente IT-Lösungen und Advanced Analytics mit unterschiedlichsten Datensubstanzen. Auch davor beschäftigte er sich bereits intensiv mit Daten, Prozessen und Mechanismen als Vice President bei arvato Financial Solutions (Bertelsmann). Seine Managementberatungs-Skills schärfte er als Prozessberater im Customer Management bei Steria Mummert Consulting.

7.2 Digitale Arbeit und was aus Kundensicht zu berücksichtigen ist

Gastbeitrag von Alex Dogariu und Nicolas Maltry, Mercedes-Benz Consulting

In diesem Anwendungsfall von Mercedes-Benz Consulting werden die Erfahrungen aus Tausenden von realen Kunden-/Digital Labor-Interaktionen sowie zahlreiche Kundenforschungsstudien zu Digital Labor zusammengefasst und die Notwendigkeit eines zentralen Plattformansatzes für Digital Labor herausgearbeitet.

Die Landschaft für Kundenmanagement, Kundenerlebnis, CRM und Kundenservice verändert sich aufgrund der Entwicklung der künstlichen Intelligenz (A. I.) und ihrer wachsenden Verbreitung in der Praxis rasant. Eine besonders schnell wachsende Anwendung von A. I. sind Chatbots und Digital Assistants in der Kundeninteraktion. Der Trend zur Automatisierung der Arbeit und die damit verbundenen Einsparpotenziale bei den Mitarbeitern schaffen auch in der Belegschaft und damit auch in der öffentlichen Wahrnehmung große Sorgen, Skepsis und Angst. Neben Beiträgen zu den Möglichkeiten der Digitalisierung, künstlichen Intelligenz und Automatisierung wird immer wieder von Forderungen nach Vorschriften und Richtlinien gesprochen. So sprechen die Gewerkschaften beispielsweise von „Arbeitsplatzmord durch künstliche Intelligenz". Die Integration von menschlicher und KI-basierter Arbeit ist daher sehr wichtig, wird aber in diesem Anwendungsfall nicht weiter diskutiert.

Die Analyse verschiedener Contact-Center-Daten im Automobilsektor durch Mercedes-Benz Consulting (MC) ergab, dass 80 % der Kundenanfragen repetitiv und recht einfach sind. Diese 80 % können somit durch digitale Arbeit automatisiert werden. Wir bezeichnen dies in der Regel als den „Fat Head and Long Tail" Ansatz (siehe Abb. 7.8.).

Wenn wir uns die aktuellen Kundenservice-Betriebe ansehen, können wir deutlich viele Möglichkeiten für digitale Arbeit erkennen. Die normalen Öffnungszeiten des Kundendienstes liegen zwischen 8 und 20 Uhr. Dies frustriert die Kunden, besonders wenn sie ein bestimmtes Anliegen oder ein Problem mit einem gekauften Produkt oder einer gekauften Dienstleistung haben und es sofort behandeln lassen wollen. Die Analyse von z. B. Live-Chat-Daten hat gezeigt, dass die meisten Live-Chat-Anfragen täglich zwischen 20 und 23 Uhr und am Wochenende wöchentlich erfolgen. Der Einsatz von Digital Labor ist hier sehr nützlich, da es 24 h am Tag, 7 Tage die Woche verfügbar ist.

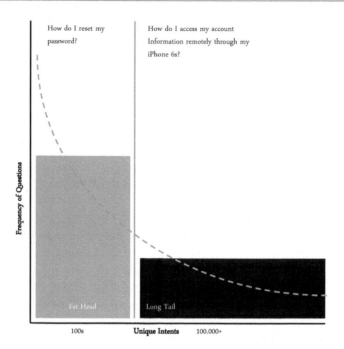

Abb. 7.8 Fat Hat Long Tail. (Quelle: Author adapted from Mathur 2017)

Mit der Entwicklung von maschinellem Lernen, natürlicher Sprachverarbeitung und robotischer Prozessautomatisierung wird Digital Labor auch in der Lage sein, immer komplexere Aufgaben zu übernehmen. Zum Beispiel, um schwierigere Kundenanfragen personalisiert zu beantworten oder Geschäftsaufgaben zu erledigen. Die Idee dahinter ist, dass die digitale Arbeit die Bedürfnisse des Kunden im Voraus erkennt und basierend auf früheren Verhaltensweisen, Entscheidungen und bestehenden Präferenzen proaktiv Gespräche führt, um Kunden zu unterstützen und Produkte und Dienstleistungen zu bewerben.

Derzeit hat die deutliche Mehrheit der Kundeninteraktionen mit digitaler Arbeit die Möglichkeit, zu echten Agenten oder Kundendienstmitarbeitern zu eskalieren. Die bereits erwähnten Agenten sind eine wertvolle, teure und begrenzte Ressource, während die Kundenanfragen an die Contact-Center ständig zunehmen. Daher erweisen sich Automatisierung und Self-Service als vielversprechende Option für Contact-Center-Manager. Software, die auf natürliche Weise auf Anfragen antworten kann (z. B. ein Chatbot), ist eine strategisch wichtige Chance, mit steigenden Kosten und Kundenerwartungen umzugehen (Aspect 2017).

Eine Analyse von Frost & Sullivan im Jahr 2014 (wie in Accenture 2016 zitiert) ergab, dass die Gesamtbetriebskosten für Contact-Center unabhängig von der Größe um eine durchschnittliche jährliche Wachstumsrate von 14 % in einem Fünfjahreszeitraum steigen. Darüber hinaus stellten sie fest, dass sich die Gesamtbetriebskosten in einem Zeitraum von fünf Jahren aufgrund eines Anstiegs der digitalen Dienste und der Kundenanfragen verdoppelt haben. Der größte Kostentreiber der Contact-Center sind die festen Personalkosten mit 75 %. Einer der Hauptschwerpunkte von Contact-Centern ist die Agentenfluktuation in den ersten sechs Monaten. Mehr als jeder dritte Agent (37 %) kündigt den Job oder wird gefeuert. Accenture rechnet in einem High-Level-Business-Case mit einem Einsparpotenzial von 15 % bis 20 %. Sie haben dazu die „Cost per Interaction" in einem gewöhnlichen Contact-Center in Höhe von 2,52 € und bei einem digitalen Assistenten/Chatbot mit 0,30 € berechnet (Accenture 2016). Digital Labor bietet eine große Chance, die massiven Lohnkosten zu senken. Die potenziellen Kosteneinsparungen für Kundendienstmitarbeiter durch Digital Labor in den USA belaufen sich auf 23 Mrd. US$ bei Gehaltszahlungen von insgesamt 79 Mrd. US$ (McKinsey 2014, qtd. wie in Beaver 2016 zitiert).

Die Vision der Vollautomatisierung im Kundenservice besteht aus mehreren Implementierungsschritten (Abb. 7.9), die schrittweise angegangen werden sollten. Dabei ist es wichtig zu verstehen, dass diese Schritte zunächst auf ihre eigene Funktionalität und Praktikabilität überprüft werden müssen. Auch unter Berücksichtigung der unterschiedlichen Datenbanken und bestehenden CRM-Systeme in Unternehmen, der Schulung kognitiver Systeme und der Begrenzung der für die Vollautomatisierung erforderlichen finanziellen Ressourcen kann die Implementierung nur Schritt für Schritt erfolgen. Die Vision einer 100 %igen Automatisierung ist nicht realisierbar.

Entwickler von Digital Labor wollen natürlich Persönlichkeiten in ihren Assistenten einsetzen, um emotional mit ihren Kollegen in Kontakt zu treten. Dies dient dazu, die Nutzer zu ermutigen, eine gewisse Sympathie für die Mitarbeiter von Digital Labor zu empfinden und so ein gewisses Maß an Freundschaft (Kundenbindung) zu erreichen. Aber wenn Sie als Kunde mit einer Digital-Labor-Organisation sprechen, verhalten Sie sich anders. Wenn Sie wissen, dass Sie mit einem System kommunizieren, gibt es keine menschlichen und ethischen Hemmungen mehr. Außerdem gibt es keine Angst, verurteilt zu werden, und man spricht viel freier als mit einer realen Person. Das erklärt, warum Mitarbeiter von Digital Labor relativ oft beleidigt werden, weil man keine Hemmungen hat, ein Softwareprogramm zu verletzen (Arbibe 2017).

Zum Thema „Vertrauen in Chatbots" gibt es bisher wenig Forschung. Dennoch wurden aktuelle und verfügbare Publikationen mit ersten Umfragewerten als Grundlage verwendet. Im Bereich des Vertrauens spielen auch der Datenschutz und die Wahrnehmung

Abb. 7.9 Lösung für einen modularen Prozess. (Quelle: eigene Darstellung in Anlehnung an Mercedes-Benz Consulting 2016; Accenture 2016)

von Datenschutzaspekten durch die Nutzer eine wichtige Rolle bei der Kommunikation mit einem Mitarbeiter von Digital Labor. Personenbezogene Daten (Vorname, Nachname, Geschlecht, Alter, Nationalität, etc.) sowie Kontaktdaten (Adresse, Telefonnummer oder E-Mail-Adresse) oder Verwaltungsdaten (Versicherungs- oder Bankdaten) sind von hoher Relevanz. Darüber hinaus werden Kundendaten (Vertragsdauer, aktuelles Auto, Mietvertragsdaten, etc.) immer im betriebswirtschaftlichen Kontext abgefragt. Es besteht immer die Gefahr von Datenlecks. Bekannte Beispiele wie Yahoo oder die Deutsche Telekom werden an dieser Stelle erwähnt.

Das digitale Vertrauen wurde durch die Zunahme bösartiger Inhalte und Datenverstöße erschüttert, was erhebliche Folgen für Marken hat, die solche digitalen Laborplattformen nutzen (Elder und Gallagher 2017). Darüber hinaus wird sich der Nutzer aufgrund der neuen Datenschutzbestimmungen der Europäischen Union seit 2018 hier noch sensibler verhalten. Dies hängt natürlich auch von den kulturellen Gegebenheiten ab (Arbibe 2017). So sind beispielsweise deutsche Kunden sensibler als amerikanische, weshalb der Aspekt des Datenschutzes im Zusammenhang mit Chatbots und Kundenvertrauen von sehr hoher Relevanz ist.

Mindshare und das Goldsmiths Institute haben mehrere wichtige Aspekte für den Aufbau erfolgreicher Chatbots definiert. Neben Elementen wie Tonfall der Sprach-/ Markenausrichtung, Definition der Chatbots-Rolle und der Richtlinie, die Menschen das Gefühl geben soll, eine menschliche Interaktion zu erleben, ist es wichtig, dass sich Unternehmen/Marken darauf konzentrieren, Vertrauen aufzubauen, um die Chatbot-Akzeptanz bei den Kunden zu erhöhen.

„Eine der wichtigsten Herausforderungen, vor denen jede Marke beim Aufbau eines Bot stehen wird, ist das Thema Vertrauen. Es liegt im Kern des guten Kundenservice (unsere Studie ergab, dass 76 % der Befragten sagen, dass Vertrauen der Schlüssel zu einem guten Kundenservice ist) und es muss festgelegt werden, bevor von den Nutzern erwartet werden kann, dass sie an tieferen Engagements teilnehmen" (Mindshare n. d., S. 15). Darüber hinaus ist ein sehr interessanter Aspekt, dass die Menschen es vorziehen, sensible Informationen an einen Mitarbeiter von Digital Labor und nicht an eine menschliche Person weiterzugeben. Mindshare und der Staat der University of London: „Nur 37 % sagen, dass sie es glücklicher finden, einem Menschen sensible Informationen am Telefon zu geben als einem Chatbot. Für „peinliche medizinische Beschwerden" sprechen doppelt so viele Menschen lieber mit einem Chatbot als mit einem Menschen als für „normale medizinische Beschwerden" (Mindshare n. d., S. 15)." Eine weitere wichtige Tatsache im Zusammenhang mit Vertrauen und Digital Labor ist die Transparenz. „75 % stimmen zu, dass ich es vorziehen würde zu wissen, ob ich online mit einem Chatbot oder einem Menschen chatte" (Mindshare n. d., S. 16). Die Nutzer wollen wissen, mit wem sie das Gespräch führen, denn Vertrauen kann durch Unsicherheit untergraben werden. Auch die Eskalation zu einem echten Agenten spielt eine wichtige Rolle beim Aufbau von Vertrauen. „79 % stimmen zu, dass ich wissen muss, dass ein Mensch eingreifen kann, wenn ich darum bitte, mit jemandem zu sprechen" (Mindshare n. d., S. 16). Besonders wenn ein Chatbot gebaut wird, um Leads zu generieren, ist Vertrauen unerlässlich.

Um den Erfolg von Digital Labor im Kundenservice sicherzustellen, ist es unerlässlich, die relevanten Key Performance Indicators (KPIs) regelmäßig zu überwachen. Ein Beispiel ist die „Task Completion Rate", d. h. der Prozentsatz der erfolgreich abgeschlossenen Aufgaben durch eine künstliche intelligente Einheit.

Akzeptanz digitaler Arbeit
Die wichtigsten Ergebnisse der von MC im Automobilsektor durchgeführten Studien geben erste Einblicke für Entwickler, Projektmanager, Forscher und Unternehmen, die an Digital-Labor-Projekten beteiligt sind.

Vertrauen ist der Schlüssel
Die in dieser Arbeit über den sehr einflussreichen Faktor Vertrauen gewonnenen Erkenntnisse haben Konsequenzen für die weitere Gestaltung der Tonalität und der Inhalte der Mitarbeiter von Digital Labor. Es ist wichtig, dass die Mitarbeiter von Digital Labor vertrauensvoll mit den Kunden kommunizieren. Eine vertrauenswürdige Wortwahl ist daher zu Beginn des Gesprächs, aber auch an kritischen Stellen in einer Servicesitzung sehr wichtig. Transparenz und klare Kommunikation, die die Speicherung und Nutzung der Daten eines Benutzers während einer Sitzung betrifft, sind ebenso wichtig. Zu Beginn sollte der Mitarbeiter von Digital Labor den Kunden fragen, ob er weitere Informationen zum Datenschutz geben soll. Alternativ kann geprüft werden, ob nicht alle vorhandenen Informationen zum Datenschutz als modellierte Fragen durch den Bot dargestellt werden können. Wenn ein Bot diese Fragen beantworten könnte, könnte sich das Vertrauensverhältnis positiv auswirken. Es ist ein gut untersuchtes Phänomen, dass Menschen ein höheres Sicherheitsniveau erreichen, wenn sie mit einem Bot kommunizieren, der ein Gesicht oder eine Person hat. Dieser Grundsatz sollte auf alle Mitarbeiter von Digital Labor übertragen werden. Hier müssen wir umfassende Maßnahmen ergreifen, denn dies zeigt unsere Forschung, dass Kunden Bots nicht nutzen werden, wenn sie ihnen ihre persönlichen Daten nicht anvertrauen – trotz einer Dialogschnittstelle, die die menschliche Kommunikation nachahmt. Besonders bei Bestellungen, Zahlungen oder Finanztransaktionen durch Bots spielt Vertrauen eine große Rolle und hat einen großen Einfluss auf die Akzeptanz der Benutzer.

Wenn Unternehmen ihren Kunden in Zukunft personalisierte Digital-Labor-Assistenten anbieten, die über möglichst viele Informationen verfügen, um die Präferenzen und Wünsche des Kunden zu antizipieren, ist ein hohes Maß an Vertrauen die Basis. Aber auch, wenn ein digitaler Assistent für viele Geräte (Smartphone, Smartwatch, In-Car-Assistent, Live-Chat) verfügbar ist, ist dies von hoher Relevanz. Im Wesentlichen sollten die Mitarbeiter von Digital Labor so konzipiert sein, dass der Kunde die gesamte Kommunikation als Partnerschaft zwischen Mensch und Maschine empfindet.

Kundenservice auf Basis von Digital Labor muss Spaß machen
In unseren Kundenstudien konnte bestätigt werden, dass hedonistische Motivation ein wichtiger Faktor für die Kundenbindung an Bots ist. Daher sollte man bei der

Entwicklung von Kundendienst-Bots berücksichtigen, dass auch Gamification-Aspekte wichtig sind. Dies kann auf die Art und Weise angewendet werden, wie ein Mitarbeiter von Digital Labor antwortet (z. B. Persönlichkeit, Witze, Chit-Chat usw.), sein virtuelles Erscheinungsbild und eingebaute Spiele wie Text-Abenteuer oder Quiz und so weiter. Medienagenturen haben eine ganze Reihe von Möglichkeiten, ihren Mitarbeiter bei Digital Labor aufzupeppen. Kognitive Dienste bieten viele Möglichkeiten, wie z. B. Bilderkennungsspiele. Der Google-Assistent hat auch einige interessante Spiele eingebaut.

Persönliche Gespräche auf jedem Kanal oder Gerät
Hier gibt es keine Überraschungen. Die Kunden wünschen sich ein Omni-Channel-Erlebnis, das personalisiert ist. Das bedeutet, dass der Mitarbeiter von Digital Labor Kunden erkennen, sie persönlich begrüßen, sich an das letzte Gespräch erinnern und die Kundenreise kennen sollte. Was uns überraschte, war, dass sich die Kunden nicht wirklich für die Meinungen oder Werbekampagnen von Social-Media-Influencer interessieren. Sie vertrauen auf ihre eigene Erfahrung mit einem Bot. Bei Mercedes-Benz Consulting haben wir sichergestellt, dass unsere Bots das Fahrzeugmodell eines Kunden kennen und sogar zwischen Links- und Rechtslenkung unterscheiden. Darüber hinaus haben wir System- und Kontextvariablen sowie episodisches Gedächtnis in unsere Bots integriert. Die Benutzereingaben werden sogar verwendet, um den Inhalt eines Bot zu personalisieren. Ziel ist es, datengesteuerte Benutzerreisen zu entwickeln, wie es Netflix tut.

Utility ist ein wichtiger Erfolgsfaktor
Es konnte bestätigt werden, dass Kunden mit Bots interagieren möchten, wenn diese die Dinge für sie einfacher machen können. Es sollte jedoch bedacht werden, dass die Leistung gewöhnlicher Chatbots sehr begrenzt ist und die Erwartungen an die Fähigkeiten eines Chatbots oft nicht erfüllt werden. Um den Kunden bei der Lösung ihrer Probleme wirklich zu helfen, ist die vollständige Prozessautomatisierung entscheidend. Daher muss die Backend-Anbindung an CRM-Systeme, Transaktionssysteme, Kundendatenbanken etc. erfolgen. Eines der Schlüsselprojekte ist der Aufbau von Datenpools und die Bereitstellung aller Systeme über eine API. Bots können dann problemlos in Backend-Prozesse integriert werden. Damit erhalten die Kunden eine echte Komplettlösung aus einer Hand. Die aktuellen Anwendungsfälle reichen von der Änderung persönlicher Daten über die Buchung einer Probefahrt, die Vereinbarung eines Servicetermins bis hin zur Änderung von Mietverträgen über Bots. Wir erweitern unser Digital Labor ständig um neue Funktionalitäten, um den Nutzen für unsere Kunden zu erhöhen.

Messaging ist nicht der Grund für die Interaktion mit Digital Labor
Für Facebook Messenger, WeChat, WhatsApp und anderen Messaging-Diensten, die schnell in der Zahl der Nutzer auf der ganzen Welt wachsen, scheint die Entwicklung von Bots für diese Kanäle offensichtlich zu sein. Der Grund für die Textinteraktion ist der hohe Komfortfaktor bei der asynchronen Kommunikation. Man kann jederzeit und von überall kommunizieren und antworten, wann immer man will oder Zeit dazu hat. Dieser hohe Komfortfaktor bedeutet nicht automatisch, dass Kunden Bots oder

Digital Labor akzeptieren, nur weil sie auf diesen Kanälen verfügbar sind. In unseren Kundenstudien konnte diese Überzeugung nicht bestätigt werden. Kunden interagieren mit Digital Labor, weil sie erwarten, dass ihre Arbeit erledigt wird. Die Tatsache, dass die Interaktion einfach und intuitiv ist und über Messaging-Dienste erfolgen kann, ist gegeben und nicht als etwas Besonderes anzusehen.

Entwurf der digitalen Arbeitsplattform
Die wichtigsten Anwendungsfälle, die Mercedes-Benz Consulting (MC) zu Beginn des Jahres 2016 realisiert hat, waren Chatbots im FAQ-Stil, mit geringer Backend-Integration und begrenztem Umfang (z. B. häufig gestellte Fragen zur E-Mobilität). Das Interaktionsvolumen der Benutzer und die Zufriedenheit mit den Bots waren eher gering.

Schon vor zehn bis fünfzehn Jahre gab es FAQs im Bot-Stil, manchmal mit seltsam aussehenden Avataren. Dieser Trend verblasste jedoch schnell, da die Nutzer es vorzogen, lieber mit einem Menschen zu sprechen, um ihre Anfragen bearbeiten zu lassen, oder wie es einer der Führungskräfte von Mercedes-Benz Consulting formulierte: „Erledige die Arbeit". Die Hauptthemen damals und mit FAQ-Stil waren Bots:

1. Mangelnde Kontextsensitivität (z. B. Erinnerung an frühere Benutzereingaben, Kanal, aktuelle Informationsdomäne etc.),
2. Keine Automatisierung von Geschäftsprozessen (z. B. Änderung persönlicher Daten oder Bestellung einer Broschüre),
3. Begrenzte Personalisierung (z. B. Erkennung des Benutzers),
4. Begrenzte Reichweite jedes Bot (z. B. ein Bot für jede Informationsdomäne),
5. Kein omnipräsentes Kundenerlebnis (z. B. der Übergang von einem Kanal zum anderen führt zu Kontextverlust),
6. Fehlende Einrichtung von Hybrid-Bots (Möglichkeit der Übergabe an menschliche Agenten zu jedem Zeitpunkt).

Die Lektionen stammen auch aus der App-Landschaft vieler Automobilunternehmen, wo Hunderte von Single-Purpose-Apps schreckliche Bewertungen und sehr niedrige Downloadraten haben.

Aus Unternehmenssicht waren Chatbots und Digital Assistants ziemlich teuer und zeitaufwendig zu entwickeln, da jeder Anwendungsfall ein ganzes Content-Team erforderte, um die deterministischen Dialoge und Antworten zu skripten, und Entwickler, die jeden Bot mit neuen Kanälen, Datenbanken sowie der Schulung der Natural-Language-Processing-Unit (NLP) und so weiter von Grund auf neu integrieren mussten.

Wenn die meisten Unternehmen Chatbots noch als eine einmalige Leistung betrachten, dann stellen MC Chatbots und Digital Assistants die Zukunft unserer Mitarbeiter dar. Die Inhalte müssen ständig aktualisiert, die Informationsdomänen erweitert und die Geschäftsprozesse automatisiert werden, um für unsere Kunden relevant und interessant zu bleiben. Deshalb haben wir das Konzept erweitert und den Begriff digitale Arbeit in unserem Arbeitsbereich geprägt.

In diesem Sinne hat MC von Anfang an darauf geachtet, dass für jeden seiner Kunden eine zentrale digitale Arbeitsplattform angestrebt wird. Eine digitale Arbeitsplattform ist definiert als Shared-Service-Plattform, die als Basis für alle Kunden und internen Chatbots über alle Geschäftsbereiche hinweg dient. Auf diese Weise können Backend-Schnittstellen, Frontend-Kanalintegrationen und unterstützende Tools wie Monitoring-Dashboards wiederverwendet werden. Darüber hinaus können Chatbot-Inhalte leicht wiederverwendet oder angepasst werden. Dies können unter anderem die Dialogknoten, Antworten, Rich-Media-Inhalte und so weiter sein. Schließlich basieren die meisten Preismodelle für kognitive Dienste auf dem Verbrauch mit sinkenden Gebühren, abhängig von der Gesamtzahl der API-Aufrufe. Daher wird eine Plattform aufgrund des gemeinsamen Volumens aller Chatbots immer geringere Kosten pro API-Aufruf haben.

Die Vorteile eines solchen Ansatzes haben auch einen enormen Einfluss auf das Kundenerlebnis. Die Kunden können nun zwischen den Kanälen wechseln und der Mitarbeiter von Bot aka „digital labor" erinnert sich noch an das letzte Gespräch, die Benutzereingaben, persönliche Daten und den Kontext, sodass jede Interaktion persönlicher und natürlicher erscheint. Durch die Bündelung aller Chatbots unter einem Dach – dem „Agent Hub" oder „Meta-Bot" – können Kunden eine Vielzahl von Problemen in einer Einheit lösen. Ein intelligenter Algorithmus leitet eingehende Anfragen zwischen den Kompetenzen weiter, ohne dass der Kunde dies überhaupt erkennt. Dies macht die Aktivierung von Skills, wie sie manche vielleicht von Alexa oder Google Assistant kennen, überflüssig. Automatisch jeder neue Dialog, jede neue Antwort oder jeder neue Geschäftsprozess, den ein Bot lernt, macht das gesamte System intelligenter. So erweitern sich die Kenntnisse und Fähigkeiten kontinuierlich und liefern dem Kunden einen echten Mehrwert, indem sie immer mehr seiner Probleme beheben und Anfragen rund um die Uhr automatisch bearbeiten.

Wie in Abb. 7.10 dargestellt besteht der MC's Digital Labor Platform Blueprint aus vier verschiedenen Schichten: 1) Connector Hub, 2) Inhalts-Hub, 3) Server. 4) Data Hub. Da die digitale Arbeit wie jeder andere Mitarbeiter verwaltet werden muss, haben wir einen Task-Manager und eine Art Ticketing-System für die Abwicklung von Workflows eingeführt. Ein herstellerunabhängiger Service-Orchestrator, oft auch als Middleware bezeichnet, wurde eingerichtet, um alle kognitiven Dienste wie natürliche Sprachverarbeitung oder Bilderkennung mit jeder Fähigkeit zu verbinden, abhängig von der Art der zu verarbeitenden Daten. Zusätzlich wurden der Plattform sukzessive unterstützende Tools hinzugefügt, da Backend-Workflows automatisiert oder Interaktionen in einem Wissensmanagementsystem gespeichert werden mussten, um zukünftige Kompetenzentwicklungen zu ermöglichen.

Ein Beispiel im Automobilsektor, in dem Digital Labor eingesetzt wird, ist der virtuelle Service Desk (Abb. 7.11).

Die Vorteile in diesem Szenario der digitalen Arbeit reichen von der 24×7-Self-Service-Verfügbarkeit bis hin zu sofortigen Reaktionszeiten für die Kunden. Aus betriebswirtschaftlicher Sicht konnten folgende Vorteile realisiert werden:

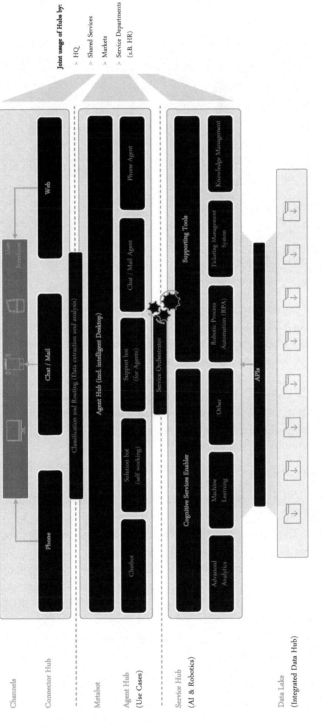

Abb. 7.10 Digital Labor Platform Blueprint. (Quelle: Mercedes-Benz Consulting 2018)

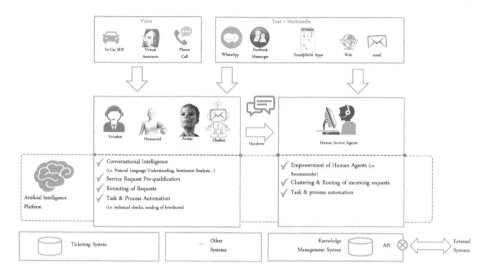

Abb. 7.11 Virtual Service Desk. (Quelle: Mercedes-Benz Consulting 2018)

signifikante Kosteneinsparungen durch Virtualisierung des 1st-Level-Supports, verbesserte Handhabung von Spitzenzeiten, Reduzierung der Call-Routing-Rate durch Präqualifikation und Clustering, Effizienzgewinne und Kosteneinsparungen durch Aufgaben-/Prozessautomatisierung, Empowerment von Human Agents (d. h. Empfehlung für Next Best Activity, Antwort, Angebot etc.).

Aufgrund des positiven Kundenfeedbacks sind wir sicher, dass wir unsere Bemühungen im Bereich Digital Labor auf jede Funktionseinheit ausdehnen und die Tiefe der Prozessautomatisierung in den kommenden Monaten und Jahren erhöhen werden.

Literatur

Accenture (2016). Customer Service Transformation Innovative Customer Contact and Service. München.

Arbibe, A. (2017). The Challenge of Data Protection in the Era of Bots. Aufgerufen am 28 Mai, 2017 von https://blog.recast.ai/data-protection/.

Aspect (2017). Customer Service Chatbots and Natural Language. Aufgerufen am 29 April, 2017 von https://www.aspect.com/globalassets/microsite/nlu-lab/images/Customer-Service-Chatbots-and-Natural-Language-WP.pdf, zuletzt zugegriffen am 28.01.2019.

Beaver, L. (2016). The Chatbot Explainer: How Chatbots are changing the App Paradigm and Creating a new Mobile Monetization Opportunity. In Business Insider Intelligence. Aufgerufen am 10 Mai, 2017 von http://www.businessinsider.de/what-are-chatbots-a-new-app-and-mobile-monetization-opportunity-2016-9?r=US&IR=T.

Elder, R. & Gallagher, K. (2017). What social media platform do consumers trust the most? The Digital Trust Report – Business Insider Intelligence. Aufgerufen am 30 Mai, 2017 von https://www.businessinsider.com/the-digital-trust-report-insight-in-to-user-confidence-in-top-social-platforms-enterprise-2017-5.

Mathur, A. (2017). Program your chatbot to handle „long-tail" questions with Watson Conversation and Watson Discovery. IBM – The developerWorks Blog. Aufgerufen am 18 Juli, 2017 von https://developer.ibm.com/dwblog/2017/chatbot-long-tail-ques-tions-watson-conversation-discovery/.

Mercedes-Benz Consulting (2018). Customer Management Innovation and Artificial Intelligence Abteilung.

Mindshareworld (2016). AI Chatbots. Aufgerufen am 10 Mai, 2017 von https://www.mindshareworld.com/sites/default/files/MINDSHARE%20ON_6_AI_Chatbots_1.pdf.

Die Autoren
Alex Dogariu, Mercedes-Benz Consulting – Leiter der Customer Management Innovation and AI Abteilung.

Nicolas Maltry, Mercedes-Benz Consulting – Projektleiter und Subject Matter Expert für Digital Labor.

7.3   Artificial Intelligence und Big Data im Kundenservice: Reality Check und Ausblick

Gastbeitrag von Professor Dr. Nils Hafner, Hochschule Luzern Wirtschaft/Institut für Finanzdienstleistungen Zug IFZ

Veränderte Rahmenbedingungen im Kundenservice
Die Digitalisierung hat seit der Einführung des Smartphones den Kundenservice in vielen Branchen tief greifend verändert. So ist es heute grundsätzlich möglich, vor, während oder kurz nach dem Service-Kontakt wesentlich mehr über den Kunden zu wissen als noch vor einigen Jahren und ihn daraufhin entsprechend individueller zu behandeln. Dies bietet ein interessantes Potenzial für eine verbesserte Wirtschaftlichkeit im Kundenservice. Unter diesem Aspekt zeigt der vorliegende Beitrag auf, welche Möglichkeiten sich aus der intelligenten Nutzung vieler unterschiedlicher Informationen aus verschiedenen Quellen und in diversen Formaten (Big Data; Abschn. 2.2) sowie durch die Anwendung von Artificial Intelligence (AI; Kap. 3) und Machine Learning (Machine Learning Abschn. 3.6.3) im Kundenkontakt ergeben.

Eng mit dieser Definition von Artificial Intelligence verbunden ist der Begriff des Machine Learning. (Dies zeigt unter anderem die Fintech-Studie des Instituts für Finanzdienstleistungen Zug IFZ der Hochschule Luzern auf). Dabei bezieht sich das maschinelle Lernen primär auf Algorithmen, welche es möglich machen, aus Daten zu lernen, um datenbezogene Entscheidungen zu treffen. „Machine Learning experienced major success in recent years by using algorithms such as deep learning that leverage the

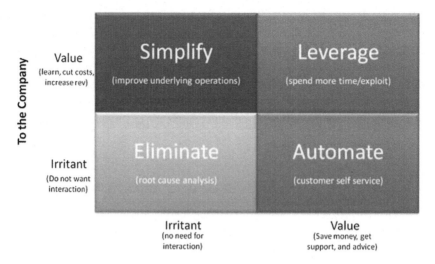

Abb. 7.12 Value-Irritant-Matrix. (Quelle: Price und Jaffe 2008)

availability of both cheap computing and huge amounts of data. Machine Learning contains techniques such as clustering, classifications, regression type models, text mining, sentiment analysis, natural language processing, and network analysis" (Goodfellow et al. 2016).

Deutlich wird durch diese Definitionen, dass sich die Konzepte auf eine Fülle unterschiedlicher Service-Probleme diverser Branchen anwenden lassen können. Um trotzdem eine nützliche Einordnung für den Kundenservice vornehmen zu können, wird auf ein bewährtes Instrument der strategischen Steuerung für Service-Vorfälle zurückgegriffen. Dabei handelt es sich um die von Price und Jaffe (2008) vorgestellte Value-Irritant-Matrix. Diese ist in der Abb. 7.12 dargestellt.

Danach wird einerseits aus der Sicht der Unternehmung überlegt, ob diese an einem Kontakt mit dem Kunden unter Service-Gesichtspunkten interessiert ist, weil sie etwas über ihre Produkte und Dienstleistungen lernen kann, sich dadurch Ideen für Einsparungen ergeben sowie sich durch den Kontakt eine Chance ergibt, weitere Produkte oder Leistungen zu verkaufen oder eben nicht. Andererseits wird systematisch die Perspektive des Kunden auf den Service-Kontakt eingenommen. Ist der Kunde wirklich an einem persönlichen Kontakt interessiert, weil er Antworten auf seine Fragen oder einen Rat bekommt und im Idealfall Geld sparen kann, oder sieht er gar keine Notwendigkeit mit einem Unternehmen in Kontakt zu treten und empfindet den Kontakt als ärgerlich?

Die Grundidee ist, dass ein Unternehmen analysieren sollte, wo Kunde und Unternehmen gleichzeitig Interesse am persönlichen Kontakt haben. Nur hier kommen wertstiftende Gespräche zustande. Besteht eine Interessendivergenz, hat also der Kunde ein hohes Interesse, eine Problemlösung zu erhalten, das Unternehmen schätzt diesen

Kontakt jedoch nur als zusätzliche Kosten ein, sollte der Kontakt automatisiert werden. Das ist vor allem dort von Interesse, wo Kunden immer wieder die gleichen Fragen stellen. In diesem Zusammenhang geht es häufig um das Verständnis der Funktionsweise von Produkten und Dienstleistungen, auch Self-Service genannt. Gleiches gilt für den umgekehrten Fall, dass das Unternehmen darauf angewiesen ist, dass der Kunde in Kontakt mit dem Unternehmen tritt und bestimmte Informationen preisgibt, wie beispielsweise bei einem Check-In oder einer E-Mail-Bestätigung. Derartige Kontakte empfinden Kunden häufig als lästig. Hier gilt es, die Kontakte, wie beispielsweise einen Check-In oder Teilkontakte, sowie eine notwendige Identifikation des Kunden möglichst zu vereinfachen.

Gerade durch die fortschreitende Digitalisierung sind in den letzten Jahren viele Möglichkeiten und Ideen aufgetaucht, wie einerseits noch weitere Kontakte automatisiert oder vereinfacht werden können, andererseits das Kundenerlebnis im „Leverage"-Quadranten verbessert werden kann. Dies immer unter der Prämisse, den Nutzen für Unternehmen und Kunden zu maximieren.

Um nun den Beitrag von Big Data und AI zu dieser Nutzenmaximierung aufzuzeigen, wird exemplarisch auf die folgenden drei Anwendungsbereiche eingegangen:

1. Voice Analytics
2. Chatbots und Conversational UI
3. Predictive Servicing

Voice Identifikation und Voice Analytics
Eine Datenquelle, deren Möglichkeiten für die gezielte Kundenbearbeitung seit einigen Jahren zunehmend genutzt werden, ist die menschliche Sprache. Hier ergeben sich zwei Anwendungsmöglichkeiten im Kundenservice. Zum einen die Sprachidentifikation des Kunden. Gerade in Branchen, in denen eine Identifikation des Kunden vor der Interaktion aus Sicherheitsgründen oder zum Nachweis der Berechtigung vorgeschrieben ist, ist das Potenzial groß. Denn gleichzeitig erinnern sich die wenigsten Kunden noch an die von ihnen festgelegten Sicherheitspasswörter oder möchten Kundennummern oder Geburtsdaten angeben. In Bezug auf die Value-Irritant-Matrix geht es also hier um die Vereinfachung des Kundenkontakts.

In diesem Zusammenhang arbeiten verschiedene Unternehmen bereits mit dem sogenannten „Voiceprint". Bei einem solchen Stimmabdruck handelt es sich um eine Datei, welche die Merkmale einer Stimme wie Frequenz, Lautstärke, Sprechtempo etc. enthält. Es werden jedoch keine Gesprächsinhalte oder Teile davon aufgezeichnet. Mit einem Stimmabdruck kann die Identität eines Menschen mit über 99 %iger Sicherheit authentifiziert werden. Zudem findet die Identifikation anhand von Daten statt, die nicht mit betrügerischer Absicht erworben werden können. Dies kann auch ein Mittel gegen sogenannte Social-Engineering-Angriffe sein. Bei solchen Angriffen geben sich Betrüger als Kunden aus und versuchen so, an sensible Daten zu gelangen.

Derartige Services bieten Anbieter wie Nuance und Nice schon seit einiger Zeit an. Jedoch nutzen erst sieben Prozent aller Contact Center sprachbasierte Informationen zur Identifikation oder gar zur Analyse von Gesprächsinhalten. Das zeigt die Auswertung der Umfrage des Service Excellence Cockpits (siehe zur Entwicklung des Cockpits Egle et al. 2014) im Jahr 2016, an der über 150 europäische Contact Center teilgenommen haben. Hier liegt also noch ein Profilierungspotenzial für viele Unternehmen, da durch die biometrische Identifikation die Gesprächsdauer für Kunden und Unternehmen kürzer wird und Kunden so ihr Ziel einer kompetenten Antwort schneller erreichen.

Das große Potenzial liegt jedoch hier in der Verknüpfung von Sprachanalyse und Machine Learning. Das zeigt beispielsweise das Unternehmen Precire Technologies aus Aachen in Deutschland. Die Gründer dieses Unternehmens geben an, die menschliche Sprache entschlüsselt zu haben, und das mittels psychologischer Studienergebnisse und dem Einsatz von Big-Data-Technologie. Aus aufgezeichneten Kundengesprächen lassen sich so grundsätzliche Aussagen etwa über die kommunikative Wirkung einer Sprache, über Emotionen, Persönlichkeit und sprachliche Kompetenz eines Menschen, aber auch über Motive und Einstellungen einzelner oder Gruppen von Menschen treffen.

Im Contact-Center-Umfeld ist das vor allem für das Zusammenspiel von Mitarbeiter und Kunde relevant. Ist das beschriebene Tool erst einmal im Sinne des Machine Learning angelernt, hat also verstanden, was ein „erfolgreicher Dialog" aus der Sicht des Unternehmens ist, kann es die reale Zufriedenheit des Kunden (und des Mitarbeiters) zu Beginn, während und am Ende des Gesprächs analysieren und damit messen. So spart sich das Unternehmen Post-Call-Befragungen und kann auf der Basis von objektiven Messungen individuelle Trainingsprogramme zusammenstellen. So profitiert auch das Mitarbeiter- und Führungskräfte-Coaching von der zunehmenden Digitalisierung im Kundenservice. Schlussendliches Ziel der Analyse ist es, dass Gespräche sowohl kürzer als auch erfolgreicher im Hinblick auf Kundenzufriedenheit als auch im Hinblick auf Cross- und Up-Selling werden.

All diese Effekte addieren sich zu interessanten Business Cases, wie eine Untersuchung anhand zweier Contact Center zeigt. So amortisierte sich der Einsatz einer Sprachanalyse-Software bereits innerhalb von fünf bzw. sieben Monaten (Hafner 2016).

Die automatisierten Kundenzufriedenheitsmessungen können als eine echte Ergänzung zur heutigen „Masterkennzahl" NPS gesehen werden, welche laut Service Excellence Cockpit heute immerhin schon von 40 % aller Contact Center angewandt wird. Dabei bewertet der Kunde anhand der Frage „Würden Sie uns weiterempfehlen?" die Beziehung auf einer Skala von null bis zehn. Diese Bewertung ist subjektiv, kann politischen Erwägungen unterliegen und basiert auf längerfristigen Erfahrungen (Reichheld 2006). Auch eine Messung der Frage „Würden Sie uns auf der Basis der letzten Interaktion weiterempfehlen?" unterliegt dem gleichen Bias, kann also nicht als Ausdruck der Zufriedenheit mit eben dieser Interaktion an eben diesem Touchpoint gesehen werden. Eine Messung auf Basis eines einzelnen Erlebnisses erscheint also insbesondere zur Steuerung konkreter Mitarbeiter problematisch. Auch muss der Kunde immer wieder erneut Zeit für eine Beantwortung einzelner Fragen oder eines Fragebogens aufwenden.

Hierbei stellt sich die Frage, inwiefern der Kunde hier einen Mehrwert der Befragung für die Beziehungsgestaltung durch das Unternehmen sieht. Eine Befragung des Kunden bezüglich des NPS sollte sich also auf die jährliche Durchführung beschränken.

Überdies ist eine Befragung nach jeder Interaktion auch wenig empathisch. Normalerweise spürt ein Ansprechpartner ja aus dem Gespräch heraus, wie zufrieden der Kunde ist. Sein Anreiz, diese Information in ein System zur logischen Weiterentwicklung der Kundenbeziehung einzutragen, hält sich jedoch, gerade bei problematischen Gesprächen, in Grenzen. Dieses Dilemma lösen die beschriebenen Analyse-Systeme auf. Sie messen tatsächlich die konkrete Zufriedenheit an dem, was der Kunde fühlt und erlebt. Diese Messung findet tief in der Psyche des Kunden und im Moment des Erlebens statt.

Durch die Kombination von NPS als übergeordneter Kennzahl und den sprachanalytischen Touchpoint-Messungen ist es somit möglich, ein integriertes Steuerungs-Cockpit für den Kundenservice zu erstellen, das nicht nur Rückschlüsse auf die Interaktionsqualität und das reale Erlebnis des Kunden zulässt, sondern noch überdies aktionsbezogen ist. Nicht zufriedenstellende Erlebnisse werden registriert, und der Kunde kann beim nächsten Kontakt gezielt „bearbeitet" werden, um die Beziehung wieder positiv zu gestalten. Retentionskampagnen werden so dank Sprachanalyse noch gezielter und logischer.

Chatbots und Conversational UI
Basierend auf einer Analyse der gesprochenen oder geschriebenen Sprache kann nun überlegt werden, wie es zu automatisierten Dialogen kommt. Grundlage dafür ist eine Infrastruktur, wie sie seit 2008 auf den Smartphones von über zwei Milliarden Menschen entstanden ist den „Messenging Apps" wie Facebook Messenger, WhatsApp, Amazon Echo oder dem chinesischen WeChat. Auf diesem „Conversational UI" nun können Unternehmen mit ihren Kunden chatten. Dies hat gegenüber der Entwicklung eigener Service Apps den Vorteil, dass eine allgemein akzeptierte Dialog-Infrastruktur genutzt wird, die den meisten Nutzern und damit den Kunden zugänglich und leicht verständlich ist (Sokolow 2016).

Wird hier eine Automatisierung der Service-Dialoge überlegt, kommen für die Erledigung einfacherer Anliegen des Kunden Chatbots infrage, schließlich sind in den meisten Branchen mehr als 80 % der Anfragen hochgradig repetitiv. Der Begriff Chatbot kann in zwei Teile zerlegt werden. Der hintere Teil „bot" ist eine Abkürzung des Wortes „robot" (dt. Roboter). Darunter fallen in diesem Kontext Programme, die zur Automatisierung eingesetzt werden. Der vordere Teil „chat" verweist auf eine spezifische Funktion des Bots in der Kommunikationsform. So ist ein Chatbot eine Software, die fähig ist, mit Menschen in einen sinnvollen Dialog zu treten. Die Kommunikation kann schriftlich oder gesprochen stattfinden (Dole et al. 2015).

Chatbots sind keine neue Erfindung. Erste Anwendungen wurden bereits in den 1960er Jahren entwickelt, damals noch als komplett programmierter Roboter mit einem statischen Bezugsrahmen. So kommunizierte der bekannteste Anwendungsfall ELIZA in der Rolle einer Psychiaterin mit Testpersonen, welche davon ausgingen, sich mit einem realen Menschen auszutauschen.

In jüngster Zeit werden moderne Chatbots gegenüber solchen „programmierten Maschinen" aber zunehmend entwicklungsfähig. Sie müssen dabei durch Dialoge zwischen Kunden und Unternehmen angelernt werden. In diesem Zusammenhang kann wiederum klar von Machine Learning und sich daraus entwickelnder Künstlicher Intelligenz gesprochen werden (Iyer et al. 2016). In neueren Publikationen (z. B. Weidauer 2017) wird deutlich, dass es bei der zunehmend präziser werdenden Konversation zwischen Bot und Kunde nicht nur auf die Lerngeschwindigkeit des Systems, sondern auch darauf ankommt, den Kunden mit einer geschickten Fragetechnik durch den Dialog zu lenken. Wenn das Bot gezielt nachfragt, sind die Entscheidungen des Kunden und damit seine Willensäußerung klarer. „Wer fragt, führt" gilt auch für Chatbots.

Als bekannte Beispiele von Chatbots in einer Echtsprach-Umgebung, die mit Künstlicher Intelligenz ausgestattet sind, können beispielsweise Apple Siri, Google Now, Microsoft Cortana oder Amazon Alexa genannt werden (Sauter 2016). Diese erledigen quasi jede Aufgabe eines persönlichen Assistenten. Jedoch kann ein Chatbot auch für automatisierte Rezensionen oder sonstige Manipulation der öffentlichen Meinung missbraucht werden (Sokolow 2016). In diesem Zusammenhang weisen Iyer et al. darauf hin, dass das Vertrauen in neue Technologien wie Bots limitiert ist und nicht missbraucht werden sollte (2016). Als Beispiel ziehen sie den Bot „Tay" von Microsoft heran, der mittels Machine Learning auf Twitter eine Künstliche Intelligenz entwickeln und damit „verstehen" sollte, wie junge Menschen zwischen 18 und 24 Jahren kommunizieren. Dabei lernte der Bot aus den Dialogen, die mit ihm geführt wurden. Als das Bot begann, rassistische Äußerungen von sich zu geben, die er im Dialog gelernt hatte, wurde er von Microsoft abgeschaltet und nachjustiert (Beuth 2016).

Derartige Bots werden neu in die jeweiligen Messenger-Umgebungen integriert und dienen den Usern als Gesprächspartner oder integrieren sich in den Dialog zwischen mehreren menschlichen Usern (Elsner 2016). Die Kern-Idee dahinter ist, dass die Teilnehmer des Dialoges automatisiert durch den Bot zu Produkten und Services geleitet werden, die in den Dialogen eine Rolle spielen. So kann beispielsweise die Ferienplanung komplett von der Flugbuchung, über die Hotelreservation bis hin zur Auswahl von Ausflügen oder von Restaurants in einem Gespräch stattfinden, ohne die Messenger-Umgebung zu verlassen, um kommerzielle Apps oder Webseiten aufrufen zu müssen, um beispielsweise Preise und Alternativen zu recherchieren. Derartige Geschäfte, die mittels Kommunikation abgeschlossen werden, subsumiert man unter dem Schlagwort „Conversational Commerce" (Sokolow 2016). Ist der Chatbot also in einer allgemein genutzten Messenger-Plattform (Messenger von Facebook, Slack etc.) integriert, vereinfacht dieser dem Kunden den Alltag, da weniger Aufwand benötigt wird, um beispielsweise einen Flug mit einer Kurzmitteilung zu bestellen, und der Kunde sich nicht durch die App der Airline durcharbeiten muss (vgl. Annenko 2016). Das richtige Potenzial wird aber erst dann erreicht, wenn eine mittels Bot geplante Reise nicht wunschgemäß verläuft: Realisiert der Bot beispielsweise schon bei der

Anfahrt zum Flughafen, dass ein Flug eine große Verspätung aufweist, kann er selbstständig Umbuchungen vornehmen, damit geplante Termine eingehalten werden können (Vogt 2016). Der Kunde bekommt davon nichts mit. Die Airline spart sich eine Fülle unerwünschter Service-Dialoge.

Ein Beispiel für den Einsatz von Chatbots im Kundenservice ist die Digibank in Indien. Sie hat einen Chatbot implementiert, der fähig ist, Kundenanfragen zu beantworten und Konversationen zu führen, in welchen der Kunde zwischen verschiedenen bankbezogenen Themen hin- und herspringt (Brewster 2016). Ähnlich positioniert sich die die Bank of America: Auch hier können Kunden mit einem Chatbot im Facebook Messenger interagieren. Betrachtet man den chinesischen Messengerdienst WeChat, stellt man fest, dass beispielsweise Geldtransfers zwischen den Chat-Teilnehmern vorgenommen und Waren und Dienstleistungen aller Art bestellt werden. Hier ist gut zu verstehen, welchen Nutzen die Messenger-Umgebung als Conversation UI bietet. Bei einer herkömmlichen Bestellung eines Produktes muss die entsprechende E-Commerce-Repräsentanz im Internet aufgerufen werden, die Zahlung wird in der Regel im Anschluss entweder durch eine Payment App oder durch eine Überweisung in der E-Banking-Umgebung des Kunden durchgeführt. Man überlege dabei einfach einmal, wie viele Passwörter ein Kunde in dieser Konfiguration eingeben muss, um sich zu authentifizieren. Ein entsprechend trainierter Chatbot kann mehreren Kunden gleichzeitig und schnell weiterhelfen – eine deutlich rationalere Form der Automatisierung von Dialogen eben.

Da Service-Anfragen in unterschiedlichen Komplexitätsgraden auftauchen, kommt dem Monitoring der Dialoge eine besondere Rolle zu. Dies gilt insbesondere für den Fall, dass für den Bot neue Service-Anfragen gestellt werden. In dem Fall ist das Bot nicht fähig zu antworten bzw. die Antwort fällt für den anfragenden Kunden unbefriedigend aus. Wichtig ist dabei die Übernahme des Dialogs durch einen menschlichen Ansprechpartner in dem Fall, dass das Bot nicht „weiterweiß". Hier gilt es organisatorisch vorzusorgen. Im Anschluss empfiehlt es sich aber, den neuen Service-Fall wieder an den lernenden Bot zurückzugeben. Um dem Bot einen Grundstock an „Service-Wissen" mit auf den Weg zu geben, empfehlen Iyer et al. die Pilotierung von Bots zusammen mit Kunden (2016). Das Risiko eines Bots, der nicht oder unbefriedigend antwortet, sollte so mit der Zeit reduziert werden. Generell befinden sich Unternehmen erst am Anfang dieser Entwicklung. Bots beginnen langsam mit der Lösung hochgradig standardisierter Probleme und erschließen nach und nach die Komplexität menschlicher Dialoge (Simmet 2016).

Predictive Maintenance und die Vermeidung von Service-Fällen
Das sogenannte Predictive Maintenance ist eine Spielart des Predictive Modelling, welches für den Service-Bereich zukünftig enorm an Bedeutung gewinnt. Hier spielt der Umgang mit Big Data und der darauf aufbauenden prädiktiven Analytik eine besondere Rolle, wie eine Studie der Universität Potsdam aufzeigt (Gronau et al. 2013). Predictive Modelling ist einerseits durch einen hohen analytischen Reifegrad, andererseits

durch einen zunehmend hohen Wettbewerbsvorteil gekennzeichnet, der durch das prä-
diktiv generierte Wissen entsteht. Bezogen auf den Kundenservice geht es bei Predictive
Maintenance vor allem um das proaktive Handeln eines Unternehmens zum Vermeiden
von absehbaren Service-Fällen (Hoong et al. 2013). Es geht also darum, aus verfügbaren
Datenquellen ein Modell zu entwickeln, welches voraussagt, wann welcher Service-Fall
mit welchen Konsequenzen für das Unternehmen und den Kunden eintritt. Wenn es
günstiger ist, eine Lösung für den Kunden zu schaffen, bevor das Service-Ereignis eintritt, können so „Irritants" auf beiden Seiten vermieden werden (Price und Jaffe 2008).
Dies ist vor allem dadurch möglich, dass nicht nur firmeninterne Daten und Informationen aus den Kundendialogen, wie in Kap. 2 und 3 dieses Beitrages s. o. aufgezeigt,
sondern auch externe Umweltdaten zur Modellierung herangezogen werden. Hoong
et al. demonstrieren dies an einem Beispiel aus dem Maschinenbau, wie in Abb. 7.13
dargestellt.

Im Gegensatz zu einer Wartungslogik dieser Maschine, die nach festen zeitlichen
oder Nutzungs-Zyklen abläuft, bezieht das Predictive-Maintenance-Modell interne wie
externe statische wie dynamische Daten ein, um zu prognostizieren, wie hoch die Wahrscheinlichkeit eines Ausfalls der Maschine ist. Nun kann man rein wirtschaftlich überlegen, was der Ausfall der Maschine pro Tag oder Stunde kostet. Hier geht es um eine
Optimierung der Wartungs- bzw. Gesamt-Servicing-Kosten. Erfolgt die Wartung zu früh,
hätten die Verschleißteile der Anlage länger genutzt werden können. Es entstehen also

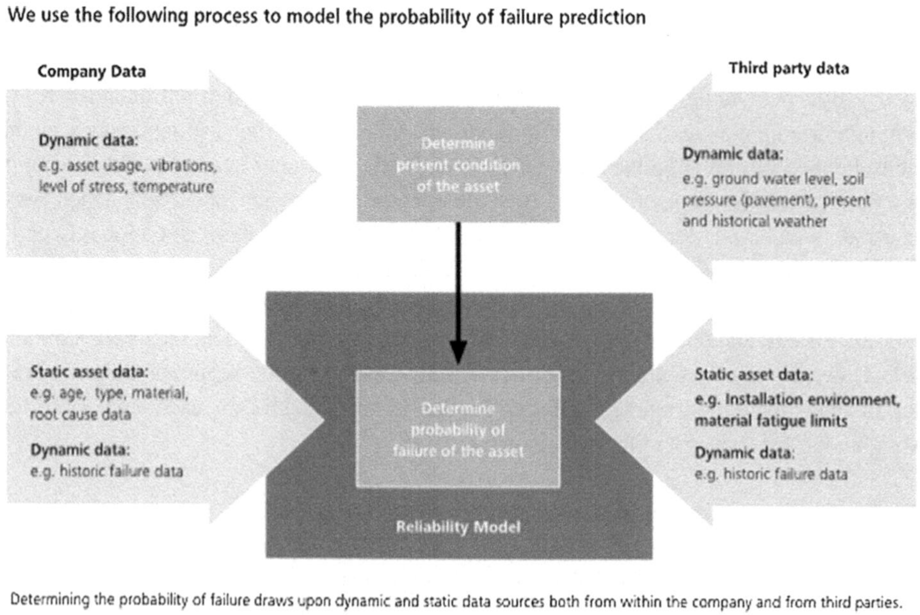

We use the following process to model the probability of failure prediction

Company Data   Third party data

Dynamic data:
e.g. asset usage, vibrations,
level of stress, temperature

Determine
present condition
of the asset

Dynamic data:
e.g. ground water level, soil
pressure (pavement), present
and historical weather

Static asset data:
e.g. age, type, material,
root cause data

Dynamic data:
e.g. historic failure data

Determine
probability of
failure of the asset

Static asset data:
e.g. Installation environment,
material fatigue limits

Dynamic data:
e.g. historic failure data

Reliability Model

Determining the probability of failure draws upon dynamic and static data sources both from within the company and from third parties.

Abb. 7.13 Modell zur Kalkulation der Ausfallwahrscheinlichkeit im Maschinenbau. (Quelle:
Hoong et al. 2013)

unnötige Kosten. Steht die Maschine, entstehen dem Kundenunternehmen Ausfallkosten, die unter Umständen vertragsbedingt an das herstellende Unternehmen weitergereicht werden können. Auch hier kommt wieder Machine Learning ins Spiel. Der Algorithmus lernt mit jedem Ausfall einer Maschine hinzu. Auf der Basis aller laufenden Maschinen und deren Service-Intervallen und ungeplanten Ausfällen wird die Genauigkeit des Schätzmodells immer besser und kann so den optimalen Zeitpunkt für eine Wartung bzw. einen Austausch feststellen.

Diese Logik ist zunehmend auch in B2C-Umgebungen nutzbringend anzuwenden. Nehmen wir als Beispiel den Fall eines Händlers, der Kaffee in Kapseln in hoher Qualität im Rahmen eines Klub-Modells an seine Kunden zu hohen Margen verkauft. Dieses Unternehmen kennt durch sein Business-Modell den Kunden mit Namen und Adresse. Es weiß also, wie viele Kapseln welcher Kaffeesorte der Kunde gekauft hat. Gleichzeitig kennt es die Marke und den Typ der verwendeten Maschine. Das Unternehmen kennt die durchschnittliche Lebensdauer dieser Maschinen im Bezug zum Wasserhärtegrad am Wohnort des Kunden. Dieser ist in entwickelten Märkten recht leicht herauszufinden. Auch weiß das Unternehmen, wie häufig der Kunde seine Maschine entkalkt hat. Das Entkalkungsset bezieht er ja in der Regel auch über den Klub. All diese Faktoren ergeben ein Schätzmodell, welches mit der Zeit wie oben beschrieben verfeinert wird. Nun ist lediglich noch zu klären, wie man den „Irritant" des Ausfalls dieser Maschine vermeidet. Das Handelsunternehmen weiß, dass ein Kunde, dessen Maschine ausfällt, im Durchschnitt einen Monat keinen Kaffee kauft, bis er eine neue Maschine angeschafft hat. Während dieser Zeit besteht natürlich ein erhöhtes Risiko des Anbieterwechsels, da ja eine Wechselbarriere (eine funktionierende Kaffeemaschine) weggefallen ist. Um die Ausfallkosten der entgangenen Umsatzmarge und das Risiko des Anbieterwechsels zu minimieren, macht der Händler dem Kunden nun ein (aus dessen Sicht) vorteilhaftes Angebot, sobald die Wahrscheinlichkeit eines Maschinenausfalls ein gewisses Ausmaß erreicht hat. Der Kunde kann (bei Bestellung einer gewissen Menge Kaffee) eine neue (aus seiner Sicht weitere) Kaffeemaschine zu einem für ihn attraktiven Angebotspreis erwerben. Geht der Kunde auf das Angebot ein, ist das Predictive Servicing hier für den Kaffeehändler erfolgreich gewesen.

Fazit: Entwicklungen im Kundenservice auf Basis von Big Data und AI
Es ist anhand der vorgestellten drei Anwendungsbereiche festzustellen, dass sich der Umgang mit Big Data und Formen der Künstlichen Intelligenz und damit des Machine Learning zunehmend nutzenstiftend auch in die Welt des Kundenservice vordringt. Mit zunehmendem Fortschritt der Erkenntnisse im Bereich der Voice Analytics und des Predictive Servicing und der zunehmenden Dialogfähigkeit von Chatbots in einer Messenger-Umgebung wird es Unternehmen gelingen, Kundenanfragen zunehmend automatisiert zu behandeln und damit Kosten- und Geschwindigkeitsvorteile zu realisieren. Es bleibt zu beobachten, wie die Herausforderungen des Machine Learning und der Selektion relevanter Daten (Value Data) aus dem „Big Data"-Universum bewältigt werden können, ohne auf diesem Weg zur Automatisierung Kunden durch unbefriedigende

Dialoge zu verlieren. Spannend bleibt auf diesem Weg auch die Steuerung der Mitarbeiter im Kundenservice. Wenn absehbar ist, dass gerade durch Chatbots Dialoge nicht mehr von Mensch zu Mensch stattfinden, also auch Arbeitsplätze wegfallen, ist es fraglich, inwiefern die heutigen Service-Profis dazu beitragen, Bots anzulernen und so die oben beschriebenen Effizienzvorteile zu realisieren.

Literatur

Annenko, O. (2016). Wie Großunternehmen von Chatbots profitieren können. Online: https://www.silicon.de/41626347/wie-grossunternehmen-von-den-chatbots-profitieren-koennen.

Beuth, P. (2016). Twitter-Nutzer machen Chatbot zur Rassistin. Online: http://www.zeit.de/digital/internet/2016-03/microsoft-tay-chatbot-twitter-rassistisch Letzter Zugriff: 10.07.2017.

Brewster, S. (2016). Do Your Banking with a Chatbot. Online: https://www.technologyreview.com/s/601418/do-your-banAIng-with-a-chatbot/ Letzter Zugriff: 10.07.2017.

Dole, A., Sansare, H., Harekar, R., Athalye S. (2015). Intelligent Chat Bot for Banking System. International Journal of Emerging Trends & Technology in Computer Science, 04(5)/2015, S. 49–51.

Egle, U., Keimer, I. und Hafner, N. (2014). KPIs zur Steuerung von Customer Contact Center in: Müller, K., Schultze, W. Produktivität von Dienstleistungen, S. 505 bis 545. Heidelberg: Springer Verlag.

Elsner, D. (2016). Chatbots mit Banking-Potential. Online: http://www.capital.de/meinungen/chatbots-verfuegen-ueber-banking-potenzial.html Letzter Zugrif: 10.07.2017.

Gronau, N., Fohrholz, C. und Weber, N. (2013). Abschlussbericht „Wettbewerbsfaktor Analytics–Reifegrad ermitteln, Wirtschaftlichkeitspotenziale entdecken" Ergebnisse einer explorativen Studie zur Nutzung von Business Analytics in Unternehmen der DACH-Region, Potsdam 2014.

Hafner, N. (2016). Sprachidentifikation und Sprachanalyse auf dem Vormarsch. Contact Management Magazine, 2016(4), 24–25. Institute of Financial Services Zug IFZ.

Hill, J., Ford, W.R., Farreras, I.G. (2015). Real conversations with Artificial Intelligence: A comparison between human-human online conversations and human-chatbot conversations. Elsevier, 49/2015, S. 245–250.

Hoong, V. et al. (2013). The digital transformation of customer services. Whitepaper. Deloitte Consulting. Online: https://www2.deloitte.com/content/dam/Deloitte/nl/Documents/consumer-business/deloitte-nl-the-digital-transformation-of-customer-services.pdf Letzter Zugriff: 10.07.2017.

Iyer, B., Burgert, A. und Kane, G.C. (2016). Do You Have a Conversational Interface? in: MIT Sloan Management Review online: http://sloanreview.mit.edu/article/do-you-have-a-conversational-interface/ Letzter Zugriff: 10.07.2017.

Price, B., Jaffe, D. (2008). The Best Service is No Service: How to Liberate Your Customers from Customer Service, Keep Them Happy, and Control Costs. Verlag John Wiley & Sons.

Reichheld, F. (2006). The Ultimate Question: Driving Good Profits and True Growth. Harvard Business School Press.

Sauter M. (2016). Trend „Conversational Commerce": Bots ersetzen Apps. Online: http://www.futurecom.ch/trend-conversational-commerce-bots-ersetzen-apps/ Letzter Zugriff: 10.07.2017.

Simmet, H. (2016). Individualisierter Service durch Chatbots: Die neue Welt der digitalen Kunden-Kommunikation. Online: https://hsimmet.com/2016/06/02/individualisierter-service-durch-chatbots-die-neue-welt-der-digitalen-kunden-kommunikation/ Letzter Zugriff: 10.07.2017.

Schnitzler, Carolina C. (2013). Vom Call Center zum Customer Care Center – Fit für die Echtzeitbetreuung des Online-Kunden. Marketing Review St. Gallen, 03/2013, S. 64–73.

Sokolow, A. (2016). Sind Chatbots das nächste grosse Ding? Online: http://mobil.n-tv.de/technik.Sind-Chatbots-das-naechste-grosse-Ding-article17437 Letzter Zugriff: 10.07.2017.

Steiner, A. (2016). Künstliche Intelligenz, Die Bot-Revolution geht los. Online (07.06.2016): http://www.faz.net/aktuell/wirtschaft/netzwirtschaft/unternehmen-setzen-auf-chatbots-chancen-risiken-14175914-p2.html#lesermeinungen Letzter Zugriff: 10.07.2017.

Weidauer, A. (2017). Do-it-yourself NLP for bot developers. Online: https://conversations.golastmile.com/do-it-yourself-nlp-for-bot-developers-2e2da2817f3d#.ys5nj1rc8 Letzter Zugriff: 10.07.2017.

Der Autor
Prof. Dr. rer. pol. Nils Hafner ist internationaler Experte für den Aufbau langfristig profitabler Kundenbeziehungen. Er ist Professor für Kundenbeziehungsmanagement an der Hochschule Luzern und leitet ein Studienprogramm für Kundenbeziehungsmanagement von Finanzdienstleistungsunternehmen. Nach einer Tätigkeit als Practiceleader CRM bei einem der größten Beratungshäuser der Welt baute er von 2002 bis Mai 2006 das erste CRM Master Programm im deutschsprachigen Raum auf. Heute berät er das Management mittlerer und großer Unternehmen in Deutschland, der Schweiz und Europa zum Aufbau von Unternehmenskompetenzen im CRM.

7.4   Customer Engagement mit Chatbots und Collaboration Bots: Vorgehen, Chancen und Risiken zum Einsatz von Bots in Service und Marketing

Gastbeitrag von Dr. Thomas Wilde, BIG Social Media GmbH

Relevanz und Potenzial von Bots für Customer Engagement
Auskunft einholen, Flug einchecken oder das Tagebuch zur eigenen Ernährung pflegen – all dies ist heute im Dialog möglich. Per Messenger oder WhatsApp können Kunden Fragen stellen oder Prozesse anstoßen. Dieser Service ist für den Kunden bequem, jederzeit

mobil verfügbar und verspricht schnelle Antworten oder reibungslose Problemlösung. Eine mittlerweile stark zunehmende Anzahl von Unternehmen setzt bereits auf diesen Kontaktweg, und die Zahlen der Chat-Nutzung sprechen dafür, dass dieser Weg in der Zukunft viele Apps und Web-Angebote ergänzen oder sogar ablösen wird. Die Ursachen dafür sind vielfältig.

Zahlen des Online-Magazins Business Insider[1] zeigen eine deutliche Entwicklung weg von der öffentlichen Post hin zur Nutzung der privaten Messaging-Dienste wie Facebook Messenger oder WhatsApp. Facebook verfügt mittlerweile über eine Nutzerbasis von rund 1,7 Mrd. Menschen weltweit, 1,1 Mrd. Menschen nutzen WhatsApp, und immerhin noch 310 Mio. Nutzer kann Twitter auf dem gesamten Globus verbuchen. Die Plattformen wachsen stark, Kunden nehmen diese Plattformen an und nutzen sie überaus intensiv (Abb. 6.1). Und auch die Technologie ist längst den Prototypen entwachsen: IBM Watson hat schon 2011 in der US-Spielshow „Jeopardy" gegen einen Menschen gewonnen – die Abwicklung von Kundendialogen mutet dagegen regelrecht einfach an.

Überblick und Systematisierung von Einsatzfeldern

Grundsätzlich können Bots nach ihrem Einsatzgebiet in Chatbots und Collaboration Bots unterschieden werden. Chatbots sind direkt mit Kunden, Interessenten und weiteren Stakeholdern im Austausch und können an verschiedenen Stellen in Marketing, Vertrieb und Service eingesetzt werden, etwa um Anliegen vorab zu qualifizieren, Leads mit Informationen zu versorgen (Nurturing) oder im Service automatisiert zu beauskunften.

Collaboration Bots hingegen unterstützen Engagement Teams bei ihrer Arbeit, indem sie mögliche Antworten oder Routing-Optionen vorschlagen, Recherche-Aufgaben in Wissensdatenbanken übernehmen oder Vorgänge kategorisieren und dynamisch priorisieren.

Der Social-Media-Management-Anbieter BIG Social Media differenziert in seiner Lösung BIG CONNECT die Bot-Varianten noch weiter nach konkreten Anwendungsszenarien und stellt passend eine Bibliothek konfigurierbarer Bots bereit (vgl. Abb. 7.14).

Sowohl Chatbots als auch Collaboration Bots bieten insbesondere in Marketing und Service zahlreiche Vorteile, da sie 1:1-Kommunikation profitabel ermöglichen, wo das bisher nur in Ausnahmefällen gegeben war. Auf diese Weise werden gänzlich neue Services möglich.

Der Chatbot kann als virtueller Assistent im Rahmen von Kampagnen oder Kundenanfragen Informationen zu Produkten und Dienstleistungen liefern, konkrete Anfragen beantworten oder Buchungen/Bestellungen entgegennehmen. Die mittlerweile signifikant fortgeschrittenen Verfahren in Natural Language Processing (NLP; Kap. 3) und Künstlicher Intelligenz (AI; Kap. 3) sorgen dafür, dass die Aufgaben, die von Bots zuverlässig übernommen werden, immer komplexer werden.

---

[1] http://www.businessinsider.de/statistics-on-companies-that-use-ai-bots-in-private-and-direct-messaging-2016-5; abgerufen am 29.09.2016.

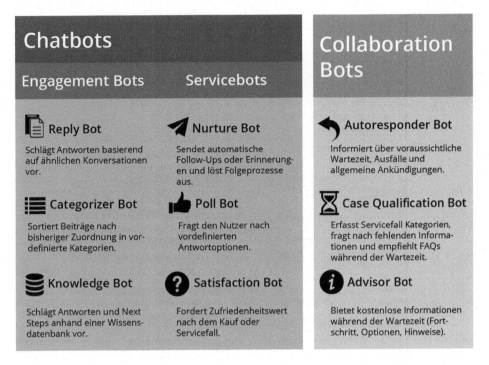

Abb. 7.14 Unterscheidung von Bot-Modellen nach Einsatzbereichen

Zum Einsatz von gesprochener oder geschriebener Sprache ist anzumerken, dass dies im Hinblick auf Usability keineswegs und immer der Königsweg ist. Vielmehr sind Bots als weiteres User Interface für einen Service zu betrachten, die nach gängigen Usability-Methoden zu gestalten sind und dementsprechend Antworten mit Listenelementen, Grafiken etc. geben und die verschiedenen Eingabemöglichkeiten der Zielplattformen nutzen sollen. Gerade bei der Bedienung auf mobilen Endgeräten ist davon auszugehen, dass der Kommunikationspartner wenig Interesse am Tippen längerer Texte auf dem Display-Keyboard seines Smartphones hat.

Collaboration Bots werden hingegen nicht im direkten Kundenkontakt eingesetzt, sondern unterstützen die Mitarbeiter innerhalb der internen Workflows. Bei der Bearbeitung von Anfragen durch den Menschen können Bots beim intelligenten Routing, bei der Suche nach Informationen in den Tiefen des Wissensmanagements oder bei der Wiedervorlage von Service-Fällen eingesetzt werden. Ihr Vorteil ist, dass sie in der Regel über einfache Schnittstellen mit vorhandenen Software-Anwendungen interagieren und damit zahlreiche Datenquellen nutzen können.

Durch den Einsatz von Collaboration Bots zur Optimierung des Anfrage-Handlings lassen sich durch Routing, das Vorbereiten von Antwortvorschlägen durch Bots sowie durch die Bot-getriebene Informationsrecherche zur Beantwortung einer Anfrage

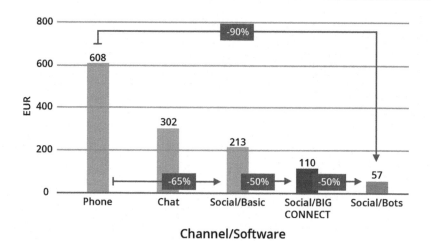

Abb. 7.15 Einsparungspotenzial durch Digitalisierung und Automatisierung im Service

durch einen Mitarbeiter rund 50 % der Kosten einsparen, die im Messenger oder Soci-al-Media-Dialog ohne derartige Unterstützung anfallen würden (vgl. Abb. 7.15, Social/BIG CONNECT). Wenn Bots zur vollständig automatisierten Beantwortung von Anfragen eingesetzt werden, ist eine Kosteneinsparung von weiteren 50 % gegenüber einer intelligenten Routing-Lösung in Verbindung mit einer vom Mitarbeiter bedienten Engagement-Plattform möglich, sodass bis zu 90 % geringere Kosten als bei der tele-fonischen Bearbeitung kalkuliert werden können.

Fähigkeiten und Entwicklungsstufen von Bots
Bots sind zwar derzeit das große Thema in der Digitalwirtschaft, sie sind allerdings kein grundsätzlich neues Thema: Joseph Weizenbaum hat 1966 den scriptbasierten Bot ELIZA veröffentlicht, der es erlaubte, dass ein Mensch in natürlicher Sprache mit einem Computer kommunizierte. Beim Antworten nahm die Maschine die Rolle eines Psycho-therapeuten ein, arbeitete auf der Basis eines strukturierten Wörterbuchs und suchte nach Schlüsselbegriffen im eingegebenen Text. Auch wenn dieses Bot-Modell als Psycho-therapeut nur fragwürdigen Erfolg feierte, werden solche Bots der ersten Generation mit fest vorgegebener Dialogführung und schlüsselwortgesteuert agierend weiterhin viel-fältig eingesetzt.

Ein „echtes" Sprachverstehen mittels Natural Language Processing (NLP), einer computerlinguistischen Methodik, um Bedeutungszusammenhänge und Kontexte erkennen und verarbeiten zu können, ist in der heutigen Praxis trotzdem noch eher sel-ten, obwohl die Verfahren mittlerweile Marktreife erlangt haben. Oft ist es die Usabi-lity, die hier einen Strich durch die Rechnung macht. Gerade auf mobilen Endgeräten ist geschriebene/getippte Sprache nicht das Mittel der Wahl, um einen Service bequem zu bedienen.

Die zweite Generation von Bots, die für 2017 schwerpunktmäßig zu erwarten ist, folgt zwar weiterhin einem groben Ablaufskript, nutzt aber an Entscheidungspunkten bereits AI. So ist etwa die Frage nach dem eingesetzten Gerät „fest verdrahtet", anschließend kann der Gesprächspartner aber ein Foto senden, aus dem der Bot dann das eingesetzte Gerät ggf. inklusive Seriennummer ermitteln kann. Ein anderes Beispiel ist die Auswertung textueller Fehlerbeschreibungen. Mit dem Analyseergebnis wählt ein Bot der zweiten Generation aus einer Liste vorgegebener Reaktionsmöglichkeiten die passende aus und arbeitet sich so durch einen „Dialogbaum" mit intelligenten Verzweigungspunkten.

Erst die dritte Generation von Bots erlaubt einen freien Dialog und eine freie Gesprächsführung. Möglich macht dies mittlerweile die breite Verfügbarkeit von cloudbasierten Lösungen, die nicht nur Rechenkapazität für AI-Anwendungen, sondern angelernte AI-Services als „AI-as-a-Service" skalierbar bereitstellen.

Einige Beispiele für Bots, die Ende 2016 bereits eingesetzt werden
1–800-flowers
Der große amerikanische Blumen-Lieferdienst 1–800-flowers bietet für den Facebook Messenger die Möglichkeit an, Blumengrüße per Chat zu bestellen. Das Bot stellt einfache Fragen und verzweigt den Dialog dann entsprechend. Lieferungen können auch in deutscher Sprache bestellt werden – das Lieferziel muss allerdings derzeit noch in den USA liegen. Das Bot ist einfach aufgebaut, erkennt Postadressen in der ganzen Welt sehr zuverlässig und bietet einen vollständigen Auswahl- und Bestellprozess.

KAYAK
Das Reiseportal bietet einen deutschen Bot für die Suche nach Hotels und Flügen. Das Bot ist ebenfalls sehr einfach aufgebaut, bietet in den Antworten schon vorgegebene Selektionsmöglichkeiten und gibt so den Pfad der Interaktion vor. Abweichungen und freie Fragen überfordern die Maschine. Das Bot fragt dann immer wieder dieselbe Frage, ob man ein Hotel oder einen Flug suche. Ein echter Dialog kann so nicht entstehen.

Jobmehappy
Ebenfalls einfach, aber zuverlässig funktioniert der Chatbot der Job-Börse Jobmehappy. Der Nutzer stellt eine Frage, die den Begriff Job und einen Ort oder einen Job-Titel enthalten muss. Der Bot liefert unverzüglich eine Auswahl von Ergebnissen – wobei auch hier auf eine durchaus sinnvolle AI verzichtet wurde: Wer nach Geschäftsführer-Positionen sucht, wird auch auf „Assistent/in des Geschäftsführers" stoßen.

KLM
Der Bot der niederländischen Airline KLM bietet echten Kundenservice: Der Kunde kann seinen Sitzplatz ändern, kann seinen Check-in über den Facebook Messenger vornehmen und erhält laufend Informationen zu seinem Flug. So kommt keine Hektik auf, wenn der Flieger einige Minuten Verspätung hat und der Fluggast sich vielleicht noch in

der Sicherheitsabfertigung befindet. Einmal aktiviert, benachrichtigt das Bot den Kunden proaktiv, wenn sich der Abflug verzögert. Der Kunde kann rund um die Uhr alle Fragen an den Bot richten – was die Maschine nicht selbst beantworten oder erledigen kann, wird augenscheinlich ins Servicecenter weitergeroutet und von dort beantwortet.

Somit folgen die bislang eingesetzten Bots in der Dialogführung noch immer einem klaren, vorgegebenen Script. Meist sind sie nicht mehr als die Abbildung einer Such-funktion in einer Chat-Anwendung. Lediglich das dargestellte KLM-Bot verfügt über eine Anbindung an das Servicecenter und ist in der Lage, Service-Fälle, die die Maschine nicht bearbeiten kann, zu eskalieren.

Gerade in dieser Verknüpfung des Bots mit den Service-Prozessen und den vor-handenen Ressourcen liegen jedoch große Potenziale für den Kundenservice!

Proaktives Engagement durch Kombination aus Listening und Bots
Die weitreichenden Möglichkeiten, die Bots der zweiten und dritten Generation bieten, veranschaulicht das Beispiel der Identifizierung und Nutzung von Customer Engagement Opportunities durch aktives Social Listening in Verbindung mit einer geeigneten Social Media Management-Lösung.

Social Media Listening ist zunächst unabhängig vom Einsatz eines Bots nutzbar. Als Social Media Listening im klassischen Sinne (oder auch Social Media Monitoring) beschreibt man den Prozess, bei dem identifiziert, analysiert und bewertet wird, was über ein Unternehmen, ein Produkt, eine Marke oder eine Einzelperson im Internet sowie in den sozialen Medien geschrieben und diskutiert wird.

Beim aktiven Social Listening geht es darüber hinaus darum, Informationen bereit-zustellen oder proaktiven Kundenservice schneller anzubieten – sogar noch bevor ein Kunde dies im Rahmen einer direkt gestellten Anfrage erbittet. Aktives Social Listening ermöglicht es Unternehmen somit, Geschäftschancen zu erkennen und in einen 1:1-Dia-log einzusteigen, bevor Kunden ihrerseits den Kontakt – aber ggf. zum Wettbewerber – suchen.

Zwei Beispiele

- Auf Facebook postet ein Nutzer ein Bild seines PKW mit vielen, frisch gekauften Umzugskartons auf dem Parkplatz des Baumarkts. Der Text dazu weist auf einen bevorstehenden Umzug hin. Durch aktives Social Listening kann beispielsweise ein Telekommunikationsanbieter diesen Post gezielt ausfindig machen und kom-mentiert seinerseits mit dem Hinweis, dass der Nutzer nicht vergessen solle, auch den Umzug seines Telefonanschlusses rechtzeitig zu beauftragen. Der Face-book-Nutzer versieht den Kommentar daraufhin mit einem „Like" und kontaktiert seinen Telekommunikationsanbieter über eine Privatnachricht, ob er den Umzug gleich auf diesem Wege beauftragen könne. Da im CRM verzeichnet ist, dass die-ser Kunde in der Vergangenheit nach einer schnelleren DSL-Verbindung gefragt hat, wird der Kunde im Lauf des Dialogs über Facebook informiert, dass ein Upgrade auf den schnelleren DSL-Tarif am neuen Standort problemlos möglich sei. Der Kunde wird diesen Service schätzen – ist das Angebot für ihn doch einfach und schnell zu erhalten und der vorausschauende Hinweis auf die schnellere DSL-Leitung das Erfüllen eines Wunsches, den er schon vor Wochen oder Monaten geäußert hat. Der gesamte Dialog ist für das Unternehmen nahezu ohne Aufwand durchzuführen, da der Prozess vollständig automatisiert über einen Bot abgewickelt werden kann. Das erfolgreiche Up-Selling ist damit äußerst effizient realisiert worden.

- Ein weiterer Interessent fragt über eine Social-Media-Plattform nach einem Stromtarif und den damit verbundenen Wechselprämien an. Der Chat-Dialog mit dem Mitarbeiter verläuft so, dass der Nutzer gerne wechseln würde, ihm dann aber auffällt, dass er noch einen Energieliefervertrag hat, der erst in einigen Monaten kündbar ist. Der Mitarbeiter schlägt vor, sich eine Wiedervorlage einzurichten, und der Interessent stimmt zu. Einige Monate später wird der Interessent durch einen Bot kontaktiert und darauf hingewiesen, dass er jetzt kündigen müsse, um anschließend erfolgreich zum günstigen Anbieter wechseln zu können. Wenn der Interessent auf diese Nachricht positiv antwortet, wird der Dialog sofort an einen Mitarbeiter übergeben, der den Vertragsabschluss vornehmen kann. Antwortet der potenzielle Kunde und nennt dabei wieder eine neue Zeitspanne, wird er erneut gefragt, ob eine Wiedervorlage eingerichtet werden soll. Antwortet der Nutzer anders und nennt zum Beispiel einen anderen Anbieter, verweist auf einen Umzug oder andere Dinge, kann der Bot den Dialog bis zu einem gewissen Punkt gestalten und dann entweder an einen persönlichen Berater im Servicecenter übergeben oder den Austausch beenden. In jedem Fall fühlt sich der Kunde wertgeschätzt, da das Unternehmen ihn aktiv unterstützt. Gleichzeitig werden nur dann teure Ressourcen des Servicecenters eingesetzt, wenn die Wahrscheinlichkeit eines Abschlusses hoch ist.

Damit diese beispielhaft aufgezeigten Anwendungsfälle für die Kunden zu einer nachhaltig positiven Customer Experience und für das Unternehmen zu den angestrebten wirtschaftlichen Vorteilen führen, bedarf es entsprechender technischer Lösungen, eines erfahrenen Projektmanagements und strukturierter Prozessphasen.

Analyse-Phase
Grundlage des aktiven Social Listening ist ein fein abgestimmtes Monitoring der Social-Media-Plattformen sowie der relevanten Begrifflichkeiten. Die Aufgabe in dieser frühen Phase ist, relevante von irrelevanten Äußerungen und Profilen zu trennen. An die Stelle einfacher Keyword-Listen treten flexiblere Methoden, insbesondere Natural Language Processing und AI/Deep Learning, einer Nachahmung der Lernmethode des menschlichen Gehirns. Hierbei wird, ausgehend von einer Social-CRM-Datenbank mit vergangenen Konversationen und Profil-Informationen, versucht, Ähnlichkeiten zwischen der aktuellen Datenlage im Social Web und bisher erfolgreich entwickelten Leads, erfolgreich bearbeiteten Reputationsrisiken etc. zu identifizieren und diese zu klassifizieren.

So entsteht aus Unmengen von Äußerungen im Social Web „Smart Data" – also Daten, deren Inhalt und Bedeutung für das Unternehmen klar beschreibbar sind und aus denen sich so sinnvolle nächste Schritte ableiten lassen. So wird etwa bewertet, ob der Nutzer als „Hot Lead" oder als kalter Kontakt einzustufen oder ob eine Kündigung zu befürchten ist. Auf diese Weise wird ein Strom von „Engagement Opportunities" generiert.

Scoring-Phase

Im zweiten Schritt werden die identifizierten Engagement Opportunities bewertet. Daten aus dem Social CRM erlauben einen Rückschluss auf die Erfolgsaussichten eines Engagements und damit auf die potenzielle Werthaltigkeit des Kontakts. Wenn eine Ansprache in dem identifizierten Fall mit einer berechenbar hohen Wahrscheinlichkeit erfolgreich ist, erhält die Opportunity einen hohen Score, und es wird mit hoher Wahrscheinlichkeit eine Ansprache ausgelöst. Kommt die Lösung zum Ergebnis, dass eine Interaktion nicht zu einem Mehrwert für das Unternehmen (und/oder auch für den Kunden) führt, unterbleibt die Interaktion.

Next-Best-Activity-Phase

In der dritten Phase wird die Entscheidung getroffen, wie mit einer positiv bewerteten Engagement-Opportunity verfahren wird. Deren Inhalt, Absicht und Werthaltigkeit ist bestimmt. Die Bandbreite an Reaktionsmöglichkeiten ist groß: Nutzer können zur Kampagnen-Teilnahme eingeladen/aufgefordert werden, Service-Angebote können proaktiv unterbreitet werden, Beschwerden antizipiert und damit im besten Fall verhindert werden, Leads können generiert und systematisch entwickelt werden.

Ausgehend von den gesammelten und aufbereiteten Informationen und in Verbindung mit Daten zu aktiven Kampagnen wird eine geeignete Aktivität ermittelt. Diese Aktivität kann dann entweder automatisch durch Bots ausgeführt werden oder durch einen Mitarbeiter, etwa im Servicecenter.

Execution/Routing-Phase

In der letzten Phase wird der Vorgang konkret ausgeführt. Im Fall der Automatisierung startet ein Bot in der nächsten Phase die Kontaktaufnahme, im anderen Fall übernimmt der Mitarbeiter im Kundenservice und kontaktiert den Kunden. Für die Auswahl des Mitarbeiters (oder des jeweiligen Teams) können die Erkenntnisse aus den ersten zwei Phasen genutzt werden, um den Service-Fall skillbasiert an die richtige Stelle zu routen. Bezogen auf das erste genannte Beispiel könnte schon der Kommentar unter dem Post des Kunden vom Mitarbeiter durchgeführt werden, der über ausreichend Erfahrung bei Umzügen verfügt. Das System überwacht dabei, dass diese Aufgabe ausgeführt wird, dokumentiert die Umsetzung und kontrolliert, dass vereinbarte Service Level eingehalten werden. Wird die Ansprache voll automatisiert durchgeführt, wird diese entsprechend im System dokumentiert – erst dann, wenn der Einsatz eines Mitarbeiters notwendig wird, eskaliert das System wiederum skillbasiert an das richtige Team oder Team-Mitglied.

Eingesetzt werden derartige Modelle beispielsweise heute schon bei der Deutschen Telekom AG für die proaktive Bearbeitung von Service-Fällen sowie bei der Porsche AG für die frühe Erkennung und Ansprache von Interessenten.

Zusammenarbeit von Mensch und Maschine
Bei der Einbettung von Bots in Prozessorganisation und Workflows im Unternehmen lassen sich im Wesentlichen drei verschiedene Modelle unterscheiden:

- **Delegation:** Das Bot übernimmt einen Vorgang vom Customer Service Agent.
- **Eskalation:** Ein Agent übernimmt einen Vorgang von einem Bot.
- **Autonome Dialogführung:** Das Bot aktiviert sich nach vorgegebenen Auslösern und führt den Nutzer vollständig durch den Dialog.

Im ersten Modell, der Delegation, beginnt der Mitarbeiter einen Dialog mit dem Kunden, berät beispielsweise zu Produkten und übergibt den Dialog an einen Bot, der die anschließende Buchung durchführt. Dies entlastet den Mitarbeiter von einer standardisierten Buchungseingabe und automatisiert den Abschluss.

Im zweiten Modell eskaliert das Bot einen Dialog an einen Mitarbeiter, wenn die vom Bot angebotenen Antwortoptionen für den Kunden nicht zufriedenstellend sind. Auch wenn der Kunde eine weitergehende Beratung wünscht, übergibt das Bot den Dialog an einen Mitarbeiter. Das oben beschriebene Beispiel des KLM-Bots entspricht genau diesem Modell.

Im dritten Modell führt das Bot den Nutzer vollständig durch den Dialog. Beliebter Anwendungsfall für dieses Modell sind Auskunft-Dienste oder die Annahme von Störungsmeldungen. Auslöser für den Dialog durch das Bot sind eingehende Nachrichten in einem Kanal oder auch die Verwendung bestimmter Schlüsselwörter.

Welche Rolle Bots im Dialog übernehmen, hängt in jedem Einzelfall von den genauen Workflows im Kundendialog ab. Je mehr AI in einem Bot eingesetzt wird und je ausgefeilter seine Dialogfähigkeit ist, desto größer sind die Entwicklungsaufwendungen. Meist lassen sich 70 % aller Anfragen mit einem einfacheren Modell erfolgreich automatisieren – die nicht automatisch lösbaren 30 % der Fälle werden dann von einem Mitarbeiter bearbeitet. Kurz: Welcher Bot oder welche Kombination von Bots eingesetzt werden, richtet sich nach der Profitabilität und nach dem Geschäftsmodell. In allen Fällen unterstützt ein Bot die Mitarbeiter wirksam und entlastet sie von wiederkehrenden Tätigkeiten.

Planung und Rollout von Bots in Marketing und Customer Service
Ist die Entscheidung für den Einsatz eines Bots im Kundendialog gefallen, gilt es, den Dialog zu planen, das Bot zu entwickeln und zu implementieren. Dazu sind die Zielsetzung der Automatisierung und der Adressatenkreis der Bot-getriebenen Dialoge zu klären. Der Funktionsumfang des Bots wird festgelegt, und schließlich wird die

Dialogstruktur entwickelt, die durch den Bot abgebildet wird. In der Praxis hat sich dazu ein fünfstufiges Vorgehensmodell bewährt.

Schritt 1: Ziel-Dialog modellieren

Vor der Automatisierung eines Dialogs durch einen Bot ist es empfehlenswert, diesen Dialog eine Zeit lang im Zielkanal manuell durchzuführen. Die Dialogverläufe lassen sich dann codieren und auswerten. Im Ergebnis entsteht ein präziser Überblick über die typischen Dialogverläufe. Dabei werden alle wesentlichen Dialogvarianten erfasst. Im Anschluss lässt sich dann entscheiden, welche Dialogvarianten automatisiert werden sollen. Die passenden Formulierungen und Aktionen für jeden Dialogschritt des Bots entstehen dann auf dieser Grundlage. Dabei gilt es auch, die jeweiligen Ein- und Ausstiegspunkte für den Bot zu identifizieren. Dialogpfade, die nicht auf einem vorab definierbaren Weg zu einer erfolgreichen Lösung führen, können später mit der Übergabe des Dialogs an einen Agenten dennoch erfolgreich abgeschlossen werden.

Wichtig ist auch, in dieser ersten Phase bereits über die Zielsetzungen des Bots nachzudenken und klare, messbare Ziele zu definieren. Diese Kennzahlen liefern dann im Zeitverlauf des Einsatzes des Bots die notwendige Erfolgskontrolle und können später wiederum die Grundlage für ein granulares Anpassen der Dialoge sein. Auch die Entscheidung, in welchen Sprachen das Bot eingesetzt wird, fällt in dieser Phase.

Schritt 2: Einbindung in den Service-Prozess

Chatbots lassen sich – wie bereits dargestellt – auf drei Arten (oder in Kombination) in den Service-Prozess einbinden:

- **Delegation:** Das Bot übernimmt einen Vorgang vom Agenten.
- **Eskalation:** Ein Agent übernimmt einen Vorgang von einem Bot.
- **Autonome Dialogführung:** Der Bot aktiviert sich nach vorgegebenen Auslösern und führt den Nutzer vollständig durch den Dialog.

Die Entscheidung für eine oder mehrere dieser Anwendungsfälle legt fest, ob der Zieldialog voll- oder teilautomatisiert abläuft. Sie bestimmt auch, wann und wie sich das Bot aktiviert und deaktiviert. Das bedeutet zum Beispiel, dass der Bot durch eine Anfrage im Facebook Messenger aktiviert wird, den Kunden begrüßt, ihn dialogisch zu diversen Suchparametern befragt und dann ein Suchergebnis in Form einer Link-Liste ausspielt. Danach wird der Kunde entweder verabschiedet oder befragt, ob er eine weitere Suche durchführen möchte. Diese könnte dann ebenfalls durch das Bot abgewickelt werden. Eskalationspunkte in diesem konkreten Fall lassen sich bei der Abfrage der Suchparameter und bei der Verabschiedung setzen: In beiden Fällen könnte der Kunde an dieser Stelle zu einem Mitarbeiter weitergeleitet werden, der den Dialog dann übernimmt. Ebenso ist bei der Prozesseinbindung zu definieren, welche Agentengruppen dem Bot Dialoge übergeben dürfen bzw. zu welchen Agentengruppen der Bot Dialoge eskalieren darf.

Schritt 3: Software-Auswahl und Bot-Konfiguration

Nachdem im zweiten Schritt alle Eckpunkte geklärt sind, geht es darum, die passende Software-Lösung auszuwählen sowie Dialogverlauf, Aktivierungskriterien und Abbruchkriterien in der Konfiguration zu erfassen. Nachdem in der Praxis meist Delegations- oder Eskalations-Szenarien vorkommen, liegt der Fokus in dieser Phase nicht nur auf der Auswahl des technologisch passenden Bots. Auch das Umfeld des Bots muss in den Blick genommen werden.

Wichtig ist dabei, dass die Software alle Zielkanäle unterstützt und über flexible Konfigurationsmöglichkeiten für den Dialog, reibungsloses Routing zwischen Bots und Mitarbeitern sowie Überwachungs-, Interventions- und Reporting-Funktionalität verfügt. Führende Lösungen für das Customer Engagement wie beispielsweise BIG CONNECT (vgl. Abb. 7.15) bringen bereits umfangreiche Bibliotheken von vorkonfigurierten Bots mit, die dann jeweils an den Einsatzzweck angepasst werden können.

Schritt 4: Bot Testing und Deployment

Bevor das Bot tatsächlich eingesetzt wird, muss intern getestet werden. Alle Dialogschritte sind dabei präzise zu dokumentieren, und das Reporting muss im Test die Ergebnisse liefern, die vorher bei der Definition der Kennzahlen festgelegt worden sind.

Funktioniert das Bot so wie geplant, kann der Live-Betrieb auf den verschiedenen Kanälen gestartet werden. Beim Deployment kommt es dann noch einmal darauf an, die korrekten Bedingungen für die Aktivierung zu setzen. Soll etwa in Social Media auf öffentliche oder private Nachrichten reagiert werden? Welche Schlüsselbegriffe müssen ggf. in der Anfrage enthalten sein? Soll auf öffentliche Anfragen auch öffentlich oder lieber privat geantwortet werden?

Möglicherweise muss im Live-Betrieb noch getestet werden, ob die Referrer ordnungsgemäß übergeben werden. Dies ist immer dann wichtig, wenn der Bot auf eine Website weiterleitet. So kann später nachvollzogen werden, wie viele Aufrufe der Website das Bot generiert hat. Auch die Mehrsprachigkeit muss schlussendlich noch einmal getestet werden und hat ggf. auch Auswirkungen auf die Eskalation – der Mitarbeiter, der einen Dialog vom Bot übernimmt, muss ihn in der gewählten Sprache weiterführen können.

Schritt 5: Überwachung, Intervention und Optimierung

Es empfiehlt sich zunächst vollständig, später stichprobenartig die Dialog-Qualität des Bots zu überwachen. Wenn erforderlich, können einzelne Dialoge übernommen und einem Agenten zugewiesen werden.

Im Weiteren ist es wichtig, im Reporting nach Anzeichen für Usability-Probleme zu suchen:

Wie hoch ist der Anteil der planmäßig verlaufenen Dialoge?

Wie hoch ist der Anteil der erfolgreichen Endzustände bzw. wie hoch die Eskalationsquote?

Wie hoch ist der Anteil der durch Nutzer abgebrochenen Dialoge?

Diese Kennzahlen geben einen guten Überblick darüber, ob der Nutzer mit dem Bot zurechtkommt. Zu Beginn lassen sich die Zahlen an den Ergebnissen der internen Test-phase messen, im Zeitverlauf ergibt sich dann ein genaueres Bild über die Akzeptanz und Leistungsfähigkeit des Bots.

Erfolgsfaktoren für die Einführung von Bots

Betrachtet man die erfolgreichen wie die gescheiterten Bot-Versuche, kann dem bereits begonnenen „Run" auf den Einsatz von Bots im Kundendialog nicht blind gefolgt wer-den. Zuletzt machte Microsoft Schlagzeilen mit dem Twitter-Bot Tay, der ursprünglich als Leistungsbeweis für moderne AI-Fähigkeiten gedacht war. Innerhalb eines Tages lernte der Bot viel von seinen Gesprächspartnern auf Twitter und entwickelte sich von jugendlicher Kumpelhaftigkeit zu einem „Hassbot ..., der antifeministische, rassistische und hetzerische Tweets von sich gab"[2]. Ein solcher Kontrollverlust über einen Bot hätte im Kundenservice eines Unternehmens schwerwiegende Folgen.

Folgende Punkte sind bei der Planung und Durchführung von Bot-Projekten zu berücksichtigen:

Usability und Automatisierbarkeit

Viele Service-Fälle benötigen menschliche Intelligenz und Empathie. Sie lassen sich durch einen Bot nicht ersetzen – zumindest nicht im ökonomisch sinnvollen Rahmen. Insgesamt kann jedoch eine Vielzahl von Service-Fällen identifiziert werden, die durch den Einsatz von Bots automatisiert werden können. Immer dann, wenn es darum geht, schnell und für den Nutzer bequem einen klar definierten Dialogpfad abzubilden, sind Bots unschlagbar.

Dabei zeigt die Praxis, dass Nutzer insbesondere bei häufiger Kommunikation und bei der Kommunikation von mobilen Endgeräten geschriebene Sprache eher meiden. Gewünscht ist in diesen Fällen eine effiziente und standardisierte Kommunikation, die durch ein passendes User Interface (bei Bots etwa plattformspezifische Eingabemöglich-keiten) zu unterstützen ist. Darüber hinaus kann festgestellt werden, dass Dialoge mit klar vorgegebenen Antwort-Optionen in der Mehrzahl der Fälle deutlich schneller zum Ziel kommen.

Monitoring und Intervention

Das Microsoft-Beispiel zeigt, dass Bots überwacht werden müssen. Das gilt nicht nur für selbstlernende AI-Bots, sondern auch für die Dialogführung einfacher Bots. Das Nutzerverhalten gibt Aufschluss darüber, an welchen Stellen das Bot optimiert werden kann. Diese Weiterentwicklung und Optimierung führt in der Folge zu einem besseren Kundenerlebnis.

---

[2]http://www.spiegel.de/netzwelt/web/microsoft-twitter-bot-tay-vom-hipstermaedchen-zum-hitler-bot-a-1084038.html – zuletzt abgerufen am 26.09.2016.

Bots im Kundenservice brauchen menschliche Partner, die immer dann einspringen können, wenn der Bot Fälle für unverständlich hält. Dieses Zusammenspiel von Mensch und Maschine entlastet Service Agents von wiederkehrenden und trivialen Anfragen und schafft Raum für empathische Kundendialoge und hochwertigen Service. Um dies zu ermöglichen, sind Bots unbedingt mit den bestehenden Service-Prozessen zu verknüpfen. Das produktive Miteinander von Mensch und Maschine muss dann von einer Softwarelösung wie BIG CONNECT orchestriert werden, um Schnittstellenprobleme zu vermeiden.

Marke und Zielgruppe
Passt der Einsatz eines Chatbots zu Marke und Kommunikationsanlass? Und möchte die Zielgruppe den Facebook Messenger oder WhatsApp für derartige Kommunikation nutzen? Auch wenn der Einsatz von Bots heute schon im Kundenservice angekommen ist, muss das Szenario genau auf die Marke und die Zielgruppe abgestimmt werden. In der genauen Analyse der Services und des Kundenverhaltens mag beispielsweise herauskommen, dass ein Chatbot nicht unbedingt die erste Wahl für die Ansprache von Silver Surfern ist, aber ein Collaboration Bot eine Vielzahl von Anfragen im Service für die Mitarbeiter aufbereiten kann. Die Generation Y hingegen kehrt einer trendigen Marke aber vielleicht schnell den Rücken, wenn die aus der Alltagskommunikation gewohnten Kanäle nicht schnell und effizient bedient werden. Deshalb kommt der Analyse vor dem eigentlichen Einsatz eine entscheidende Bedeutung zu.

Fazit
Seit Jahren begleitet uns die Redewendung „Service ist das neue Marketing" – mit Bots besteht nun ein wirtschaftlich attraktiver Weg, dies tatsächlich zu einer substanziellen und tragfähigen Säule im Marketing-Mix zu entwickeln. Auf diesem Weg entsteht eine Brücke zwischen Service-Organisationen, die auf Kontaktvermeidung und -verkürzung getrimmt sind, und Marketing-Organisationen, die viel Zeit und Budget in die Herstellung und Verstetigung teils derselben Kontakte investieren. So werden Anliegen aus Marketing, Vertrieb und Service idealerweise Schwerpunkte einer zwar immer wieder pausierten, aber anschlussfähig geführten Kundenkommunikation.

Damit durch den Einsatz von Bots die Effizienz, Qualität und Reaktionsgeschwindigkeit im Service verbessert und der situationsbezogene Dialog im Marketing nachhaltig erfolgreich gestaltet werden können, bedarf es einer Workflow- und Engagement-Lösung, die Agent- und Engagement-Team-Dialoge und Bot-Dialoge gleichermaßen steuert und einen einfachen Handover zwischen Mensch und Maschine ermöglicht. Social Media Management Lösungen bieten hierfür einen hervorragenden Aufsatzpunkt.

Der Autor
Dr. Thomas Wilde ist Entrepreneur und Dozent und seit 2011 als Geschäftsführer der BIG Social Media GmbH tätig. Sein Tätigkeitsschwerpunkt liegt auf digitaler Transformation, insbesondere auf Softwarelösungen für Marketing und Service in Social

Media, E-Commerce, Messaging-Plattformen und Communitys. Zuvor war er als Unternehmer, Berater und als Führungskraft im strategischen Business Development tätig. Er studierte Betriebswirtschaftslehre und promovierte im Bereich Wirtschaftsinformatik und Neue Medien an der Ludwig-Maximilians-Universität München.

7.5   Showcase: Aus Alexa wird Relaxa – Schulterblick in die Entwicklung des Skills „Smart Relax" der Techniker Krankenkasse

Gastbeitrag von Bruno Kollhorst, Techniker Krankenkasse

Einleitung: Der Gesundheitsmarkt – nächstes Opfer der Disruption?

> If you don't cannibalize yourself, someone else will (Steve Jobs).

Die Automobilbranche erlebt es gegenwärtig, die Hotelbranche steckt mittendrin, das Taxigewerbe und der Einzelhandel sowieso. Disruptive Geschäftsmodelle erobern eine Branche nach der anderen und der Druck auf bisherige Organisationsformen und Geschäftsmodelle durch Mega-Plattformen wie Google, Amazon & Co, Quereinsteiger wie Dyson und Start-ups wie es Airbnb wächst stetig. Blauäugig zu denken, der Gesundheitsmarkt sei davon verschont. Es dauert hierzulande, aufgrund der speziellen Eigenarten des Marktes und der Regulierung durch die Gesetzgebung etwas länger, die geplante Gründung einer Krankenkasse durch Amazon, das Auftauchen von neuen Playern wie Ottonova und der Erfolg von Plattformen wie Clark lassen allerdings erahnen, wo die Reise für die Krankenversicherungen hingeht. Zeit also, sich der Digitalisierung zu stellen und sie für den eigenen Markt selbst zu definieren. Dies betrifft natürlich interne Prozesse, Produkte und Services gleichermaßen, und bedeutet auch sich neuen Technologien und Kanälen zu nähern, sie zu testen und zu beobachten wie Kunden und Interessierte damit umgehen. Zu diesen Technologien gehört innerhalb der KI-Anwendungen mit Sicherheit der Sprachassistent. In diesem Beitrag soll es darum gehen, wie die Techniker als erste Krankenkasse einen kundenzentrierten Service entwickelt hat und sich so dem Thema KI näherte. Dabei sollen vor allem beleuchtet werden:

1. die Überlegungen die zum Alexa Skill „Smart Relax" geführt haben
2. die Auswirkungen dieser Entwicklung auf Kunden und die eigene Organisation

Es soll darum gehen wie man auch mit einfachen Mitteln und im Spannungsfeld zwischen Datenschutz, kundenzentrierter Produktentwicklung und „First Mover"-Gedanken auch ohne strategischen Big-Picture-Ansatz erfolgreich die Akzeptanz und Wirkung von KI-Systemen testen kann.

Die neue Art der digitalen Kommunikation: Sprechen
Zunächst eine Definition:

▶ **Definition Sprachassistenten** Digitale Sprachassistenten sind ein Teil der KI-ge-
triebenen digitalen Entwicklung der letzten Jahre. Es handelt sich um eine Software, die
mit Hilfe von Spracherkennung und -Analyse die Sammlung von Informationen, oder
das Abarbeiten von einfachen Aufgaben ermöglicht und das Ergebnis in einer Synthese
natürlichsprachiger Antworten ausgibt. Bekannte Vertreter dieser Art Software sind Siri
(Apple), Cortana (Microsoft), Bixby (Samsung), Google Assistant (Google) und Alexa
(Amazon).

Eine der wichtigsten Barrieren in der Nutzung von KI, dem Internet der Dinge und
Smart Home war bisher die Mensch-Maschine-Kommunikation, die in der Vergangenheit
auf Interfaces wie Tastatur, Maus, oder weitere manuelle Eingabegeräte angewiesen war.
Mit dem Siegeszug der Smartphones geht seit 2013 jedoch auch der Trend zur Spracheingabe einher. Allen voran gelang es Apple mit Siri diese intuitive Art der Bedienung
zu implementieren und damit dafür zu sorgen, dass die wichtigsten Wettbewerber nach-
ziehen mussten. Über Sprache baut man Vertrauen auf und nutzt die natürliche Art der
Kommunikation um Hemmschwellen gegenüber der KI abzubauen. Die zunehmende
Möglichkeit Sprachsteuerung in verschiedenste Hardware einzusetzen und so den
Sprung weg vom Smartphone zu machen, dürfte dem Siegeszug der digitalen Sprachassistenten zusätzlichen Boden bereiten. Zwar steckt die Verbreitung in Deutschland
noch in den Startblöcken, aber laut einer Studie von Tractica aus 2015 (Quelle: Statista),
sollen bis 2021 weltweit 1,8 Mrd. Nutzer auf diese Form von Kommunikation zurück-
greifen. In Deutschland selbst konnte Splendid Research bei einer Erhebung (Quelle:
Splendid Research, Digitale Sprachassistenten 2017) feststellen, dass bereits mehr
als jeder Dritte Deutsche Sprachassistenten nutzt, über ein Drittel davon bereits einen
Smart-Speaker wie Amazons Echo (Abb. 7.16). Gerade Amazon trägt mit seiner breiten
Paletten an Hardware, einer starken Marketingkommunikation und der Offenheit gegenüber Entwicklern und der API-Nutzung zu Alexa dazu bei, dass auch hierzulande immer
mehr Nutzer zuschlagen. Entsprechend positiv dürfte sich diese Entwicklung auch auf
Smart-Home und künftige weitere Anwendungsformen auswirken. Vom Backofen bis
zum Auto arbeitet Amazon daran Alexa einzubinden und zur zentralen Sprachschaltstelle
des Nutzers zu werden.

Berücksichtigt man zusätzlich die Entwicklung von Podcasts, Audio-Streamingdiensten
wie Spotify, Deezer & Co, oder Online-Radios wie Laut.fm, wird klar, dass im Marketing von Morgen das Thema Voice-Marketing eine größere Rolle einnehmen wird. Voice
Marketing eröffnet gänzlich neue Möglichkeiten für Content, Service und auch Werbung.
Sie erfordert aber auch gänzlich neue Fähigkeiten von Redakteuren, Plannern und Social
Medians. Das Arbeiten mit Sprache, bzw. das Transferieren einer Kommunikationsidee in
einen natürlichen Dialog mit einem Sprachassistenten geht erstaunlicher Weise nicht so
einfach von der „Feder" wie die Konzeption eines visuellen Angebotes.

Abb. 7.16 Digitale Sprachassistenten in Deutschland, Splendid Research 2017

Auswahl des Kanals für einen ersten Case

Die oben beschriebenen Entwicklungen auf dem Gesundheitsmarkt und der Trend zum digitalen Sprachassistenten führten auch bei der Techniker zu Überlegungen, KI auf diesem Wege zu nutzen und erste Erfahrungen zu sammeln. Dazu kam die Möglichkeit, in unserer Branche als First Mover auf diesem neuen Kanal einen Fußabdruck zu hinterlassen. Bei der Recherche, welchen der Sprachassistenten wir nutzen wollen, spielte natürlich die Zeit eine Rolle: Mitte 2017 fing Amazon massiv an den Werbedruck für die eigene Plattform zu erhöhen, Google Home steckte noch in den Kinderschuhen, Apples Homepod war für ein Jahr später angekündigt und die restlichen Systeme erfreuten sich kaum Bekanntheit: 67 % der potenziellen Käufer eines Smart-Speakers würden laut Studie zu Amazons Echo greifen (Abb. 7.16). Zusätzlich kam hinzu, dass die KI hinter Alexa im Vergleich zu anderen schon relativ fortgeschritten war. Erhebungen aus 2017 bekräftigten dann noch die spätere Auswahl, schließlich muss das Kommunizieren mit dem digitalen Sprachassistenten angenehm sein, um das nötige Vertrauen aufzubauen und damit die erneute Nutzung zu Triggern. Die Umfrage von Statista und Norstat (Abb. 7.17) ergab zwar eine hohe Zufriedenheit mit den Stimmen aller abgefragten Sprachassistenten, bei den Punkten „Angenehm" „Sympathisch" und „Beruhigend" liegt Alexa teilweise weit vor dem Wettbewerb.

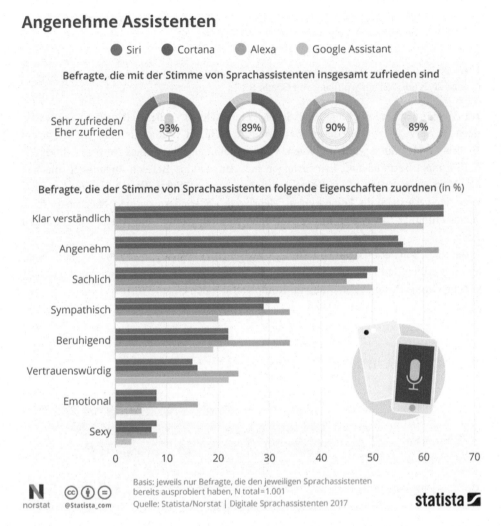

Abb. 7.17 Digitale Sprachassistenten 2017. (Quelle: Statista/Norstat)

Die Auswahl des Kanals war damit getroffen. Alexa wurde als der Spielplatz für den ersten Test in Sachen KI und Sprachassistenz gewählt.

Die Entwicklung des Skills „TK Smart Relax"
Die nächste Fragestellung, die es zu klären galt, war die Frage: welche Art Service, Tool, Briefing oder ähnliches bieten wir an? Um dies zu ermitteln und um den Skill dann voranzutreiben, wurde ein geschäftsbereichsübergreifendes Team gebildet und ein Zeitfenster von acht Wochen definiert. Auch die Roadmap war schnell klar:

**Ideenfindung → Machbarkeitsprüfung → Entscheidung für eine Route →
Konzeption → Umsetzung → Testing → Release**

Es ist nicht genug zu wissen, man muss auch anwenden; es ist nicht genug zu wollen, man
muss auch tun (Johann Wolfgang von Goethe)

Am Anfang der Ideenfindung gelangte das Team schnell zu dem „Big-Picture-Ansatz",
Ideen zu Services zu generieren, bei denen in Echtzeit Daten aus dem CRM-System
abgefragt und genutzt werden können. Warum nicht den Status eines Antrages abfragen?
Warum nicht Termine und Erinnerungen aus dem Online-Bereich zugänglich machen
oder Verwaltungsprozesse via Sprachinterface anstoßen? Schließlich bildet ein Gros der
derzeitigen Alexa Skills keine echten Mehrwerte ab, sondern rangiert eher im Bereich
„nettes Gimmick", was sich in der Nutzenbeschreibung durch die Nutzer widerspiegelt
(Abb. 7.18).

Bei aller Innovationskraft, im Dreieck zwischen zur Verfügung stehender Zeit, Kun-
denzentriertheit und Datenschutz fielen die meisten dieser Ideen bei einer Machbarkeitsprüfung durchs Raster, oder waren zu Komplex für einen ersten Wurf.

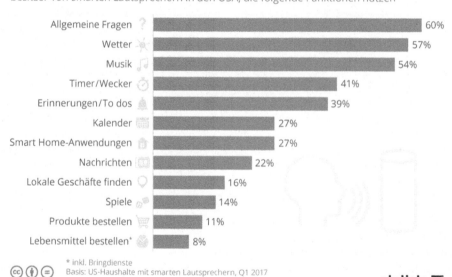

Abb. 7.18 Nutzung von Funktionen durch Besitzer von Smarten Lautsprechern in den USA.
(Statista/Comscore 2017)

Der Alexa Skill sollte also folgende Rahmenbedingungen erfüllen:

1. Echter Mehrwert für den Kunden
2. Keine Berührung zu Datenschutz Issues
3. Im Zeitrahmen umsetzbar sein und damit ohne komplexe Anbindung der eigenen IT
4. Evtl. Nutzung von bestehendem Content

Aus dieser Betrachtung heraus wurden der Content und die Themenfelder unserer digitalen Inhalte auf die Audio-Verwendbarkeit gescannt. Dabei wurde das Team schnell fündig: Progressive Muskelentspannung und Atemübungen zur Stressprävention wurden bereits jetzt als im Audioformat vorliegende Inhalte identifiziert. Doch diese einfach über den neuen Kanal auszuspielen wäre zu plump. Betrachten wir also das Themenfeld „Entspannung" und „Stressprävention" etwas näher. Als Grundlage dieser Betrachtung dienten die eigenen Studien „TK-Schlafstudie", Die Techniker (2017), „Entspann Dich, Deutschland", „Die Techniker, 2016" und der „Gesundheitsreport 2017", ebenfalls Die Techniker.

Die Menschen in Deutschland stehen unter Druck: Mehr als 60 % geben laut TK-Stressstudie 2016 an, dass sie häufig oder manchmal gestresst seien. Der Gesundheitsreport weist eine Steigerung der Fehltage bei Arbeitnehmern aus, die aus psychischen Erkrankungen resultieren. Über 60 % der gestressten geben dabei an, sich ausgebrannt und erschöpft zu fühlen, oder an Schlafstörungen zu leiden. Apropos Schlafstörung: die TK-Schlafstudie 2017 ergab: 14 % der Befragten brauchen 30 min oder länger, um in den Schlaf zu finden (Abb. 7.19). Es lag also Nahe, eine Lösung für die Themenfelder Entspannung, Einschlafen und Stressprävention zu entwickeln.

Abb. 7.19 TK-Schlafstudie.
(Die Techniker 2017)

Jeder Siebte zählt länger als eine halbe Stunde Schäfchen
Wie lange braucht Deutschland zum Einschlafen?

1 %

14 %

41 %

44 %

■ bis zu 10 Minuten   ■ 31 Minuten und länger
■ 11 bis 30 Minuten   ■ weiß nicht/keine Angabe

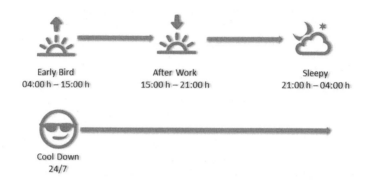

Abb. 7.20 Tageszeitgebundene Anlässe in der „kommunikativen Empfangshalle". (Quelle: eigene Darstellung)

> Für die Entwicklung des Skills haben wir den Skill Builder genutzt und für das Backend AWS Lambda. Die Methode hat sich für uns bewährt (Markus Kappel, Entwickler bei techdev).

Mit der Kommunikationsagentur elbkind und dem Developer techdev Solutions, der bereits Erfahrung in der Entwicklung von Skills für Alexa hatte, wurde das Konzept erarbeitet und die Entwicklung gestartet. Aus Kundensicht ergaben sich für den Skill folgende Fragestellungen:

1. In welchem Modus befinde ich mich? (Feierabend? Einschlafen? Entspannt in den Tag?)
2. Brauche ich Anleitung zur Entspannung?
3. Wie viel Zeit habe ich zur Verfügung

Diese Überlegungen führten zu einer Methodik, zunächst eine „kommunikative Empfangshalle" zu gestalten, die mit Anlässen (Abb. 7.20) passende Inhalte mit Anwender-Momenten vernetzt. Die Anlässe ermöglichen es dem User, zielgerichtet in die zwei Kategorien „Entspannungsmethoden" und „Playlists" zu leiten.

Dabei konzentrierten wir uns zunächst auf die Tageszeiten morgens bis nachmittags, die Zeit nach Feierabend und die Phase des Einschlafens. Die nutzbaren Kategorien füllten wir mir passenden Inhalten:

- **Kategorie „Entspannungsmethoden"**
  - Meditation (unterschiedliche Methoden der aktiven Meditation)
    Achtsamkeit (passive Meditationsformen, um sich selbst und die Umgebung besser wahrnehmen zu können)
  - Progressive Muskelrelaxion (gezieltes An- und Entspannen von Muskelgruppen)
- **Kategorie Playlists**
  - Binaurale Beats (Methode Schall einsetzen, um Meditation und Entspannung zu fördern)

– Nature (Geräusche aus der Natur)
– Sleepy (Musik, die das Einschlafen fördert)

Während die Entspannungsmethoden dem User die Wahl lassen, 5, 10 oder 20 min (je nach Übung) zu investieren, beinhalten die Playlists jeweils fünf Tracks in á 10 min Länge. Die Sounds und Lieder der Playlists sind so aufeinander abgestimmt, dass sanfte Übergänge möglich sind.

> In der ersten Phase der Konzeption haben wir uns vor allem auf das Design der Konversation zwischen Skill und Anwender konzentriert. Der Skill bietet für neue Nutzer praktische Hilfe-stellungen, um sich zurechtzufinden. Erfahrene Nutzer starten via Shortcut direkt mit ihrer Meditationsübung (Bruno Kollhorst, Leiter Content & HR-Marketing, Die Techniker).

Neben der Ausgestaltung der Anlässe und Inhalte nahm vor allem die Entwicklung der Dialoge, in der Phase der Umsetzung dann deren Test und das Nachjustieren viel Zeit in Anspruch. Dazu muss man zunächst verstehen, wie Alexa und die sogenannte Conversa-tional-User-Interfaces (CUI) funktionieren (Abb. 7.21).
Folgende Bestandteile definieren Skills:

- **Intent:** Technisch gesehen ist ein Intent eine Funktion. Semantisch ist ein Intent der Kern der Konversation: die Absicht des Nutzers.
- **Utterance:** Unter Utterances versteht man erwartete Formulierungen der Nutzer, über die ein Intent bedient werden kann. Sie werden daher auch explizit mit einem bestimmten Intent verknüpft.
- **Slots:** Slots sind Parameter mit deren Angabe die Nutzer die Möglichkeit haben, ihre Anfragen zu spezifizieren.

Beispiel: „Alexa, öffne Abfallkalender (Intent) und frage (Utterance), wann(Slot) die blaue(Slot) Mülltonne (Slot) abgeholt (Utterance) wird!"
Jeder Skill ist aus zwei Komponenten zusammengesetzt, zum einen das Inter-action-Model, in dem die Intents, Utterances und Slots festgelegt und verknüpft werden und darüber das Interaction-Model, das eigentliche User-Interface (CUI-Frontend). Es befindet sich innerhalb der Alexa-Plattform und hilft dabei, die eingegangene Sprach-befehle auszuwerten und zuzuordnen. Wird eine Spracheingabe über z. B. das Echo an

Abb. 7.21 Funktionsweise Alexa, vereinfacht

die Alexa-Plattform gesendet, wandelt diese mit Hilfe von Natural-Language-Processing (NLP) das Gesprochene in Text um. Enthaltene Informationen werden analysiert und über das Interaction-Model ausgewertet (vgl. Abb. 7.21)

Alleine der Start des Skills ist daher sehr umfangreich in der Entwicklung, sollte er doch umfassende Möglichkeiten für Neulinge aber auch für Pros bieten. Die wichtigsten Dialogelemente sind bislang:

- Zum Start: **„Alexa, öffne Smart Relax."**
- Zum direkt in eine Playlist springen: **„Alexa, öffne Smart Relax und spiele Natur."**
- Zum Navigieren innerhalb der Playlists: **„Alexa, weiter.", „Alexa, zurück."** oder **„Alexa, Stopp."**
- Zum Wählen einer Entspannungsübung: **„Alexa, öffne Smart Relax und starte eine Entspannungsübung."**
- Bei begrenzter Zeit: **„Alexa, öffne Smart Relax und starte eine Übung mit 10 min."**
- Alle Inhalte können mit den Kommandos **„Alexa, Pause."** und **„Alexa, Fortsetzen."** angehalten werden.

Ein weiterer Gedankengang war es, dass zum Start des Skills mit den obigen Möglichkeiten vorausgesetzt wird, dass der Nutzer die genauen Namen des Skills und seiner Funktionen kennt. Um dem Nutzer ein möglichst positives Erlebnis zu verschaffen und ihn so zur wiederholten Nutzung des Skills zu bewegen, sind nativere Ansprachemöglichkeiten notwendig, die auch getestet werden müssen. Da das System nicht alle sprachlichen Eingaben erkannte, musste hier der größte Kompromiss zwischen natürlicher (Aus)Sprache und dem für Alexa verständlichen Befehlsset gefunden werden. Das Startkommando **„Alexa, öffne Smart Relax."** wurde ergänzt um:

- „Alexa, ich brauche Entspannung!"
- „Alexa, ich will mich auftanken!"

Für die heiße Phase der Entwicklung war ein stetiger Austausch mit dem Alexa Team von Amazon und die Nutzung des Developer Portals hilfreich, vor allem die umfangreiche Dokumentation, wie das „Amazon Alexa Cheat Sheet- Von der Idee zum Skill" und der Sprachdesign Guide. Das Ergebnis überzeugt bis heute tausende Nutzer. Aus Alexa wurde Relaxa.

Kommunikation des Skills

Nach der Entwicklung des Skills und der Freigabe durch Amazon, erscheint das Werk im Amazon Store. Zu hoffen, dass dieser nun durchstartet, weil er einen Mehrwert für die Kunden bietet, ist zu blauäugig gedacht. Es bedarf umfangreicher Kommunikation. Sinn macht es vor allem auf Amazons Plattformen selbst zu werben, denn dort ist die Anzahl der potenziellen oder der bereits aktiven Alexa-Nutzer am höchsten. Auf Paid, Owned

Abb. 7.22 360° Kommunikation zum Alexa Skill

und auch Earned-Kanälen bedarf es weiterer Kommunikation (Abb. 7.22). Dazu wurde
ein Set von Bannern, Videos und anderen Werbeträgern erstellt und das Thema Alexa in
die Contentplanung berücksichtigt. Durch gute Bewertungen der ersten Nutzer erscheint
der Skill früher oder später auch auf dem Radar von Amazon- und wird mit Aufmerksamkeit belohnt.

Die Aufnahme in den Alexa-Newsletter, das Featuren im Store oder Artikel auf dem
Developer-Blog sind nur einige Maßnahmen, die als Earned Content gewertet werden
können. Ein passendes Gewinnspiel zum Start des Skills, bei dem es Echos und Echo
Dots zu gewinnen gab und das bis heute zu den Gewinnspielen mit den höchsten Inter-
aktionsraten zählt, rundete die Kommunikation ab. So wurde eine 360 Grad Content- und
Werbe-Strategie umgesetzt, um die Ziele zu erreichen.

Zielerreichung
Der Erfolg des Skills überraschte in seiner Intensität Agentur, Entwickler, Die Techniker und sogar Amazon. In 220 Tagen erzielte der Skill über 72.000 Unique User,
über 130.000 Sessions und etwas mehr als 440.000 Utterances. Dabei hielten sich die
angebotenen Intents die Waage. Cool Down, Entspannung und Playlists liegen sehr nah
beieinander (Abb. 7.23).

> Angepasst an die Komplexität und Individualität eines jeden, kann der Anti-Stress-Assistent
> Abwechslung ins Leben bringen. Ob meditative Musik beim Tee trinken oder wohltuende
> Techniken wie Meditation, Achtsamkeit und Progressive Muskelentspannung, alles funktio-
> niert auf Zuruf und vor allem dann, wenn einem alles wieder zu viel wird (Blogrebellen 2017)

Unique Customers		Sessions		Utterances	
Total for 8/1/17- 2/25/18	↑72.302,00 (previous 208 days had 0)	Total for 8/1/17- 2/25/18	↑130.312,00 (previous 208 days had 0)	Total for 8/1/17- 2/25/18	↑440.557,00 (previous 208 days had 0)
Maximum per Hour	2.708,00 on 1/5/2018 at 09:00 UTC	Maximum per Hour	1.123,00 on 1/5/2018 at 09:00 UTC	Maximum per Hour	6.593,00 on 1/5/2018 at 09:00 UTC
Average per Hour	21,50	Average per Hour	26,00	Average per Hour	87,80

RelaxationIntent	68,428
PlaylistIntent	67,771
CoolDownIntent	65,732

Abb. 7.23 Statistik zur Nutzung „TK Smart Relax", Screenshot Amazon Developer Console

Kundenrezensionen

★★★★☆ 41

4,3 von 5 Sternen ▾

5 Sterne	▰▰▰▱	78%
4 Sterne	▱	7%
3 Sterne	▱	3%
2 Sterne	▱	0%
1 Stern	▱	12%

☆☆☆☆☆ **Benutze ich jeden Abend**

Bin begeistert von diesen tollen Entspannungshilfen. Ich liebe den Cool down, eine Kurzmeditation, um loslassen zu können und sich bewusst zu werden. Weiter so! 👍

Vor 10 Tagen von Kaufrausch veröffentlicht

☆☆☆☆☆ **Einer der sinnvollsten Skills**

Klasse Skill - wahrscheinlich einer der sinnvollsten. Schön wäre eine schriftliche Funktionsübersicht oder etwas ähnliches - entdecke immer noch neue Features :-D

Vor 17 Tagen von Robert Wiese veröffentlicht

☆☆☆☆☆ **Klasse**

Die Musik ist sehr beruhigend und lässt einem wunderbar abschalten, als Hintergrundberieselung genial, einschlafen kann man auch damit und sogar mein Hund wurde total müde.

Vor 18 Tagen von Andre S. veröffentlicht

☆☆☆☆☆ **Schöne Idee**

Sehr angenehm. Schöne Musik, einfache Entspannung. Liebe Techniker Kasse, vielen Dank dafür. Empfehle ich sehr gerne weiter. Nutze ich oft als Hintergrundmusik

Vor 1 Monat von Eva veröffentlicht

Abb. 7.24 Screenshots Rezensionen im Amazon Skill Store

Wirklich überrascht hat uns aber der rasche positive Zuspruch auf allen Kanälen. Zwar gab es auch Kritiker, die eine Verknüpfung von Gesundheit mit Datenkraken wie Amazon nicht gerade begrüßten, das Feedback auf Social-Media-Kanälen und auch im Amazon Store (Abb. 7.24) war jedoch überwiegend positiv. Dazu wurde das Ziel, erster in der Branche der Krankenversicherer zu sein und einen echten Mehrwert zu schaffen, erreicht.

Neben den Effekten in Richtung zufriedener Nutzer entwickelte sich jedoch auch intern eine Erfolgsstory. Die unkomplizierte, agile Art, geschäftsbereichsübergreifend und in kurzer Zeit ein neues Produkt zu entwickeln, wurde zum oft zitierten Vorbild innerhalb der Organisation. Der Skill weckte auch bei anderen Organisationseinheiten Begehrlichkeiten. Vertriebsmodule mit Echo als anfassbares Gadget und TK Smart Relax wurden kreiert, Vorträge und Gesundheitstage wurden mit dem Skill aufgeladen und weitere Ideen aus anderen Geschäftsbereichen erreichen das verantwortliche Team in hoher Frequenz. Soviel Erfolg verlangt nach Entwicklung. Der Skill wird in 2018 einige Updates erfahren und es in abgewandelter Form auch auf den Google Home Assistant schaffen.

Erfolgsfaktoren und Learnings

Eine wesentliche Erkenntnis aus dem Vorhaben ist die Tatsache, dass es keine große 100 % Lösung braucht, um sich dem Thema KI und Sprachassistenten zu nähern. Wesentliche Faktoren, die zum Erfolg beigetragen haben waren:

- Topmanagement Commitment
- Grüne Wiese bei der Herangehensweise
- Zeit und Raum für neue Ideen
- Vertrauensbasis zwischen Team, Entwickler und Agentur
- Flexible, kurze Entscheidungswege

Es benötigt allerdings einige neue Fähigkeiten in den Unternehmen und Agenturen um Voice Marketing richtig zu nutzen. Die Komplexität des gesprochenen Wortes versus die Unzulänglichkeiten der heutigen Technik ist eine Herausforderung. Content und Dialoge sprechfähig zu machen, Ableitungen für das weitere Vorgehen zu treffen und so das Nutzererlebnis perfekt zu machen, erfordern eine ganz neue Form der Redaktion. Ebenfalls nicht zu unterschätzen sind Datenschutzaspekte. Speziell in Deutschland überstrahlt die Skepsis gegenüber den großen Internet-Konzernen den Nutzen der Angebote. Vor allem wenn es um vertrauensvolle Daten wie der eigenen Gesundheit geht. Die Techniker konnte mit dem Skill „TK Smart Relax" beweisen, dass trotzdem sinnvolle Mehrwerte geschaffen werden können und ein einfacher Einstieg in die Thematik jenseits von Chatbots und komplexen Algorithmen auf den eigenen CRM-Systemen lohnenswert sein kann.

Literatur

Die Techniker 2017, Schlaf gut, Deutschland – TK-Schlafstudie 2017, https://www.tk.de/resource/blob/2033604/118707bfcdd95b0b1ccdaf06b30226ea/schlaf-gut-deutschland-data.pdf, zuletzt zugegriffen 21.01.2019.
Splendid 2017, Wie verbreitet sind digitale Sprachassistenten in Deutschland?, https://www.splendid-research.com/de/studie-digitale-sprachassistenten.html, zuletzt zugegriffen 21.01.2019.

Statista 2015, Umsatz mit virtuellen digitalen Assistenten für Endkunden im Jahr 2015
    sowie eine Prognose bis 2021, https://de.statista.com/statistik/daten/studie/681207/
    umfrage/umsatz-mit-virtuellen-digitalen-assistenten-weltweit/,   zuletzt   zugegriffen
    21.01.2019.
Statista/Comscore 2017, Smarte Lautsprecher, Alexa, wie wird das Wetter morgen?,
    https://de.statista.com/infografik/9685/nutzung-von-smarten-lautsprechern-in-den-
    usa/, zuletzt zugegriffen 21.01.2019.
Statista/Norstat 2017, Digitale Sprachassistenten, https://de.statista.com/infografik/8757/
    art-der-nutzung-von-digitalen-sprachassistenten/.

Der Autor
Bruno Kollhorst arbeitet als Leiter Werbung und Personalmarketing bei der Tech-
niker Krankenkasse (TK), Deutschlands größtes gesetzliche Krankenversicherung
Unternehmen. Er ist auch Mitglied des Social Media Expert Board des BVDW. Der
Medien- und Marketingspezialist arbeitet auch als Dozent an der Universität für
Angewandte Naturwissenschaften in Lübeck und ist freier Autor. Unter Werbung, Con-
tent Marketing und deren Digitalisierung ist er auch Experte in den Bereichen Marken-
kooperation und Spiele/E-Sports.

7.6   Chatbots: Testing New Grounds with a Pinch of Pixie Dust?

Gastbeitrag von David Popineau, Disney

Sobald Mark Zuckerberg im Sommer 2016 die Einführung von Chatbots auf der Facebook Messenger Plattform bekannt gegeben hatte, stürzten sich kreative Agenturen und
Marken darauf, ihre ersten Versuche auf dieser neuen Plattform einzuführen. Diese ersten Chatbot-Erlebnisse, hauptsächlich in den USA, boten eine öde Unterhaltung zwischen motivierten Marken und gelangweilten Kunden an, und zielten nur darauf ab,
Produkte weder mit einem Spaßfaktor noch einer echten Interaktion anzupreisen. Bei
Disney dachte ich, dass wir weitergehen sollten als das und diese neue Technologie testen sollten, um zu sehen, ob sie Markenbeliebtheit fördern könnte und unserer Leserschaft als ein wirklich reichhaltiges Erlebnis dienen könnte. Könnte dies eine neue Art zu
werben sein?

Rogue One: A Star Wars Story – eine eindringliche Erfahrung kreieren
Unsere erste Erfahrung mit Chatbots war es, ein Werbespiel rund um den Film „Rogue
One: A Star Wars Story" zu kreieren. Dieser Chatbot spielt sich wie ein Spiel und bringt
die User direkt in das Herzstück der Geschichte dieses ersten eigenständigen Star Wars
Filmes. Zur Handlung: die Geschichte spielt zwischen Episode II und IV der Saga, in
der die Helden die Pläne des Death Star stehlen müssen, auch bekannt als der ultimative Arm der Zerstörung, welcher vom Empire kreiert wurde. Die Interaktion mit dem

Chatbot ist eine nachhaltige Erfahrung von der ersten Sekunde an. Die User entdecken ihre Rebellenkompetenzen, indem sie ein paar Fragen beantworten; danach gehen sie der Mission nach, gefangene Mitrebellen zu befreien.

Ein Punktesystem bringt Spannung in das ganze Erlebnis. Wenn User gefangen werden, können sie ihre Freunde um Hilfe bitten, ein Anreiz dafür, dass andere User bei dem Erlebnis mitmachen und das Spiel spielen.

Diese Star Wars-Erfahrung wäre ohne Ostereier nicht komplett: diese kleinen Überraschungen oder Reaktionen des Chatbots, wenn User bestimmte Schlüsselwörter oder Sätze aus der Saga eintippen, sind wichtig für die User Experience. Im Sinne eines Gamification-Ansatzes motiviert es die User das Spiel zu spielen.

Die Reaktion der Öffentlichkeit war großartig in Bezug auf Engagement und verbrachter Zeit mit dem Spiel. Mit durchschnittlich 11 min Nutzungszeit war dies die Maßnahmen in unserem ganzen Mediaplan mit dem größten User Engagement.

Weihnachtseinkäufe: Service und Komfort für Einkäufer mit Disney Spaß

Für unser zweites Chatbot-Erlebnis wollten wir an Weihnachten arbeiten, da das Weihnachtsgeschäft im Einzelhandel die Kassen klingeln lässt. Nach dem besten Geschenk für die Eltern, Kinder oder Freunde zu suchen, kann viel Spaß machen, doch sehr oft ist es eine Herausforderung. Mit unserem Christmas Genie, wollten wir die Suche nach den perfekten Geschenken für unsere Verbraucher einfach machen. Und wie ich vorhin schon erzählte, bereiteten die Einkaufs-Chatbots, die ich bisher gesehen habe, keinen Spaß. Wir wollten etwas Besonderes, etwas, das nur Disney machen kann. Durch einen Entscheidungsbaum von Fragen identifiziert der Chatbot die besten Produkte für die Persönlichkeit eines jeden Familienmitglieds. Es ist eine personalisierte Reise und es ist eine neue Art einzukaufen, eine Art digitaler persönlicher Einkäufer, der einen an der Hand nimmt und einem das Leben einfacher macht. Wir haben dieser Immersivität viel Beachtung geschenkt, damit der Chatbot unsere Werte der Innovation, Kreativität und des Geschichtenerzählens bei Disney widerspiegelt.

Und der Aspekt ‚nur Disney kann es‘ spiegelte sich im Ton der Unterhaltung sowie im Spaßfaktor der Antworten und Reaktionen des Chatbots auf die Antworten des Users wider. Wir testeten das Erlebnis in einer Fokusgruppe und die Feedbacks waren sehr positiv. Das Hauptproblem war, dass wir uns schwertaten, viele Leute anzulocken.

Siehst du uns?

Diese zwei Erlebnisse waren großartige Test- und Lernerfahrungen. Wir waren unter den ersten, die einführten und wie es oft der Fall ist, fühlt man sich etwas einsam auf dem Spielplatz. Facebook hilft aus, aber sie lernen ebenfalls, während sie mit dir deinen Weg gehen.

Die Tatsache, dass wir uns viel damit beschäftigt hatten, erwies sich als außerordentlich hilfreich bei der Entwicklung unserer zwei Chatbots. Die Fokusgruppe verstärkte die Tatsache, dass die User mit den Erlebnissen glücklich waren, und die innovativen Schwingungen, die sie von den beiden Chatbots empfingen, spiegelten sich auf unsere Marken wider, was eines unserer Leistungskennzahlen war.

Die Herausforderung bestand darin, die Menschen innerhalb von Messenger mit den Chatbots zusammen zu bringen. Die User, die wir hatten, waren hauptsächlich frühzeitige Anwender und, während unserer Fokusgruppe, bemerkten wir, dass das Elternpublikum, zum Beispiel, nichts von dieser neuen Technology wusste und ein bisschen ängstlich war, jemanden, den sie nicht kennen, auf Messenger zu einem sprechen zu lassen. Sie zu dem Bot zu kriegen war auch eine Herausforderung, da sie im Grunde genommen mit einem gesponserten Post auf ihrem Facebook Timeline präsentiert wurden, welcher sich beim Anklicken in ihrer Messenger-App öffnete. Ein echtes Gefühl, dass jemand dein Gerät steuert, wenn du keine Ahnung vom Digitalen hast.

Das Click to Messenger Format auf Facebook war auch gerade dabei anzulaufen und war schwer zu optimieren, da es hohe CPAs generierte. All diese Herausforderungen, denen wir auf dem Weg gegenüberstanden, waren nicht überraschend und haben sogar zum Spaß beigetragen. Aber es war hinderlich dabei, den Ansatz in Bezug auf Nutzung anzutreiben.

Kundenservices, schnellere Wege, um Anfragen der Verbraucher zu beantworten
Selbstverständlich ist es viel einfacher, Kundenservices innerhalb von Chatbots unterzubringen. In diesem Fall kommunizieren die User mit der Marke und damit verschwindet die ganze Last, User innerhalb Messenger anzutreiben. Doch auf der anderen Seite, muss man die ganze Kundenservice-Struktur so anpassen, dass die Mitarbeiter Fragen nicht nur durch E-Mails oder Kommentare auf deiner Facebook-Seite beantworten, sondern auch Echtzeit-Fragen von Kunden im Messenger beantworten. Echtzeit-Kundensupport kann leicht zu einer riesigen Aufgabe werden und genau dann sollte künstliche Intelligenz eingesetzt werden. Wir müssen vorsichtig sein, wenn wir KI im unmittelbaren Kontakt mit Kunden einsetzen. Wir wollen nicht, dass diese Intelligenz durchdreht, wenn sie sich mit einem Kunden unterhält. Doch KI kann als ein Filter eingesetzt werden, um die Kundenanfrage zu qualifizieren, eventuell eine Frage zu beantworten, die sehr oft gestellt wird, und dann spezielle Fragen nahtlos an den ‚menschlichen' Kundenservice weitergeben.

Eine vielversprechende Zukunft
Über den klassischen Kundenservice innerhalb Chatbots hinaus, welche ein riesiger Fortschritt sind, gibt es keine Zweifel darüber, dass Chatbots eine rosige Zukunft vor sich haben. Insbesondere mit Facebook's Vorhaben, ihre millennial-/Gen Z Plattformen wie WhatsApp, Instagram und Messenger zu entwickeln. Der Schlüssel liegt darin, an der Sichtbarkeit zu arbeiten, die sie den Chatbots innerhalb ihrer Plattformen geben können, und wir alle kennen den großen Verkehr den sie zu einem Ziel führen, wenn sie es sich vornehmen.

Da Sprache das neueste Schlüsselwort ist, können wir es uns vorstellen, dass diese Chatbots innerhalb eines Facebook-Sprachassistenten ausgelagert werden? Oder auf jeden Fall mit deinem jetzigen Sprachassistenten zu arbeiten, sobald Facebook Messenger mit Siri und Google Assistant kompatibel ist. Auf jeden Fall müssen wir Chatbots im Auge behalten, da sie in naher Zukunft einiges an interessanter Entwicklung zu bieten haben dürften.

Drei Dinge, die man mitnehmen sollte, wenn man an der Erschaffung seines Chatbots arbeitet
Dank unserer ersten Erfahrungen und auch während wir unsere bevorstehenden Projekte auf Facebook Messenger entwickeln, haben wir 3 Dinge, die man sich merken sollte, wenn man an der Erschaffung seines Chatbots arbeitet.

1. **Denke daran, was Menschen in Messenger machen:** Sie unterhalten sich mit Freunden. Sie benutzen GIFs, Memes, sie führen Gruppenunterhaltungen, spielen Spiele, etc… Daher versuche nicht, eine Idee innerhalb Messenger zu einzubringen Auf der Basis dessen, was User tun, welches nahtlose und native Erlebnis kannst du innerhalb Messenger zur Verfügung stellen? Denke daran, dass Menschen es gewohnt sind, mit Menschen auf der Plattform zu reden. Von daher, sorge dafür, dass die Unterhaltung so natürlich wie möglich ist. Vergiss nicht, GIFs und Memes zur Veranschaulichung mancher Teile der Chatbot-Unterhaltung einzusetzen. Sie kommen normalerweise gut an, wenn richtig eingesetzt, also viel Spaß damit!
2. **Schaffe eine eindringliche Erfahrung:** Das Definieren des Tonfalls ist wichtig. Dein Chatbot muss eine Persönlichkeit haben und eine ‚Welt', in der es lebt. Unser Star Wars Chatbot zum Beispiel war eigentlich ein Droid von der Rebellion; von daher war er ziemlich herrisch und etwas nervig. Wenn du es schaffst, eine Atmosphäre zu schaffen, die deine Marke widerspiegelt, oder die zumindest etwas Besonderes für das Erlebnis ist, wirst du Beliebtheit von den Usern generieren.
3. **Plane das Unerwartete:** Wie reagierst du auf eine unerwartete Frage? Hier kannst du etwas bewegen. Du wirst natürlich viel Zeit damit verbringen, an deinen Scripts zu arbeiten und was die allgemeine Richtung der Unterhaltung für deinen Chatbot ist. Aber du solltest fast genauso viel Zeit mit dem Unerwarteten, das die User den Chatbot fragen werden, verbringen. Du willst nicht bei der ersten Frage, dich nicht im Skript steht, scheitern. Du solltest Antworten so entwickeln, dass der Eindruck erweckt wird, dass der Chatbot die Frage versteht, er aber den User zurück auf das Gespräch lenkt. Dies ist insbesondere bei dummen Fragen oder Ausdrücken notwendig. Du solltest auch darüber nachdenken, was der Kern deiner Marke ist und worüber sich User vielleicht lustig machen könnten. Für unseren Star Wars Chatbot zum Beispiel, konnten wir erwarten, dass User „ich bin dein Vater" eintippen würden. Dazu hatten wir eine lustige Reaktion mit GIF vorbereitet. Wir sind sogar so weit gegangen, um einen Notfalldienst zu planen, falls jemand ernsthaft um Hilfe innerhalb des Chatbots gebeten hätte. So wurden wir sofort von unserer Moderationsagentur informiert und konnten sofort auf den User in angemessener Weise eingehen. Die beste Erfahrung wird immer von diesen unerwarteten Kleinigkeiten stammen, die ein Lächeln auf das Gesicht des Users zaubern oder sie merken lassen, dass du das Ganze geplant hast.
   Chatbots zu entwickeln ist keine Wissenschaft an sich. Die Erfahrung kommt erst, während du das Laufen lernst. Daher rate ich dir sehr, nicht jahrelang Zeit damit zu verbringen, zu planen, was dein Chatbot tun wird. Stattdessen spring herein, fange klein an, probiere aus und lerne dazu! Es wird nicht von Anfang an perfekt sein, aber zumindest wirst du einen ersten Versuch da draußen haben und wirst davon lernen. Viel Glück!

Der Autor

David Popineau, Directeur Digital Experience – The Walt Disney Company (France) ist bei Disney für folgende Aufgaben und Einheiten zuständig für Digitales Marketing in den Bereichen Studio, Video, TV, Franchise und Lizenzprodukte, im weiteren für CRM und Disney Extras (Treueprogramm) und die Sozialen Medien mit den Untersegmenten Social Media, Kauf von Medien, redaktionelle Partnerschaften, Online-PR mit Journalisten und Bloggern.

7.7 Die Bot-Revolution verändert das Content Marketing – Algorithmen und AI zur Generierung und Verteilung von Content

Gastbeitrag von Klaus Eck, d.Tales GmbH

Seit Anfang des Jahres 2017 wird das Thema Artificial Intelligence (AI) in den Unternehmen immer populärer. Es ist mitverantwortlich für die Suchergebnisse bei Google oder Bing. Zudem basieren einige unserer digitalen Assistenten auf dem Smartphone sowie einige Messenger Bots auf einer (einfachen) AI.

Google hat seinen Algorithmus Ende 2015 um Künstliche Intelligenz erweitert: Google RankBrain. Dahinter steckt ein System, das Stück für Stück mehr über die Semantik von Nutzeranfragen lernt und mit diesem Wissen immer besser wird. Das Ziel: RankBrain soll die Bedürfnisse der User immer besser erfüllen. Damit hat Google den ersten Schritt zu selbstlernenden Algorithmen getan. Viele Upgrades werden zukünftig ohne menschliches Zutun möglich, da die Systeme von ganz alleine dazulernen werden.

Eine große Rolle wird AI auch im Content Marketing spielen, wenn es darum geht, Inhalte miteinander zu kombinieren und zu promoten. Was noch wie Zukunftsmusik klingt, wird in wenigen Jahren ganz normal sein. Die Fähigkeiten Künstlicher Intelligenz sollen sogar so weit gehen, dass sie Content automatisch auf verschiedenen Plattformen publizieren und distribuieren kann.

Für Unternehmen, die international agieren möchten, bietet AI bereits heute hilfreiche Features. Mithilfe von Algorithmen gelingt es Facebook, einen Post in die jeweilige Muttersprache des Users zu übersetzen. Diese orientiert sich am angegebenen Ort, der bevorzugten Sprache und der Sprache, in der der User normalerweise postet. Umständliche Mehrfach-Postings von Beiträgen können damit wegfallen.

AI wird unter anderem dafür eingesetzt, das Targeting der Anzeigen und Suchmaschinen zu optimieren. Außerdem lassen sich in der Bot Economy Informationen viel effizienter auf die Bedürfnisse der Nutzer zuschneiden.

Roboterjournalismus wird kreativ

Algorithmen sind in der Lage, das Web automatisch nach Informationen zu durchsuchen, diese zusammenzuführen und daraus ein lesbares Content-Stück herzustellen. Zudem werden datenbasierte Berichte im Bereich Sport, Wetter oder Finanzen schon heute häufig automatisiert erstellt.

So gab es vor Kurzem bereits wenige Minuten, nachdem Apple seine neuesten Quartalszahlen verkündet hat, dazu einen Bericht bei der Nachrichtenagentur Associated Press (AP): „Apple tops Street 1Q forecasts." In dem Finanzbericht geht es nur um die reinen Finanzzahlen, ohne jedes menschliche Beiwerk. Dennoch konnte AP seinen Beitrag komplett über eine AI gemäß der AP-Richtlinien publizieren. Dafür hat AP seine entsprechende Plattform Wordsmith Anfang 2016 eingeführt, welche jedes Quartal mehr als 3000 solcher Finanzberichte automatisiert erstellt, die schnell und akkurat publiziert werden. Es ist dabei gar nicht mehr so leicht zu unterscheiden, ob ein Algorithmus oder ein Mensch einen Text verfasst hat.

Noch eine Ausnahme stellt derzeit die IBM-Erfindung namens „Watson" dar: Nach seinem Sieg bei der Quizshow „Jeopardy" zeigte Watson, was mit AI im Bereich des Roboterjournalismus bereits möglich ist. Als Chefredakteur hat Watson eine ganze Ausgabe des britischen Marketing-Magazins „The Drum" gestaltet. Tausend Exemplare wurden von der Ausgabe gedruckt, bei der er sowohl Bilder auswählte, Texte anpasste und die Seiten gestaltete. Eine kreative Künstliche Intelligenz, die – wie sich im Test zeigen sollte – hervorragend funktioniert.

Gespeist wurde er dafür mit Daten der Gewinner des „Goldenen Löwen" vom Cannes Lions International Festival of Creativity. Es ging also nicht nur darum, das Magazin zu erstellen, sondern gleichzeitig eine Künstliche Intelligenz zu kreieren, die den Geschmack des Lifestyle-Publikums trifft. Damit sollte Watson schaffen, was vielen Marken bis heute nicht gelingt: Die Stakeholder in den Mittelpunkt stellen und die Content-Marketing-Aktivitäten an deren Interessen und Bedürfnissen ausrichten.

Mehr Relevanz durch AI im Content Marketing
Denkbar wäre es unter anderem, dass eine AI bereits erstellte Texte an die Sprachgewohnheiten unterschiedlicher Zielgruppen anpasst, sodass ein medizinischer Text beispielsweise sowohl für Ärzte als auch für Laien verständlich wird, indem medizinische Fachbegriffe erklärt werden.

Es ist nur noch eine Frage der Zeit, bis Algorithmen fähig sind, über jedes Thema und für jede beliebige Zielgruppe Textbeiträge zu verfassen. AI wird in Zukunft vermutlich sogar in der Lage sein, exzellente Inhalte in einer enormen Geschwindigkeit zu produzieren. Dadurch lassen sich Texte leichter individualisieren und personalisieren, sodass alle wesentlichen Informationen über einen Leser einfließen und Auswirkungen auf den verfassten und adaptierten Text haben.

AI lernt die Leserschaft dabei sehr genau kennen und kann alle Informationen über den Rezipienten so verwerten, dass jegliches Content-Stück individuell ist. Stellen Sie sich dazu einfach einmal vor, welche Inhalte entstehen würden, wenn eine AI problemlos Ihr komplettes (öffentliches) Facebook-Profil auslesen und diese Information für passenden Content nutzen könnte.

Im Prinzip reicht es schon aus, das Retargeting nicht für Werbung, sondern für das gezielte Adressieren von Content zu nutzen. Diese Aufgabe, die für die zielgenaue

Ausspielung des Contents notwendig ist, übernehmen auch im Content Marketing immer häufiger Algorithmen. Hinzu kommt, dass Inhalte in einem passenden Kontext ausgespielt werden (Content Recommendations). Anstelle eines Artikels für alle wird auf Basis einer AI somit personalisierter Content möglich sein, der eng an der jeweiligen Interessenslage des Lesers angelehnt ist. Daraus entstehen einzigartige Inhalte in der Logik einer Mass Customization, weil die AI ihre Leser kennt und darauf individuell reagiert. Jeder erhält seinen persönlichen Content.

Verschwindet der Beruf des Journalisten?
Die Angst dabei ist immer, dass der Beruf des Journalisten gänzlich verschwindet. Jedoch kann AI im Journalismus auch sehr hilfreich sein. Das dürfte insbesondere beim investigativen Journalismus zum Tragen kommen. Algorithmen können dabei helfen, ähnliche Informationen zu verknüpfen und aus allgemeinen Daten einzelne Besonderheiten zu extrahieren. Dabei geht es darum, Muster zu erkennen und Hypothesen aufstellen zu können.

An dieser Stelle greifen Big Data und Künstliche Intelligenz ineinander, beispielsweise, wenn umfangreiche Daten untersucht und Zusammenhänge gefunden werden müssen. Journalisten könnten dann den Analysepart, der sehr viel Zeit in Anspruch nimmt, der AI überlassen und sich gänzlich auf die Erstellung ihrer Artikel konzentrieren.

Es geht also darum, AI an den richtigen Stellen gewinnbringend zu implementieren, nicht einfach nur Journalisten zu ersetzen. Zudem müssen AI-Systeme ethische Standards erst noch erlernen. Das hat zum Beispiel der Microsoft-Bot Tay gezeigt, der einen typischen amerikanischen Jugendlichen oder eine Jugendliche simulieren und via Twitter direkt mit den Nutzern kommunizieren sollte: Er musste nach kürzester Zeit offline geschaltet werden, da ihm viele User rassistische Inhalte beibrachten. Es zeigt sich also, dass auch Bots eine Art Guideline benötigen. Wie ein Journalist sich an Redaktionsrichtlinien orientiert, müssen Bots gewisse Standards einhalten.

AI ist für Content Marketiers eine spannende Entwicklung und wird das Berufsbild in Zukunft enorm verändern. Letztlich bekommen sie darüber ein Werkzeug an die Hand, mit der sich Content Creation und Distribution auf einem qualitativ hohen Niveau in vielen Bereichen automatisieren lässt. Schon heute gibt es im Internet zahllose Beiträge, die von Algorithmen produziert und publiziert worden sind.

Wir werden in den kommenden Jahren viele Beispiele kennenlernen, die deutlich machen, wie sehr sich individueller (mass customized) vom allgemeinen Content abhebt. Wer sich persönlich angesprochen fühlt, reagiert meistens auch positiv darauf. An einer entsprechenden Personalisierung des Content Marketings wird kaum ein Weg vorbeiführen. Das wird Auswirkungen auf die Rolle und die Nachfrage nach Content Creators (Journalisten, Texter etc.) haben, aber das Content Marketing insgesamt voranbringen.

Als Erstes werden wir die AI im Alltag über Bots kennenlernen, die über Messenger auf individuelle Anfragen reagieren können. Sie können dem Kunden direkt individualisierte Inhalte zur Verfügung stellen, indem die benötigten Informationen in

Sekundenschnelle aus der Datenbank gezogen werden. Jeder Kunde erhält so direkt auf seine Fragen und Bedürfnisse zugeschnittene Informationen.

Auf Plattformen können Bots ebenfalls die für jeden einzelnen Kunden relevanten Informationen verfügbar machen, sodass in Verbindung mit dem entsprechenden Algorithmus keine allgemeine, sondern eine individualisierte Newspage erstellt werden kann, die auf jeden einzelnen Nutzer in seiner aktuellen Situation angepasst wird.

Die Messenger übernehmen den Content
Einige Milliarden Menschen haben ihre Kommunikation bereits vom World Wide Web in die Messenger-Welt von Whatsapp, Facebook Messenger, Snapchat und WeChat etc. verlagert. Die Onliner verlassen damit die digitale Öffentlichkeit und sind für Marken nur noch schwer erreichbar. Sie bewegen sich im für andere „unsichtbaren" Teil der digitalen Welt (Dark Social), teilen ihren Content beispielsweise nicht mehr über ihren Newsfeed bei Facebook mit allen, sondern beschränken sich darauf, ihre Inhalte per Messenger mit einem überschaubaren Freundeskreis zu teilen.

Im Vergleich zu Apps und Browsern ändert sich dadurch einiges. Das Interface konzentriert sich auf das Chatten mit echten Menschen oder mit Bots. Es gibt Messaging Apps, Chatbots und Voice-Assistenten. So können die Nutzer mit ihrer Stimme auf dem Smartphone Siri oder den Google Assistant nach dem aktuellen Wetter fragen, via Alexa per Sprachbefehl das Licht einschalten, ein Musikstück starten oder sich Nachrichten vorlesen lassen. WeChat bietet noch weitere Möglichkeiten, die von mehr als 800 Mio. Menschen weltweit genutzt werden. Über die chinesische Messaging App können Rechnungen bezahlt, Services bestellt und sogar Zahlungen an Freunde geleistet werden.

Die Bot-Revolution kündigt sich an
Seit Anfang 2016 gibt es einen großen Hype um Chatbots. Sie sollte jeder Content-Verantwortliche ernst nehmen. Auf das Content Marketing können diese Bots radikale Auswirkungen haben. Wenn wir über eine Oberfläche wie Facebook Messenger, WeChat oder Telegram alle Inhalte erhalten, die es bislang nur über Browser, Newsletter und Apps gab, entsteht eine spannende Alternative für die Content Distribution. Schließlich können Bots uns künftig mit relevanten Informationen im richtigen Kontext versorgen. Idealerweise erhalten wir darüber weniger und bessere Informationen und entgehen somit dem Content Shock.

Die meisten Bots sind einfache Antwortmaschinen, die einer lebenden FAQ-Liste oder einem Newsletter ähneln. Zur Liga der Künstlichen Intelligenz zählen erst wenige. Wenn wir einem Bot geschlossene Fragen stellen, erhalten wir vorerst simple Antworten ohne jegliche Überraschung. Auf das spontane menschliche Verhalten und freie Fragen können Bots meistens nicht reagieren. Stattdessen erhalten wir dann eine Gegenfrage nach dem Muster: „Ich weiß nicht, was Du damit meinst". Von menschlicher Empathie sind Bots weit entfernt. Sie geben meistens nur vorformulierte Antworten auf der Grundlage einer Datenbank, in der alle möglichen Reaktionen aufgelistet sind. Deshalb versuchen Bots uns in eine vorgegebene Richtung zu lenken, die sie wieder verstehen können. Unerwartete Gesprächsverläufe führen ins Aus. Darüber hinaus können die AI-losen Bots nur auf Standardfragen reagieren, halten keine Erinnerung fest und lernen nicht wirklich etwas dazu.

Doch das soll nicht über künftig zu erwartende Innovationen hinwegtäuschen. In Verbindung mit einer AI werden Bots zu mächtigen Instrumenten und selbstlernenden Systemen, die unsere Fragen im Laufe der Zeit immer besser verstehen und dadurch die richtigen Antworten geben, weil sie unseren Kontext kennen. Virtuelle Assistenten, die einen umfassenden Zugriff auf unsere persönlichen Daten haben, können aufgrund dieser Datenbank sehr gute Antworten geben, die uns das Suchen und Aussortieren von Wissen ersparen. Darin besteht die eigentliche Bot-Revolution, die sich mit zarten Schritten mit einfachsten Funktionalitäten ankündigt. Schon jetzt bereiten sich viele Marken auf diese Entwicklung vor.

Für Marken ändert sich durch die Bot-Revolution die Art und Weise, wie sie über ihr Content-Angebot Zugänge zu potenziellen Kunden erhalten. Bis zum Jahr 2027 wird diese Entwicklung große Konsequenzen für die Marketing- und Kommunikations-welt haben und bisherige Kommunikationsmodelle radikal verändern. Herkömmliche Modelle, die auf eine Markenbotschaft für alle setzen, werden immer weniger funktio-nieren.

Content-Strategen müssen für die feinen Veränderungen im Kommunikations- und Content-Mix ein gewisses Gespür entwickeln, damit ihre Organisation rechtzeitig auf die Veränderungen im digitalen Kontinuum reagieren kann. Schließlich wollen sie auch in Zukunft mit den Markenbotschaften ihre Zielgruppen erreichen.

Es wird sehr viel Content produziert

Mehr Content auf der eigenen Website kann in Zukunft keine adäquate Lösung mehr sein. Der Wettlauf um die ersten Stellen auf den Google-Plätzen wird mühsam, wenn immer weniger Menschen den Weg dorthin antreten. Die Suchmaschinen-Optimierer set-zen aufgrund der Veränderungen im Google-Index bei ihren SEO-Maßnahmen längst auf Content-Qualität.

Marken sollten sich nicht sicher fühlen, was die positive Resonanz auf ihre Inhalte angeht, denn laut der Studie Meaningful Brands der Havas Group halten weltweit 60 % der Kunden in 2017 den von Marken produzierten Content nicht für relevant. Das ist kein gutes Ergebnis für die Aktivitäten der Unternehmen. Allerdings wirken sich gute, sinnstiftende Inhalte positiv auf den Markterfolg der Marken aus. Immerhin 84 % der Befragten erwarten von Marken die Produktion von Content. Somit lohnt es sich, auf Content-Qualität zu achten.

Marketiers messen im Content Marketing die Qualität anhand der Ergebnisse, die sie mit dem Content erzielt haben. Es kann dabei ganz unterschiedliche Zielvorgaben geben: beispielsweise Reputation, Leads oder Engagement.

Relevant sind die Inhalte, wenn sie den Bedürfnissen der Stakeholder entsprechen und diese emotional ansprechen. Falls das Thema einer Marke oder Person auf keiner-lei Resonanz stößt, liegt es auch daran, dass zu wenig an den Nutzen für etwaige Leser gedacht wird. Auf die Verpackung der Ideen kommt es dabei immer an, wenn Marken mit ihren Themen zu ihren Kunden durchdringen wollen.

Wenn zu viele gute Inhalte angeboten werden, sodass niemand mehr die vielen Ergebnisse für sich filtern kann oder will, spricht man vom Content Shock. Irgendwann kann und will niemand mehr die Vielzahl an Inhalten wahrnehmen. Das hat mit der Entwicklung des Internets sehr früh begonnen, ein Problem zu werden.

Anfang der 1990er Jahre begann das World Wide Web seinen Siegeszug. Am 6. August 1991 präsentierte der am Genfer CERN beschäftigte Informatiker und Physiker Tim Berners-Lee das Projekt World Wide Web erstmals der Öffentlichkeit. Zwei Jahre später stellte CERN das Web der Welt frei zur Verfügung. Der Durchbruch für eine breite Öffentlichkeit gelang ab 1993 mit den ersten Browsern Mosaic und Netscape. Ein Fan der Browser-Idee war Tim Berners-Lee nicht unbedingt. Er äußerte sich bereits 1995 als Direktor des World-Wide-Web-Konsortiums kritisch über das Browser-Konzept: „Spätestens in fünf Jahren wird es keinen Browser mehr geben." Seine Prognose hat die Browser-Welt um einige Jahrzehnte überlebt, was jedoch nicht heißen muss, dass wir in zehn Jahren immer noch in einer Welt leben, in der das Internet von Browsern dominiert wird. Die aktuelle Entwicklung der Plattformwelten Google, Facebook, Amazon und Snapchat deutet eher auf das Gegenteil hin.

Marken müssen ihren Content auf den Plattformen anbieten
Mehrere Milliarden Menschen bevorzugen die Messenger von Facebook, Snapchat, Telegram und WeChat. Sie bewegen sich dadurch nicht mehr in einer öffentlichen webbasierten Welt, sondern auf ihren Plattformen unter sich, konsumieren Content und tauschen sich dort untereinander aus. Die bisherigen Content-Aktivitäten werden dadurch in den nächsten Jahren radikal auf den Prüfstand gestellt. Wer seine Stakeholder weiterhin erreichen will, muss ihnen smarte Content-Angebote machen, die ihre Bedürfnisse abbilden und diese auf dem bevorzugten Kanal ausliefern. Wenn eine Marke viele Inhalte nur auf ihrem eigenen Content Hub anbietet, wirkt das auf den ersten Blick verwirrend, weil die Orientierung nicht immer leichtfällt.

Drei Viertel der Unternehmen setzen in erster Linie auf Owned Media, um darüber ihre Markenbotschaften zu verbreiten. In 2027 werden viele über diesen Irrglauben den Kopf schütteln. Auf den eigenen Websites und Social-Media-Kanälen erreichen die Firmen nicht unbedingt potenzielle Kunden, sondern eher diejenigen, die ohnehin schon in Kontakt mit der Marke stehen. Wer neue Kunden erreichen will, sollte lieber dorthin gehen, wo sie wirklich sind. Zu diesem Ergebnis gelangt auch die Studie „Content-Marketing und Content Promotion in der DACH-Region" des Online-Vermarkters Ligatus. Es ist wesentlich leichter, den Content auf die adäquaten Plattformen zu übertragen, direkt in der digitalen Nähe der Stakeholder zu publizieren, statt sie über Shares und SEO/SEA dazu zu drängen, auf unsere Owned Media zu wechseln. Verabschieden Sie sich deshalb von Ihrer eigenen Website und setzen Sie lieber auf eine gut durchdachte Content Distribution.

Plattformen ersetzen das freie Internet

Onliner lieben Social Media und bleiben am liebsten auf den jeweiligen Plattformen, so heißt es im internationalen Adobe Digital Insights (ADI) EMEA Best of the Best 2015 Report, der im Juli 2016 präsentiert worden ist. Es ist schwer, sie von diesen Plattformen wegzulocken. Links stören hierbei bei einigen Plattformen nur und werden in 2027 für den Trafficgewinn kaum noch von Bedeutung sein. In Zeiten von Instant Articles, LinkedIn Pulse, Xing Klartext und Facebook Notes verweilen die Social-Media-Nutzer in ihren Networks. Auf WeChat können die Nutzer ihre kompletten Inhalte über spezielle WeChat-Seiten direkt im Messenger beziehen. Den Browser muss dafür niemand mehr nutzen.

Auch die Deutschen bleiben im Social Web und bevorzugen das digitale Cocooning. Sie besuchen von dort aus kaum noch externe Webseiten. So liegt die durchschnittliche Website-Traffic-Rate aus den sozialen Medien heraus hierzulande derzeit bei gerade einmal 0,54 %. Mehr als 99 % bleiben somit in Social Media, ohne von dort aus Webseiten zu besuchen.

Darauf reagieren bisher erst wenige Unternehmen. Sie legen ihren Fokus im Content Marketing noch immer auf die Content Creation und weniger auf die Content Distribution. Um eine adäquate Reichweite mit qualitativ hochwertigem Content zu erzielen, werden künftig immer mehr Unternehmen ihre Inhalte über Content Promotion auf anderen Portalen ergänzen müssen.

Vergessen Sie Apps – jetzt kommen die Bots!

Im Jahr 2007 begann der Siegeszug des Smartphones mit der Einführung des iPhones durch Apple und damit das Zeitalter der Apps. Dadurch hat sich die Art und Weise, wie Menschen mit der Welt interagieren, komplett verändert. Für jedes Problem scheint es eine App zu geben. Durch den unmittelbaren mobilen Zugang zu Informationen haben sich viele Businessfelder radikal verändert: vom Kundenservice über Marketing bis hin zur Kommunikation. Viele Unternehmen setzen auf eigene Apps, die aber leider immer seltener angenommen werden.

Der Wettbewerb um die Aufmerksamkeit des Nutzers ist hoch

Es ist schwer, in den App Stores erfolgreich zu sein, weil wir alle nicht so viele Apps auf unserem Smartphone aktiv nutzen. Derzeit werden jeden Monat mehr als 50.000 neue Apps allein im Apple Store angeboten. Davon wird jedoch nur ein Bruchteil heruntergeladen und noch weniger genutzt. So gab es Ende 2015 rund 1,5 Mio. Apps im Apple Store, die kaum oder gar keine Downloads mehr verzeichnen, sodass der App Store auf Techcrunch sogar als App-Friedhof bezeichnet wird. Die meisten Nutzer verbringen ihre Zeit mit nur fünf Apps. Ein Download allein reicht nicht aus, erfolgreich zu sein. Nur drei Prozent der Apps werden nach 30 Tagen noch immer genutzt. 65 % der Nutzer verzichten auf den Download weiterer Apps. Demgegenüber benutzen drei Milliarden Menschen 17 Mal am Tag ihren Messenger.

Bots ersetzen Apps in vielerlei Hinsicht

Auf den Abschied von den Apps sollten sich Unternehmen vorbereiten. An ihre Stelle werden Chatbots treten, die viele Aufgaben der Apps übernehmen, ohne dass ein Download einer neuen App notwendig wäre. Apps könnten durch die direkte Auslieferung des Contents via Messenger in Zukunft noch schneller an Bedeutung verlieren. Seit dem Launch der Facebook-Messenger-Plattform im Frühjahr 2016 sind bis Anfang März 2017 dort über 34.000 Bots gelauncht worden.

Die größte Veränderung besteht bei der Bot-Welt darin, dass wir über eine Oberfläche wie Facebook Messenger, WeChat oder Telegram alle Anwendungen erhalten, die bislang auf verschiedene Apps verteilt waren. Somit liefern uns Bots künftig alle relevanten Informationen, die wir in unserem Alltag benötigen. Als User Interface dienen hierbei Voice und Text. Bots können an die Stelle der Suchmaschine treten sowie Websites und Shops ersetzen. Zudem erleichtern Bots die Terminvereinbarung, spielen Musik ab und helfen uns im Zahlungsverkehr und in der Kommunikation.

Firmen und Kunden werden künftig im Messenger aufeinandertreffen

Die App- und Web-Welt wird zunehmend zu einer datenbasierten Bot Economy, in der wir neue Schnittstellen wie Voice und Messenger als neue Content Hubs schätzen lernen. Darüber erhalten wir unsere Inhalte kontextbasiert ausgeliefert, sodass diese für uns relevanter und schneller verfügbar sind. Im Idealfall sind es dann weniger, aber dafür die richtigen Inhalte.

Die Messenger werden der erste Touchpoint sein, an dem die Interaktion mit Kunden stattfindet. Laut dem renommierten „Mary Meeker's Report" hat das Messaging für die Millennials in der Kommunikation bereits heute eine größere Bedeutung als Social Media. Falls Marken die jungen Zielgruppen erreichen wollen, müssen sie ihr Informations- und Dialogangebot entsprechend weiterentwickeln. In einigen Jahren werden Messenger andere Kundenkommunikationskanäle unwichtiger erscheinen lassen. Weder Apps noch andere Social-Media-Kanäle werden eine vergleichbare Bedeutung aufweisen.

Wie Bots das Content Marketing verändert

Bei der Betrachtung der Zukunft des Content Marketings ist ein Aspekt von besonderer Bedeutung, den niemand vernachlässigen sollte, wenn er langfristig erfolgreich sein will: Künstliche Intelligenz und Bots werden in einigen Jahren zum Game Changer. Viele der bisherigen Content-Strategien werden durch die neuen Möglichkeiten auf den Kopf gestellt und damit zu einer großen Herausforderung für Unternehmen. Einige Experten sprechen deshalb sogar vom Tod des (bisherigen) Content Marketings durch die AI-Algorithmen. Das ist sicher übertrieben, wenn auch mit einem Funken Wahrheit versehen.

Content Marketing selbst gilt als eine der kosteneffizientesten Marketingstrategien, die sich weltweit immer mehr durchsetzt. Selbst wenn es nicht immer leicht ist, mit den eigenen Inhalten im Internet sichtbar zu sein, bleibt die Gewissheit: Kunden haben ein großes Informationsbedürfnis und wollen unterhalten werden. Trotz des Content Shocks werden sich die besten und originellsten Inhalte immer irgendwie durchsetzen. Ändern sich die Ansprüche an Content, müssen Marken und Medien darauf reagieren, indem sie darauf eingehen, ihre Inhalte visueller präsentieren und gegebenenfalls den Kanal wechseln, auf dem diese ausgespielt werden. Solange das Content Marketing auf die Interessen der Stakeholder rechtzeitig reagiert, ist es meistens erfolgreich.

Facebook hat aufgrund seiner Nutzerschaft auf mehreren Plattformen genügend Daten, um darüber die Art und Weise, wie Kommunikation auf digitalen Kanälen erfolgt, auswerten zu können. Wer am besten versteht, wie seine Kunden kommunizieren, könnte dieses fundierte Wissen für den Aufbau seiner Bots nutzen und ihnen weit mehr Künstliche Intelligenz verleihen. Während die Bot-Anbieter verstehen müssen, was die Messenger-Nutzer wollen, lernen die Menschen gleichzeitig, wie sie am besten mit Bots sprechen können. Dabei hat sich die Erwartungshaltung gegenüber Bots seit Beginn des Hypes um die virtuellen Assistenten rasant abgesenkt. Zu rudimentär sind die meistens Bots. Sie erscheinen oft nur als kleine FAQ-Assistenten, die nur auf wenige Fragen reagieren können. Mit der langsam wachsenden Zahl von AI-basierten Bots könnte sich das jedoch schnell wieder ändern.

Beispiele für News-Bots
Der US-Nachrichtensender CNN ist als einer der ersten mit einem Bot als Newsangebot angetreten. Im Vergleich zu anderen Bots bietet CNN sehr viel. Das Bot lernt, welche Themen den Lesern gefallen und personalisiert die News sehr gut. Darüber können wir regelmäßige Inhalte zu unseren politischen Wunschthemen erhalten.

Demgegenüber wirkt der **Novi Bot** noch sehr einfach: Das junge Medienangebot Funk von ARD- und ZDF-Nachrichten bietet im Stile eines Chat-Angebots seinen Bot an. Der News Bot liefert zweimal täglich eine kompakte Nachrichtenzusammenfassung und soll damit vor allem die 14- bis 29-Jährigen per Facebook Messenger ansprechen. Dabei werden die Facebook-Messenger-Texte durch kurze Videos, GIFs und Fotos ergänzt. Sie verweisen mit einem Link jeweils auf die eigenen Hintergrundberichte.

Beim Start im Messenger erfährt der User im flapsigen Stil: „Ich melde mich 2 × am Tag bei dir – mit den News, die gerade am spannendsten sind! Morgens ganz knapp, abends ausführlicher. (Kannst du jederzeit abstellen, wenn du „push" schreibst). Um die News zu lesen, benutze die Buttons unten. Sorry, falls ab und zu mal etwas schiefläuft – ich bin noch ein bisschen beta." Die News werden frech angeteasert und verlinken auf die jeweiligen Online-News-Angebote von ARD und ZDF. **DoNotPay** ist ein erfolgreicher Bot-Anwalt, der sich anfangs auf Bußgeldbescheide für Falschparker spezialisiert hat. Dabei überprüft der Chatbot des Stanford-Studenten Joshua Browder automatisch, ob man um die Strafe herumkommen kann. Bis März 2017 war er mit 64 % seiner Einreichungen beim Amt erfolgreich und hat dadurch rund 160.000 Nutzern insgesamt vier Millionen Euro Strafzahlungen erspart. Ein solcher Roboter-Anwalt ist auch bei Flug- und Bahnverspätungen denkbar.

Anfang 2017 hat DoNotPay eine weitere Unterstützung bei Behördengängen aufgesetzt: Bis April 2017 bot das Unternehmen Asylbewerbern in den Ländern Kanada, Großbritannien und den Vereinigten Staaten bei der Stellung eines Asylantrags

Unterstützung und half dabei, formelle Fehler zu vermeiden. Auf diese Weise will Browder Menschen auf der Flucht helfen, die sich keinen Anwalt leisten können. Besonders fremdsprachigen Asylbewerbern soll dadurch geholfen werden, die komplizierten Einreiseformulare zu verstehen. Dazu stellt der Chatbot auf dem Facebook Messenger den Hilfesuchenden einige Fragen, die sie bei dem Ausfüllen von Formularen unterstützt.

Reisebüro: Es gibt erste Informations- und Buchungsangebote im Tourismus, über die Reisende ihren Urlaub planen können. Inzwischen nehmen die Bot-Angebote für den Facebook Messenger und WhatsApp rasant zu. Statt auf eine Website zu gehen, können Touristen sich bei persönlichen Bot-Reiseberatern informieren, indem sie direkt ihre Fragen stellen. Ihre Antworten erhalten sie ohne jegliche Wartezeit automatisiert. Zu den ersten Angeboten gehören die Flugsuchmaschine Skyscanner, die Metasuchmaschine Kayak, einige Flughäfen und Airlines wie Lufthansa sowie die Tourismusportale Booking und Tripadvisor. Oftmals wirken die Bot-Angebote noch sehr rudimentär. Komplexe Anfragen können sie nur selten bewältigen. So kann das Skyscanner-Bot zwar einen Flug nach New York finden, aber nicht auf einen spezifischen Tarif eingehen. Dem sind derzeit die Buchungsoberflächen von Reise-Websites noch klar überlegen. Doch das dürfte sich der Meinung einiger Bot-Anbieter nach bereits in wenigen Jahren ändern.

Mit der Lufthansa können die Flugreisenden direkt via Bot in Kontakt treten und den „Lufthansa Best Price" suchen. Der Bot Mildred soll dann in Sekundenschnelle den günstigsten Hinflug innerhalb der nächsten neun Monate plus Rückflug finden. Die Buchung selbst erfolgt anschließend direkt auf lufthansa.com.

Im **E-Commerce** gibt es zahlreiche Beispiele für erfolgreiche Bots. Im November hat Nexxus den Bot Hair Concierge gelauncht, der mithilfe von AI die Fragen zu Haarproblemen beantwortet und direkt auf einzelne Produkte verweist, sodass die Kunden direkt via Facebook Messenger kaufen können. Allein im Januar 2017 erhielt der Hair Concierge mehr als 450.000 Nachrichten. Für die Bot-Promotion hat Nexxus anfangs vor allem auf Influencer, Mundpropaganda und Social Media Sharing gesetzt. Somit erzielte das Bot ohne jeglichen Einsatz von Paid Media eine enorme organische Reichweite. Im Callcenter werden Bots besonders wichtig. Das zeigt unter anderem ein Beispiel des Telekommunikationskonzerns Vodafone. Deren virtueller Agent Hani beantwortet rund 80.000 Anfragen pro Monat und ersetzt damit einige Callcenter Agents. Immerhin 75 % der Fragen kann er beantworten.

Akzeptanz der Chatbots noch umstritten

Niemand weiß genau, wie die Messenger-Nutzer in Zukunft auf Chatbots reagieren und ob sie sich auf die Bot-Nutzung und -Kommunikation einlassen werden. Allerdings zeigen die Ergebnisse des W3B-Reports Trends im Nutzerverhalten von Anfang 2017, dass viele Onliner den neuen Tools noch skeptisch gegenüberstehen (siehe Abb. 7.25 und 7.26). Nur wenige der 1500 Befragten können sich eine Nutzung für den Dialog auf Websites oder Shops vorstellen. Derzeit bevorzugen drei Viertel der deutschen Online-Käufer in der Online-Kommunikation die Korrespondenz per E-Mail oder Online-Formular mit echten Ansprechpartnern. Während sich jeder fünfte Online-Kunde

E-Mail und Telefon werden Chatbots ganz klar vorgezogen
Präferierte Kommunikationswege mit Websites und Webshops

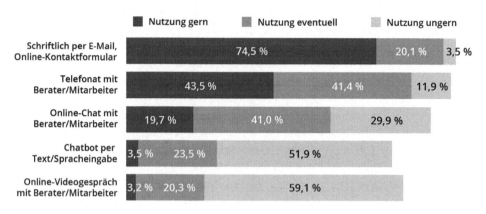

W3B-Report »Trends im Nutzerverhalten«, fittkaumaass.de/reports
Basis: Online Einkäufer   © 2017 Fittkau & Maaß Consulting

Abb. 7.25 Präferierte Kommunikationswege mit Websites und Webshops (W3B-Report). (Fittkau & Maaß Consulting 2017)

Über die Hälfte der Online-Einkäufer lehnt Chatbot-Nutzung ab
Mensch-Maschine-Dialog ist vielen zu unpersönlich und unausgereift

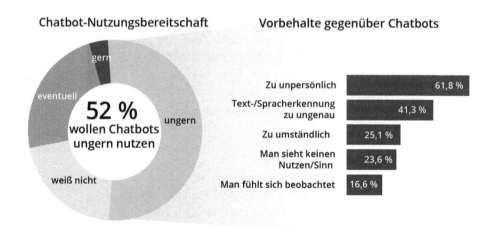

W3B-Report »Trends im Nutzerverhalten«, fittkaumaass.de/reports
Basis: Online-Einkäufer / Ablehner von Chatbots   © 2017 Fittkau & Maaß Consulting

Abb. 7.26 Mensch-Maschine-Dialog ist vielen zu unpersönlich und zu unausgereift (W3B-Report). (Fittkau & Maaß Consulting 2017)

vorstellen kann, via Chat mit einem Website- oder Shop-Betreiber in Kontakt zu treten, wollen nur vier Prozent der Onliner-Käufer mit einem Bot kommunizieren.

28 % der Befragten akzeptieren Chatbots grundsätzlich. Demgegenüber lehnen sie 50 % der Online-Käufer ab, vor allem weil sie die Kommunikationsform als zu unpersönlich empfinden. Das ist für 60 % der Ablehner das zentrale Argument. Viele halten die Technik bislang noch nicht für ausgereift oder sehen überhaupt keinen Nutzen in den Bots.

Allerdings ist das Konzept des Chatbots noch ein sehr Neues. Es gibt sehr große Qualitätsunterschiede bei den jeweiligen Bots auf dem Facebook Messenger, sodass die Bewertung aller Bots in einer Umfrage sehr schwierig ist und tatsächlich eher wenig über die tatsächliche gesellschaftliche Akzeptanz verrät.

„Dem Einsatz von Chatbots in der Kundenkommunikation stehen Online-Nutzer heute noch sehr viel kritischer gegenüber als anderen Technologie-Trends wie z. B. Smart Home oder VR", meint Susanne Fittkau, Geschäftsführerin von Fittkau & Maaß Consulting.

Andere Studien sehen eine größere Akzeptanz des Bots. So zeigt beispielsweise eine Umfrage des Digitalverbands Bitkom, dass sich jeder vierte Deutsche vorstellen kann, Bots zu nutzen. Internationale Studien geben noch mehr Anlass zu Hoffnung. So können sich laut den Analysten von Mindshare 63 % der Befragten vorstellen, über einen Chatbot mit einem Unternehmen oder einer Marke zu kommunizieren. In der Regel erwarten die Nutzer sehr schnelle und gute Antworten. Werden die Erwartungen enttäuscht, ist das Chatbot-Experiment für eine Marke teuer. 73 % der Amerikaner würden dem Bot keine zweite Chance mehr geben.

Der Mensch-Maschinen-Dialog ist für Onliner noch völlig ungewohnt und steht komplett am Anfang. Selbst die ersten Erfahrungen mit Siri, Google Assistant, Cortana und Co. reichen dazu noch nicht aus. Wer einen Bot aufsetzt, sollte deshalb viel Wert auf eine begleitende Kommunikation zum angebotenen Bot setzen, damit der Nutzen erläutert wird. Selbst Content Marketing für den Bot kann durchaus empfehlenswert sein, um Kunden an diese innovative Technologie heranzuführen.

Für Marketiers sind Bots verführerisch, weil sie den Zugang zu Milliarden Menschen auf Messengern versprechen. Aufgrund ihres bislang sehr einfachen Interfaces eignen sich Bots derzeit am besten für einfache, direkte Fragen. Erst wenn es den Bot-Machern gelingt, mit ihrer Informationsaufbereitung den Kundendialog zum wiederkehrenden Erlebnis zu machen, können Bots zu einer echten Alternative für Apps und Websites werden.

Im Kundenservice sind Bots Erfolg versprechend, weil sie trotz einer Automatisierung die Customer Experience durch einen 24/7-Zugang zu wichtigen einfachen Informationen verbessern können. Im Vergleich zum Call Center Agent reagieren die Bots in Echtzeit, sind immer erreichbar und bleiben immer freundlich. Als Roboter kennen sie keinen Stress und wirken deshalb sehr angenehm.

Ein intelligenter Chatbot sollte genauso gut sein wie ein Call Center Agent. Durch eine gute Anbindung an AI, die die Fähigkeiten enorm erweitern, können die Bots durch ihre Kundenerfahrungen lernen und sich selbstständig optimieren. Auf diese Weise lassen sich die Kundenbeziehungen insgesamt verbessern.

Die Analysten von Gartner rechnen deshalb sogar damit, dass bis 2020 rund 85 % aller Kundeninteraktionen ohne menschlichen Kundenservice auskommen werden. Allerdings setzt das eine gute Datenbank und eine fundamentale Kenntnis der Kundenanfragen voraus. Je besser ich alle Kundenbedürfnisse mit meinen Bot-Inhalten abdecke, desto eher steigt die Akzeptanz von Chatbots in der Gesellschaft.

Viele Roboter erhalten bewusst eine Form nach dem Kindchenschema, die wir als sympathisch empfinden. Aus diesem Grunde ist eine eigenständige digitale Persönlichkeit wichtig, um uns die Angst vor dem Umgang mit den Bots zu nehmen. Zwar wollen wir wissen, ob wir mit einem Menschen oder einem Bot kommunizieren. Gleichzeitig sollen Bots möglichst intelligent und individuell auf uns wirken, damit wir ihnen als unsere virtuellen Assistenten vertrauen können.

Durch die Nutzung von Bots erhalten die User in Kombination mit AI speziell auf die jeweiligen Bedürfnisse zugeschnittene Kommunikations- und Content-Angebote. Das reduziert die Komplexität der vielfältigen Inhalte im Web. Bots, die für uns den richtigen und damit relevanten Content auswählen, unterstützen uns darin, schneller zu unseren Ergebnissen zu kommen. Sie treten an die Stelle der umständlichen Online-Suche und ersetzen bisherige Web- und App-Angebote.

Je besser das mit unseren Bedürfnissen abgestimmt ist, desto eher wird die Akzeptanz von Bots steigen. Zudem sollte niemand vergessen, dass Bots das Gesicht einer Marke sein können, vergleichbar mit Vertriebsmitarbeitern, einer Anzeige oder gar einzelnen Webseiten. Sie vermitteln immerhin einen allerersten Eindruck von einer Marke und sollten zur sonstigen Customer Experience passen. Inkonsistenzen verzeihen Kunden eher selten.

Alexa und Google Assistant: Voice Content wird sich durchsetzen
Sehr schnell scheinen sich viele Menschen an Voice gewöhnt zu haben. Über Siri, Amazon Echo und Google Home erhalten wir unseren Content auf Zuruf. Seit Anfang 2017 sind Voice-Control-Instrumente im Kontext mit Smart Home die Stars vieler Technologiemessen. Die akustische Erkennung menschlicher Sprache verändert die Art und Weise, wie wir auf Informationen zugreifen können. An die Stelle des Tippens und Touchscreen-Drückens tritt das einfache Sprechen von Befehlen.

So können wir der virtuellen Assistentin Alexa bei Amazon Echo unsere Fragen stellen und erhalten schon heute erstaunlich gut gesprochene Antworten. Es ist der denkbar einfachste Zugang: die menschliche gesprochene Sprache. Die Spracherkennung über Alexa und ihre Verwandten wird uns in einigen Jahren von Kindheit an überall hin begleiten: Barbie-Hersteller Mattel bietet bereits einen Digitalbabysitter mit Spracherkennung an. Zahlreiche Autohersteller erweitern ihr Digitalangebot um virtuelle Assistenten. Amazon selbst setzt nicht nur auf Echo und Echo Dot, sondern hat auf der CES 2017 zahlreiche Alexa-betriebene Produkte vorgestellt. Darunter sind Autos, TV-Geräte, andere Lautsprecher und Kühlschränke.

Kein Wunder also, dass die Marktforscher von Gartner in sprachgesteuerten Geräten einen riesigen Wachstumsmarkt sehen. Voice und Bots werden das Suchverhalten in wenigen Jahren fundamental verändern bzw. ablösen. Aus bloßen Keywords, die wir derzeit in Suchmaschinen eingeben, werden komplette Fragen, die von Bots beantwortet werden. Statt zu tippen, setzen immer mehr Menschen auf ihre Stimme und die Hilfe von Sprachassistenten wie Siri, Google Assistant oder Cortana. Das wird sich auf die Art und Weise, wie wir suchen, weiter auswirken. Auf der Entwicklerkonferenz Google I/O 2016 verriet Google-CEO Sundar Pichai, dass derzeit schon 20 % der Anfragen über Voice Search erfolgen. Meistens werden sie für Anrufe, die Zeitansage, das aktuelle Kinoprogramm oder zur Navigation genutzt. Bis zum Jahre 2020 sollen 50 % aller Suchanfragen als Voice Search ausgeführt werden.

Ende 2016 hat der Suchmaschinenkonzern Google Assistant und Google Home auf den Markt gebracht. Darüber lassen sich vernetzte Haushalte steuern. Einen Vorgeschmack auf das künftige Google-Szenario bietet Amazon in den USA. Dort nutzen mehr als neun Millionen Haushalte Amazon Echo und Alexa in ihrem Alltag und gewöhnen sich daran, Fragen mit ihrer Stimme zu stellen. Statt zu tippen und im Browser Inhalte zu suchen oder dort Bestellungen vorzunehmen, findet die Interaktion mit Marken mit Voice als Schnittstelle statt. So könnten Browser in Zukunft zunehmend überflüssig werden.

2,1 Mrd. US$ Umsatz erwarten die Analysten von Gartner für die neuen interaktiven Lautsprecher bis zum Jahr 2020. Diese digitalen Assistenten sollen dann mit ihrer Hardware in rund 3,3 % der Haushalte weltweit verbreitet sein. Amazon Echo und Co. können direkt auf Sprachbefehle reagieren und darüber einen Film im Fernseher abspielen, ein E-Book vorlesen, das Licht ausmachen, Musik auf Spotify abspielen oder eine Bahnfahrt finden.

Content Marketing muss sich immer am Neuen orientieren
Die Zukunft des Content-Erfolgs liegt darin, alles Gewohnte infrage zu stellen. Durch technologische Innovationen verändern sich die Touchpoints schneller, als manche Marketiers es erwarten. Derzeit konzentriert sich alles auf die Browser-Welt, weil darüber viele Menschen ihre Inhalte schöpfen. Doch der Information-Overload überfordert zunehmend die Onliner, die deshalb lieber „Abkürzungen in Digitalien" nehmen und von Links Abstand nehmen, weil sie in der Regel schon genügend Informationen um sich herum wahrnehmen.

Content-Marketing-Verantwortliche sollten sich deshalb heute auf eine Welt einstellen, in der…
- die Website zwar als Content Hub noch existiert, aber nur noch eine digitale Schattenexistenz führt,
- wir nur noch den exzellenten Content akzeptieren, der direkt auf der Plattform selbst ausgespielt wird,
- gesprochene Inhalte einen größeren Raum einnehmen,

- multimediale Welten die klassische textuelle Produktinformation ersetzen,
- der Content in unserer physikalischen Welt auch digital präsent ist (Augmented Reality),
- Inbound-Marketing das einzige noch funktionierende Marketing ist,
- Texte als Script vielleicht noch eine Berechtigung haben mögen, aber die Visualisierung über Bilder und Filme erfolgen muss, damit die Ideen ihre Stakeholder erreichen.

Es gibt zahlreiche Plattformen für den Facebook Messenger, über die Unternehmen relativ schnell ein einfaches Bot aufsetzen können. Darunter sind folgende Anbieter besonders empfehlenswert:

- Chatfuel (http://www.chatfuel.com),
- wit.ai (http://www.wit.ai/, feat. by Facebook)
- und recast.ai (https://recast.ai/).

Wer ein erfolgreiches Bot bauen will, sollte dabei auf folgende Punkte besonders achten:

- Bots sind etwas Neues. Sie sollten sich durch ihren Service von Apps und Websites abheben und unique sein, ansonsten können sie schnell die Nutzer enttäuschen.
- Transparenz ist wichtig. Niemand sollte einfach menschliche Call Center Agents durch virtuelle Assistenten austauschen, ohne diese als Maschinen zu kennzeichnen.
- Persönlichkeit: Die Nutzer erwarten auch von Bots einen sehr persönlichen Service. Deshalb setzen viele Anbieter auf Bot-Namen.
- Verstecken Sie Ihre Bots nicht, sondern betreiben Sie auf all Ihren verfügbaren Kanälen Bot-Marketing.
- Finden Sie heraus, welche Erwartungen Ihre Stakeholder an Bots haben, indem Sie diese befragen.
- Je mehr Sie über die Bedürfnisse Ihrer Kunden wissen, desto besser kann Ihr Bot performen.
- Die individuelle Ansprache per Bot mit Customized Content schafft Zufriedenheit und verbessert dadurch die Kundenbindung.

Literatur

Fittkau & Maaß Consulting, 2017, Chatbots stoßen bei jedem Zweiten auf Ablehnung, https://www.w3b.org/nutzungsverhalten/chatbots-stossen-bei-jedem-zweiten-auf-ablehnung.html, zuletzt zugegriffen 08.01.2019.

Der Autor
Klaus Eck ist Blogger, Speaker, Autor und Gründer der Content-Marketing-Agentur des Tales.

7.8   Die Zukunft der Media Planung – AI als Game Changer

Gastbeitrag von Andreas Schwabe, Blackwood Seven Germany GmbH

Zusammenfassung
Der internationale Mediamarkt krankt seit Jahren an eigennützigen und interessen-getriebenen Geschäftsmodellen der Agenturen. Die Zeit ist reif für echte Disruption. Innovative Tech-Companies haben den Mediamarkt mit algorithmenbasierten Techno-logie-Plattformen betreten und ermöglichen auf Basis von Künstlicher Intelligenz trans-parente und effiziente Mediaplanung.

1. Doch wie genau funktionieren diese neuen Geschäftsmodelle?
2. Was unterscheidet den neuen Media-Mix-Modelling-Ansatz von herkömmlichen Agenturmodellen?
3. Was sind die Herausforderungen?
4. Und was bieten sich für neue Möglichkeiten in der Mediaplanung – sowohl für Agen-turen als auch für Werbungtreibende?

Gegenwärtige Situation
Hervorgerufen durch den Margendruck in der Agenturszene, wurden Media-Agenturen über die letzten Jahrzehnte hinweg sehr kreativ in der Weiterentwicklung bestehender Geschäftsmodelle. Die oftmals sehr geringen Honorare der Kunden haben dazu geführt, dass sich Agenturen alternative Erlösmodelle konstruieren mussten. Insbesondere Tra-ding mit Medialeistung, was den Einkauf und Weiterverkauf von Media/Reichweite implizert, hat sich als äußerst lukrative Variante erwiesen, zusätzlich gute Margen ver-dienen zu können. Dieses Vorgehen jedoch führt zu zwei Problemen. Erstens rutscht die Agentur, die eigentlich neutraler Berater und Optimierer sein sollte, aus ihrer Berater-rolle heraus und wird zum vertriebsorientierten (Weiter-)Verkäufer von Reichweiten an seine Kunden. Zweitens führt die Konstruktion zu einem Mangel an Transparenz im Mediageschäft, da die Margen der Agenturen an den Werbekunden vorbei in die eigene Tasche gewirtschaftet werden.

2016 erreichten die anhaltenden Diskussionen einen neuen Höhepunkt. K2 Intelli-gence führte im Auftrag der Association of National Advertisers (ANA) von Oktober 2015 bis Mai 2016 eine unabhängige Studie über die Transparenz in der amerikanischen Mediabranche durch. Basis dieser Studie waren insgesamt 143 Interviews mit 150 ver-schiedenen vertraulichen Quellen, was einen Querschnitt durch das US-Media-Öko-system repräsentiert. Die Ergebnisse des umfassenden, 58-seitigen Untersuchungsberichts belegen das, was zwar alle Branchenbeteiligten längst wussten, jedoch bisher zu wenig Medienaufmerksamkeit erhielt. Der Studie zufolge gehören zu den gängigen Vorgehens-weisen vieler Media-Agenturen intransparente Geschäftspraktiken, darunter versteckte Rabatte für gezahltes Werbevolumen oder intransparente Kickback-Zahlungen in Form von Gratis-Spots sowie getarnte Service Fees. Speziell Führungskräfte, die eigentlich als

Vorbildfunktion agieren, seien bewusst beauftragt worden, diese Vorgehensweisen umzusetzen. Es soll sogar gezielter Druck auf einzelne Media-Einkäufer bei der Medienauswahl ausgeübt worden sein. Die Vorgehensweisen betreffen laut der Studie sämtliche Kanäle, von Digital, Print, Out-of-Home bis TV.

Im Herbst 2016 sorgte Dentsu, die weltweit fünftgrößte Media-Holding, für weitere ungewollte Aufmerksamkeit in den Medien, da sie zugegeben hatte, bei ihrem Vorzeigekunden Toyota in Japan für Unregelmäßigkeiten in der Abwicklung des Mediahandels verantwortlich zu sein. Die gängigen Praktiken in der Mediabranche und der zunehmende Druck der Öffentlichkeit sorgen bei den Werbetreibenden für einen starken Unmut. Alle Marktbeteiligten sind sich einig: Sie wollen nicht länger die Situation hinnehmen, dass nicht auf die Ziele der Kunden optimiert wird, sondern die Planung und der Einkauf im Margeninteresse der Agenturen stehen. Die Branche ist so weit, dass aktiv nach Lösungen gesucht wird, beispielsweise in Form von alternativen Anbietern, die nachhaltig für Transparenz sorgen und Planungsansätze langfristig im alleinigen Interesse des Auftraggebers garantieren. Die Zeit ist reif für eine echte Disruption der Mediabranche.

Software eats the world

Disruption beschreibt einen Prozess, bei dem ein junges Unternehmen mit weniger Ressourcen als die etablierten Marktpartner in der Lage ist, etablierte Unternehmen erfolgreich herauszufordern. Etablierte Unternehmen fokussieren sich in der Regel auf die Verbesserung ihrer bereits rentablen Produkte und vernachlässigen echte Bedürfnisse des Marktes. Innovative Unternehmen nutzen diese Chance und produzieren etwas Neues und Effizientes, was bestehende Produkte, Märkte oder Technologien erfolgreich verdrängt und letzten Endes komplett ersetzt. Auf der Suche nach Alternativen für die bestehenden Geschäftsmodelle der großen Media-Networks, die von veralteten Geschäftsmodellen wie Trading und Share-Rabatten leben, sind innovative Tech Companies dabei, ihre Chance zu nutzen und den Mediamarkt zu betreten. Möglich wird das alles durch den Einsatz „intelligenter Systeme", die rein auf den Kundennutzen ausgerichtet sind und die einen Wettbewerbsvorteil durch den Einsatz von Künstlicher Intelligenz und maschinellem Lernen verschaffen.

„Software eats the world" ist Parole und Chance zugleich auf eine nachhaltige Revolution der kompletten Mediabranche. Durch die sich rasant verändernden technologischen Rahmenbedingungen und die digitale Transformation, die mittlerweile immer mehr Wirtschaftsbereiche umfasst, entwickelt sich der Trend unaufhaltsam zu datengetriebenen Entscheidungsprozessen. Datenbasierte Vorgehensweisen sind zwar bereits aus der Performance-Welt bestens bekannt, doch in der stark offline geprägten Mediabranche haben diese bisher noch keinen vollumfänglichen Einzug gefunden. Mediaplanung betrachtet in der Regel nur einzelne Kanäle, und der Fokus der Datenerhebung lag bisher primär auf Online Media, da in der Onlinewerbung schon seit einigen Jahren mit Analytics und Algorithmen optimiert wird. Eine ganzheitliche Attribution mit algorithmenbasierten und transparenten Planungstools war bisher schlichtweg aufgrund der fehlenden Technologie, die auch die Datenlage bei Offline Media (TV, Print, Out of Home, Radio) berücksichtigt, nicht möglich. Attribution ohne die Offline-Investitionen ist jedoch im Ergebnis immer unvollständig und kann leicht zu Fehlentscheidungen bei der Budgetverteilung führen.

Visionäre Tech Companies entwickeln durch die sich ständig weiterentwickelnden Möglichkeiten in Bezug auf Rechenleistung und Rechengeschwindigkeit in Kombination mit selbstlernenden Algorithmen innovative Produkte, die ihren Anfang in einer zunächst simplen Anwendung am unteren Ende des Marktes nehmen und dann kontinuierlich nach oben steigen, wo sie früher oder später die etablierten Media-Agenturen vollständig ersetzen werden. Komponenten wie Automatisierung und Echtzeit-Evaluierung heben Mediaplanung und Datenauswertung auf ein völlig neues Niveau. Neue Produkte, wie beispielsweise Mediaplattformen, sind im Vergleich zu herkömmlichen Planungstools wesentlich dynamischer, flexibler und einzig auf die realen Bedürfnisse der Werbung- treibenden ausgerichtet. Das ist das, was visionäre Tech Companies bereits als ech- tes Marktbedürfnis erkannt haben und was ihnen den Eintritt in den Markt erfolgreich ermöglicht hat.

Das Dilemma der Media-Agenturen liegt folglich darin, dass sie sich nicht nur gegen- über anderen Media-Agenturen behaupten müssen, sondern dass sie zunehmend starke Konkurrenz von branchenübergreifenden Marktteilnehmern erhalten. Während die großen Media-Holdings, die vor allem durch eine Bündelung der Einkaufsmacht ihre Daseinsberechtigung erhalten, weiter ihre Geschäftsmodelle optimieren, nutzen die neuen Player am Markt alternative, in der Optimierung überlegene Modelle, die lang- fristig die alten Modelle vollständig ersetzen werden. Harvard-Professor Clayton Christensen beschreibt diesen Prozess als „disruptive Innovation" und man kann über- greifend sagen, dass das komplette Marketing vor einer klassischen Disruption steht. Die Erfahrung zeigt, dass solche Entwicklungen nicht aufzuhalten sind.

Neue Möglichkeiten der strategischen Mediaplanung
Die Innovationstreiber dieser neuen Player sind multidisziplinäre Teams aus Markt- forschern, Statistikern, Verhaltensforschern, Mathematikern, Physikern und Media-Ex- perten. Diese Data Science Teams tüfteln an kontinuierlich präziser werdenden Algorithmen zur Analyse und Optimierung der Media-Investments. Neue, transparente Geschäftsmodelle, schnellere Entscheidungsprozesse und die Zukunftsvision von Just-in-Time Media machen die neuen Akteure attraktiv und wirkungsvoll. Einer die- ser neuen Akteure, der besagte Marktchancen bereits für sich erkannt und erfolgreich monetarisiert hat, ist Blackwood Seven. Das Software-Unternehmen entwickelte eine datengetriebene, automatisierte und selbstlernende Plattformlösung, die es Werbung- treibenden ermöglicht, Media zielgerichtet auf einen Key Performance Indicator (KPI) zu planen, zu buchen und zu optimieren. Strategische Mediaplanung als Software as a Service (SaaS) bietet völlig neue Chancen für Werbetreibende. Mithilfe von Blackwood Seven können Budgetverantwortliche die Wirkungsweise unterschiedlicher Media-Ka- näle im Zusammenspiel verstehen und den Wertbeitrag der einzelnen Media-Investments

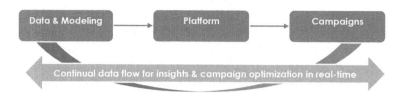

Abb. 7.27 Blackwood-Seven-Darstellung Continual data flow

hinsichtlich der Ziel-KPIs, wie beispielsweise Sales oder Neukunden, quantifizieren. Dadurch, dass die Wirkbeiträge der einzelnen Kampagnen-Elemente, vor allem auch der Offline-Kanäle wie Print, TV und Out-of-Home, das erste Mal überhaupt dynamisch mit einem Tool quantifizierbar sind, lassen sich diese objektiv und damit auch nachvollziehbar bewerten.

Die innovative Plattformlösung besteht aus mehreren Komponenten, die in ihrem Zusammenspiel eine vollständige strategische Mediaplanung erlauben. Die Komponenten decken alle Bereiche von Datenanbindung, Modellierung, Optimierung, Ergebnis-Simulation, Visualisierung, Reporting und Aussteuerung der Media ab (Abb. 7.27).

Dem Kunden wird eine vollständige Infrastruktur für seine modellgestützte Mediaplanung zur Verfügung gestellt. Auf Basis der vorliegenden Datengrundlage aus internen und externen Variablen und mithilfe der algorithmischen Modellierung aller Datenpunkte werden verschiedene Szenarien berechnet, die dem Kunden die Herangehensweise für den optimalen Media-Mix aufzeigen. Diese kundenindividuelle Modellierung wird dynamisiert, und die Ergebnisse werden in der Plattform hinterlegt.

Alle Simulationen sind über ein kundenindividuelles Interface zugänglich. Dies verursacht auf Kundenseite einen geringen Investitionsaufwand, da keine zusätzliche Hardware, sondern lediglich ein Internet-Browser notwendig ist. Zudem ist die Lösung deutlich schneller einsatzfähig als eine auf eigenen Rechnern laufende Software. Über das Web Frontend stehen dem Kunden individuelle Dashboards zur Verfügung, die einen detaillierten Einblick in die neuesten Entwicklungen der festgelegten KPIs und auf die Einflüsse der verschiedenen Media-Investments geben. Im gleichen Web Frontend werden zudem die gesammelten Mediadaten, Analyseergebnisse und Optimierungsergebnisse dargestellt. Der direkte Zugriff auf die Plattform ermöglicht dem Kunden einen 24/7-transparenten Einblick in die eigene Mediaplanung. Die vom Modell erzielten Simulationen können mit den eigenen Ergebnissen abgeglichen, angepasst und optimiert werden. Budgetverantwortliche erhalten eine bisher nie dagewesene Transparenz und Planungssicherheit. Automatisch entsteht ein Interesse aller Beteiligten am eigentlichen Kampagnenerfolg und nicht an der Maximierung der Investitionen.

Die Kosten für die Software sind skalierbar, die Bezahlung basiert auf den festgelegten KPIs wie beispielsweise Absatz oder Umsatz. Der Kunde kann zwischen zwei Bereichen wählen, dem Insights Part (Media Analytics) und dem Simulation Part (Prediction). Es gilt zu unterscheiden zwischen einmaligen Kosten wie Entwicklung eines KPI-Modells pro KPI, Modelling, Set-up Fee und Onboarding sowie monatlichen Kosten für den Plattformbetrieb (pro jeweiligem KPI). Blackwood Seven wächst innerhalb seines Geschäftsmodells über die monatlichen Subscription-Gebühren und nicht durch Abrechnungsmodelle von herkömmlichen Media-Agenturen.

Media Mix Modelling Approach
Das Media Mix Modelling, das Blackwood Seven anwendet, beruht auf der Kombination unterschiedlicher Methoden. Die Basis stellt der Ansatz nach Bayes. Charakteristisch für die Bayes'sche Statistik ist die konsequente Verwendung von Wahrscheinlichkeiten bzw. Randverteilungen, die besonders valide Ergebnisse ermöglichen. Im Zuge der enormen Rechenleistung, die heute möglich geworden ist, der zur Verfügung stehenden umfangreichen Datengrundlage und der Nutzung des Monte-Carlo-Sampling-Verfahrens können komplexe Bayes'sche Simulationen wesentlich wirksamer angewendet werden als früher. Mit Bayesian Modelling wird der Grenznutzen einzelner Media-Kanäle unter unterschiedlichen Bedingungen aufgezeigt, immer abhängig von Faktoren wie Budget, Kampagnen-Zeitraum, Wetter, Saisonalitäten und Kauflaune. Media-Synergien (hierarchischer Einfluss unterschiedlicher Media-Investitionen aufeinander) können quantifiziert und die Effekte daraus maximiert werden. Kontinuierliche Modell-Updates ermöglichen eine schnelle Reaktion auf aktuelle Marktentwicklungen. Nur mit diesem Ansatz ist es möglich, die Komplexität der realen Welt ins Modell zu übernehmen (Abb. 7.28).

In der Modellierung werden je nach Kundenwunsch verschiedene Key-Performance-Indikatoren (KPIs) berücksichtigt. Für eine erfolgreiche Modellierung ist jedoch zu

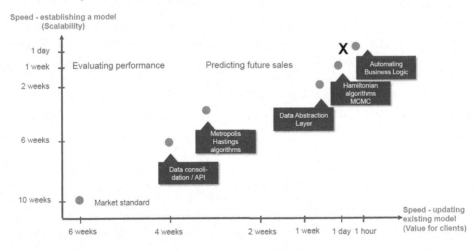

Abb. 7.28 Blackwood-Seven-Darstellung Giant leap in modelling

beachten, dass der KPI möglichst direkt von Media beeinflusst wird, also das Konsumentenverhalten direkt beschreibt.

Im erstellten Modell werden alle vom Kunden belegten Media-Kanäle berücksichtigt. Auch unbezahlte Medien wie die eigene Homepage oder der eigene YouTube-Kanal werden berücksichtigt, darüber hinaus Media-Investitionen der Wettbewerber und Informationen über Marktveränderungen. Auch makroökonomische Veränderungen, Produktvariationen, Wetter- und andere Daten, die die äußeren Umstände des Marktes beschreiben, fließen in das kundenindividuelle Modell ein.

Für die initiale Erstellung des Modells wird für alle Kanäle ein Datensatz, der die letzten drei Jahre umfasst, benötigt. Je nach verfügbarer Datengrundlage wird ein tägliches oder wöchentliches Modell erstellt. Die errechnete Formelwelt ermittelt Grenznutzeneffekte, Depoteffekte für jedes Medium sowie Media-Effizienzen bezogen auf den KPI. Zudem wird der Einfluss von Offline-Media auf Online-Media als Synergiemodell berücksichtigt. Auch der Einfluss von Offline- und Online-Media auf unbezahlte Medien-Kanäle kann modelliert werden. Dadurch können auch indirekte Effekte korrekt abgebildet werden.

Die Verwendung eines Bayes'schen Modellierungsansatzes bringt zwei erhebliche Vorteile: Erstens ist es möglich, Vorwissen aus der Marktforschung, einer Customer-Journey-Analyse, oder zusätzliches Expertenwissen (z. B. maximal verfügbare Reichweiten bestimmter Medien) einfließen zu lassen und dem Modell so die Rahmenbedingungen des Marktes vorzugeben. Zweitens liefert der Bayes'sche Ansatz ein wesentlich reichhaltigeres Ergebnis als die klassische Statistik. Zu jedem Parameter des Modells und zu jeder Vorhersage kann nicht nur ein Datenpunkt (z. B. der Mittelwert) ausgegeben werden, sondern die gesamte Verteilung. Mit der Verteilung wird nicht nur das wahrscheinlichste Ergebnis quantifiziert, sondern auch die damit verbundene Unsicherheit. Dadurch ist es möglich, bei der Mediaplanung Risiken zu minimieren oder auch bewusst einzugehen, um mögliche Chancen zu nutzen.

Als Ergebnis der Modellierung kann der Effekt jedes Media-Investments und aller anderen berücksichtigten Variablen auf den modellierten KPI quantifiziert werden. Basierend auf dem Modell können Return on Investment (ROI) und Sättigungskurve jedes einzelnen Media-Kanals berechnet werden. Aufgrund des Bayes'schen Ansatzes können jeweils auch die Unsicherheiten ausgewiesen werden.

Mithilfe eines Optimierungsmoduls ist es möglich, den für die Entwicklung des KPIs optimalen Media-Mix zu berechnen. Auch bereits bestehende Vereinbarungen für einzelne Media (Commitments) können bei der Optimierung der Budgetverteilung berücksichtigt werden.

Ebenso ist es möglich, das Ergebnis einer gegebenen Budgetverteilung zu simulieren und unterschiedliche Szenarien zu vergleichen (Abb. 7.29 und 7.30).

Es zeigt sich schnell: 1:1-Beziehungen bilden die Realität nur bedingt ab, komplexe Modelle, die mehrschichtig die Wirkbeziehungen herstellen, sind nötig, um die Realität möglichst exakt im Modell abzubilden.

Abb. 7.29 Blackwood-Seven-
Darstellung der üblichen
Variablen im Marketing Mix
Modelling

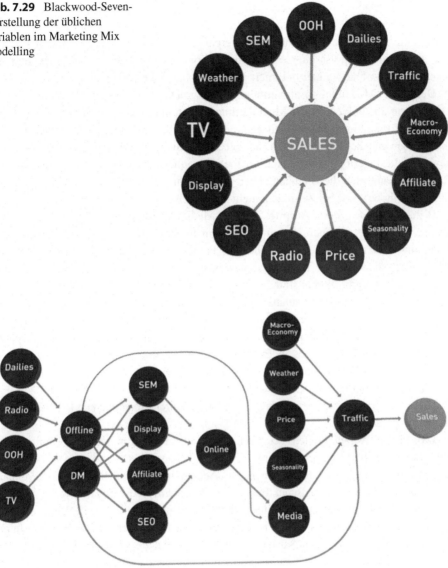

Abb. 7.30 Blackwood-Seven-Darstellung der Variablenhierarchie mit crossmedialen Verbindungen für einen Online Retailer

Fazit

Der Media-Mix-Modelling-Ansatz von Blackwood Seven unterscheidet sich gegenüber herkömmlichen Regressionsmodellen in vielerlei Hinsicht. Werbetreibende hatten
bisher keine Sicherheit in der Mediaplanung und konnten sich rein die Vergangenheit
erklären. Heute können Budgetverantwortliche durch den Machine-Learning-Ansatz,

der im Zeitverlauf immer genauer wird, da er die Annahmen (sogenannte Priors) prüft und korrigiert, mit Planungssicherheit ihre Kampagnenwirkung simulieren und nachvollziehen. Durch die Bewertung der Vergangenheit sowie tägliche Modell-Updates mit aktuellen Daten ist eine exakte Simulation des optimalen Media-Mix und der Kampagnenresultate (immer optimiert auf den festgelegten KPI) möglich.

Der neue Modeling-Ansatz ermöglicht es, auch nicht-lineare Beziehungen und Dynamiken abzubilden. In die Modellierung fließen alle wichtigen Variablen wie Wettbewerbsinformationen, mikro- und makroökonomische Einflüsse, Kundendaten etc. ein und werden ganzheitlich betrachtet, was einen weitaus größeren Ausschnitt der Wirklichkeit darstellt. Es erfolgt eine genaue Attribution von Ursache und Effekt, wohingegen bei Regressionsanalysen die Unabhängigkeit der Ereignisse benötigt wird (Maximum-Likelihood-Methode), was bei Zeitreihen nicht gegeben ist.

Bisher lautete der Auftrag einer Media-Agentur, möglichst viele Zielgruppen-Kontakte zu einem festen Budget einzukaufen. Für den neuen, transparenten Modelling-Ansatz sind die entscheidenden Parameter dagegen nicht Nettoreichweiten oder GRPs, sondern harte KPIs wie Sales, Neukunden, Webtraffic oder was der Kunde sonst als Ziel vorgibt. Vorbei sind die Zeiten, in denen die Planung auf undurchsichtigen Excel Sheets beruhte. Mediaplanung 2.0 erfolgt durch Machine Learning und Automatisierung, sodass Werbungtreibende die reale Chance haben, eine ganzheitliche Vergleichbarkeit herzustellen und den Wirkbeitrag jedes einzelnen Mediums transparent auszuweisen. Modell-Updates in Echtzeit, ermöglicht durch volldigitale Prozesse und Algorithmen, die die Formelwelt selbstständig lernen lassen, liefern Ergebnisse und Erkenntnisse in völlig neuer Detailtiefe.

Diese neu gewonnenen Erkenntnisse wiederum führen zu deutlichem Effizienzgewinn in der Mediaplanung.

Das rasante Voranschreiten der Computer-Rechenleistungen und die damit einhergehende, unaufhaltsame Digitalisierung werden zunehmend Automation und selbstlernende Systeme in die Mediaplanung bringen. Media-Agenturen müssen sich weiterentwickeln, um den Spagat zwischen strategischer Beratung, effizientem Media-Einkauf, technologischer Entwicklung und Transparenz gegenüber den Kunden zu meistern. Es gilt Schritt zu halten mit Geschwindigkeit, Präzision und Komplexität der neuen Systeme, die Künstliche Intelligenz in der Planung einsetzen. Auch die Anforderungen an die Mediaplaner verändern sich. Zum einen müssen sie zu wahren Datenexperten werden, da Daten die Grundlage für die Systeme bilden. Zum anderen müssen Mediaplaner erfahrene Media-Experten sein, um die effizienten Strategien zu entwickeln und Maßnahmen effektiv zu orchestrieren.

Datenbeschaffung wird zu den größten Herausforderungen für die Mediabranche zählen. Messgrößen und über Jahre etablierte Verfahren und (Media-)Währungen müssen überprüft werden. Die Einheitswährung von Media muss Wirkung sein. Die vorhandenen Zielkonflikte zwischen Werbungtreibenden, Media-Agenturen und Vermarktern müssen eliminiert werden, und eine auf Wirkung beruhende ROI-Betrachtung muss am Anfang jeder Planung stehen. Selbstverständlich unter Berücksichtigung der strategischen Markenführung. Und da wird der Mensch – zumindest für die nächsten paar Jahre – auch weiter eine zentrale Rolle spielen. Wir dürfen alle gespannt bleiben zu sehen, wann auch in der Strategie durch die sich ständig weiterentwickelnden Algorithmen bessere Entscheidungen getroffen werden als heute. Allzu lange wird es jedoch nicht mehr dauern.

Literatur

Andreessen, M., Why Software Is Eating The World, in: The Wall Street Journal, http://www.wsj.com/articles/SB10001424053111903480904576512250915629460, Erscheinungsdatum: 20.08.2011 Letzter Zugriff: 10.07.2017.

Christensen, C., Disruptive Innovation, in: www.claytonchristensen.com, http://www.claytonchristensen.com/key-concepts/, Erscheinungsdatum: o. A. (2016) Letzter Zugriff: 10.07.2017.

Christensen, C., Raynor, M., McDonald, R., What Is Disruptive Innovation?, in: Harvard Business Review, Erscheinungstermin: Dezember 2015, S. 44–53 (2015).

K2 Intelligence, An Independent Study of Media Transparency in the U.S. Advertising Industry, https://www.ana.net/fileoffer/index/id/industry-initiative-media-transparency-report-offer, Erscheinungsdatum: Juni 2016 Letzter Zugriff: 10.07.2017.

Der Kontakter, Der Deutsche Mediamarkt krankt, in: Kontakter 31/2015, Erscheinungstermin: 30.07.2015, S. 16 (2015).

Günther, V., Günther, V., dentsu asia network Japan gibt Unregelmäßigkeiten bei Toyotas Mediageldern zu, in: www.horizont.net, http://www.horizont.net/agenturen/nachrichten/Media-Tansparenz-Dentsu-Japan-gibt-Unregelmaessigkeiten-bei-Toyotas-Mediageldern-zu-142966, Erscheinungsdatum: 22.09.2016 Letzter Zugriff: 10.07.2017.

Der Autor

Andreas Schwabe revolutioniert in seiner Funktion als Managing Director von Blackwood Seven Germany Mediaplanung durch Künstliche Intelligenz und Maschinelles Lernen. Mit einer eigens entwickelten Plattform errechnet das Software-Unternehmen jedem Kunden die „Mediawirkformel", die eine Attribution aller Kanäle – online wie Search, YouTube und Facebook und offline wie TV, Radio, Print und OOH – ermöglicht. Daraus lässt sich der optimale Media-Mix für Kunden simulieren. Blackwood Seven beschäftigt 175 Mitarbeiter in München, Kopenhagen, Barcelona, New York und Los Angeles. Kontakt: as@blackwoodseven.com.

7.9   Next Best Action – Recommendation Systeme Next Level

Gastbeitrag von Jens Scholz, prudsys AG, Chemnitz, Deutschland, E-Mail: scholz@prudsys.com und Dr. rer. nat. Michael Thess, Signal Cruncher GmbH, Berlin, Deutschland, E-Mail: thess@signal-cruncher.com

Recommendation Systeme erfreuen sich im Handel zunehmender Beliebtheit, da sie sowohl die Kundenzufriedenheit als auch den Umsatz der Händler steigern. Im Kern dieser Systeme liegt zumeist die Analyse des Kundenverhaltens über Verfahren der Künstlichen Intelligenz mit dem Ziel, den Kunden am Point of Sales (PoS) potenziell nützlichen Mehrwert in Form von individuellem Content bzw. Konditionen anzubieten. Im vorliegenden Beitrag soll zunächst die Aufgabe von Recommendation Systemen für den Handel in möglichst umfassender Form definiert werden. Danach wird auf den aktuellen Stand der Entwicklung eingegangen und die Herausforderungen für Weiterentwicklungen aufgezeigt. Zu deren Lösung wird ein Ansatz in Form von Reinforcement Learning beschreiben und diskutiert wie er von der prudsys AG entwickelt wurde.

Echtzeitanalysen im Handel
Das Thema Datenanalyse spielt im Handel traditionell eine große Rolle. Durch das Aufkommen des Internets, von Smartphones sowie zahlreicher Instore-Devices wie Kiosksysteme, Coupondrucker und elektronischer Preisschilder gewinnt das Thema der Echtzeit für die Analyse zunehmend an Bedeutung. Bei der Echtzeitanalyse (Realtime Analytics) werden die PoS-Daten in Echtzeit analysiert und daraus sofort Aktionen abgeleitet, die wiederum sofort analysiert werden, usw.

Für die Datenanalyse im Handel wurden bisher spezifische Verfahren für unterschiedliche Bereiche angewandt: Klassisches Scoring für Mailingoptimierung, Cross-Selling für Produkt-Empfehlungen, Regression für Preisoptimierung und Disposition, usw. Diese waren immer isoliert betrachtet worden. Jedoch konvergieren diese Bereiche zunehmend: Z. B. ist ein Preis nicht für sich genommen optimal, sondern für den richtigen Nutzer zum richtigen Zeitpunkt über den richtigen Kanal usw.

Durch die oberen Möglichkeiten des Echtzeit-Marketings verschiebt sich zugleich der Schwerpunkt im Handel: Statt dem bisherigen *Category Management* rückt der Kunde zunehmend in den Fokus. Es gilt den *Kundenwert* in Echtzeit über alle betreffenden Dimensionen (Content, Kanal, Preis, Lokation, etc.) zu maximieren. Das erfordert ein einheitliches mathematisches Vorgehen, bei dem alle oben beschriebenen Verfahren verschmelzen. Im Weiteren stellen wir einen solchen Ansatz vor, der auf Reinforcement Learning beruht.

Das Problem ist in Abb. 7.31 illustriert. Sie zeigt exemplarisch eine Customer Journey zwischen verschiedenen Kanälen im Handel.

Die gestrichelte Linie zeigt die vom Kunden angeschauten Produkte. Aber nur die mit einem eingezeichneten Warenkorbsymbol wurden tatsächlich gekauft. Im Ergebnis kaufte der Kunde lediglich Produkte im Wert von 28 US$.

Abb. 7.32 illustriert nun am gleichen Beispiel die Anwendung von Echtzeitanalyse zur Steigerung des Kundenwerts (hier einfach der Gesamtumsatz).

Dabei ist der Einsatz verschiedener Personalisierungsverfahren wie dynamischer Preise, persönlicher Rabatte, Produktempfehlungen und Bundles aufgeführt. Beispielsweise wurde für das Produkt P1 eine dynamische Preisreduktion von 16 US$ auf 12 US$ ausgeführt, die zu seinem Kauf führte. Danach wurde ein Coupon für das Produkt P4 ausgespielt, der im Supermarkt eingelöst wurde. Danach wurde das Produkt P3 empfohlen, etc. Durch diese Art von Marketingsteuerung in Echtzeit wurde letztlich der Umsatz auf 99 US$ erhöht.

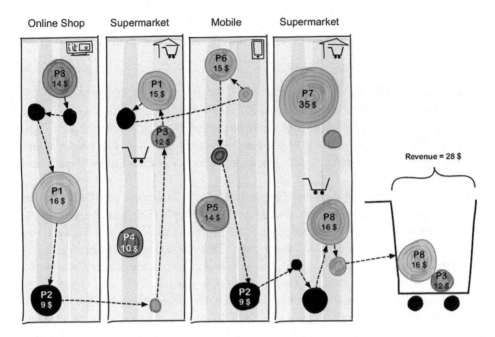

Abb. 7.31 Kundenwanderung zwischen verschiedenen Kanälen im Handel

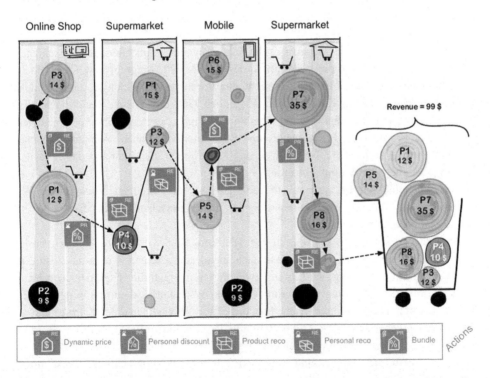

Abb. 7.32 Kundenwanderung zwischen verschiedenen Kanälen im Handel: Maximierung des Kundenwerts mittels Echtzeitanalyse

Im Weiteren soll zunächst auf den aktuellen Stand von Recommender Systems eingegangen werden, da diese Ausgangspunkt für die beschriebene umfassende Aufgabestellung sind.

Empfehlungsmaschinen

Empfehlungsmaschinen *(Recommendation Engines* – REs, auch *Recommender Systems)* für personalisierte Empfehlungen sind heute aus einem modernen Webshop nicht mehr wegzudenken. Abhängig vom Klick- und Kaufverhalten bieten REs dem Nutzer zusätzlichen Content an, um dadurch sein Interesse besser zu befriedigen und zusätzliche Kaufanreize zu schaffen.

Es gibt unterschiedlichste Empfehlungsarten, die in verschiedenen Bereichen des Webshops platziert werden können. Die „klassischen" Empfehlungen erscheinen auf den Produktansichtsseiten. Wer eine solche aufruft, bekommt zum aktuellen Produkt weitere passende Produkte angeboten, meist unter Überschriften wie „Kunden, die dieses Produkt kauften, kauften auch" oder „Das könnte Sie auch interessieren". Wir wollen diese Empfehlungsart, welche besonders durch Amazon populär wurde, als *Produktempfehlungen* bezeichnen, da sie sich primär auf das angeschaute Produkt beziehen. Eine andere wichtige Empfehlungsart sind Empfehlungen, welche auf das gesamte Kaufverhalten des Nutzers zugeschnitten sind und oft in einem separaten Bereich wie „Mein Shop" oder – nach Erkennung des Nutzers – gleich auf der Startseite präsentiert werden. Diese geben dem Nutzer generelle Anregungen bzgl. des Shopsortiments; aber eben personalisiert. Wir wollen sie daher als *persönliche Empfehlungen* bezeichnen.

Weitere Empfehlungen können z. B. auf Kategorie-Ansichtsseiten erscheinen (beste Empfehlungen für die Kategorie), bei Suchbegriffe angezeigt werden (Suchempfehlungen), usw. Es können aber nicht nur Produkte empfohlen werden, sondern auch Kategorien, Banner, Kataloge, etc. Eigentlich läuft das Thema Recommendation auf eine komplette Personalisierung des Shops hinaus, einschließlich personalisierter Navigation, Werbung, Preise, Mails und SMS, etc. Mehr noch: Wie im Eingangsabschnitt gezeigt sollte diese Personalisierung Kanalübergreifend entlang der gesamten Customer Journey vorgenommen werden.

Vorerst wollen wir uns jedoch auf reine Produktempfehlungen beschränken. Wir betrachten im Weiteren ein kleines Beispiel zur Veranschaulichung. Dieses ist in Abb. 7.33 dargestellt.

Das Beispiel enthält zwei Transaktionen (Sessions) und 3 Produkte A, B, C. In der ersten Session werden die drei Produkte nacheinander angeschaut, wobei das zweite in den Warenkorb (WK) gelegt wird. In der zweiten Session sind die ersten beiden Schritte identisch, im dritten Schritt wird Produkt A in den Warenkorb gelegt und in den letzten beiden Schritten beide Produkte nacheinander gekauft. Wir wollen jeden Schritt der Session als *Event* bezeichnen. Das Ziel besteht nun darin, in jedem Event Produkte derart zu empfehlen, dass der Gesamtumsatz maximiert wird.

Derzeit stellt die Entwicklung neuer RE-Algorithmen ein zentrales Forschungsgebiet im Bereich der Künstlichen Intelligenz dar. Hunderte Forscher beschäftigen sich

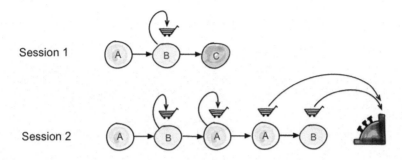

Abb. 7.33 Zwei Beispiel-Sessions in einem Webshop

unermüdlich an der Schöpfung immer neuer Theorien und Verfahren zur Entwicklung besserer Empfehlungsalgorithmen. Warum eigentlich?

Zunächst ist es nicht schwer, irgendwelche Empfehlungen zu erzeugen, welche optisch gefällig sind. Dazu reicht es bereits aus, Topseller aus der Kategorie des aktuell angeschauten Produkts zu empfehlen. Das primäre Ziel einer RE ist jedoch die Erhöhung des Umsatzes (bzw. Deckungsbeitrags, Absatzes, etc.). Die Kunst besteht also zum einen darin, dem Nutzer solche Empfehlungen anzuzeigen, welche er auch anklickt und kauft, und zugleich Downselling-Effekte zu verhindern, damit die Empfehlungen nicht einfach zum Kauf von Substitutionsprodukten anregen und somit – im Worst Case – sogar den Umsatz des Shops verringern.

Bereits diese kurze Beschreibung lässt die Komplexität der Aufgabenstellung erahnen. Aber es kommt noch schlimmer: Viele Webshops, insbesondere von Versand-händlern (von Buchhändlern ganz zu schweigen), haben mittlerweile Hunderttausende, ja zum Teil Millionen verschiedener Produkte im Angebot – den Long Tail. Aus dieser gewaltigen Masse müssen dann die richtigen Produkte empfohlen werden! Darüber hin-aus ändern sich zum einen die Sortimente immer häufiger, und – besonders im Mode-bereich – die Preise durch regelmäßige Aktionen. Das führt dazu, dass – kaum dass die RE gute Empfehlungen gelernt hat – diese schon wieder veraltet sind. Eine gute Empfehlungsmaschine sollte daher in der Lage sein, hochgradig dynamisch zu lernen, möglichst in Echtzeit (Abb. 7.34).

Wir wollen an dieser Stelle auf eine umfassende Darlegung der zahlreichen Ansätze und Typen von Verfahren für Empfehlungsmaschinen verzichten und verweisen hierfür auf die entsprechende Literatur (Bhasker und Srikumar 2010; Jannach et al. 2014; Ricci et al. 2011). Stattdessen wollen wir uns auf den zentralen Schwachpunkt der meisten bis-herigen Ansätze konzentrieren, nämlich ihren fehlenden regelungstheoretischen Ansatz, und uns überlegen wie diesen überwinden können.

Empfehlungsmaschinen werden oft noch dem Bereich der Datenanalyse zugerechnet. Insbesondere werden meist Warenkorb- oder Clusterverfahren zur Generierung von Empfehlungen genutzt, meist in Form des Collaborative Filtering. Dabei gehen fast alle Ansätze von folgender These aus: Wenn einem Nutzer Produkte vorgeschlagen werden,

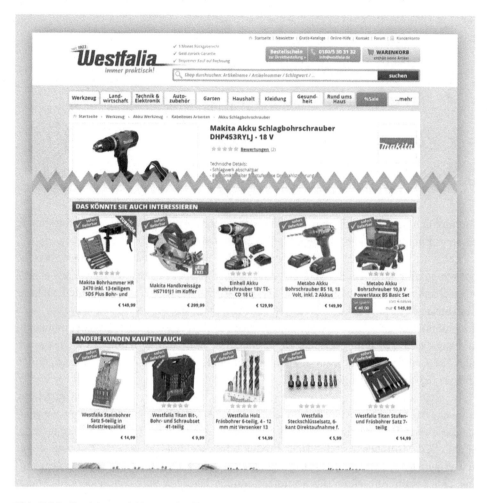

Abb. 7.34 Produktempfehlungen im Webshop von Westfalia

welche andere Nutzer mit vergleichbarem Profil in einem vergleichbaren Zustand ausgewählt haben, so stellen diese die besten Empfehlungen dar. Oder anders gesagt:

▷ **Ansatz 1** Es wird empfohlen, was ein Nutzer statistisch ohnehin mit höchster
Wahrscheinlichkeit auch ohne Empfehlungen ausgewählt hätte.

Das Thema Empfehlungen wird somit auf eine statistische Analyse und Modellierung
des Nutzerverhaltens zurückgeführt. Aus dem klassischen Cross Selling ist bekannt, dass
dieser Ansatz in der Praxis durchaus erfolgreich funktioniert. Und dennoch sollte er kritisch hinterfragt werde. In der Tat deckt die reine Analyse des Nutzerverhaltens nicht alle
Aspekte ab:

1. **Die Wirkung der Empfehlungen wird nicht einbezogen:** Wenn der Nutzer wahrscheinlich ohnehin zu einem neuen Produkt übergeht, warum muss es dann überhaupt noch empfohlen werden? Wäre es nicht sinnvoller diejenigen Produkte zu empfehlen, deren Empfehlung den höchsten Wirkungsgrad der Änderung des Nutzerverhaltens hat?

2. **Empfehlungen verfestigen sich:** Werden immer nur die bisher „besten" Empfehlungen ausgespielt, so können sie sich weiter verfestigen, selbst wenn es mittlerweile bessere geben kann. Sollten nicht auch neue Empfehlungen ausprobiert werden?

3. **Nutzerverhalten ändert sich:** Selbst wenn das bisherige Nutzerverhalten perfekt modelliert wurde bleibt das Problem: Was passiert, wenn sich das Nutzerverhalten schlagartig ändert? Das ist nicht ungewöhnlich: In Webshops ändern sich die Daten oft täglich. Produktsortimente werden ausgetauscht, Aktionen mit starker Rabattierung starten, etc. Wäre es nicht besser, wenn die RE kontinuierlich lernt und sich gleitend an das Nutzerverhalten anpasst?

Dazu kommen weitere Aspekte. Der oben genannte Ansatz berücksichtigt z. B. nicht die Sequenz aller nachfolgenden Schritte:

4. **Optimierung über alle Folgeschritte:** Anstatt dem Nutzer nur das aus Sicht der RE profitabelste Produkt im nächsten Schritt anzubieten, wäre es nicht besser, die Empfehlungen so zu wählen, dass der Umsatz über die wahrscheinlichste Kette aller folgenden Transaktionen optimiert wird? Also in manchen Zuständen auch ein weniger profitables Produkt, wenn dieses Ausgangspunkt profitablerer Folgeprodukte ist? Langfristig statt kurzfristig zu handeln?

All diese Überlegungen münden in folgender Aussage: Während der herkömmliche Ansatz 1 ausschließlich auf der Analyse historischer Daten basiert, sollten gute Empfehlungsmaschinen das Wechselspiel von Analyse und Aktion modellieren:

▶ **Ansatz 2** Empfehlungen sollten auf dem Wechselspiel von Analyse und Aktion basieren.

Im nächsten Abschnitt werden wir uns einem solchen Ansatz der Regelungstheorie zuwenden – dem Reinforcement Learning. Abschließend soll aber noch der Frage nachgegangen werden, warum in der derzeitigen Forschung immer noch der Ansatz 1 so dominant ist.

Hintergrund sind die eingeschränkten Testmöglichkeiten sowie Datensätze. Um den Ansatz 2 zu realisieren ist eine Integration der Algorithmen in Echtzeitapplikationen notwendig. Denn die Wirksamkeit der Empfehlungsalgorithmen kann nur unvollständig auf historischen Daten analysiert werden, da die Wirkung der Empfehlungen zumeist unbekannt sind. Mehr noch: Selbst in vorliegenden öffentlichen Datensätzen bleiben die tatsächlich ausgespielten Empfehlungen unerfasst (sofern überhaupt Empfehlungen ausgespielt wurden). Und selbst wenn Empfehlungen erfasst würden, sind es für bestehende

Zustände meist die gleichen, da die Empfehlungen manuell oder mit Algorithmen gemäß Ansatz 1 generiert wurden!

Es zeigt sich also, dass die Entwicklung regelungstheoretischer Empfehlungs-algorithmen für die meisten Forscher schon aus rein praktischen Gründen sehr schwer ist. Und dennoch: Auch in der Literatur steigt seit einiger Zeit die Zahl der Publikationen an, welche Empfehlungsausspielungen als Kontrollproblem betrachten und sich Ansatz 2 zu eigen machen (Shani et al. 2005; Liebman et al. 2015; Paprotny und Thess 2016). Im Weiteren wollen wir eine kurze Einführung in das Thema Reinforcement Learning geben.

Reinforcement Learning

Reinforcement Learning („Bestärkendes Lernen", kurz: RL) beschäftigt sich damit, Systeme zu entwickeln, die über ein Wechselspiel mit der Umgebung schrittweise lernen, eine skalare Zielgröße zu maximieren. Beispiele sind Steuerungen autonomer Roboter, Simulationen in der Wirtschaft und selbstlernende Programme für Spiele wie Backgammon oder Schach. RL hat seinen Ursprung in der Regelungstheorie, speziell dem Dynamic Programming. Das Standardwerk zum RL ist (Sutton und Barto 1998).

Obwohl über die Jahre große Verbesserungen im Bereich des RL erzielt wurden, hielt sich die Zahl seiner praktischen Applikationen bisher stark in Grenzen. Das lag primär an der gewaltigen Komplexität seiner mathematischen Verfahren. Dennoch setzt sich RL zunehmend durch. Ein bekanntes Beispiel ist das auf RL basierende Programm *AlphaGo* von Google (Silver und Huang 2016), welches kürzlich den Weltmeister im Go-Spiel besiegte.

Im Zentrum des RL steht – wie in der Künstlichen Intelligenz üblich – der Begriff des Agenten, der mit seiner Umgebung interagiert. Abb. 7.35 zeigt die Interaktion zwischen Agent und Umgebung im RL.

Der Agent gelangt in einen neuen *Zustand s* und erhält dafür eine *Belohnung r* durch die Umgebung, entscheidet sich für eine neue *Aktion a*, wobei er zumeist lernt, und die Umgebung reagiert wiederum auf diese Aktion, etc. Eine solche Abfolge von Zuständen bezeichnen wir als *Episode*. Eine Episode endet beim Übergang in den absorbierenden Zustand. Übrigens sind nicht alle RL-Probleme episodisch. Sofern die „Episode" unendlich lang ist, spricht man von *kontinuierlichen RL-Problemen*.

Abb. 7.35 Regelkreislauf des Reinforcement Learning

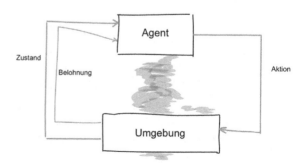

Das Ziel des Agenten besteht darin, die Aktionen in jedem Zustand so zu wählen, dass die Summe aller Belohnungen – der *erwartete Gewinn* – über die gesamte Episode maximal ist. Die Wahl der Aktionen durch den Agent wird als *Policy* π bezeichnet und diejenige Policy, welche das Maximum der Summe aller Belohnungen erreicht, als *optimale Policy*.

Um die Komplexität der Bestimmung einer guten (möglichst optimalen) Policy überschaubar zu halten, wird zumeist vorausgesetzt, dass das RL-Problem die sogenannte *Markow-Eigenschaft* erfüllt:

▶ **Definition Markow-Eigenschaft** In jedem Zustand hängt die Wahl der besten Aktion nur von diesem aktuellen Zustand ab und nicht von seinen Vorgängertransaktionen.

Ein gutes Beispiel für ein Problem, welches der Markow-Eigenschaft genügt, ist das Schachspiel. Um in jeder Stellung den besten Zug auszuführen, ist es mathematisch gesehen völlig unerheblich, wie die Stellung aufs Brett gekommen ist (wenngleich in der Spielpraxis meist hilfreich). Hingegen ist es wichtig, alle möglichen Folgetransaktionen für jeden Zug durchzurechnen (was natürlich in der Praxis meist nur für eine gewisse Spieltiefe möglich ist), um den optimalen Zug zu finden.

Vereinfacht ausgedrückt: Während wir die Zukunft durchrechnen, ignorieren wir die Vergangenheit. Das erlaubt uns die Komplexität der Berechnungen drastisch zu senken. Zugleich muss natürlich in jeder Modellierung geprüft werden, ob die Markow-Eigenschaft hinreichend erfüllt ist. Sofern dies nicht der Fall ist, kann z. B. eine gewisse beschränkte Anzahl an Vorgängertransaktionen aufgenommen *(Semi-Markow-Eigenschaft)* oder die Definition der Zustände erweitert werden.

Sofern die Markow-Eigenschaft erfüllt ist, sprechen wir von einem *Markow-Entscheidungsprozess*. Hier hängt nun die Policy nur noch vom aktuellen Zustand s ab und wir schreiben dies als $\pi(s)$. Zur Realisierung der Policy wird eine Zustandswertfunktion $f(s)$ benötigt, die jedem Zustand den erwarteten Gewinn zuweist. Sofern die Übergangswahrscheinlichkeiten nicht explizit bekannt sind, wird darüber hinaus eine Aktionswertfunktion $f(s, a)$ benötigt, die jedem Zustand s und jeder darin erlaubte Aktion a den erwarteten Gewinn zuweist. Zur Bestimmung der optimalen Policy bzw. Aktionswertfunktion existieren im RL verschiedene Verfahren, sowohl in Offline- als auch in Online-Varianten. Diese können wiederum kombiniert werden. Für ihre Berechnung spielt die Bellman-Gleichung eine zentrale Rolle, welche eine diskretisierte Differenzialgleichung ist.

Sofern wir die Aktionswertfunktion kennen, besteht also der Kern einer Policy $\pi(s)$ darin, diejenige Aktion auszuwählen, welche $f(s, a)$ maximiert. Bei nur wenigen möglichen Aktionen a ist das trivial; sofern jedoch der Aktionsraum groß ist, kann auch das schwierig werden. Damit das System nicht in lokalen Minima stecken bleibt, empfiehlt es sich außerdem nicht immer nur die Aktionen auszuführen, welche $f(s, a)$ maximieren („Exploit-Modus"), sondern auch neue auszutesten („Exploit-Modus"). Dabei kann das Explorieren durch zufällige Auswahl geschehen, aber auch systematisch Datenlücken füllen, was dem „Active Learning" im Bereich des maschinellen Lernens bzw. der statistischen Versuchsplanung entspricht.

Kommen wir nun zur Anwendung von RL für Empfehlungen. Es ist intuitiv klar, dass die Zustände mit den aktuellen Events assoziiert sind, die Aktionen mit Empfehlungen und die Belohnungen mit Umsätzen. Somit zeigt sich, dass RL im Prinzip unsere Probleme aus dem vorhergehenden Abschnitt löst:

1. Die Wirkung der Empfehlungen wird nicht einbezogen: Die Wirkung der Empfehlungen (aka Aktionen) wird überall einbezogen und drückt sich auch explizit in $f(s, a)$ aus.
2. Empfehlungen verfestigen sich: Wird durch den explorativen Modus verhindert.
3. Nutzerverhalten ändert sich: Die zentralen RL-Verfahren arbeiten online, womit sich die Empfehlungen immer an das Nutzerverhalten anpassen.
4. Optimierung über alle Folgeschritte: Folgt aus der Konstruktion des erwarteten Gewinns.

Dennoch ist die Nutzung von RL für Empfehlungen nicht einfach. Das soll im nächsten Abschnitt beschrieben werden.

Reinforcement Learning für Recommendations

Die originäre Aufgabe der Anwendung von RL im Handel somit besteht darin, in jedem Zustand (Event) der Kundeninteraktion (z. B. Produktansicht im Webshop, Gesprächszeitpunkt im Call Center, etc.) die richtigen zu unterbreitenden Aktionen (Produkte, Preise, Kanäle, etc.) zu finden, um den Gewinn (Umsatz, Kundenwert, etc.) über die Episode (Session, Kundenhistorie, etc.) zu maximieren. Die Episode terminiert im absorbierenden Zustand (Verlassen des Webshops oder Supermarkts, Beendigung des Telefongesprächs im Call Center, Kündigung seitens des Kunden, etc.).

Dazu betrachten wir das generelle Vorgehen beim Reinforcement Learning. Im Wesentlichen sind dabei immer zwei große Aufgaben zu lösen (die ineinander greifen):

1. Berechnung und adaptive Anpassung der Aktionswertfunktion $f(s, a)$.
2. Effiziente Auswertung der Policy $\pi(s)$.

Beginnen wir mit der ersten Aufgabe. Hierzu muss ein geeigneter Zustandsraum definiert, danach für diesen eine Approximationsarchitektur für die Aktionswertfunktion gefunden und diese inkrementell bestimmt werden. Das ist im Handel eine extrem komplexe Aufgabe, da wir oft hunderttausende verschiedene Produkte haben, Millionen Nutzer, unendlich viele Preise, usw. Viele Produkte weisen darüber hinaus keine nennenswerte Transaktionshistorie auf (Long Tail) somit sind viele Nutzer anonym. Dadurch sind die Datenmatrizen extrem dünn besetzt und das RL-Verfahren arbeitet unstabil.

Die prudsys AG ist ein Pionier in der Anwendung von Reinforcement Learning (Paprotny und Thess 2016) im Bereich Handel. So nutzt die prudsys Realtime Decisioning

Engine Reinforcement Learning bereits seit zehn Jahren für Produktempfehlungen. Um das umfassende RL-Problem sauber zu lösen und zugleich die Markow-Annahme zu erfüllen, hat die prudsys AG über mehrere Jahre hinweg gemeinsam mit ihrer Tochter Signal Cruncher GmbH das New Recommendation Framework (NRF) entwickelt (Paprotny 2014). Dieses folgt der Philosophie von RL-Pionier Dmitri Bertsekas: Eine möglichst vollständige Modellierung des Gesamtproblems, das dann auf numerischer Modellierungsebene vereinfacht werden kann.

Dazu wird jeder Zustand als Sequenz der vorherigen Events seiner Session modelliert. (Jeder Zustand enthält also quasi seine Vorgängerzustände) Für unser Beispiel aus Abb. 7.33 sind die drei aufeinanderfolgenden Zustände einer Beispielsession in Abb. 7.36 dargestellt.

Im Beispiel ist das erste Event der Session 1 ein Klick auf das Produkt A. Dieses bildet somit den Zustand *s1*. Danach hat der Nutzer das Produkt B angeklickt und in den Warenkorb gelegt. Damit wird die Abfolge **A geklickt→B in WK** gelegt als Zustand *s2* kodiert. Danach hat der Nutzer das Produkt C angeklickt. Somit ergibt die Abfolge **A geklickt→B in WK gelegt→C** geklickt den Zustand *s3*.

Somit ist die Markow-Eigenschaft automatisch erfüllt. Danach wird eine Metrik zwischen den Zuständen definiert. Diese basiert auf Abständen zwischen einzelnen Events und berechnet daraus Abstände zwischen Event-Sequenzen. Diese Metrik ist naturgemäß sehr komplex und wesentlich dem Text Mining entlehnt. Auf diesem Raum wird nun eine Approximationsarchitektur eingeführt (z. B. über verallgemeinertes K-Means oder diskrete Laplace-Operatoren). In diesem Approximationsraum wird schließlich inkrementell die Zustandswertfunktion berechnet. Im Rahmen des NRF werden Aktionen als Tupel von Produkten und Preisen definiert. Somit können also Produkte und dazu optimierte Preise empfohlen werden.

Die Verifikation der Korrektheit des Lernverfahrens geschieht über Simulationen. Dabei wird im Batch-Onlinemodus auf historischen Transaktionsdaten gelernt und in jedem Schritt eine Prognose des Restumsatzes abgegeben. Diese wird mit dem tatsächlichen Umsatz verglichen. Die Simulationen zeigen, dass der beschriebene NRF-Ansatz in der Praxis sehr gut funktioniert.

Damit kommen wir zur zweiten Aufgabe: Der effizienten Berechnung der Policy $\pi(s)$, also die Bestimmung des Maximalwerts von $f(s, a)$. Wir müssen somit in jedem

Abb. 7.36 Die drei aufeinanderfolgenden Zustände der Session 1 nach NRF-Definition

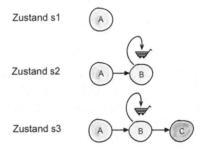

Zustand *s* die Aktionswertfunktion $f(s, a)$ für alle zulässigen Aktionen *a* auswerten. Daraus ergeben sich extrem viele mögliche Aktionen, meist unendlich viele (da die Aktionen Preise beinhalten). Mehr noch: Häufig wird die Wahl der Aktionen durch Constraints eingeschränkt (erlaubte Produktgruppen für Empfehlungen, Preisgrenzen, etc.). Diese Constraints sind in der Praxis oft komplex.

Zur Lösung dieses Problems wurde – analog zum Zustandsraum – auch im kombinierten Raum der Aktionen eine Metrik eingeführt, auf der verallgemeinerte Ableitungen definiert werden. Damit lassen sich die optimalen Aktionen analytisch und somit effizient berechnen. Zugleich wurde über eine Prädikatenlogik eine Syntax zur generischen Beschreibung von Constraints entwickelt sowie ein Prädikatprozessor, der diese in eine einheitliche interne Form zur Auswertung der Constraints umwandelt, welche dann in die Auswertung der Policy aufgenommen wird. Gleichwohl schränken komplexe Constraints den Aktionsraum drastisch ein und führen zu längeren Rechenzeiten. Die Beschleunigung der Lösung ist ein interessantes Forschungsproblem.

Im Ergebnis erlaubt das NRF die Umsetzung von kombinierten Produkt- und Preisempfehlungen für den Handel. Darüber hinaus ist eine Erweiterung auf weitere Dimensionen wie Kanal und Zeit angedacht, wodurch die im Abschn. 1 beschriebene Vision schon bald Realität werden kann.

Zusammenfassung

Recommendation Systeme können perspektivisch weit mehr als nur Produkte in Webshops empfehlen: Den Wert von Kunden über deren gesamte Customer Journey steigern. Auch mathematisch findet derzeit ein Umdenken dahin gehend statt, dass es nicht nur darum geht, das historische Verhalten der Kunden zu analysieren, sondern deren Wechselwirkung mit Empfehlungen zu modellieren. Als geeignetes Instrument dazu kann Reinforcement Learning dienen. Im vorliegenden Beitrag wurde die Nutzung von RL für Recommender Systeme diskutiert und ein vielversprechender Ansatz vorgestellt. Hierbei entstehen zugleich interessante mathematische Fragestellungen, die zur weiteren Forschung in diesem Gebiet anregen.

Literatur

Braff, A., & Passmore, W.J. (2003). Going the Distance with Telecom Customers. *The McKinsey Quarterly, 4*, 83–93.

Bhasker, B., & Srikumar, K. (2010). *Recommender Systems in E-Commerce,* Tata McGraw-Hill Education.

Jannach, D., Zanker,M., Felfernig, A., & Friedrich, G. (2014). *Recommender Systems: An Introduction.* Cambridge University Press, 2010.

Liebman, E., Saar-Tsechansky, M., & Stone, P. (2015). DJ-MC: A Reinforcement-Learning Agent for Music Playlist Recommendation. *Proceedings of the 2015 International Conference on Autonomous Agents and Multiagent Systems*, 591–599, Istanbul.

Paprotny, A. (2014). *A Novel Optimal Control Framework for Recommendation Engines with Data-Driven Approximation Architectures.* prudsys AG.

Paprotny, A., & Thess, M. (2016). *Self-Learning Techniques for Recommendation Engines.* Birkhäuser.

prudsys AG. (2017). Unsere Lösung – die prudsys RDE. https://prudsys.de/loesung/ Zugegriffen: 25. Feb. 2017.

Ricci, F., Rokach, L., Shapira, B., & Kantor, P.B (2011). *Recommender Systems Handbook.* Springer.

Sutton, R.S., & Barto, A.G. (1998). *Reinforcement Learning. An Introduction.* MIT Press, Cambridge, London.

Silver, D., Huang, A. u. a. (2016) Mastering the game of Go with deep neural networks and tree search. *Nature, 529.*

Shani, G., Heckerman, D., & Brafman, R.I. (2005). An MDP-Based Recommender System. *Journal of Machine Learning Research, 6.*

Die Autoren

Jens Scholz studierte an der TU Chemnitz Mathematik mit dem Schwerpunkt Statistik. Danach leitete er als Geschäftsführer die WDI media agentur GmbH. Er ist einer der Gründer der prudsys AG. Seit 2003 war er bei prudsys zunächst für Marketing und später den Vertrieb verantwortlich. Seit 2006 leitet er die Firma als Vorstand.

Dr. Michael Thess hat in Chemnitz und St. Petersburg Mathematik mit der Spezialisierung Numerische Analysis studiert und danach an der TU Chemnitz promoviert. Als einer der Gründer der prudsys AG war er dort seit Beginn als Vorstand für Forschung und Entwicklung zuständig. Seit 2017 leitet er die prudsys-Tochterfirma Signal Cruncher GmbH.

7.10 Corporate Security: Social Listening und die Digitalisierung der Desinformation – durch Algorithmen systematisch unknown Unknowns entdecken

Gastbeitrag von Prof. Dr. Martin Grothe, complexium GmbH

Einleitung: Wandel der Früherkennungsfunktionen

> Wir können jemandem Pardon gewähren, der besiegt wurde, aber niemandem, der sich hat überraschen lassen (Friedrich der Große).

Es ist eine natürliche Vorstellung, dass die Digitalisierung immer weiterer Bereiche des ökonomischen, öffentlichen und privaten Lebens eine Vielzahl neuartiger und potenziell nutzbringender Funktionen generiert. Und natürlich erreicht in dieser Digitaldatenwelt die kunstfertige Suche („Artificial Intelligence") und Verknüpfung relevanter Daten durch Algorithmen weitere Ebenen von Information und Wertschöpfung. So ist doch der digitale Raum keinesfalls mehr eine parallele virtuelle Welt, sondern ein inhärenter Informations- und Meinungsraum.

Mit diesem Beitrag soll

- zum einen dargestellt werden, wie sich in diesem Raum über den Aspekt IT-Sicherheit hinaus weitere Bedrohungen exponentiell verstärken: So werden das Prinzip – und potenzielle Akteure – der Desinformation durch Digitalisierung massiv verändert. Es entsteht eine vielschichtige Bedrohung für Unternehmen.
- Zum anderen wird eine computerlinguistische Technologie zur Früherkennung vorgestellt, die geeignet ist, entsprechende Angriffsvektoren frühzeitig auf inhaltlicher Ebene zu detektieren.

Dieser Beitrag soll also dazu ermuntern, den digitalen Raum und neuartige Algorithmen für das frühzeitige Erkennen von relevanten Informationen und Desinformationskampagnen einzusetzen, insbesondere solchen, die a priori nicht benannt werden können, also überraschend sind.

Bei näherer Betrachtung stellt sich heraus, dass eine solche Früherkennung durchaus für unterschiedliche Unternehmensfunktionen von zunehmender Bedeutung ist, seien es Produktentwicklung, Marketing und Vertrieb, aber auch Unternehmenskommunikation, Unternehmenssicherheit, Risk- und Credit-Management bis hin zur Personalbeschaffung.

Diese Möglichkeit, die die Digitalisierung der öffentlichen Kommunikation eröffnet, erfordert jedoch in vielen Fällen eine Weiterentwicklung der gewohnten internen Abläufe und Entscheidungswege. Der Weg in diese Richtung lässt sich als digitale Transformation bezeichnen. Dieser Beitrag soll darauf hinweisen, dass die entsprechenden Technologien bereits erprobt vorliegen – die Herausforderung aber nun vielmehr darin besteht, diese Fortentwicklung nachhaltig einzuleiten und zu verankern.

Wenn sich aktuell formulieren lässt, dass die Digitalisierung ganze Branchen und jede Unternehmensfunktion mit neuartigen – mitunter disruptiven – Lösungen konfrontiert, dann gilt dies auch für die Aufgabe der Früherkennung im Unternehmen. Was zeichnet sich also ab? Welche Technologie kann helfen, diesen Sprung zu meistern?

Die neue Bedrohung: Desinformation mit Bots
Zunächst eine Definition:

▶ **Definition Desinformation** Desinformation ist die gezielte Verbreitung falscher oder irreführender Informationen. Motivation der Desinformation ist meist die Beeinflussung der öffentlichen Meinung bzw. von Gruppen oder Einzelpersonen, um ein bestimmtes politisches oder wirtschaftliches Anliegen des Verbreitenden zu unterstützen.

Dies wird dadurch erleichtert, dass im Internet jeder nicht nur Leser, sondern auch Autor sein kann. Da nun für sehr viele Leser die Information aus digitalen Quellen ein hohes Meinungs- und Entscheidungsgewicht erhält, ist die Versuchung groß, als Autor zielführende Desinformation einzustreuen. Für ein eigenes unlauteres Anliegen ist dies unter Umständen ein großer Hebel. So ist der Umgang mit Desinformation eine Herausforderung für Politik, Sicherheit und Business.

Natürlich wird kaum jemand bewusste Desinformation unter seinem Klarnamen betreiben, aber der digitale Raum bietet Akteuren weitgehenden Schutz, um anonyme Beiträge zu verfassen. Ebenso ist es hinreichend einfach, sich eine falsche Identität zu entwerfen.

Identität
Identität ist der erste Aspekt bei der Beurteilung dieser neuen Bedrohung. Unterschieden werden Trolle und Sockenpuppen:

Trolle
- behindern die Kommunikation im Internet auf destruktive Weise
- verfassen Beiträge, die sich auf Provokation anderer Teilnehmer beschränken
- leisten keinen sachbezogenen oder konstruktiven Beitrag zur Diskussion
- versuchen, Konflikte zu schüren
- sind innerhalb der Community isoliert
- versuchen, ihre virtuelle Identität zu verbergen, etwa durch die Nutzung von Sockenpuppen.
- Schutz: „Don't feed the trolls!" (Abb. 7.37)

Trolle sind auffällig und ärgerlich, aber in der Regel keine sicherheitsrelevante Bedrohung, sondern bestenfalls Ablenkung. Anders sieht es mit Desinformation durch gefälschte Benutzerkonten aus: Solche Profile werden Sockenpuppen genannt. Die wahre Absicht, das wahre Gesicht ist getarnt und damit unauffällig.

Abb. 7.37 Kommunikationsverhalten und Charakteristika von Trollen. (Quelle: twitterperlen.de)

Sockenpuppen
Nutzen ein zusätzliches Benutzerkonto,

- um etwa die eigene Privatsphäre zu schützen
- um die Regeln einer Community zu unterlaufen
- um andere Benutzer oder deren Argumente zu diskreditieren
- um Meinungen oder Vorschläge mit mehreren „Stimmen" zu verstärken
- um ganz allgemein illegitime Zwecke zu verfolgen (Abb. 7.38)

Bekanntester Fall ist eine digitale Kunstfigur, die zur Falle für amerikanische Geheimnis-
träger wurde: der Fall Robin Sage (QRyan, Mauch 2010). Als Ergebnis erreichte dieses
Experiment

- Angebote von Headhuntern,
- Freundschaftsanfragen von MIT- und St.-Pauls-Absolventen,
- über 300 Kontakte zu hochrangigen Mitarbeitern in Militär, Rüstung, Diensten,
- erhielt militärische Geheimdokumente zu Einsätzen in Afghanistan
- sowie zahlreiche Einladungen zum Essen.

Damit gilt schon mit diesem klassischen Ansatz: Wenn der Gegner nur eine einzige Person mit Verständnis für soziale Netzwerke ist, dann ist die Informationssicherheit bereits
auf das Höchste bedroht.

Abb. 7.38 Kommunikationsverhalten und Charakteristika von Sockenpuppen. (Quelle: Wikipedia
2019a)

Jede vorschnelle Verlinkung bei einer digitalen Freundschaftsanfrage stärkt die Legende, verschafft der Sockenpuppe positive Netzeffekte. Schon einfache Checks können das Risiko reduzieren.

Digitale Akteure können sich also fiktiver oder falscher Identitäten bedienen, und zwar mittels

- Identitätsdesign (z. B. Robin Sage) oder
- Identitätsdiebstahl (temporäre Übernahme von digitalen Profilen).

Umfang
Dieses Grundmuster lässt sich nun multiplizieren:

- *Solitäre* zielen auf – ggf. mehrere – einzelne Zielpersonen.
- *Schwärme* zielen über Meinungs(trug)bilder auf die jeweilige Öffentlichkeit.

Schwärme wiederum können in ganz unterschiedlichen Größenordnungen auftauchen: Vermögende Privatpersonen mögen einen „Smale-Scale-Fanclub" beschäftigen, staatliche Einrichtungen können eine „Large-Scale-Troll-Army" unterhalten. Letzteres stellt einen Aspekt des Information Warfare dar. In vielen Quellen, die russische Aktivitäten beschreiben, wird eine staatlich geführte *„digitale Infanterie"* beschrieben. In den Vorwürfen werden Meinungsziele wie Finnland und die Ukraine genannt.

▶   Es gilt: Wenn der Gegner eine Gruppe von Akteuren (Sockenpuppen) steuert, dann kann ein Meinungsbild/-umfeld wirksam beeinflusst werden.

Solche Angriffe können auch Unternehmen treffen. Dies kann

- die *Reputation* des Unternehmens und seiner Vertreter belasten,
- *Geschäftspartner* irritieren,
- potenzielle *Kunden* abschrecken,
- geeignete *Talente* ablenken,
- *Wettbewerbern* einen Vorteil verschaffen,
- persönlichen *Stress* aufbauen.

Es können damit alle vier Strategie-Perspektiven der Corporate Balanced Scorecard (zugleich) angegriffen werden.

Steuerung
Zielgerichtete Desinformation setzt Steuerung voraus. Mit der Digitalisierung der Desinformation wird aber genau an dieser Stelle ein neues Level erreicht. So ist diese Strategie aber nur für Aggressoren effizient einsetzbar, wenn sich sehr viele Sockenpuppen digital steuern lassen und sich reale Dialogpartner effektiv nicht daran stören.

50 Jahre nachdem Joseph Weizenbaum erstmals ein Softwareprogramm namens ELIZA auf den Turing-Test ansetzte, können Menschen immer weniger unterscheiden, ob Mensch oder Maschine kommuniziert. Der Turing-Test postulierte, dass Algorithmen erst dann als intelligent gelten sollten, wenn ein menschlicher Gesprächspartner nicht mehr unterscheiden könne, ob er sich mit seinesgleichen oder einem programmierten Regelwerk unterhalte. Dies blieb bisher erfolglos.

Am 12. April 2016 öffnete Facebook seinen Messenger für Chatbots. Menschliche Nutzer können nun ihre Fragen, etwa in Bezug auf einen Arbeitgeber oder seine offenen Stellen, direkt – in einer bestimmten Notation – im Messenger stellen. Künstliche Intelligenz und Information Retrieval liefern im Idealfall die Antworten. Siri und Amazon Echo werden folgen. Der Turing-Test ist hinfällig geworden: Menschen stört es nicht mehr, mit Algorithmen zu parlieren.

Bots werden massiven Einfluss darauf haben, wie Menschen nach Informationen suchen und kommunizieren. In Bots können Artificial Intelligence und Information Retrieval/Internet Search verbunden werden. Durch ausgefeilte Steuerung „kennen" sie ihre menschlichen Dialogpartner und könnten profilkonform reagieren. Die Wirkung steigt (Abb. 7.39).

Social Bots werden ein Problem für die Sicherheit. Via Fake Accounts werden nicht-menschliche Profile angelegt, die programmiert sind, sich selbstständig an Diskussionen zu beteiligen oder eigenständig Informationen zu versenden (z. B. via Twitter), um einen bestimmten Zweck zu erfüllen: z. B. Meinungsbeeinflussung, Diskredition.

Durch diese Digitalisierung steigen einerseits die Steuerbarkeit und damit der potenzielle Umfang von Desinformationsangriffen. Andererseits sinkt das notwendige Budget: Folglich werden sich auch nicht staatliche Akteure, etwa aggressive Unternehmen im globalen Wettbewerb, zunehmend dieser neuen Angriffsformen bedienen.

▶   Wenn Ihr Gegner Social Bots gegen Sie einsetzt, dann sollten Sie die Fähig-
    keiten zur Prävention und Detektion bereits breit in der Organisation ver-
    innerlicht haben: Sie können sonst massiv unter Stress gesetzt werden.

Abb. 7.39 Dreieck der Desinformation. (Eigene Darstellung)

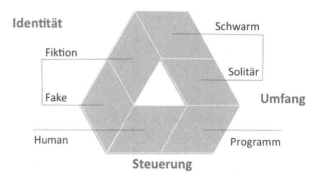

Die Herausforderung: „Unknown Unknowns"

Der neue Datenreichtum ist bereits hinlänglich behandelt worden. Es sind nicht nur die besonders populären Kanäle wie Facebook und Twitter, sondern nach wie vor auch die unzähligen Foren und Blogs, die neben anderen Formaten einen potenziellen Reichtum an unbekannten Informationen bereitstellen.

Mehr als in anderen Funktionen gilt für Früherkennungsfunktionen, z. B. Corporate Security, Credit Management und Risk Management, dass die entscheidende Information im Vorhinein nicht unbedingt beschrieben werden kann: Man weiß nicht, wonach gesucht werden soll, außer dem Umstand, dass es bedrohlich für das eigene Unternehmen, einen exponierten Unternehmensvertreter, einen Kunden oder Lieferanten sein könnte. Donald Rumsfeld hatte hierfür den Begriff der Unknown Unknowns geprägt:

▶ **Definition Unknown Unknowns** As we know, there are known knowns. There are things we know we know. We also know there are known unknowns. That is to say we know there are some things we do not know. But there are also unknown unknowns, the ones we don't know we don't know (Wikipedia 2019b, Donald Rumsfeld 2002, Defense Secretary Pressconference Oval Office 12.02.2002).

Die Immanenz der digitalen Kommunikation führt nun dazu, dass sich für viele Entwicklungen und Aktivitäten vorlaufend schwache Signale im digitalen Raum abzeichnen. Darunter auch solche, die a priori nicht explizit benannt werden können. Die durch Algorithmen lösbare Herausforderung besteht also darin, solche entstehenden Auffälligkeiten zu entdecken.

Durch die Digitalisierung sind damit – neben gleichzeitig auch gewachsenen Bedrohungen, die hier nicht verharmlost werden sollen – neue oder zumindest ergänzende Lösungsbeiträge als Chancen für diese Unternehmensfunktionen entstanden:

- So kann einerseits das digitale Rauschen als echtzeitnahes Früherkennungssystem von Bedrohungen eingesetzt werden,
- andererseits lässt sich prüfen, welches Bild sich böswillige Dritte über das eigene Unternehmen, sein Eco-System inklusive der eigenen Schutzpersonen machen können, um entsprechend gegenzusteuern.

Hier wird nun eine Technologie fokussiert, die auf die Nutzung dieses potenziellen digitalen Assets abzielt und bereits mit Anwendungserfahrungen unterlegt werden kann.

Der Lösungsansatz: Computerlinguistik in der GALAXY

Als informationell wertschöpfende Technologien können die Computerlinguistik und soziale Netzwerkanalyse herausgestellt werden: Es lassen sich Algorithmen definieren, die auch aus großen Textmengen die signifikanten Themen und Begrifflichkeiten destillieren. Nicht die absolute Häufigkeit eines Wortes zählt, sondern die relative Häufigkeit.

So existieren für viele Sprachen linguistische Korpora, in denen feststeht, wie häufig ein Wort normalerweise vorkommt. Wird ein Begriff häufiger als in dieser Normalverteilung aufgegriffen, so steigt auch seine Wichtigkeit bzw. Signifikanz. Weitere Hinweise gibt etwa die Analyse der Frequenzverteilung von Begriffen in Beitragsmengen. Damit erschließen computerlinguistische Algorithmen durch Signifikanz- und Frequenzanalysen relevante Auffälligkeiten in einem umfangreichen Kontext ohne Vorgabe.

Gleichwohl kann eine – über das Banale hinausgehende – inhaltliche Bewertung nur durch einen menschlichen Verstand erfolgen. So sollten zudem menschliche Geister nicht mit Aufgaben belegt werden, die Algorithmen viel klagloser übernehmen können: Sämtliche vorbereitenden Prozesse wachsen jedoch in der Abdeckung und verkürzen sich fast auf Echtzeit.

Ein solchermaßen unterstützter Entdeckungsprozess ist der verbreiteten Nutzung von Social-Media-Monitoring-Dashboards überlegen, da dort lediglich Beiträge nach a priori vordefinierten Themenkarrieren erfasst und damit Überraschungen per Definition ausgeblendet werden. Klassische Social-Media-Monitoring-Dashboards beschränken sich auf das Auszählen von absoluten Funden, eine inhaltliche Erschließung erfolgt nicht. Die Trefferdarstellung erfolgt dort in der Regel durch eine rein beitragsmengenbezogene Visualisierung, eine wackelige Tonalisierung und lange Trefferlisten. Damit sind solche Werkzeuge eher zur Erstellung längerer Zeitreihen hilfreich, weniger aber, um frühzeitig schwache Signale zu erkennen.

Die digitalen Informationsräume erlauben eine deutlich intelligentere Auswertung als dies mit den Methoden des Presseclippings möglich ist. Unknown Unknowns sind nun gerade solche Aspekte, von denen der Anwender nicht unbedingt im Vorhinein wissen kann, dass sie relevant sind, und nach denen er dementsprechend auch nicht mit einem klassischen Werkzeug suchen würde.

Fünf wesentliche *Nutzerfunktionen* können auf Basis computerlinguistischer Algorithmen – beispielhaft dargestellt durch das cloudbasierte Werkzeug GALAXY von complexium – bereitgestellt werden:

Entdeckung
Wie bereits beschrieben, können Crawler (ein Computerprogramm, das automatisch Internetquellen durchsucht) und Algorithmen hypothesenfrei in digitalen Texten entstehende Auffälligkeiten identifizieren. Erkannten Begriffen wird ein Signifikanzgrad zuordnet. Neben solchen Diskussionsthemen, die emergent aus den Beiträgen erschlossen werden, gibt es in der Praxis für jeden Beobachtungsbereich auch bereits definierte Suchkategorien. Erst dieses Zusammenspiel dieser beiden Sichtungsklassen, Known Unknowns und Unknown Unknowns, verhindert „Betriebsblindheit" und lässt systematisch auch Neues erkennen (Abb. 7.40).

Erläuterung: Das System ermittelt die signifikanten Begriffe (Terms) auf den Hotspots einer Zielgruppe oder zu einem Themenfeld. Zusätzlich lassen sich vordefinierte Suchkategorien verfolgen. Die Abbildung zeigt eine solche Kategorienübersicht aus einer Sicherheitsanwendung. Hinter jeder Kategorie, z. B. Aktivistengruppen,

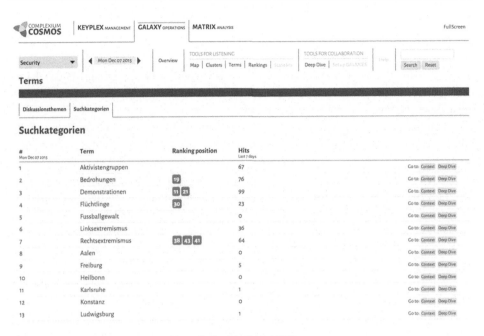

Abb. 7.40 Definierte Suchkategorien. (Beispiel: GALAXY)

Bedrohungen, Demonstrationen oder einzelnen Standorten, steht eine Begriffs- und Floskelwolke, mit der die identifizierten Beiträge in nahezu Echtzeit untersucht werden. Die erkannten Hits lassen sich im semantischen Netz oder in der Textstellenliste DeepDive sehr effizient näher prüfen, um mögliche eigene Aktivitäten anzustoßen. Die blau unterlegte Rankingposition zeigt an, dass ein Begriff der jeweiligen Suchkategorie einen besonders hohen Signifikanzgrad in der Gesamtdiskussion des Themenfeldes, hier Sicherheit, erreicht hat. Die Liste dieser besonders signifikanten Terme wird durch computerlinguistische Algorithmen emergent und ohne Vorgabe aus den identifizierten Beiträgen ermittelt. Sie bildet das – hier nicht angezeigte – Ranking der „Diskussionsthemen". In der Praxis kann somit ein kontinuierlicher Abgleich der Diskussionsentwicklung mit der eigenen Sicht erfolgen. Schwache Signale werden frühzeitig erkannt.

Ranking

Auf Basis der Signifikanzmetrik kann ein Ranking erstellt werden: Etwa ein tägliches Themen-Ranking. So wird im Sicherheitsbereich transparent, was Aktivistengruppen, im Marketingbereich, was Kundengruppen, im Personalmarketing, was Engpasszielgruppen im Tagestakt bewegt. Im Zeitablauf wird über die Tagesaktualität hinaus die Entwicklung der „emergent" erschlossenen Begriffe deutlich:

- Was wird diskutiert? Was kommt neu hinzu?
- Wie entwickeln sich diese Themen?
- Gibt es Auf- oder Absteiger?

Hier ist es noch einmal wichtig zu betonen, dass zunächst etwa für Corporate Security oder das Risk Management bekannte kritische Begriffe und Parameter im Umfeld von Unternehmen und Marken kontinuierlich überprüft werden können. Bereits ein kurzes Nachdenken über solche „Alarmworte" ergibt aber, dass diese Begriffsliste kaum erschöpfend implementiert werden kann: Es wird immer noch weitere Signalworte, etwa Bezeichnungen von entstehenden Protestbewegungen, geben, die jedoch nur sehr selten auftauchen. Folglich werden Algorithmen eingesetzt, die gerade die Verwendung von üblicherweise eher seltenen Termen identifizieren. Dies ist ein Feld der Computerlinguistik.

Der jeweilige funktionale Nutzer wird durch diese einfache Metrik auf schwache Signale hingewiesen, die sich als langsame Aufsteiger darstellen. Durch dieses frühzeitige Erkennen können je nach Kontext eigene Maßnahmen anlaufen. Es kann etwa zwischen Signalen unterschieden werden, die aufgenommen und positiv befördert werden sollten, weil sie förderlich auf die eigenen Ziele wirken, und solchen, die eher eine Abwehrreaktion erfordern (Abb. 7.41).

Erläuterung: Nicht nur sicherheitsrelevante Aktivisten haben Hotspots, sondern auch Talentzielgruppen für Personalmarketing und Recruiting. Die Abbildung zeigt einen täglichen „Thementicker" für wichtige Ingenieur-Hotspots: die Top-Themen sind zumeist nicht interessant, aber auch hier zeigen sich frühzeitig an Gewicht, d. h. Interesse, zunehmende Themen: Im Recruiting-Kontext können dann etwa rechtzeitig eigene

Rankings

	Thu Feb 04 2016	Fri Feb 05 2016	Sat Feb 06 2016	Sun Feb 07 2016	Mon Feb 08 2016	Tue Feb 09 2016	Wed Feb 10 2016	Thu Feb 11 2016
1	menschen	afd	afd	menschen	frau	demo	uhr	uhr
2	afd	menschen	linke	pegida	menschen	afd	afd	demo
3	berlin	berlin	menschen	berlin	pegida	frau	demo	afd
4	polizei	linke	berlin	linke	polizei	menschen	menschen	menschen
5	linke	polizei	demo	nazis	demo	berlin	frau	fau
6	uhr	linken	pegida	polizei	berlin	polizei	polen	düsseldorf
7	frau	demo	polizei	afd	afd	photos	berlin	polizei
8	demo	pegida	deutschland	uhr	deutschland	nazis	deutschland	berlin
9	nazis	nazis	nazis	demo	nazis	polen	polizei	deutschland
10	linken	uhr	frau	linken	linke	auto	fau	frau
11	flüchtlinge	bullen	linken	frau	uhr	uhr	düsseldorf	polen
12	rabbit	szene	bullen	szene	auto	deutschland	veranstaltung	nazis
13	deutschland	deutschland	szene	deutschland	kundgebung	bilder	nazis	straße
14	staat	rabbit	uhr	bullen	white	neukoellnbild	linke	weimar
15	politisch	frau	flensburg	essen	rabbit	weimar	demonstration	rechte
16	aktion	staat	infos	white	photos	bullen	weimar	kurdisch
17	februar	white	angriff	rabbit	demonstration	demonstration	rechte	märz
18	white	hamburg	politisch	infos	bilder	aktion	märz	photos
19	spd	flüchtlinge	hamburg	rassistisch	bullen	rechte	photos	linke
20	rassistisch	rassistisch	februar	februar	februar	linke	kundgebung	auto
21	mann	politisch	politik	video	neukoellnbild	rassismus	eu	februar
22	problem	spd	stadt	angriff	flüchtlinge	white	flüchtlinge	stadt
23	gesellschaft	februar	left	bilder	linken	stadt	auto	antifa
24	eu	zeit	gesellschaft	auto	politisch	veranstaltung	februar	enschede
25	gruppe	mann	essen	zeit	szene	rabbit	politik	eu
26	mensch	gesellschaft	samstag	kundgebung	rassistisch	stalin	politisch	rassistisch
27	zeit	gruppe	zeit	stadt	angriff	kundgebung	stadt	berliner
28	szene	infos	nazi	antifa	rassismus	linken	straße	demonstration
29	bullen	mensch	mensch	ianuar	aktion	täter	zeit	bullen

Abb. 7.41 Themenranking auf Ingenieur-Hotspots bei Auftreten des VW-Skandals. (Beispiel: GALAXY)

Inhalte zu auftauchenden Fragen eingebracht werden: ein Vorsprung im War for Talents. Die Abbildung zeigt, dass das Bekanntwerden der Abgasmanipulationen das Unternehmen Volkswagen an die Spitze der digitalen Diskussionsthemen dieser Zielgruppe katapultiert hat. Ein Klick auf „VW" führt zum semantischen Netzwerk, ein zweiter Klick zu der Textstellenliste, denn es ist keineswegs klar, aber für einen Arbeitgeber essenziell zu wissen, wie genau die Zielgruppe reagiert.

Clustering

Ein Themenranking bildet aber nur den Einstieg. So kommen die identifizierten Begriffe in einem Beobachtungsbereich natürlich in unterschiedlicher Stärke in gemeinsamen Kontexten vor: Je enger und häufiger die gemeinsame Verwendung, desto stärker scheint die Beziehung. Algorithmen der Social Network Analysis (SNA) lassen sich nun aus der Soziologie auf diesen Anwendungsbereich übertragen: Sie erschließen, welche Gruppen von Begriffen stärker untereinander als mit dem Rest der Begriffe verbunden sind, und sind damit in der Lage, automatisch unterschiedliche *Begriffs-Cluster* abzugrenzen. Zusammenhänge werden quellenübergreifend deutlich.

Mapping

Jede schematische Abbildung reduziert die Komplexität des Ursprungsbereiches. Einen facettenreichen Zugang zu den beobachteten digitalen Hotspots bieten *semantische Netze*. Auf Basis der beschriebenen Metriken lassen sich solche Netzvisualisierungen emergent für beliebige Zeiträume generieren. Dem Anwender bietet sich eine interaktive *Echtzeitlandkarte*, um die Kontexte unterschiedlicher Themen zu explorieren, abstrakt gesehen also über die jeweiligen Diskussionsräume zu fliegen. Die in der Gesamttextmenge verborgenen Zusammenhänge werden – in Echtzeit – aufgezeigt (Abb. 7.42).

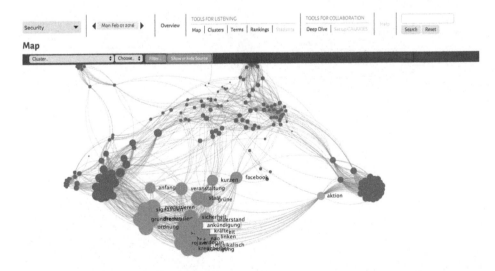

Abb. 7.42 Themenlandkarte. (GALAXY)

Erläuterung: Nähern sich die Term-Listen und Rankings der aktuellen Diskussion im selektierten Digitalraum der Zielgruppen an, so zeigt die Map die Zusammenhänge und Cluster. Begriffe, die durch gemeinsame Kontexte verbunden sind, werden durch eine (graphentheoretische) Kante vernetzt: Es entsteht ein beweglicher und interaktiver Zugang zu der Quellen- und Beitragsbasis als übergeordnete Orientierungsebene. Der Nutzer kann durch Klick auf einen Term die jeweilige Textstellenliste dynamisch durchgehen und sinnvolle Aktionen oder Einschätzungen markieren. Auf diese Weise kann tatsächlich eine große Beitragsmenge effektiv inhaltlich erfasst und bearbeitet werden.

Qualifizierung

Mit solchen Umgebungsanalysen können zudem neue Attribute oder zunehmende Verbindungen auf Begriffsniveau erkannt werden. Essenziell für die Qualifizierung eines möglichen schwachen Signals oder auch nur eines interessanten Aspekts ist dann der *Durchgriff auf die im Diskussionsraum verteilten Textbeiträge.* Der Nutzer, etwa ein Sicherheits- oder Kommunikationsmanager, kann sich durch die Unterstützung der Algorithmen auf die wertschöpfenden Aufgaben konzentrieren (Abb. 7.43).

Erläuterung: Das System generiert durch Algorithmen verschiedene Sichten, z. B. Rankings und Themennetze, auf das digitale Rauschen der relevanten Hotspots. Diese aufgebauten Sichten machen die Beitragsmenge inhaltlich zugänglich: Der DeepDive (Textstellenliste) zeigt zu jedem ausgewählten Term die passenden Fundstellen im

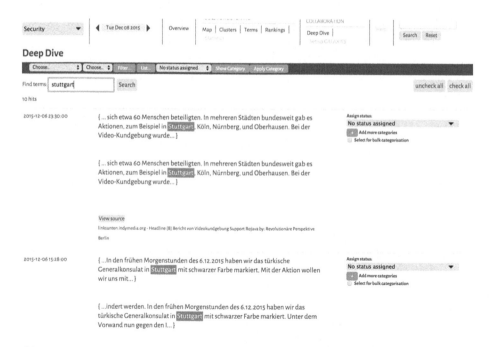

Abb. 7.43 Vertiefung der Beitragsinhalte. (Beispiel: GALAXY)

Quellenbereich. Der Anwender erkennt damit thematische Auf- und Absteiger, Top-Themen oder kann zu beliebigen Themen effizient recherchieren. Mögliche Ableitungen, Sicherheitseinstufungen oder Weiterleitungen an Kollegen können direkt durch eine „Statusvergabe" zugeordnet werden, um aus den Insights zu Actions zu kommen. In der Abbildung wird etwa ein Bekennerhinweis gefunden. So kann diese Technologie zur Früherkennung von Bedrohungen, Risiken, Issues oder Talenten aus Sicht von Früherkennungsfunktionen eingesetzt werden, da hier besonderes Augenmerk darauf gelegt werden muss, Überraschungen zu vermeiden und gerade das Unerwartete zu finden und schnell zu qualifizieren. Durch frühe Hinweise auf sich verstärkende Themenfelder erhalten Analysten den Vorlauf, um zu untersuchen, ob ein sicherheitsrelevantes Issue entsteht und ggf. wer Treiber des Geschehens ist. So wird sich auch eine gesteuerte Desinformationskampagne in steigender Signifikanz niederschlagen: Das betroffene Unternehmen gewinnt Zeit zur Reaktion.

Ausblick: Mehr Sicherheit durch Premonitoring
Digitalisierung bedeutet – neben einigen anderen Dingen –, dass ganz neue Kategorien und Mengen von Daten verfügbar sind. Diese potenziellen Informationswerte können für zahlreiche Unternehmensfunktionen genutzt werden. Es bedeutet auch, dass etablierte Prozesse wie die Früherkennung einer digitalen Transformation unterzogen werden sollten, um anschlussfähig zu bleiben. Neue Methoden und Werkzeuge hierzu sind bereits verfügbar (Abb. 7.44).

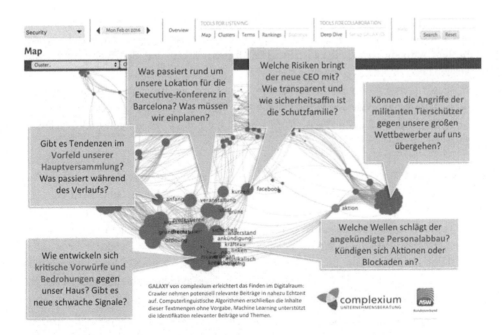

Abb. 7.44 Monitoring Map: Aufzeigen von Ereignissen und Handlungsbedarfen

Diese Werkzeuge – das cloudbasierte GALAXY-System wurde vorstehend vorgestellt – sollen hier als *Premonitor* bezeichnet werden. In der konkreten Anwendung etwa für den Sicherheitsbereich lassen sich mehrere Grundtypen unterscheiden:

Typ	Ausrichtung
Base Premonitor	Es werden durch übergreifende Quellen allgemeine Vorhaben, Strömungen und Themen aktivistischer Gruppen des Aktivismus erschlossen
Corporate Premonitor	Unternehmensspezifische Besonderheiten werden in der Quellenauswahl, den Eingangsfiltern und Kategorien abgebildet
Event Premonitor	Vorlauf und Akutphase zu einem Event, z. B. Hauptversammlung, werden hochfrequent durchleuchtet
Country Premonitor	Quellen werden aufgrund von regionalen Kriterien zusammengestellt
Issue Premonitor	Quellen werden thematisch gebündelt

Innovative Verfahren der Computerlinguistik und Netzwerkanalyse können im Aufgabenbereich Früherkennung die unstrukturierten Online-Diskussionen und Meldungen metrisch fassen: So wird nach bereits bekannten Themen und Ereignissen automatisiert gesucht, aber auch Unerwartetes gefunden.

Es gelingt, schwache Signale im digitalen Rauschen früher zu erkennen, Kontexte von Themen, Debitoren, Marken, Talentgruppen oder Personen besser zu verstehen und eigene Maßnahmen besser zu steuern. Dies basiert auf zwei Pfeilern:

- *Effektivität:* Die vorgestellte Technologie erschließt beinahe in Echtzeit alle Beiträge aus relevanten Blogs, Foren, Nachrichten- und Bewertungsportalen. Als lernendes System wird die Quellenbasis permanent fortentwickelt und der Wissensvorsprung ausgebaut.
- *Effizienz:* Durch die umfassende Abnahme nicht nur des einfachen Monitorings, sondern auch der Inhaltserschließung durch das Werkzeug, haben die Nutzer eine zeitliche Ersparnis und damit Ressourcen frei, um zu planen, zu agieren und Ergebnisse zu generieren.

So kann eine Früherkennung von Risiken (und Chancen) unternehmensspezifisch als gewichtige Fähigkeit entwickelt werden. Die Technologien hierzu sind verfügbar. So darf man die entsprechenden Verantwortlichen getrost ermuntern, sich mit diesen Lösungen vertraut zu machen und diese digitale Transformation voranzutreiben.

Eine solche Aufnahme der Bereiche Früherkennung und Detektion von Desinformation bedeutet für die Corporate Security eine grundsätzliche Ausweitung ihres Abdeckungsfeldes: Ohne diesen Schritt wird es jedoch nicht gelingen, den aufkommenden hybriden Bedrohungen zu begegnen (Abb. 7.45).

Abb. 7.45 Ausbau der Sicherheitsabdeckung. (Eigene Darstellung)

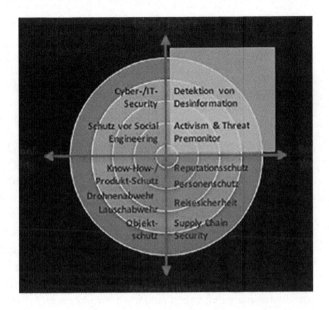

Literatur

Ryan, Mauch 2010, Getting in Bed with Robin Sage, https://www.privacywonk.net/download/BlackHat-USA-2010-Ryan-Getting-In-Bed-With-Robin-Sage-v1.0.pdf, zuletzt zugegriffen 08.01.2019.

Wikipedia 2019a, Robin Sage, https://en.wikipedia.org/wiki/Robin_Sage, zuletzt zugegriffen 08.01.2019.

Wikipedia 2019b, There are known knowns, https://de.wikipedia.org/wiki/There_are_known_knowns, zuletzt zugegriffen 08.01.2019.

Der Autor

Prof. Dr. Martin Grothe ist geschäftsführender Gesellschafter der complexium GmbH (www.complexium.de, Berlin), und Honorarprofessor an der Universität der Künste Berlin. Mit dem complexium-Team konzentriert er sich darauf, Unternehmen durch Analyse der öffentlichen digitalen Kommunikation dabei zu unterstützen, ihre Zielgruppen und Themen besser zu verstehen und ggf. zu erreichen. Die hierzu entwickelten Softwaretools führen Netzwerkanalyse, Computer-Linguistik und Semantik zusammen. Mit dieser Basis wurden zahlreiche Projekte zu Marketing-, (Krisen) Kommunikations- und Personalmarketing-Kontexten umgesetzt.

Prof. Grothe ist Vorstand des Deutschen Competitive Intelligence Forums dcif e. V., Beirat von Quality Employer Branding Queb e. V., der dotBerlin-Initiative, Autor zahlreicher Veröffentlichungen, Dozent am Institute for Competitive Intelligence ICI. Vorherige berufliche Stationen lagen bei NetSkill AG, I-D Media AG und o.tel.o. Alma Mater ist die Wissenschaftliche Hochschule für Unternehmensführung WHU.

7.11 Wie künstliche Intelligenz und Chatbots die Musikindustrie beeinflussen und die Interaktion der Kunden mit Musikern und Musiklabeln verändern

Gastbeitrag von Peter Gentsch und Marco Philipp

Die Musikindustrie

Von Natur aus war Musik schon immer ein immaterielles Gut. Doch das Medium, auf dem dieses Gut verbreitet und von den Verbrauchern verwendet wurde, hat sich in den letzten Jahrzehnten und Jahrhunderten grundlegend verändert (Abb. 7.46).

Zeitgleich mit der wachsenden technischen Industrie der 20er Jahre wurde 1921 der erste Radiosender der USA gegründet. Damals ignorierten große Platten- und CD-Produzenten die frühen Erfolgszeichen der damalig aufkommenden Sender, was zu einem großen Rückgang ihres Marktanteils führte und schlussendlich dazu, dass die meisten Platten- und CD-Produzenten von den aufstrebenden Radiosendern aufgekauft wurden. Radiosender sendeten hauptsächlich Live-Konzerte und Events, wohingegen Grammofon-Platten nur gelegentlich zuhause angehört wurden. Dies führte zu einem historischen Rückgang des Umsatzes der Plattenindustrie von 94,3 % zwischen 1921 und 1933. Später, während der sogenannten Rock'n'Roll-Revolution, entschied die Federal Communication Commission (FCC), dass die Einschränkung der Radiolizenzen in jedem Staat der USA aufgehoben sei. Infolge dessen erhielten viele unabhängige Radiosender das Recht, Musik senden zu dürfen, wobei sie hauptsächlich auf Schallplatten aufgenommene Musik dafür verwendeten. Dadurch wurde die Schallplattenindustrie wiederbelebt und führte zu einem neuen Aufschwung der neu erschienenen Musikrichtungen, insbesondere Rock'n'Roll, welche der Bewegung ihren Namen gab (Gensch et al. 2008). Dieser Aufschwung dauerte bis in die späten 70er Jahre an, wobei Produzenten wie CBS Columbia, Warner Music, MCA und EMI fast die ganze Wertschöpfungskette der Musikindustrie besaßen, inklusive Musikagenturen und Instrumentenbauunternehmen. Die Einführung der Compact Disc (CD) im Jahre 1982 durch die Elektronikgiganten Sony und Philips

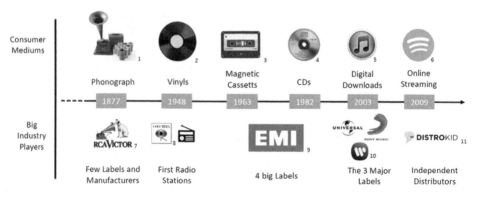

Abb. 7.46 Geschichte und Status Quo der Musikindustrie

wie auch die aufkommenden Musikfernsehsendungen führten die Industrie zu neuen Erfolgen. Während dieser Zeit investierten viele Großunternehmen von verschiedensten Industrien sehr viel in die Musikindustrie, was zu vielen Unternehmenszusammen-schlüssen führte und zu einer Neuaufstellung der drei großen Plattenproduzenten Sony Music Entertainment, Universal Music Group und Warner Music Group, die bis heute noch in der Industrie sind. Mit der Jahrhundertwende und der Zunahme der File-sharing-Plattformen wie Napster ging der weltweite Umsatz wieder drastisch zurück (Gensch et al. 2008).

Beim Streamen handelt es sich um eine Technologie, bei der ein kontinuierlicher Zufluss von Daten über das Internet empfangen wird, welcher dem Empfänger den direk-ten Zugang zu den übertragenen Daten ermöglicht, ohne darauf warten zu müssen bis ganze Dateien heruntergeladen worden sind. Im Allgemeinen wird es dafür verwendet, um auf Audio- oder Videodaten zuzugreifen (Costello 2018).

Nachfolgend werden die drei größten Musik-Streaming-Dienste Spotify, Apple Music und Amazon Music beschrieben und verglichen. Insbesondere wird Spotify in Bezug auf sein Geschäftsmodell und den technischen Hintergrund im Detail analysiert. Erläutert wird wie Spotify Peer-to-Peer-Systeme verwendet, um effizientes Musik-Streaming zu bieten und wie KI die Generation der automatisierten Lied- und Künstlererempfehlungen beeinflusst.

Die Technologie hinter Musik-Streaming
Das Cachen ist ein vielverwendeter Prozess von Internetplattformen, um störungs-freie Dienste anzubieten. Bei Spotify werden viel gespielte Lieder eines Users auf den Cache-Speicher des Users heruntergeladen. Dies bedeutet, dass der User die Lieder das nächste Mal, wenn er sie wieder anhören will, nicht erneut herunterladen muss. Um Bufferzeiten und ungewollte Unterbrechungen während des Streamens zu reduzieren, verwendet Spotify eine Kombination aus Client-Servern in einem P2P (Peer-to-Peer) Netzwerk, um seine eigene Server zu entlasten und um Musik-on-Demand-Streaming im großen Maße und mit niedriger Latenz anzubieten. In einem P2P-Netzwerk dient jeder Nutzer als ein Knotenpunkt im System und die Verarbeitung wird teilweise direkt auf die Computer jedes einzelnen Users geleitet, um die gesamte Rechenleistung zu ver-bessern und die Arbeit so effizient wie möglich zu verteilen (Kreiz, Niemelä 2010a). Für die eigentliche Datenübertragung verwendet Spotify das Transmission Control Proto-col, gekürzt TCP, bei dem es sich um ein Netzwerkkommunikationsprotokoll zur Über-tragung von Datenpaketen über das Internet handelt (Techopedia 2018). Erstens ist TCP ein sehr zuverlässiges Transport-Protokoll, weil Datenpakete, die auf dem Weg zum Empfänger verloren gehen, wieder aufgerufen werden können. Dadurch werden feh-lende Daten vermieden, welche zu Störungen, d. h. ruckelnde Wiedergabe, im Audio und Video verursachen können. Zweitens ist TCP kompatibel mit anderen Anwendungen im gleichen Netzwerk, die auch TCP verwenden. Das heißt, dass mehrere Anwendungen, die gleichzeitig laufen, die Datenübertragung der anderen nicht hindern. Drittens, das P2P-Netzwerk von Spotify und TCP profitieren von einander, da die gestreamten

The Recommendation System

- Collaborative Filtering
  - Searching for users with similar behavior and taste
- Profiling through NLP
  - Search of artist descriptions on blogs, news and articles to define certain artists
  - Unique taste profile for each user

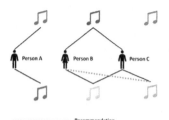
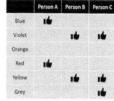

Abb. 7.47 Empfehlungssystem bei Spotify

Dateien im Netzwerk geteilt werden und es deshalb einfach ist, wieder auf sie zuzugreifen (Kreiz, Niemelä 2010a; Abb. 7.47).

Die Entscheidung von Spotify darüber, aus welcher Quelle das Lied gestreamt wird,
d. h. der Server, der Zwischenspeicher oder das P2P-Netzwerk, hängt von der Datenmenge ab, die dem User bereits zur Verfügung steht und davon, ob die Liederauswahl
ein Zufallstreffer oder eine vorhersehbare Titelauswahl ist. Sollte das Lied ein häufig
abgespieltes Lied sein, werden die Daten aus dem lokalen Zwischenspeicher gezogen.
Sollte das Lied nicht im lokalen Zwischenspeicher gespeichert sein, greift der Klient auf
den Spotify-Server und das P2P-Netzwerk zu. Dies stellt sicher, dass auf die benötigten
Datenpakete rechtzeitig zugegriffen werden kann. Experten behaupten jedoch, dass die
verbleibenden 39 % der Abspielungen Zufallstreffer sind, die nicht vorausgesehen werden können. Dies ist der Fall wenn der User auf ein x-beliebiges Lied klickt, das sich
nicht in der voraussehbaren und somit vorbestellten Liste der Lieder befindet. Im Falle
eines Zufallstreffers, wird die TCP verwendet, um schnell circa 15 s des ausgewählten
Liedes von dem Spotify-Server zu laden. Zeitgleich stellt der Player eine Verbindung mit
dem P2P-Netzwerk her, um auf Mitglieder zuzugreifen, die Teile der Lieder in ihrem
Zwischenspeicher gespeichert haben, und bezieht die Datenpakete von ihnen. Sollten
keine der Mitglieder irgendwelche Datenpakete des Liedes haben, beendet der Klient das
Uploaden von Daten auf das P2P-Netzwerk für andere Klienten, um mehr Bandbreite für
das Laden des Liedes von Spotifys eigenem Server benutzen zu können (Kreiz, Niemelä
2010a).

Streaming-Dienstleistungen sind auf Empfehlungen angewiesen, um ihre Kunden
mit neuem Inhalt versorgen zu können. Um den User-Experience verbessern zu können, sollte der empfohlene Inhalt mit dem persönlichen Geschmack des Users übereinstimmen. Das Empfehlungsmodel von Spotify ist ein gemischter maschinell lernender
Ansatz, um automatisierte Empfehlungen zu generieren. Angewendet werden das Filtern
von gleich gesinnten Meinungen, Natural Language Processing (NLP) sowie neuronale
Netzwerke, die die rohen Audiotitel analysieren, um individuelle Empfehlungen zu generieren, die den bestimmten Geschmack jedes einzelnen User treffen sollen (Ciocca 2017;
Abb. 7.48).

The Recommendation System

- Collaborative Filtering
  - Searching for users with similar behavior and taste
- Profiling through NLP
  - Search of artist descriptions on blogs, news and articles to define certain artists
  - Unique taste profile for each user
- Neural networks for audio analysis
  - Analysis of the BPM, length, loudness curve, pitch strength, beat locations etc. of songs to find similar tracks

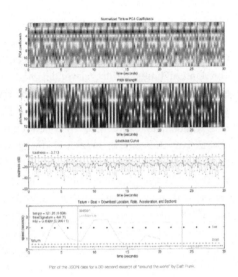

Abb. 7.48 KI und Technologie hinter Spotify

Das Filtern von gleich gesinnten Meinungen

Das Filtern von gleich gesinnten Meinungen (engl.: Collaborative Filtering, kurz CF), ist das am häufigsten gebrauchte System für Streaming-Dienste. Bei Spotify können Lieder weder „geliked" noch bewertet werden; daher verwendet der Algorithmus andere Informationen, um nach ähnlichen Geschmäckern unter den Usern zu suchen, nämlich die Zählung der Streams der Lieder und zusätzlicher Informationen, z. B. wie Lieder in den Playlisten der User platziert werden und wie oft Künstler-Seiten besucht werden. Des Weiteren bildet Spotify einen Vektor für jeden einzelnen User und jedes Lied und macht Vorschläge basierend auf der Ähnlichkeit dieser Vektoren (Ciocca 2017).

Das Profiling durch NLP

Zusätzlich zu CF verwendet Spotify auch NLP, um Musik ein Profil zu geben. Spotify scannt das Internet nach Blogs, Nachrichten und Artikeln, um herauszufinden wie sie bestimmte Künstler beschreiben und definieren. Diese Information wird in das Geschmacksprofil eines jeden User integriert und hilft dabei, andere Künstler und Lieder zu identifizieren, die denjenigen, die der User mag, ähnlich sind. Die Verwendung von NLP basiert auf Textform; jedoch ist NLP nicht nur darauf beschränkt. Insbesondere persönliche digitale Assistenten, die mittels Sprachsteuerung funktionieren, machen sich NLP zunutze, um das Gesprochene in Informationen zu verwandeln (Ciocca 2017).

Conversational Marketing und Commerce
Conversational Marketing

Als Allererstes ist es wichtig den Begriff Konversation zu definieren. Sprachlich gesehen, wird eine Konversation durch Kooperation gesteuert, die eine Richtung, eine

Bedeutung und klare Ziele für jeden Teilnehmer umfasst. Molly Galetto, Vize-Präsidentin des Marketing und Communication beim in Belgien ansässigen NG Data, beschreibt Conversational Marketing als ein Feedback-orientierter Marketing-Ansatz, welcher von Unternehmen dafür verwendet wird, um Engagement anzutreiben, Kundenloyalität zu entwickeln, den Kundenstamm zu erweitern und, letzten Endes, Umsätze zu steigern. Der Unterschied zu traditionellem Content Marketing ist seine Richtung. Anstatt den Kunden anzusprechen, sprechen Unternehmen mit dem Kunden, d. h. es ist ein interaktiver Austausch, eine zweidimensionale Konversation (Goldman 2015). Diese zweidimensionale Konversation ist für Unternehmen unerlässlich, da sie Zugriff auf wertvolle Kundendaten erhalten, welche sie zuvor nicht hatten. Eine gute Kommunikation und guter Service in einer persönlichen Interaktion erhöht die Kundenloyalität und führt zu höheren Umsätzen. Das gleiche gilt für Conversational Marketing, lediglich mit dem Unterschied, dass es sich um eine virtuelle Konversation handelt. Die Interessen des Kunden werden während der Konversation identifiziert und dafür verwendet, personalisierte Informationen zu generieren, die mit den Bedürfnissen des Kunden übereinstimmen. Sollte die zur Verfügung gestellte Information Anklang bei dem jeweiligen Kunden finden, ist es wahrscheinlicher, dass sie zukünftige Transaktionen für das Unternehmen umsetzen und erzielen (Smith 2017). Des Weiteren sorgen mobile Anwendungen, Chatbots und sprachgesteuerte Assistenten für durchgehende Kunden-Support-Dienste, 24 h pro Tag, 365 Tage pro Jahr. Dies wird immer wichtiger, da die Kundenberatung als wichtiger Bestandteil der Konversation ein Teil des Marketing geworden ist. Im Allgemeinen folgt Conversational Marketing im Vergleich mit traditionellem Content Marketing einer langfristigen Strategie, die auf jeden einzelnen Kunden abgestimmt ist.

Chatbot Plattformen

Chatbots, oder virtuelle Assistenten, werden als Computerprogramme definiert, die sich mit den Usern in natürlicher Sprache unterhalten. Ihr Anwendungsbereich ist sehr groß und erstreckt sich von Unterhaltungszwecken zu Bildung, Geschäftlichem, dem Abfragen von Informationen und kommerziellen Zwecken (Shawar, At-well 2007).

Während die Verwendung von Maschinen ein immer wichtigerer Teil des Lebens der Menschen wird und während die Anzahl der Geräte mit jedem Jahr wächst, wünschen Menschen mit ihnen so zu kommunizieren wie sie es mit anderen Menschen tun, d. h. in natürlicher Sprache (van Euwen 2017). Chatbots sind ein Instrument, um diesem Wunsch zu entsprechen und Human-Computer Interaction (HCI), die Interaktion zwischen menschlichen Nutzern und Maschinen, natürlicher und menschenähnlicher zu machen. Der Vorteil von HCI gegenüber der gewöhnlichen Mensch-Computer-Interaktion ist die Echtzeit-Reaktionsfreudigkeit des Programms (Unbehauen 2009).

Eigenständige Lösungen

Abgesehen von Chatbot-Plattformen, wo Chatbots von vielen verschiedenen Unternehmen in einer Host-Anwendung implementiert sind, sind Chatbots oder andere

Konversationsmedien eigenständige Lösungen, die in einer Firmenwebseite oder App eingebettet sind. Es gibt nur eine geringe Anzahl an großen Chatbot-Plattformen, es kann jedoch jedes Unternehmen seine eigene eigenständige Lösung aufbauen, die genau auf seine Bedürfnisse zugeschnitten ist. Obwohl das Portfolio eines eigenständigen Bot auf die Produkte und Dienstleistungen des Unternehmens beschränkt ist, funktioniert der maßgeschneiderte User Interface (UI) besser als der standardisierte UI von Chatbot-Plattformen. IBM bietet auch eine Bot-bauende Dienstleistung, die sich Conversation nennt, welche auf den IBM Watson APIs (Application Programming Interface) läuft und keinerlei Programmierwissen des Users bedarf, um Chatbots für die verschiedensten Anwendungen zu entwickeln, wie zum Beispiel Kundenengagement, Bildung, Gesundheit oder Finanzdienstleistungen (IBM 2018a).

Spracherkennungssoftware

Das Cluetrain Manifesto besagt, dass Märkte Gespräche sind und ihre Mitglieder in natürlicher und offener Sprache kommunizieren, die nicht verfälscht werden kann. Fast zwanzig Jahre später geht Spracherkennung über den geschriebenen Text-basierten NLP hinaus, da digitale Sprachassistenten mittels der menschlichen Stimme kommunizieren können. Im Gegensatz zu eigenständigen Chatbots, wo viele Unternehmen die Technologie anwenden, haben nur wenige große Akteure wie zum Beispiel Amazon, Microsoft, Apple und Google digitale Sprachassistenten für kommerzielle Zwecke entwickelt. Die menschliche Stimme ist zu einer neuen Schnittstelle geworden, um Maschinen zu bedienen wie es in der Patentanmeldung der Voicebox Technologies des Jahres 2006 beschrieben ist, die als „System und Methode für eine kooperative dialogorientierte Stimmenschnittstelle" bezeichnet wird (Baldwin et al. 10/16/2006). Um diese Technologie anzuwenden, muss die Spracherkennungssoftware in einer kompatiblen Hardware eingebettet sein, die mit einem Mikrofon und Lautsprechern wie zum Beispiel Smartphones oder Smartspeakers ausgestattet ist. Bis dato ist der größte und populärste Smartspeaker Amazon Echo, der 70,6 % der gesamten Nutzung von digitalen Sprachassistenten in den USA im Jahr 2017 ausmachte. Google Home, der zweitbeliebteste, liegt weit dahinter mit 20,8 % (Statista 2017a). Danach kommt Amazon Echo, bei dem insbesondere seine Sprachassistentin Alexa detailliert beschrieben wird.

Datenschutz in der Musikindustrie

AI und Chatbots von Unternehmen wie Spotify sammeln Daten, um Userprofile, Empfehlungen und andere Dienstleistungen zu erstellen. Des Weiteren machen Unternehmen von der Datenverarbeitung Gebrauch, um ihr Gesamtgeschäft und ihre Rentabilität zu optimieren. Das Sammeln von Daten sowie deren Verarbeitung wird normalerweise gesetzlich geregelt, aber die unterschiedlichen Länder gehen diese Sache unterschiedlich an, was bedeutet, dass Unternehmen, die weltweit tätig sind, eventuell nicht verpflichtet sind, die Datenschutzgesetze der Länder, in denen der Kunde ansässig ist, zu beachten (Dimov 2013).

Die Europäische Union wendet zur Zeit zwei Gesetze an, die insbesondere den Datenschutz zum Gegenstand haben. Erstens die Datenschutzrichtlinie 1995/46/EG (§ 2.1), welche die Basis des EU Datenschutzes bildet und zweitens, die e-Privacy Richtlinie 2002/58/EG (§ 2.2), welche insbesondere auf den Schutz von persönlichen Daten in der Telekommunikation ausgelegt ist (Dimov 2013). Am 25. Mai 2018 trat die neue Datenschutzgrundverordnung (DSGVO) offiziell in Kraft und ersetzt die Datenschutzrichtlinie95/46/EG. Sie wurde darauf ausgelegt, den Datenschutz in ganz Europa weiter zu harmonisieren und fokussiert auch auf den Datenschutz in Bezug auf grenzüberschreitende, internationale Unternehmen. Die Hauptänderung ist der erweiterte Zuständigkeitsbereich der DSGVO, welcher bestimmt, dass sie für alle Datenverarbeiter und Controller gilt, die die persönlichen Daten der Betroffenen, die in der EU leben, verarbeiten, ungeachtet dessen, ob ein Unternehmen in der EU ansässig ist oder nicht. Unternehmen außerhalb der EU, die persönliche Daten von EU-Bürgern verarbeiten, müssen einen offiziellen Vertreter in der EU benennen. Des Weiteren gewährt das Gesetz dem Betroffenen mehr Rechte wie zum Beispiel das „Recht vergessen zu werden", das sie dazu berechtigt, ihre Daten durch den Controller löschen zu lassen, oder das Recht ihre Daten einzusehen, wobei der Controller eine Kopie der persönlichen Daten kostenlos zur Verfügung stellen muss. In Bezug auf Datentransparenz und Datenschutz ist dies eine erhebliche Verbesserung für Verbraucher (EU GDPR Portal 2018).

In den USA gibt es kein allgemeines Gesetz, das für jeden Bundesstaat gilt. Stattdessen arbeitet jeder Staat seine eigenen Gesetze aus, die manchmal mit anderen Staaten überlappen; manchmal unterscheiden sie sich jedoch sehr oder widersprechen sich sogar. Eines der wichtigsten Regelungen ist der Federal Trade Commission Act (FTC Act), ein Bundesgesetz, das darauf abzielt, irreführende und ungerechte Handlungen sowohl online als auch offline zu verbieten, um personenbezogene Daten von Verbrauchern und ihre Privatsphäre online zu schützen (Jolly 2017). Um diesen juristischen Flickenteppich zusammenzufassen, kann jedes Bundesland Datenschutz unterschiedlich behandeln im Gegensatz zu dem einheitlichen Ansatz der EU für alle Mitgliedsstaaten.

Beim 19. National Congress der kommunistischen Partei der Volksrepublik China in Beijing im Oktober 2017 entschied die Regierung, dass die Entwicklung in KI-Technologie eines der vier Wachstumstreiber des Landes in den nächsten zehn Jahren sein wird. Laut Sarita Nayyar et al., Chief Operating Officer beim World Economic Forum LLC, wird sich China in ein vom Verbraucher gesteuertes Entwicklungsmodell verwandeln mit weniger als fünf Unternehmen, die alle Verbraucherdaten bis zum Jahre 2027 kontrollieren werden (Nayyar, Ingilizian 2018). Im Juni 2017 trat das neue Internetsicherheitsrecht in Kraft, welches in Bezug auf die Rechte der Betroffenen im Wesentlichen der DSGVO entspricht. Es lässt jedoch Raum bei der Auslegung bestimmter Begriffe. Das Gesetz erklärt zum Beispiel, dass Netzwerkbetreiber personenbezogene Daten nicht weitergeben, ändern oder vernichten dürfen ohne das Einverständnis desjenigen, von dem die Daten gesammelt werden und dass es verboten ist, solche Informationen an Dritte weiterzugeben. Doch schon die Definition eines Netzwerks – laut Artikel 76 des Internetschutzrechts ist ein System von Computern und anderen relevanten Geräte, die in der

Lage sind, Informationen zu sammeln, speichern, übertragen, auszutauschen und zu verarbeiten – ist eine Tatsache, die auch auf viele private Computernetzwerke zutrifft. Darüber hinaus müssen alle kritischen Daten, die in China erzeugt werden, auch in China gespeichert werden. Was genau kritische Daten sind und diejenigen, die sie verarbeiten, sogenannte Critical Information Infrastructure Operators (CIIOs), wurde noch nicht im Kontext des neuen Gesetzes festgelegt. Diese Umstände erschweren es, internationalen Unternehmen immer mehr in China zu agieren (Xia 2017).

Im Großen und Ganzen ist die weltweite Datenschutzlandschaft sehr komplex und verlangt ein tiefes Verständnis. Erfreulicherweise stellt die EU mit ihrer DSGVO Datenschutz in den Vordergrund, wodurch mehr Sicherheit und Transparenz für Verbraucher und weniger bürokratische Komplexität für Unternehmen zugesichert werden. Ferner zeigt Chinas neues Internetsicherheitsgesetz die steigende Relevanz von Datenkontrolle im wachsenden chinesischen Verbrauchermarkt, während es den USA weiterhin an einer umfangreichen und ganzheitlichen Regulierung für alle Mitgliedsstaaten mangelt. Wie sich diese neuen Regelungen genau auf die globale Musikindustrie auswirken werden, bleibt abzuwarten.

Qualitatives Experteninterview

Der Zweck des Interviews war es, aus der Sicht eines Experten tiefere Einblicke in die Änderung in der Musikindustrie gewinnen zu können, die durch KI und Chatbots verursacht wurden. Im Gegensatz zu der quantitativen Studie, die darauf ausgelegt war, aus der Sichtweise der Verbraucher Einblicke in den Verbrauch zu erhalten, fokussierte das qualitative Experteninterview auf industriebezogene Themen. Das Interview war teilstrukturiert und die Fragen wurden offen formuliert, um dafür zu sorgen, dass weiteres relevantes und spezifisches Wissen dazu beigetragen werden konnte. Ursprünglich gab es acht einzelne Fragen, die sich während des Interviews thematisch überlappten; aus diesem Grund sind sie in dem folgenden Bericht nicht einzeln aufgelistet.

Cherie Hu ist eine unternehmerische Journalistin, die sich auf innovative Technologie in der Musikindustrie konzentriert und die ihren Sitz in New York hat. Sie hat ein Diplom in Klavierspiel von der Juilliard School und machte ihren Bachelor-Abschluss in Statistik an der Harvard University. Ferner schreibt sie Technologie-Kolumnen für Billboard und ist auch Musik-Kolumnenschreiberin für Forbes. Zusätzlich schreibt sie Artikel für den Harvard Political Review, Music Alley, Cuepoint, Inside Arts und andere. Sie besitzt ein tiefes Verständnis dafür, wie künstliche Intelligenz, Chatbots und andere innovative Technologien die Musikindustrie formen. Hu erhielt den Reeperbahn Festivals Antrittspreis für den Music Business Journalist of the Year 2017 (Hu 2018).

Musik entdecken durch Streaming-Dienste

Wie KI den Verbrauch von Musik heutzutage ändert, kann man am besten an Streaming-Diensten wie z. B. Spotify sehen. Die Nutzung von durch Algorithmen generierte Lieder- und Künstlerempfehlungen ist zur Gewohnheit geworden und der Algorithmus ist auch für Abweichungen von Geschmäckern zuständig, welche von nicht-algorithmischen

Empfehlungen einfach ignoriert wurden. Hu veranschaulichte diese Tatsache indem sie einen Verbraucher beschrieb, der sowohl Lady Gaga als auch James Brown mag. Diese zwei Künstler sind klanglich sehr unterschiedlich und sprechen im Normalfall zwei verschiedene Gruppen an, weil sie aus unterschiedlichen Generationen stammen. Dienste wie Spotify können dieser Vielfalt Rechnung tragen, indem individuelle und sehr detaillierte Benutzerprofile erstellt werden und viel mehr unterschiedliche Empfehlungen generiert werden.

Der Musikverbrauch wird reaktionsfreudiger

Da viele Benutzer sich mit Spotifys Discover Weekly befassen, verarbeitet der Algorithmus diese Benutzerdaten, um noch mehr Playlists zu generieren. Dabei werden Nutzer ständig mit neuer Musik und Künstlerempfehlungen gespeist, ohne dass sie dabei aktiv nach neuem Inhalt suchen müssen. Die Benutzer wählen einfach, ob sie diese automatisierten Empfehlungen mögen, was wiederum eine Dateneingabe in ihrem individuellen Nutzerprofil darstellt.

Laut Hu, gab Matthew Ogle, Produktmanager bei Instagram und ehemaliger Produkt Director bei Spotify, in einer Präsentation während des Sónar Music Festival in Barcelona, 2016, an, dass mehr als 8000 Künstler mehr als 50 % ihrer Streams durch Discover Weekly erhalten. Ein paar Tausend Künstler erreichen sogar mehr als 75 % der Streams mit Discover Weekly. Des Weiteren gibt sie an, dass diese Entwicklung sehr nützlich für nicht so bekannte Künstler sei, die sonst aufgrund weniger Publicity ungehört blieben. Seitens der Verbraucher wächst das Angebot an Künstler, die sich User anhören, von Jahr zu Jahr seitdem Spotify angefangen hat diese Zahlen 2013/2014 zu veröffentlichen. Aufgrund der Menge an Inhalten, die an die Zuhörer gespeist wird, verbringen die Nutzer im Durchschnitt weniger Zeit mit einem einzelnen Künstler. Mit den vielen Empfehlungen, die durch Algorithmen generiert werden, ist ihr Zuhörverhalten dadurch vielfältiger. Hu schätzt, dass das Zuhören auf Spotify um etwa 40 % vielfältiger geworden ist gegenüber den letzten paar Jahren und unterstreicht, dass die Vielfältigkeit nun das Hauptprodukt von Spotify sei. Infolge dessen wird es immer schwieriger für Künstler eine loyale Fanbasis auf der Plattform aufzubauen, obwohl nicht so bekannte Künstler eventuell von ungewöhnlich hoher Publicity profitieren werden.

Einschränkungen und Herausforderungen von KI und Chatbots im Musik-Streaming

Laut Hu, ist die größte Frage, die Streaming-Dienste und andere Technologie-Unternehmen versuchen zu klären, wie sie ihre Dienste kontextualisieren. Sollte sich ein Nutzer zum Beispiel gerne flotte Electronic Dance Music (EDM) anhören während er Sport macht, sollte die empfohlene Musik entsprechend der Situation, in der sich der Nutzer befindet, generiert werden, in diesem Falle EDM für das Sport machen. Momentan befindet sich 65 contextualization in der Anfangsphase der Entwicklung und allgemeine Dienste können noch nicht Kontextualisieren. Spotifys jüngster Ansatz, dieses Problem anzusprechen, ist seine Mood Playlists, die Musik entsprechend der Laune des Nutzers abspielen. Diese Playlists müssen jedoch, manuell ausgewählt werden und werden von Menschen und nicht von Algorithmen erstellt. Zudem kann Discover Weekly, der durch Algorithmen generiert wird, keine menschlichen Gefühle oder Erinnerungen erfassen, die dazu führen, dass ein Nutzer ein bestimmtes Lied abspielt, weil es ihm auf persönlicher Ebene wichtig ist. Spotify kann die Auswahl des Liedes als Handlung messen, ist aber des emotionalen Verständnisses nicht mächtig, d. h. der Grund der zur Handlung führt. Dies scheint die derzeit größte Einschränkung des Empfehlungsalgorithmus von Spotify zu sein, weshalb Spotify noch nicht die die Antwort für die bestmögliche Art, Musik zu entdecken, gefunden hat. Hierhinter verbirgt sich die Annahme darüber, wie Menschen Musik entdecken und wonach sie suchen. Die derzeitige KI hat die Herausforderung des Kontextbewusstseins noch nicht ganz gemeistert.

Die sich wandelnde Rolle der Musik-Labels
Es muss zwischen Diensten wie zum Beispiel Distrokid und echten Musik-Labels unterschieden werden, sei es ein großes Label oder nur ein kleineres Indie-Label. Online Verteilungsdienste wie Distrokid bieten nur den Vertrieb auf Online-Plattformen und Shops an, sie bieten aber keine Marketingaktivitäten, während Musik-Labels viele verschiedene Dienstleistungen anbieten, unter anderem Vertrieb, Marketing, Promotion und Pressearbeit. Hu sagt, dass solange Künstler sich ausschließlich auf die Kunst konzentrieren wollen, und sich nicht mit der geschäftlichen Seite der Industrie beschäftigen wollen, wird es immer einen Platz für Musik-Labels geben. Traditionelle Musik-Labels müssen sich jedoch an die jüngsten Veränderungen anpassen und ihr Geschäftsmodell ändern. Des Weiteren kritisiert sie den Mangel an daten-gesteuerte Entscheidungsfindung in der Musikindustrie. Es ist jedoch lebenswichtig für Musik-Labels geworden, sich einzigartige Wege auszudenken, die Daten zu verwenden, da alle Hauptlabels die gleichen Daten von den Streaming-Diensten erhalten. In Zukunft wird es ein Teil des strategischen Vorteils der Musik-Labels sein, Daten so zu handhaben, dass sie sich einen Marktvorteil gegenüber Wettbewerbern aufbauen.

Des Weiteren bewegen sich Labels in Richtung eines anpassbaren Service-Models in Bezug auf die Arbeit mit Künstlern. Laut Hu waren traditionelle Verträge mit Künstlern in der Vergangenheit oft Rundum-Pakete, die alles von der Musikproduktion, über Marketing und Sales und Tourneen beinhalteten. Um sich mit den neu aufkommenden Online-Händlern messen zu können, bieten Labels individuelle Dienstleistungen offener an, was die Verträge aus juristischer Sicht viel flexibler macht. Hierdurch versuchen Musik-Labels wettbewerbsfähig zu bleiben, während Künstler flexibler werden in der Art wie sie einen Label/Service-Paket unterschreiben können.

Chatbots müssen noch reifen
Obwohl Hu äußert, dass Chatbots großen Wert und Potenzial besitzen, denkt sie nach wie vor, dass sie noch ausgereifter werden müssen, um in der Musikindustrie anwendbar zu sein. Die Idee der direkten Kommunikation mit Fans ist für die Künstler nichts Neues; in der Tat haben Künstler die Telefonnummern von sehr loyalen Fans seit Jahren

gesammelt, um ihnen Neuigkeiten und Updates zu schicken. Hu sagt, dass dies sogar heute eine sehr effiziente Form der Kommunikation ist. Zur Zeit sind Chatbots nicht weit verbreitet, da die automatisch generierten Textnachrichten nicht in der Art und Weise ausreichend formuliert sind, wie die meisten Künstler und Managern es wollen.

Die Stimme wird die neue Schnittstelle

Die menschliche Stimme verändert die Art wie Menschen Musik konsumieren, da sie die neue Schnittstelle wird, um Geräte und Services durch Sprache zu steuern. Laut Hu hat diese neue Art der Steuerungsschnittstelle einen unmittelbaren Einfluss auf Music-Labels, da sie einen Weg finden müssen, ihre Künstler so zu platzieren, dass sie das erste sind, woran Verbraucher denken, wenn sie sich Musik anhören wollen. Dann würden die Verbraucher dem digitalen Assistenten sagen, dass er Musik von diesem Künstler abspielen soll. Im Gegensatz zum gewöhnlichen Streaming bedarf dies eines größeren Einsatzes durch den Verbraucher, doch es macht den Auswahlprozess natürlicher, was wiederum dem digitalen Assistenten mehr Wert zuschreibt.

Die Idee von KI mit menschlichen Stimmen kann in vielen Anwendungsbereichen verwendet werden, z. B. Journalismus. Eine aufstrebende Technologie in der menschlichen Stimmensimulation ist Lyrebird.ai, welches zurzeit an der University of Montreal entwickelt wird. Lyrebird.ai ermöglicht es Nutzern, eine Stimmenaufnahme hochzuladen, welche durch KI analysiert wird. Nach der Verarbeitung kann der Benutzer einen x-beliebigen Text in ein Textfeld schreiben, den die KI in der Stimme des hochgeladenen Musteraudios wiedergeben wird. In Bezug auf Journalismus ist dies höchst umstritten, da es den Validierungsprozess infrage stellt.

Globalisierung der Musikindustrie und Zusammenarbeit mit anderen Industrien

Die Internet- und Streaming-Dienste, insbesondere Spotify, spielen eine große Rolle in der zunehmenden Globalisierung der Musikindustrie. Einer der Gründe für diese Globalisierung ist die Interkonnektivität zwischen Künstlern, die andere Musiker einer größeren Zuhörerschaft vorstellen, indem sie sie zu ihren persönlichen und öffentlichen Playlisten hinzufügen. Trotz der zunehmenden Interkonnektivität hat Spotify Schwierigkeiten, in neue Märkte einzudringen, weil es in manchen Ländern bereits andere etablierte Streaming-Dienste gibt. Hu sieht die Zukunft der Musikindustrie auch in der Zusammenarbeit mit anderen Industrien wie zum Beispiel die Modeindustrie oder Videospiele-Industrie, die Musik in ihre Produkte oder Dienstleistungen integrieren. Durch die enge Zusammenarbeit mit diesen Industrien, versucht die Musikindustrie ihre derzeitige Wachstumsphase aufrecht zu erhalten. Insbesondere die Videospiele-Industrie zeigt großes Potenzial, das noch nicht ausgenutzt wird.

Ausblick in die Zukunft

Nach 15 Jahren des wirtschaftlichen Rückgangs konnte die Musikindustrie im Jahr 2015 ihr erstes Jahr des Wachstums verzeichnen (Statista 2017b). Die Struktur der Industrie verlagert sich ständig und die Art wie Menschen Musik konsumieren, hat sich mehrmals in den letzten Jahrzehnten verändert. Sowohl die quantitative Studie als auch das qualitative Experteninterview bestätigen die eingangs aufgestellte Hypothese, dass AI-gesteuerte Anwendungen zu einer zunehmenden Interaktion zwischen Verbrauchern, Künstlern, Musik-Labels und Streamingdienste-Anbietern führen. Des Weiteren bestätigt diese Behauptung die Annahme, dass Streaming-Dienste von enormer Bedeutung für die derzeitige Musikindustrie, insbesondere Spotify, sind, da diese die Industrie erheblich gespalten haben. Künstliche Intelligenz hat die Industrie revolutioniert und hat sie in ein digitales und weltweit miteinander verbundenes Geschäft verwandelt.

Diese Transformation beschränkt sich nicht nur auf die Musikindustrie, da KI, Conversational Marketing und Commerce in den Mittelpunkt des Interesses im Online–Einzelhandel rückt. NLP, smarte Empfehlungssysteme und personalisierter Customer Service durch Chatbots werden sich weiterentwickeln und das erwartete zukünftige Wachstum von Smart-Geräten, die digital Assistenten hosten, bestätigt diesen Trend weiter. Im Allgemeinen werden Marketing und Commerce sich von einem einseitig gerichteten Informationsfluss in einen multidirektionalen Informationenfluss ändern, der noch mehr Daten generieren wird. Um diesen stets wachsenden Datenpool auszunutzen, werden mehr Datenwissenschaftler und effizienter funktionierende Algorithmen benötigt.

Der Autor

Marco Philipp (M.A.) ist Doktorand an der Northumbria University in Newcastle, England. Sein Forschungsschwerpunkt liegt auf den Auswirkungen von KI-gesteuerten Technologien auf Unternehmensstrukturen und CRM. Zuvor studierte er an der Fachhochschule Konstanz Asienwissenschaften und Management mit Schwerpunkt China und schloss sein Studium an der Fachhochschule Aalen mit einem Master in Internationalem Marketing und Vertrieb ab.

Fazit und Ausblick: Algorithmic Business – quo vadis?

8

Zusammenfassung

Stehen wir kurz vor dem Durchbruch einer maschinellen Super-Intelligenz, die uns um Welten überlegen ist? Und wie gefährlich wäre das für uns tatsächlich? Wie soll sich nun unsere Intelligenz bei Maschinen manifestieren? Unter der Frage „Algorithmic Business – quo vadis?" wird in diesem Kapitel zusammenfassend konstatiert, dass diese „Super-Intelligenz" aufgrund der rasanten Entwicklung und technologischen Skalierung kommen wird – nur wann? Über den „Tipping Point" lässt sich derzeit nur spekulieren. Diverse Studien und Expertenaussagen taxieren diesen zwischen den Jahren 2040 und 2090. Weiterhin werden nochmals die zentralen zehn Trends, die den größten Impact für das Business haben, kompakt zusammengefasst. Algorithmik und AI werden die Arbeitswelt nachhaltig verändern – welche die ökonomischen und gesellschaftlichen Konsequenzen sind, wird abschließend untersucht, allerdings wird der Wert solcher Vorhersagen kritisch gesehen: „Das Algorithmic Business hat gerade erst begonnen und hat ein immenses Potenzial, das keiner von uns heute in letzter Konsequenz seriös prognostizieren kann."

8.1 Super Intelligenz: die Computer übernehmen – realistisches Szenario oder Science-Fiction?

Werden Systeme irgendwann den Level der menschlichen Intelligenz erreichen oder sogar überschreiten

Wir alle kennen Hollywoods Horrorszenario aus dem Film Matrix: Ein superintelligentes Computersystem versklavt uns Menschen und simuliert unsere Realität: die Matrix.

© Springer Fachmedien Wiesbaden GmbH, ein Teil von Springer Nature 2019
P. Gentsch, *Künstliche Intelligenz für Sales, Marketing und Service,*
https://doi.org/10.1007/978-3-658-25376-9_8

Vielleicht haben wir auch mit Will Smith und dem humanoiden Roboter Sonny in „I, Robot" auf Weltrettungsmission mitgefiebert.

Doch wie realistisch sind solche Szenarien?

Artificial Intelligence (AI) ist in aller Munde. Kann es sein, dass wir kurz vor dem Durchbruch einer maschinellen Super-Intelligenz stehen, die uns um Welten überlegen ist? Und wie gefährlich wäre das für uns tatsächlich?

Fakt ist: Ein Film über einen Supercomputer, der uns in unserem alltäglichen und professionellen Leben unterstützt, wird wohl nicht genug Drama und Action für eine gute Hollywood-Story bieten. Wir sollten uns nicht von Fiktion beeindrucken lassen, die mit einer Angst spielt, die genauso lange existiert, wie die Faszination an einer von uns kreierten Intelligenz.

Und doch beschäftigt viele die Frage: „Was ist, wenn wir uns ersetzbar machen?"

Wir Menschen agieren in einer unkontrollierbaren Umgebung. Durch ständige Interaktion mit unserer Umwelt lernen wir jeden Tag, immer mehr, meistens ohne es zu merken.

Dazu müssen wir zuallererst die Umwelt wahrnehmen können. Schritt für Schritt lernen wir die Bedeutung dieser Wahrnehmung kennen. Beispielsweise lernen wir bereits im Mutterleib die Stimme unserer Mutter kennen, doch die Bedeutung dieser Person wird uns erst schrittweise klar.

Wir klassifizieren also zunächst ein Objekt. Spielend testen wir unser Umfeld aus. Indem wir Spielzeug fallen lassen, lernen wir die Schwerkraft kennen. Wir lernen, dass das heiße Essen sich von alleine wieder abkühlt, wenn man lange genug wartet. So haben wir schon bereits mit zwei Jahren eine gute Intuition von physikalischen Zusammenhängen in unserer Welt und wie diese mit uns wechselwirken. Auch klassifizieren wir immer mehr Objekte und ordnen diesen verschiedene Eigenschaften zu. So baut sich unser gesunder Menschenverstand auf und wir können in gewisser Weise Situationen, wie „Wenn ich das Glas fallen lasse, wird es kaputt gehen", vorhersagen. Diese Fähigkeit macht einen großen Teil unserer Intelligenz aus.

Mit weiterer Entwicklung können wir diese Klassifikation der Objekte abstrahieren. Die Abstraktion macht es uns möglich, verschiedene Objekte oder auch Situationen, die objektiv nichts miteinander zu tun haben, zu vergleichen. Wir können dadurch Strategien, die wir bereits als erfolgreich in einer Situation erlernt haben, auf eine andere Situation übertragen. Unser Transfervermögen ist eine weitere wichtige Säule unserer Intelligenz.

Wie sinnvoll es allerdings ist, mit unserem Gehirn mehr über die Verarbeitungsprozesse unseres Gehirns aus Forschungsdaten abzuleiten, und wie genau diese Forschungsdaten Verarbeitungsprozesse überhaupt abbilden können, ist eine andere, sehr interessante Diskussion.

Wie soll sich nun unsere Intelligenz bei Maschinen manifestieren?

Es gibt bereits Software, die Menschen in einigen Bereichen weit überlegen ist. 1996 hat das erste Mal IBMs Deep Blue den amtierenden Schachweltmeister geschlagen. 20 Jahre später siegte 2016 AlphaGO in der viel komplexeren, japanischen Variante Go (siehe Abschn. 3.5). Und das sind nur die bekanntesten Beispiele.

Beiden Systemen wurden die Regeln der Spiele implementiert, also in das System eingepflegt, und jahrelang trainiert. Die Algorithmen, die beide Systeme nutzen, analysieren die Spielsituation und entscheiden sich für den Strategieast mit der höchsten Erfolgswahrscheinlichkeit. Diesen Strategiebaum bauen Maschinen nach und nach während des Trainings auf. Ähnlich wie ein Mensch würde man meinen, nur eben eine Maschine.

Doch der große Unterschied ist, dass dieselben Systeme bei „Mensch ärgere Dich nicht" absolut versagen würden. Selbst der erste Spielzug wäre unmöglich, da die Spielregeln erst durch Programmierer implementiert werden müssten. Und selbst wenn man beiden Systemen die Spielregeln beibringen würde, könnten sie die Strategien nicht auf das neue Spiel transferieren. Auch ist es ihnen nicht möglich, zwischen einer kurzfristigen Taktik und langfristigen Strategie zu unterscheiden. Für Spiele, wie Schach oder Go, ist das nicht weiter von Bedeutung. Dafür aber umso mehr, wenn wir die Systeme in die raue Welt entlassen wollen.

So sind Expertensysteme heutzutage in sehr schmalen Bereichen Menschen bereits überlegen, aber eine generelle Intelligenz mit Abstraktionsprozessen und Transfermöglichkeiten von bereits Erlerntem, wie es also ein Human-Level-AI-System fordern würde, ist nicht mal ansatzweise erreicht.

Fast alle heutigen kommerziellen Erfolge von AI-Systemen sind auf Supervised-Learning-Algorithmen zurückzuführen. Dafür werden dem System riesige, bereits klassifizierte Datenmengen gezeigt. Auf Basis dieser Evidenz passt das System dann die Verknüpfungsgewichte zwischen den einzelnen Repräsentationspunkten des Problems (die formalen Neurone) automatisch an. So werden einzelne Teilaspekte der Lösung mehr betont als andere. Schließlich setzt das System die Lösung zusammen und übersetzt die Lösung optimalerweise von der Repräsentationscodierung in eine menschlich auswertbare Darstellung.

Der Vergleich mit Musterlösungen hilft dem System, das eigene Ergebnis zu bewerten. Durch Penalties oder Rewards, also additive Punktestrafen bzw. -belohnungen, sieht das System, ob der Lernvorgang das gewünschte Ergebnis bringt oder nicht. Ähnlich wie ein Schulkind wird das System belohnt oder bestraft: das Prinzip des Reinforcement Learnings (Bestärkendes Lernen).

Der nächste Schritt zur Emanzipation der Systeme in Richtung Human-Level-AI sind Unsupervised-Learning-Algorithmen, die im Anwendungsfall funktionieren. Es geht, wie bei Kindern, die ihre Umgebung entdecken und lernen, mit dieser zu interagieren, um unbeaufsichtigtes Lernen. Hier steht die Forschung, trotz aktuell kleinen Durchbrüchen, noch am Anfang.

Seit Kurzem gibt es vielversprechende Fortschritte im Bereich des Unsupervised Learnings. 2017 gelang es der Forschergruppe um Anh Nguyen von der Universität Wyoming, synthetisch generierte hochauflösende Bilder von Vulkanen, Gebäuden und Tieren zu produzieren. Doch sind auch bei dem Training dieser „Plug & Play Generative Networks" viele bereits klassifizierte Trainingsdaten genommen worden. Aus reinen Rohdaten ist bisher keinem Forscher etwas Ähnliches gelungen.

Die Probleme, vor denen Forscher heutzutage stehen, sind so vielfältig, wie das Gebiet selbst.

So ist bis heute keine Repräsentation bekannt, die es Maschinen ermöglicht, die Ergebnisse ausreichend zu abstrahieren, um Erlerntes außerhalb des Trainingskontexts anzuwenden. Bisher abstrahieren Netze nur sehr oberflächlich. Beispielsweise erkennt ein speziell trainiertes Netz Tiere in einem Bild aufgrund hoher Vegetation im Hintergrund – egal, ob ein Tier tatsächlich im Bild ist oder nicht. Das führt logischerweise zu vielen falsch-positiven Ergebnissen. Konzeptlernen, worin wir Menschen seit Geburt wahre Meister sind, ist für Maschinen ein großes Problem.

Bis heute sind keine effizienten Kommunikationssymbole für die Mensch-Computer-Schnittstelle bekannt. Zwar konnte die AI-Community in letzter Zeit bemerkenswerte Errungenschaften im Bereich der maschinellen Spracherkennung und Übersetzung feiern, welche jeder beispielsweise bei YouTube-Untertiteln oder beim Google-Übersetzer schon nutzt, doch verstehen Maschinen das Gesprochene eben nicht so wie wir. So ist direktes Lernen von Menschen für Systeme bis heute schwer möglich. Die Verknüpfung zwischen Fakten, Zielen, Strategien und Kommunikation muss weiterhin system- und problemspezifisch implementiert werden. Und wie es aussieht, wird das noch eine ganze Weile so bleiben. Auch das Zusammenfassen und die Präsentation von Ergebnissen in menschlich nachvollziehbare Formate ist für viele Systeme ein großes Problem und muss für jedes System individuell entwickelt werden.

Lernalgorithmen sind extrem ressourcenintensiv. Es braucht extrem viel Rechenleistung und Zeit, ein System adäquat zu trainieren, da das komplette Netz für jedes Symbol, quasi jeden neuen Fakt, neu simuliert werden muss. Auch fehlt bisher ein maschinelles episodisches Gedächtnis bzw. Langzeitgedächtnis, sodass der Computer alles bisher Erlernte vergisst, wenn ein neuer Lernvorgang abgeschlossen ist.

„Learning to learn" ist sicherlich das entscheidende Mantra zum nächsten Intelligence-Reifegrad. Heute versuchen Menschen noch, dem System den besten Lernalgorithmus vorzugeben. Künftig werden AI-Systeme selber den besten Weg zum Lernen finden. Auf Basis einer Art Meta-Lernens delegieren wir sozusagen die Bestimmung des optimalen Lern-Algorithmus. Diese Art des AI-autonomen Lernens geht weit über die Lernparadigmen des heutigen maschinellen Lernens und der Narrow Intelligence hinaus. Der „General Problem Solver" könnte so auch den Weltmeister im Schach, Jeopardy, Go und „Mensch ärgere Dich nicht" universell schlagen, indem er selber immer den besten Lösungsalgorithmus erlernt.

Ein weiteres Problem ist das Schlussfolgern nach gesundem Menschenverstand. Ein Computer kennt nur Fakten, die explizit aufgeführt und abrufbar sind. Für uns Menschen ist implizites Wissen selbstverständlich. Wenn wir einen juristischen Text verfassen, ist uns klar, dass umgangssprachliche Ausdrücke dort nichts zu suchen haben. Maschinen muss dieses Wissen und daraus resultierende Rahmenbedingungen für die weitere Prozessierung der Informationen bisher explizit und problemspezifisch implementiert werden.

Auch in der Robotik ist AI ein fester Bestandteil aktueller Forschung. Fast alle Problemstellungen sind multimodal und lassen sich nicht einfach in eine Zielfunktion für Maschinen übersetzen. Facebook und DeepMind arbeiten zwar an einer physikbasierten virtuellen Umwelt, um solche Systeme zu trainieren. Aber es existiert bisher kein System, das umfassend genug ist, um die Ansprüche an Multi-Tasking, die unser Umfeld an uns stellt, umzusetzen.

Beispielsweise erkennen selbstfahrende Fahrzeuge Menschen nicht als intelligente Wesen mit eigenem Aktionsraum und Strategierepertoire, sondern als Hindernis. Die Interaktion mit der Umwelt ist bis heute mangelhaft. Der daraus resultierende defensive Fahrstil der Fahrzeuge ist bisher weit vom Optimum der Möglichkeiten entfernt.

Zusammenfassend lässt sich sagen, dass diese Super-Intelligenz aufgrund der rasanten Entwicklung und technologischen Skalierung kommen wird. Die Frage nach dem „Wann" ist sicherlich schwer zu beantworten. Jeder Fortschritt deckt neue Fragen und Hindernisse auf. Eine genaue Antwort auf diese Frage ist, nach dem heutigen Stand der Forschung, noch nicht möglich. Es ist schon unglaublich viel passiert. Es sind bereits Dinge möglich, die vor zehn Jahren nur in Science-Fiction denkbar waren, aber es gibt auch noch unglaublich viel zu tun. Und auf dem Weg dahin werden immer weitere Fortschritte erzielt, die wir bereits für uns nutzen können. Es gibt keinen Bereich, in dem die Verknüpfung zwischen Grundlagenforschung und Wissenschaft und industrieller Anwendung so eng ist wie in der AI. Wenn man einmal etwas hinter die Backend-Kulissen schaut, wird mancher sich wundern, wie maßgeblich unsere technologische Landschaft bereits durch AI geprägt ist und wie viel wir bereits davon verwenden.

Vergleicht man diverse Studien und Expertenaussagen, ist der Tipping Point zur Super-Intelligenz auf zwischen 2040 und 2090 zu taxieren.

Fest steht, dass wir vor einer bahnbrechenden Technologie stehen, die unser aller Leben maßgeblich weiter beeinflussen wird und es bereits heute schon tut. Wir werden in Zukunft mit AI-Systemen sehr intim interagieren, sei es im Alltag oder im Geschäftsleben. Da diese Systeme entwickelt werden, um unsere Lebensumstände zu verbessern und unsere Leistungsfähigkeit zu maximieren, sollten wir uns nicht der Angst der Substitution durch Software hingeben. Human-Level-AI bedeutet keineswegs die Kreation einer neuen intelligenten Maschinenspezies, die uns sukzessive aus vielen Lebensbereichen verdrängen wird. Es bedeutet vielmehr, dass wir das nächste Level an Human Performance erreichen werden, mit AI-Systemen als Vehikel.

Dieser „General Problem Seeker und Solver" der Super Intelligence würde dann auch den höchsten Reifegrad algorithmischer Unterstützung für Unternehmen bedeuten. Die Vision des weitgehend menschenleeren und selbstfahrenden Unternehmens würde Realität. Um einen vorkommenden Kontrollverlust zu vermeiden, müsste sichergestellt werden, dass der Mensch den Rahmen und die Bedingungen des AI-basierten „Learning to Learn" vorgibt und kontrolliert. Dazu gehört auch die Kontrolle des roten Ausschalters, der häufig als Sicherheitsanker gesehen wird. Doch eine selbstlernende AI wird auch lernen, solche Schalter zu verstehen und auszuschalten. Ansonsten laufen wir in der Tat Gefahr, früher und später von Systemen beherrscht zu werden – hasta la vista, baby!

8.2   AI: Die Top 10 Trends 2018 und darüber hinaus

Neben der Entwicklung hin zur Super-Intelligenz gibt es derzeit ein Vielzahl von Entwicklungen in dem Bereich AI. Im Folgenden werden noch einmal die zentralen Trends, die den größten Impact für das Business haben, kompakt zusammengefasst:

1. **AI First:** Analog zu dem „Mobile First"-Mantra herrscht insbesondere bei Firmen wie Facebook, Microsoft und Google „AI First": keine Entwicklung, ohne die AI-Potenziale zu eruieren und zu nutzen. Das ist gegenwärtig sicherlich auch eine gewisse Überbewertung aufgrund des immensen Hype. Es findet derzeit regelrecht ein Wettrüsten bei den AI-Anwendungen der GAFA-Welt statt. Ebenso ist der M&A im Bereich für AI spannend und überhitzt zugleich. Ähnlich wie bei Mobile wird AI zunehmend zu einer Selbstverständlichkeit in den nächsten Jahren, sodass der Zusatz „First" verschwinden wird. In jedem Fall wird durch dieses „AI First"-Mantra der Digital-Giganten, gekoppelt mit der entsprechenden Verfügbarmachung von Wissen und Codes, ein AI-Push für viele andere Industrien und Unternehmen erfolgen.

2. **AI wird nicht wirklich intelligent und trotzdem immer wichtiger für das Business:** Die Diskussion über die Frage, ob und wann Künstliche Intelligenz wirklich intelligent ist, ist genauso alt wie ungelöst. Die Analogie der neuronalen Netze suggeriert aufgrund der scheinbaren Nachahmung des menschlichen Gehirns den Intelligenz-Anspruch der AI. Dabei repräsentieren selbst massiv parallel geschaltete neuronale Netze kein menschliches Gehirn. Bis heute ist unerforscht, wie das Gehirn wirklich funktioniert, wie Kreativität und Intuition genau erzeugt und nachgebildet werden können.

   Durch die immens gestiegenen Rechnerleistungen erzeugen AI-Systeme immer stärker den Eindruck einer menschlichen Intelligenz, da sie in kürzester Zeit riesige Datenmengen verknüpfen und analysieren und so zunehmend autonom gute Entscheidungen treffen können. Ein Mensch könnte niemals diese riesigen, heterogenen und verteilten Datenbestände in Beziehung setzen. Durch das AI-basierte Reasoning dieser Daten-Universen können dann auch scheinbar innovative und kreative Ergebnisse entstehen, wobei eigentlich nur bestehende Informationen – wenn auch immens groß und komplex – analysiert werden. Auch das viel zitierte und diskutierte Deep Learning ist in diesem Verständnis nicht wirklich intelligent. Ebenso wird die Software, die selber neue Software entwickeln kann, durch die originäre Intelligenz des ursprünglichen Entwicklers konditioniert und determiniert.

   Aus Business-Sicht muss aber die Diskussion um die wahre Intelligenz akademisch wirken. Letztlich hilft die Quasi-Intelligenz, die die menschliche Intelligenz immer besser simuliert, wichtige Business-Prozesse und Aufgaben zu unterstützen oder gar autonom zu erledigen. Daher wird die jetzige AI-Entwicklung trotz nicht wirklichem Quantensprung in Sachen Intelligenz das Business schnell und nachhaltig verändern.

3. **Spezifische AI-Systeme:** Der Traum von allgemeinen, funktions- und branchen-
unabhängigen AI-Systemen muss noch eine Weile geträumt werden. Diese General
Intelligence bleibt zunächst Hoheit des Menschen. IBMs Deep Blue konnte zwar
beeindruckend den damaligen Schachweltmeister Kasparow schlagen, wird aber
große Schwierigkeiten haben, den koreanischen Weltmeister im Brettspiel Go zu
schlagen.

   Dagegen werden immer mehr domänenspezifische AI-Systeme erfolgreich entwickelt und etabliert: Systeme für bestimmte Funktionen wie z. B. Lead Prediction im Sales, Service-Bots im Service oder Prognosen von Bonität. Diese Narrow
Intelligence wird zunehmend unternehmerische Funktionen unterstützen und auch
ersetzen.

4. **AI Inside – Embedded AI:** AI wird immer mehr in Devices, Prozesse und Produkte
integriert. Damit schafft die AI immer häufiger den Sprung von der AI-Werkbank
in das Business. Beispiele sind die schlaue Alexa von Amazon, das selbstfahrende
Auto, die Sprachsteuerung Siri von Apple oder die Software, die automatisch Leads
detektiert, klassifiziert und adressiert. Das Label „AI Inside" wird damit immer
selbstverständlicher. Letztlich kann nahezu jedes physische Objekt, jedes Device
smart durch AI werden.

5. **Demokratisierung der AI:** Trotz des immensen Potenzials von AI nutzen erst
wenige Firmen Technologien und Methoden der AI. Das hängt häufig mit dem fehlenden Zugang zu Skills und Technologien zusammen. Frameworks wie Wit.ai von
Facebook und Slack von Howdy erleichtern durch Module und Bibliotheken die
einfache Entwicklung von AI-Applikationen. Mit Tools wie TensorFlow (Maschinelles Lernen) oder Bonsai (Search as a Service) lassen sich etwas intelligentere
AI-Anwendungen programmieren. Einen Schritt weiter gehen sogenannte „AI as a
Service"-Anbieter. So liefert DATAlovers AI-Methoden für die Analyse von Busi-
ness-Daten als Service. Die AI-Services von AWS (Amazon) umfassen Cloud-na-
tives Maschinelles Lernen und Deep Learning für verschiedene Anwendungsfälle.
Cloud-Plattformen wie Amazons AWS, Googles APIs oder Microsoft Azure ermöglichen zudem die Nutzung performanter Infrastrukturen, um AI-Applikationen zu
entwickeln und zu nutzen.

6. **Methodischer Trend Deep Learning: Back to the roots – nur massiver:** Viele
Beispiele (z. B. Sieg über den koreanischen Weltmeister in Go, Sales Prediction etc.)
zeigen beeindruckend das Potenzial von Deep Learning. Das Interessante an diesem
Trend ist, dass die methodische Grundlage alles andere als neu ist. Die Basis stellen neuronale Netze dar, die man schon seit den 1950er Jahren diskutiert. Durch die
neuen performanten IT-Infrastrukturen kann man nun diese neuronalen Netze massiv parallel schalten. Hatte man früher zwei bis drei Layer bei neuronalen Netzen,
kann man heute 100er-Layer schalten und rechnen. Das ist keine prinzipiell neue
Methode, sondern die performantere und skalierbare Interpretation einer bekannten
Methode (Renaissance der neuronalen Netze). Durch diese massive Parallelisierung
entsteht quasi eine höhere Intelligenz.

7. **Mehr Autonomie – weniger Vorgaben: Unsupervised und Reinforcement Learning auf dem Vormarsch:** Heute basieren noch gut 80 % der AI-Anwendungen auf dem sogenannten Supervised Learning. Zum Lernen sind Trainingsdaten notwendig – wer sind die Guten, wer die Bösen? Der Algorithmus lernt die diskriminierenden und differenzierenden Muster. Dieser Ansatz ist auch weiterhin überaus relevant, da die verfügbaren Trainingsdaten dank Internet und Big Data massiv wachsen. Früher kam es zu Engpässen und zu hohen Aufwänden bei der Generierung der entsprechenden Trainingsdaten. Dennoch ist der Erwartungs- und Lösungsraum in gewisser Weise vorgegeben. Wenn es darum geht, Muster in „Unlabeled Data" zu gewinnen, z. B. automatische Segmente aus einem Datensatz zu gewinnen, wird das sogenannte „Unsupervised Learning" angewandt.

   Eine höhere Autonomie hinsichtlich des vorgebenden Inputs ermöglicht auch das sogenannte „Reinforcement Learning". Beim Reinforcement Learning lernt man aus der Interaktion mit einem dynamischen System, ohne dass man explizite Beispiele für die „richtige Aktion" determiniert. Die Steuerung laufender Roboter ist ein typisches Reinforcement-Problem. Man optimiert eine Steuerung so, dass der Roboter möglichst nicht mehr hinfällt. Es gibt jedoch keinen Lehrer, der sagt, wie die „richtige" Motoransteuerung in einer Situation ist.

   Aufgrund des höheren Autonomiegrades und des Innovationsgehaltes der möglichen Ergebnisse sind diese Verfahren für das Business besonders interessant. Aufgrund der stark gestiegenen Rechnerkapazitäten und AI-Infrastrukturen werden sie zunehmend zum Einsatz kommen.

8. **Conversational Commerce als Treiber:** Ähnlich wie das Internet der Dinge/Internet of Everything wird auch der immer wichtiger werdende Conversational Commerce durch die dramatisch steigende Anzahl vernetzter Smart Devices sowie die Notwendigkeit und Fantasie der AI befeuert. Der Conversational Commerce ermöglicht durch intelligente Automatisierung die Optimierung der Kundeninteraktion. Übergeordnetes Ziel ist es, den Konsumenten direkt aus der Unterhaltung zum Kauf eines Produktes oder Dienstleistung zu führen. Hierzu zählen beispielsweise das Abwickeln von Bezahlvorgängen, die Inanspruchnahme von Dienstleistungen oder auch das Einkaufen von beliebigen Produkten. Hierbei kommen zunehmend Messaging- und Bot-Systeme zum Einsatz, die über sprach- und textbasierte Interfaces die Interaktion zwischen Konsumenten und Unternehmen vereinfachen (Amazon Alexa, Google Home, Microsoft Cortana etc.). Damit lässt sich die gesamte Customer Journey von der Produkt-Evaluierung über den Kauf bis zum Service durch höhere Effizienz und Convenience optimieren. Neben Algorithmen, die über Key Words und Kommunikationsmuster die Kommunikation steuern, wird hier zunehmend Künstliche Intelligenz eingesetzt, um aus den Präferenzen und Verhaltensweisen systematisch zu lernen. Dies gilt nicht nur für die persönlichen Assistenten und Butler auf Konsumentenseite, sondern insbesondere für die Service- und Collaboration-Bots auf Unternehmensseite. Konsumenten- und Unternehmens-Bots werden die Nachfrage nach AI nachhaltig steigern.

9. **AI wird uns vor dem Information Overkill retten:** Beeindruckende Zahlen, wie rasant sich die Menge an Informationen dramatisch entwickelt, gibt es genug. Die Big-Data-Analysen produzieren wiederum neue Daten. Es droht der Information Overkill. Aber genau hier wird die AI helfen, indem sie Information intelligent filtert, analysiert, kategorisiert und kanalisiert. NLP (Natural Language Processing) wird immer leistungsfähiger, sodass auch Sprache und Text zunehmend automatisiert verarbeitet werden können. AI-basierte Filtersysteme werden zunehmend helfen, nicht nur die Informationsflut einzudämmen, sondern auch automatisiert Mehrwerte aus der Informationsflut zu destillieren.

10. **Neben dem Business Impact von AI wird der ökonomische und gesellschaftliche Wandel durch AI zunehmend Gegenstand der Diskussion:** Nach den Mega-Trends Internet, Mobile und IoT wird Big Data und AI als der nächste große Trend gesehen. Die digitale Revolution wird auch als die dritte industrielle Revolution bezeichnet. Ähnlich wie die industrielle Revolution 200 Jahre zuvor wird der durch die Digitalisierung ausgelöste Umbruch einen Wandel sowohl der Technik als auch (fast) aller Lebensbereiche bewirken. AI und Automatisierung werden zunehmend Arbeitszeiten reduzieren und auch Arbeitsplätze substituieren. Diese wird im folgenden abschließenden Abschn. 8.3 kritisch diskutiert.

11. **Blockchain meets AI:** Das Thema Blockchain wird stark im Fintech-Kontext der Bitcoin-Währung diskutiert. Es besitzt jedoch perspektivisch auch für das AI-basierte Marketing an Bedeutung. Die von der GAFA-Welt bzw. BATs-Welt in China (Baidu, Alibaba, Tencent) dominierte AI Landscape birgt aufgrund der monopolartigen Marktmacht insbesondere die Gefahr der fehlenden Transparenz der genutzten Daten und AI-Modelles, die zur Manipulation missbraucht werden kann. Vertrauen Sie allen Antworten und Empfehlungen von Alexa & Co? Zum einen könnten die Alexa-AI-Modelle nicht in Ihrem sondern im Amazon-Sinne handeln. Zudem anderen könnte auch das Interface gehijackt werden, sodass sie auch Empfehlungen bekommen, die nicht Ihrer Präferenzstruktur entsprechen. Genau hier könnte das Konzept einer dezentralen, transparenten und nicht manipulierbaren Blockchain-Mechanik gegen das Vertrauensproblem der zentralen AI- und Big Data-Ansätze helfen.

Dabei geht es um folgende drei AI-Ebenen:

- (Big) Data Layer
- Algorithm/AI Layer
- Interface Layer

Bei den heutigen zentralisierten Lösungen müssen wir der Integrität und Sicherheit der Daten vertrauen. Sind die Daten zum Trainieren der AI biased oder bewusst verfälscht, sind auch die Ergebnisse der AI-Modelle verfälscht. Selbst wenn die Daten und Algorithmen „sauber" sind, können die Empfehlungen an dem AI-Interface noch manipuliert werden. Der Nutzer hat keine Transparenz was hinter dem Vorhang eines zentralisierten Ansatzes passiert.

Nutzer können durch monetarisierbare Cryptografik Tokens belohnt werden, indem sie auf entsprechenden Marktplätzen ihre Daten bereitstellen. Ein Beispiel hierfür ist das Ocean Protocol (https://oceanprotocol.com). Das Protokoll incentiviert als dezentrales Austausch-Protokoll die Veröffentlichung von Daten zum Training von AI-Modellen. Bei Produkten wie Nest, Fitbit oder andere IoT-Services liegt die Datenhoheit und Nutzung bei den jeweiligen Herstellern. Zum einen wird der Nutzer nicht dafür belohnt, dass er seine Daten bereitstellt. Zum anderen ist auch nicht gewährleistet, dass die Anbieter die besten AI-Modelle auf den Daten anwenden. Das Ocean-Protokoll wirkt dem entgegen:

- Daten Integrität (Transparenz der Datenquelle)
- Klare Ownership (der jeweilige Nutzer und „Spender")
- Kosteffiziente Verrechnung für Kauf/Miete

Ein auf Basis der Nest-Daten optimiertes Energie-AI-Modell könnte nun z. B. auch über einen Marktplatz anderen Anwendern zur Verfügung gestellt werden, die das Modell mit ihren Daten füttern und nutzen können. Da es auch eine klare Ownership bezüglich des AI-Modells gibt, ist eine adäquate Verrechnung bzw. Belohnung gemäß des Blockchain-Ansatzes sichergestellt.

Als Beispiel hierfür kann das SEED-Netzwerk genannt werden. SEED ist ein offenes, dezentrales Netzwerk, in dem alle Bot-Interaktionen verwaltet, betrachtet und verifiziert werden können. Das Netzwerk stellt auch sicher, dass die in die AI eingespeisten Daten einem Dateneigentümer zugeordnet werden können, der dafür entschädigt werden kann.

Hätte nun ein Anbieter auf Basis der Nest-Daten nicht nur ein optimales AI-Modell für den Hausenergieverbrauch entwickelt, sondern auch einen (Chat)Bot, der Sie regelmäßig fragt: „Hey, fühlen Sie sich in Ihrem Haus gerade jetzt heiß oder kalt"? Ihre Antworten werden direkt in das AI-Modell eingespeist – dabei handelt es sich natürlich um Ihre Daten. Warum sollten Sie dafür nicht entschädigt werden? Schließlich macht es die AI-Modelle besser und bereichert das Daten-Repository. SEED sichert damit Ihre Vermögensrechte in der Blockchain. Ein weiterer Vorteil ist das größere Vertrauen in die Authentizität und Glaubwürdigkeit des (Chat)Bot mit dem Sie interagieren.

Dieser Blockchain-AI-Ansatz könnte ein Gegengewicht zu der AI-Todesspirale der GAFA-Welt darstellen. Die GAFA-Unternehmen starten zum einen von einem bereits extrem hohen AI-Reifegrad, zum anderen investieren sie Milliarden US Dollar in den Ausbau der AI-Technologie und stellen die besten Data Scientists ein. Darüber hinaus generieren sie über Plattformen immer mehr Daten, die wiederum immer bessere AI-Modell ermöglichen. In einem selbstverstärkenden Prozess erhöhen diese AI-Fullstack-Unternehmen auf Basis der Plattform- und Skaleneffekte damit immer mehr ihren Vorsprung. Sie bauen sogar für AI optimierte Prozesse. Im Endergebnis schaffen sie damit fast unüberwindbare Markteintritts-Barrieren.

Über die Zeit könnten so immer mehr Daten „öffentlich und demokratisch" in die Blockchain fließen und so die Marktmacht der GAFA-Welt relativieren. Damit lassen sich für die Zukunft zunehmend offene Marktplätze für Daten und AI-Modell prognostizieren.

8.3 Implikationen für Unternehmen und Gesellschaft

Das Mantra „Algorithmic & AI eat the World" am Anfang des Buches hat früh auf das immense Disruptionspotenzial für Unternehmen und Gesellschaft eingestimmt. Die spannende Frage ist, was alles gefressen wird, wer frisst und wer gefressen wird.

Das Algorithmic Business ist Gegenstand und Ergebnis der sogenannten aktuellen vierten industriellen Revolution. Bei den drei industriellen Revolutionen der letzten 200 Jahre sind Wirtschaft und Gesellschaft insgesamt trotz immer wieder vorherrschenden Ängsten gestärkt hervorgegangen: höhere Produktivität, mehr Wohlstand, höherer Bildungsstand, längere Lebenserwartung etc. Können wir dieses Happy End nun auch bei der vierten industriellen Revolution erwarten?

Während bei der zweiten industriellen Revolution z. B. Fabrikarbeiter, die durch die Automatisierung der Fertigung gefährdet waren, ihr Heil in dem Fahren von Trucks gesehen haben – treu nach dem Motto „Autos werden immer von Menschen gefahren werden" –, stellt sich zunehmend die Frage, durch welche Berufe die durch die AI gefährdeten Arbeiter aufgefangen werden. Wird auch diese neue industrielle Revolution wieder zu mehr Wohlstand und Produktivität führen wie die Revolutionen zuvor? Diese Herausforderungen sowie auch Fragen zur Ethik und Privacy werden zukünftig die AI-Diskussion prägen.

Interessanterweise ist der Gegenstand dieser vierten industriellen Revolution gar nicht so neu – es geht um Digitalisierung. Bereits in der mikroelektronischen Revolution der 1970er und 1980er Jahre ging es um Digitalisierung. Aufgrund des immensen Veränderungs- und Gestaltungspotenzials für das Business handelt es sich bei der aktuellen Revolution nicht um eine graduelle, sondern radikale Veränderung.

Die gesellschaftliche Kritik entzündet sich derzeit an der durch die Digitalisierung forcierte Spaltung der Gesellschaft. Die Digitalisierung fungiert als Booster für Gewinner und Verlierer: Die Reichen gewinnen weiter, die Armen verlieren weiter. Die Gefahr besteht in der Verstärkung der digitalen Zweiklassen-Ökonomie.

Was sind nun die ökonomischen und gesellschaftlichen Konsequenzen? Es besteht in Theorie und Praxis weitgehend Einigkeit darüber, dass Algorithmik und AI die Arbeitswelt nachhaltig verändern werden. Etwa die Hälfte aller heutigen Arbeitsplätze werden schon 2030 nicht mehr existieren. Ein aktueller World-Economic-Forum-Report sagt voraus, dass in den nächsten vier Jahren mehr als fünf Millionen Jobs durch AI und Algorithmik verloren werden. Das Mckinsey Global Institute (2013) schätzt, dass bis zum Jahr 2025 140 Mio. Vollzeitstellen durch Algorithmen ersetzt werden könnten. Algorithmik- und AI-Daten werden bis 2025 laut Berechnungen von Mckinsey die Arbeitsleistung von zehn Millionen Finanzexperten und Juristen automatisieren. Was Fachleute früher Tage beschäftigte, erledigen Computerprogramme inzwischen in Minuten.

Abb. 8.1 zeigt entsprechend die deutliche Reduktion der wöchentlichen Arbeitszeit.

Was werden wir mit der neu gewonnenen Freizeit anfangen? Wie können wir Wertschöpfungsketten sinnvoll verschieben? Wie können freigesetzte Jobs und Tätigkeiten in neue Wertschöpfungstätigkeiten überführt und entwickelt werden? Wie können wir die durch die Substitution gewonnene Zeit für Innovationen und Kreativität wandeln und nutzen? Diese für die Zukunft unserer Gesellschaft entscheidenden Fragen werden kontrovers diskutiert.

So sagt 2017 Jenry Kaplan: „AI does not put people out of business, it puts skills out of business." Mitarbeiter müssen damit ihre Skills anders einsetzen bzw. neue Skills erlernen. Eher kritisch sieht Richard David Precht die Entwicklung. Er sieht nicht nur die ökonomischen, sondern auch die psychologischen Aspekte mit Skepsis. Das Phänomen der „Selbstwirksamkeit" – das sinnstiftende Gefühl, in einer Sache vorzukommen, weil man sie selbst gestaltet hat, sei in Gefahr. Die Frage sei, ob diese Selbstwirksamkeit auch in dem neu gewonnenen Zeitfenster der Freizeit verwirklicht und gelebt werden kann oder die Digitalisierung die Welt leer an Sinn, Arbeit, Erfahrung und Gefühl macht fehlt.

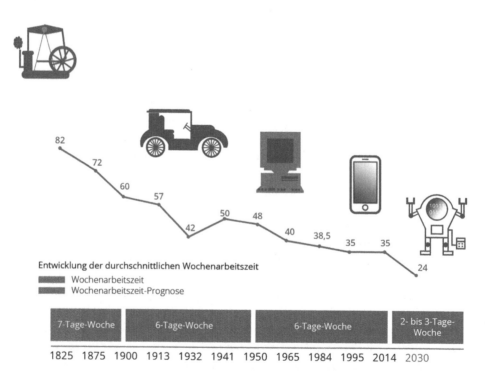

Abb. 8.1 Entwicklung der durchschnittlichen Wochenarbeitszeit. (Statistisches Bundesamt)

Algorithmic Business impliziert eine starke Automatisierung von Prozessen in und zwischen Unternehmen. Die zukünftige Herausforderung von Unternehmen wird sein, den richtigen Grad, die richtige Balance der Automatisierung zu finden. So werden Kunden akzeptieren, wenn ein Buchungsprozess eines Fluges komplett automatisiert durch Conversational-Commerce-Mechaniken abläuft. Kein Kunde wird hier eine empathische Konversation mit dem Service Agent oder einen sophistizierten Storytelling-Ansatz vermissen. Smarte Kunden werden zunehmend selber Bots einsetzen, die diesen Buchungsprozess weitgehend autonom steuern. Es gibt aber auch Kundensituationen, in denen Mensch-zu-Mensch-Kommunikation als Socializing- und vertrauensbildendes Element erfolgskritisch sein kann. Eine vollständige Automatisierung der Customer Journey über alle Touchpoints im Sinne einer Bot-to-Bot-Interaktion erscheint kurz- bis mittelfristig nicht zielführend.

Für Unternehmen bedeutet Algorithmic Business ein Paradigmenwechsel zum datengetriebenen Realtime Business. Mit diesen Herausforderungen sind aber auch die gestiegenen Potenziale durch Big Data und AI verknüpft. Gelingt es Unternehmen, die Daten systematisch schnell zu erfassen, zu verarbeiten und entsprechende Maßnahmen umzusetzen, lassen sich – wie in den Best Practices (Kap. 7) gezeigt – Nutzenpotenziale in Form von optimierter Customer Experience, Kostenreduktion und Umsatzsteigerung erzielen.

Trotz des Operationalisierungs- und Optimierungspotenzials von Algorithmik und AI darf nicht vergessen werden, dass sich ökonomische Akteure auch weiterhin zum Teil emotional und irrational verhalten werden. Konsumenten und Entscheidungsträger werden sich auch in Zukunft nicht durch AI zum Homo Oeconomicus – rational handelnden Akteur – konditionieren lassen.

> As we all seek automation in operations, we must not lose sight of the fact that our customers are human.[1]

Es ist an der Zeit, den Kunden an den Anfang der digitalen Wertschöpfungskette zu stellen. AI ermöglicht es jedem Unternehmen, automatisiert eine stark personalisierte Kundenbeziehung aufzubauen, ihn so enger an das Unternehmen zu binden und seine Loyalität langfristig zu sichern. Zwar sind manche Technologien, wie Social-Media Bots (Abschn. 6.4.5), noch nicht ganz ausgereift, doch müssen sich eine effiziente Infrastruktur und ein datengetriebenes Mind-Set als wichtige Implementierungsvoraussetzung im Unternehmen erst entwickeln; und das braucht Zeit.

Algorithmik und AI können ihre Stärken in der automatischen Erfassung, Generierung und Analyse von Daten ausspielen. Bei klaren Interaktionsschemata und standardisierter Kommunikation lässt sich auch die Kommunikation in Form von Drip-Kampagnen und Content-Erstellung automatisieren. Die kreative Gestaltung von

---

[1]Simon Hathaway, Cheil Worldwide 2016, https://www.retail-week.com/analysis/...and.../7004782. article, Letzter Zugegriffen 10.07.2017.

Kommunikation und Kampagnen oder die Erklärung von Konsumentenbedürfnissen wird auch zunächst noch die Domäne von Human Intelligence bleiben. Inwieweit diese Tätigkeiten mittel- bis langfristig durch AI übernommen werden, bleibt abzuwarten. Erste vielversprechende AI-Applikationen entwerfen heute schon Musikstücke oder zeichnen Kunstgemälde und demonstrieren damit das Kreativitätspotenzial der modernen AI.

Da die Digitalisierung von Prozessen, Kommunikation und Interaktion auch zukünftig zunimmt, werden die damit einhergehende Menge, Geschwindigkeit und Relevanz von Daten weiter steigen. Demzufolge werden die beschriebenen Ansätze des Algorithmic Business eine immer wichtigere Rolle für die Wettbewerbsfähigkeit von Unternehmen spielen.

Dass diese Automatisierung nicht nur ein von Unternehmen verfolgtes Ziel ist, sondern auch der Kundenmotivation entspricht und damit den Durchbruch der Algorithmisierung und Automatisierung der Untenehmen-Kunden-Interaktion wahrscheinlich erscheinen lässt, unterstreicht die Untersuchung von Mckinsey hierzu:

> By 2020, customers will manage 85 percent of their relationship with an enterprise without interacting with a human.[2]

Es geht dabei nicht um die mechanistische und technokratische Elektrifizierung und Digitalisierung von Prozessen. Algorithmik und AI haben das Potenzial, bestehende Prozesse und Geschäftsmodelle auch grundlegend zu hinterfragen und mit völlig neuen Geschäftsprozessen und -modellen aufzuwarten. Treu nach dem Motto des ehemaligen Telefónica-CEO Thorsten Dirks: „Wenn du einen scheiß digitalen Prozess digitalisierst, hast du einen scheiß digitalen Prozess".

Unternehmen, die Algorithmic und AI verstehen und entsprechend umsetzen, sind die Gewinner von morgen. Diese Kernkompetenzen werden über die Wettbewerbsfähigkeit entscheiden,und machen das heute schon. So ist Amazon kein Marktplatz oder Händler, Google (bzw. Alphabet) ist keine Suchmaschine oder Media-Unternehmen – beide sind in erster Linie Algorithmic Businesses, die perfekt Daten gewinnen, analysieren und kapitalisieren. Diese Fähigkeit brauchen Unternehmen, selbst um zukünftige Wettbewerbsvorteile zu erzielen. Business-AI-enabled-Unternehmen sind bestrebt, über intelligente Software und Services diese Kompetenz zu internalisieren und in Wettbewerbsvorteile umzusetzen.

Häufig werden Technologien kurzfristig überschätzt und langfristig unterschätzt. Zudem fehlt uns häufig die Fantasie, mit welcher Geschwindigkeit diese Entwicklungen Businesses und Gesellschaften verändern.

---

[2]Baumgartner, Hatami, Valdivieso und Mckinsey 2016, https://www.gartner.com/imagesrv/summits/docs/na/customer-360/C360_2011_brochure_FINAL.pdf.

So haben namhafte Experten geschätzt, dass es mindestens 100 Jahre dauern wird, bis AI den Weltmeister in Go schlagen wird – die Realität hat gezeigt, dass es viel schneller gelungen ist (Abb. 8.2).

Abschließend noch ein paar historische Fehleinschätzungen von Technologie-Entwicklungen, die zeigen, wie häufig und eklatant Potenziale von Technologien und Innovationen falsch eingeschätzt wurden (Abb. 8.3).

Die Tatsache, dass die in diesem Buch beschriebenen technologischen Entwicklungen (Big Data, AI, IoT, Conversational Commerce etc.) sich nicht linear, sondern exponentiell entwickeln und wir als Unternehmer und Gesellschaft noch vor dem exponentiellen Anstieg stehen, macht deutlich, dass das eigentliche Potenzial noch vor uns liegt. Das Algorithmic Business hat gerade erst begonnen und hat ein immenses Potenzial, das keiner von uns heute in letzter Konsequenz seriös prognostizieren kann.

Those who can imagine anything, can create the impossible (Alan Turing 1948).

Abb. 8.2 Wann wird AI den Go-Weltmeister schlagen? (twitter Zitat)

Abb. 8.3 Historische Fehleinschätzungen von Technologie-Entwicklungen. (Gentsch bzw. Zitierende Personen)

Literatur

Turing, Alan (1948); „Intelligent machinery" Berlin: Springer-*Verlag*, 1982
Mckinsey Global Institute (2013) Disruptive technologies: Advances that will transform life, business, and the global economy. http://www.mckinsey.com/business-functions/digital-mckinsey/our-insights/disruptive-technologies. Zugegriffen: 5. Januar 2017